Welt und Gott – Zeitlose Wahrheiten Band 3

STEPHAN VON STEPSKI-DOLIWA

WELT UND GOTT

ZEITLOSE WAHRHEITEN

BAND 3

DOLIWA VERLAG

Foto auf dem Einband von Detlev v. Kessel und Karen Massine

Dies ist der 3. Band aus der Reihe *Zeitlose Wahrheiten* ©

1. Auflage Juli 2006, 1 – 2.000

Römerstraße 6a, D - 86947 Weil
Telefon: 0 81 95 / 93 18 78, Fax: 0 81 95 / 93 18 79
E-Mail: kontakt@doliwa-verlag.de

www.doliwa-verlag.de
www.vonstepski.de

Einbandgestaltung: Ralf Telek, S. u. C. von Stepski-Doliwa
Textlayout: Ulrike Wolter
Satz, Druck- und Bindearbeit: Heichlinger Druckerei GmbH
Printed in Germany

ISBN 3-930889-20-X

Inhalt

[1)] aus Band 1 – „Zeitlose Wahrheiten für jeden Tag“

[2)] aus Band 2 – „Beziehungen – Zeitlose Wahrheiten Bd. 2“

DANKSAGUNG

Auch zur Fertigstellung dieses dritten Bandes der Reihe „Zeitlose Wahrheiten ...“ bedurfte es der Hilfe vieler.

Meiner Frau Constanze danke ich für die liebevolle Unterstützung und ihren großen Einsatz, mit denen sie mich beim Schreiben, beim Korrigieren, beim Nachdenken und Nachspüren begleitete. Ohne ihre große Hilfe wäre das Buch auch fertig, aber niemals so schön geworden.

Charlotte Kügler, Marianne Glaßer, Anne v. Blomberg und Christel Poetzel danke ich für die exzellente Lektoratsarbeit.

Ulrike Wolter danke ich für die hervorragende Formatierung und Gestaltung.

Sarasota, 2.6.2006 Stephan v. Stepski-Doliwa

Vorwort

Wie ich bereits sowohl in *Zeitlose Wahrheiten für jeden Tag* als auch in *Beziehungen – Zeitlose Wahrheiten Band 2* schrieb, **bin nicht ich der Autor dieses Buches, sondern meine Innere Stimme**.
Diese Innere Stimme kam 1981 völlig unvermittelt zu mir und hat seitdem besonders mein Leben und das meiner Frau Constanze bestimmt.

Die Innere Stimme hat sich als mein Göttlicher Führer zu erkennen gegeben und uns sehr vieles über das Leben erklärt, uns geführt und vor manch einem Schaden bewahrt.

Durch sie entstehen als Diktat diese besonderen Bücher, deswegen spricht die innere Stimme und nicht ich (S. v. Stepski-Doliwa) in den Texten, wenn sie in der Ich-Form spricht.

In dem vorliegenden Buch wird anhand von Geschichten das Leben erklärt. Dabei wird immer wieder die Zeit aufgehoben, indem zum Beispiel mehrere Leben eines Menschen betrachtet werden. Dadurch werden die größeren Zusammenhänge deutlich.

Ich hoffe, diese lehrreichen Beispiele aus vielen Leben mögen dem Leser so viel Freude, Stütze und Wissen vermitteln, wie sie mir gaben.

Sarasota, 2.6.2006 Stephan von Stepski-Doliwa

Don Juan
oder Wie man alte Bindungen löst

Juan liebte die Frauen. Er liebte sie über alles. Das Aussehen. Die Figur. Den Körper. Den Duft. Die Bewegungen. Juan fand Frauen hinreißend. Er genoss es, sie zu genießen. Das Problem bestand nur darin, dass es immer Frauen, viele Frauen sein mussten. Mit einer gab er sich nie zufrieden. Außerdem konnte er mit keiner lange zusammen sein. Dauerte eine Beziehung nur etwas länger, fühlte er sich bereits eingesperrt, unzufrieden – und schon war er wieder auf der Flucht. Auf der Flucht zur nächsten Frau.

Lange lebte er so. Doch die Zeit verging. Die Zeit mit ihren Gesetzen. Die Zeit mit ihrer Aufgabe, jeden zum Licht zu führen. Die Zeit, die unentwegt dahinfließt und doch keine Seele verliert. Die Zeit führte Juan zu drei entscheidenden Erfahrungen: Er wurde älter und krank, er fand eine Frau, die ihn tiefer berührte als alle vor ihr, und er fand einen Lehrer, der ihn lehrte. Juan war an multipler Sklerose erkrankt. Sein Körper, von dem er so viel hielt und den er ohne Rücksicht zu allem Möglichen gebraucht und missbraucht hatte, war an eine Grenze gekommen.

Als die Krankheit ausbrach, war Juan gerade mit Juanita zusammen. Sie war eine gute Seele, die ihm viel gab. Juan wollte aber nicht umdenken. Er wollte sich auch nicht auf Juanita einlassen. Obwohl er mehr und mehr unter seinem Körper litt, wollte er weiterhin ausgehen, sich in Pose setzen und die Frauen faszinieren. Juanita pflegte ihn aufopfernd, als sein Körper immer gebrechlicher, mehr und mehr von der Krankheit gezeichnet wurde. Nun konnte Juan immer weniger fliehen. Zunächst konnte er das Haus nicht mehr verlassen. Dann konnte er nur noch von Stuhl zu Stuhl gehen. Und schließlich war er ans Bett gefesselt.

Juanita war aber immer für ihn da. Sie pflegte ihn von morgens bis abends. Und sie betete für ihn. Sie betete immer wieder, Gott möge Juan das Herz öffnen. Nicht für sie, sondern ganz allgemein, denn sie spürte genau, dass Juan von Frau zu Frau wanderte, weil er von keiner in seinem Herzen berührt werden wollte.
Dann lag Juan im Sterben. Das Letzte, was er sagte, als er sich bei Juanita bedankte und von ihr verabschiedete, war: „Ich wünschte, wir sehen uns in einem neuen Leben wieder!"
„Ich auch!", antwortete Juanita. Und viele, viele Tränen verschlossen ihr die Kehle.

Juan starb – und wurde wiedergeboren. Er bekam einen anderen Namen, aber der ist nicht wichtig. Bleiben wir bei Juan. Er freute sich so sehr, wieder einen gesunden Körper zu haben, dass er sich schon sehr jung wieder für Frauen interessierte. Da traf er die wiedergeborene Juanita. Sie aber war bereits einem anderen versprochen, und die Gesetze ihrer Heimat verlangten, dass sie den Mann auch heiratete, dem sie versprochen war.

Juan brach das Herz. Er fühlte sich derart zu Juanita hingezogen, dass er überzeugt war, niemals mehr eine andere Frau lieben zu können. Er glaubte, in Juanita die Frau zu erkennen, die er in den anderen gesucht hatte. Er wusste natürlich nichts von seiner Neigung, von einer Frau zur anderen zu wandern, und dass er dies in seinem früheren Leben bis zum Exzess betrieben hatte – und dass Juanita ihn damals nicht hatte halten können. Er haderte vielmehr mit dem „brutalen, hartherzigen Schicksal", wie er es nannte, das ihn seine Frau erst dann treffen ließ, als schon „alles zu spät war".

Das Schicksal leistete aber – wie immer – Präzisionsarbeit. Es ging darum, sowohl Juanitas Wunsch nach einer Öffnung von Juans Herz zu erfüllen als auch dem Schicksal ihres Bräutigams wie auch Juanitas eigenem Karma gerecht zu werden. Es war für alle drei Beteiligten wichtig, dass Juanita den Mann heiratete, dem sie versprochen war. Nur dadurch konnte sie ihr Karma erfüllen, und Juan bekam die Möglichkeit, Juanita romantisch zu idealisieren. Da Juanita eine Frau war, die er nicht bekommen konnte, zu der aber eine ganz enge Beziehung aus dem vorherigen Leben bestand, konnte er sie nah an sich, nah an sein Herz heranlassen. So wurde Juanita die Frau seines Lebens. Auf sie wollte er warten. Trotzdem verzichtete er nicht auf eine „kleine Beziehung" hier und da, denn diese Erlebnisse beflügelten sein Wohlbefinden, gaben sie ihm doch das Gefühl, attraktiv zu sein, und schenkten ihm körperliche Nähe. Trotzdem war Juan traurig. Juanita hatte geheiratet und das schmerzte ihn sehr.

Nun war die Zeit gekommen, dass Juan offen für einen Lehrer war – und ihn fand. Ahmed war ein unscheinbarer Mann. Keiner, der sogleich auffiel. Keiner, der auffallen wollte. Er lebte ein ruhiges Leben als kleiner Geschäftsmann. Er verkaufte in seinem Laden alles, was man in der kleinen Stadt benötigte. Seine Arbeit liebte er über alles, denn es bereitete ihm große Freude, seine Kunden gut zu beraten. Natürlich wollte er das Geld verdienen, das er für sich und seine Familie benötigte. Er wollte aber niemanden übervorteilen. Nein, er wollte nicht übervorteilen, sondern einfach teilen. Dies war das Ziel, das er sich für seine Tätigkeit gesetzt hatte. Und dieses Ziel verwirklichte er immer mehr. Ahmed war ein Meister des „flottierenden Geschäftes", wie er es nannte. Hatte er bei einer Ware etwas mehr verdient, konnte er jemandem, der in Not war, dadurch helfen, dass er etwas anderes billiger verkaufte. Ganz unauffällig. Ganz ruhig. Als ein Geschenk! Ahmed kannte die Gesetze des Lebens und verwirklichte sie in seinem Geschäft. Er ging mit dem Leben, und das Leben ging mit ihm. So lebte er sein Herz.
Eines Tages blieb er mit seinem Lieferwagen auf dem Weg nach Hause liegen. Es regnete und wurde dunkel. Ahmed blieb ruhig in seinem Wagen sitzen, denn er dachte sich, dass bestimmt Hilfe kommen würde. „*Hilf anderen und lass ihnen Zeit, dir zu helfen, und die Hilfe kommt*", war sein Motto. Und die Hilfe kam. Es war Juan.

Als er Ahmeds Wagen stehen sah, hielt er sogleich an. Juan und Ahmed kannten sich. Er hatte immer wieder einmal bei Ahmed einge-

kauft, aber außer wenigen Worten wie „Guten Tag, ich brauche dies oder das“ hatten sie nichts miteinander gesprochen. Als Ahmed dann bei Juan im Wagen saß, sprachen sie zum ersten Mal über persönlichere Themen. In der Gesellschaft, in der Juan nun lebte, redete man sich mit du an. So sagte Ahmed: „Wie geht es dir eigentlich, Juan? Du hast in letzter Zeit viel gelitten. Wie gut ich das verstehen kann!“ Juan fiel gar nicht auf, wie unvermittelt Ahmed ihn ansprach. Es berührte ihn vielmehr so sehr, *wie* er angesprochen wurde, dass er sogleich antwortete: „Ja, ich tue mich schwer. Ich habe meine Liebe verloren!“
„Ich weiß“, sagte Ahmed, und in seiner Stimme klang ganz viel Verstehen und So-lassen-Können mit.
„Ich weiß nicht, was ich tun soll!“, meinte Juan.
„Entschuldige“, antwortete Ahmed darauf, „entschuldige, wenn ich dich nun frage, ob du wirklich eine Antwort suchst oder ob deine Frage nur ein Ausdruck deiner Ratlosigkeit ist.“

Ahmeds Worte berührten Juan. Sie bewegten etwas in seinem Herzen. Da schwang etwas mit, das er gut spüren konnte. Er dachte nach. „Ja, ich suche eine Antwort!“, sagte er dann.
„Wenn du eine Antwort suchst, musst du ein Opfer bringen“, erklärte ihm Ahmed. „Weißt du, warum früher den Göttern Tieropfer dargebracht wurden? Aus zwei Gründen: Weil die Menschen es nicht besser wussten und weil es einen tieferen Sinn hatte. Sie wussten nicht, dass der Mensch nicht töten soll. Außerdem können wir dem Allmächtigen, dem alles besitzenden Gott, nicht Sein Eigentum als Geschenk bringen. Dies ist ein Widerspruch in sich.
Der zweite Grund hat aber einen tieferen Sinn: Die Menschen wollten Gott mit dem Tieropfer sagen, dass sie das Tier in sich für Ihn opferten. Sie wollten ihre tierischen Tendenzen opfern und damit Gott in sich verwirklichen. Das ist ein Geschenk, das Gott liebt. Liebst du dich, weil du Gott in dir liebst, so liebt sich Gott in dir. Das ist die wunderbare Einheit. Das ist das Opfer, das in Wahrheit für alle ein Geschenk ist.“

Hier machte Ahmed eine Pause, um Juan eine Zeit zum Nachdenken zu lassen. Nach einer Weile fuhr er dann fort: „Du musst ein Opfer bringen. Das verlangt die Liebe. Das verlangst im Grunde du. Das

verlangt Gott. Der wahre Gott in dir." Juan war ein nachdenklicher Mensch geworden. Er antwortete deshalb nicht sogleich auf das, was er hörte. Er stellte zunächst auch keine Frage, sondern ließ das Gehörte in sich wirken. Es machte für ihn nicht nur Sinn. Es berührte ihn auch. Nach einer Weile, sie waren schon beinahe bei Ahmeds Haus angelangt, fragte er: „Und wie sieht das Opfer aus?"
„Du musst deine Liebe zunächst reinigen und dann rein halten!"
Juan verstand nicht. „Wie meinst du das, reinigen und rein halten?"
„Du darfst nicht weiter von einer Liebschaft zur nächsten wandern. Und du musst deine alten Affären abschließen. Dein Herz ist ein Schlachtfeld. Verglichen damit sind die Schlachtfelder manch eines Krieges harmlos!"
„Und wie reinige ich mein Herz?"
„Entschuldige", antwortete Ahmed, „entschuldige, wenn ich dir keine Antwort gebe. Oder, genauer gesagt, dass ich dir nicht sofort eine Antwort gebe. Überlege dir in Ruhe, ob du wirklich ein Opfer für deine Liebe bringen möchtest. Spürst du genau, dass du es wirklich willst, dann komme bei mir vorbei. Ich bin immer für dich da. Komme, und wir reden!"
„Vielen Dank", antwortete Juan und parkte seinen Wagen vor Ahmeds Haus.
„Ich danke dir, dass du mich aufgelesen hast. Mein Wagen wollte wirklich nicht mehr!", sagte Ahmed beim Aussteigen.
Sie verabschiedeten sich, und Juan fuhr nachdenklich nach Hause. ‚Was meint Ahmed mit Opfer bringen? Was heißt, die alten Affären abschließen?', dachte er und konnte sich keinen Reim darauf machen.

Zu Hause angelangt, setzte sich Juan hin und dachte nach. Ahmed hatte ihn mit dem wenigen, was er gesagt hatte, sehr berührt. ‚Wie viel muss er wissen, wenn er nur ein paar Sätze sagt, dabei aber so viel ausdrückt!', dachte Juan und ließ ein wenig seines Lebens Revue passieren. Da erinnerte er sich an eine Frau, mit der er vor nicht allzu langer Zeit ausgegangen war. Sie war sehr nett und herzlich zu ihm gewesen. Sie hatte auch wirklich versucht, sich in ihn einzufühlen, ihn zu verstehen. Und was hatte er getan? Er hatte sie nur als Ablenkung benutzt. Im Grunde hatte er den ganzen Abend nur an Juanita gedacht. ‚Ich habe sie wirklich missbraucht', dachte Juan und war sehr betroffen. ‚Ich habe kein Recht, so etwas zu tun. Was war sie nett! Was war sie bemüht! Wie herzlich war sie! Und ich? Ich dachte überhaupt nicht an sie. Wie gemein!‘

Juan war tief getroffen von seiner Erinnerung. Zum ersten Mal verschloss er sich solchen Gedanken nicht, sondern ging weiter in der Selbsterforschung: ‚Ich habe doch keiner Frau je eine Chance gegeben. Kein Wunder, dass ich bei Juanita keine Chance hatte! Kein Wunder, dass das Schicksal sie mit einem anderen verheiratet hat!‘
So dachte Juan noch eine Weile nach. Aber er dachte nicht darüber nach, wie viel wenige Sätze eines Meisters auslösen können. Da macht jemand immer wieder die gleichen Fehler, und nichts erreicht ihn. Dann kommt ein Meister, sagt die wenigen, entscheidenden Sätze, und das Herz beginnt bereits, sich zu öffnen. So ging Juan mit vielen Gedanken und einem schweren Herzen schlafen.

Bereits am nächsten Vormittag sah er bei Ahmed vorbei. Dieser freute sich sichtlich über den Besuch, hatte aber keine Zeit. So verabredeten sie sich für den Nachmittag, denn dann war Ahmeds Laden geschlossen.
Sie trafen sich, tranken gemeinsam Tee und nach einer Weile sagte Ahmed: „Ich sehe Wolken auf deiner Stirn.“ Juan drehte seine Augen nach oben, als wolle er sich auf die Stirn schauen. Er lachte über sich selbst und sagte dann: „Du hast Recht. Ich habe gestern Abend über einiges nachgedacht. Mein Leben verläuft nicht optimal!“ Er lachte wieder und fügte hinzu: „Ich will es mal so positiv ausdrücken!“

Ahmed sah ihn ganz ruhig, offen und liebevoll an, dann sagte er: „Du hast Recht, dein Leben verläuft nicht fließend. Du bist nicht im Strom der Welt. Du weißt noch nicht, wohin deine Reise geht.“
„Wie meinst du das, Ahmed?“
„Das Leben ist Fluss. Gehst du nicht mit diesem Fluss, blockiert sich dein Leben. Auf Dauer kannst du das Leben aber nicht behindern. Das Leben ist der große Strom. Du kannst ihn nie aufhalten. Ein Biber kann einen Fluss durch seine Bauten, durch die Bäume, die er ins Wasser fallen lässt, be-ein-fluss-en“, Ahmed dehnte dieses Wort mit Absicht, „er kann aber keinen Strom beeinflussen. In der Mitte des Mississippi

wird es nie eine Biberburg geben. Sie fände keinen Halt. Das weiß der Biber. Er hält sich an die Grenzen seiner Möglichkeiten. An die Grenzen des Stroms. An die Grenzen des Lebens. Kennst du deine Grenzen? Kannst du dich begrenzen? Der Biber überlebt, weil er genau weiß, wie er mit dem Wasser umgehen muss. Er berechnet für seine Bauten selbst die Hochwasser. Wo ist deine Grenze?"

Juan staunte. Irgendetwas berührte ihn, obwohl er es nicht verstand. Er sah Ahmed so fragend an, dass dieser fortfuhr:
„Du bist traurig, weil du die Frau deines Herzens nicht heiraten konntest. Hast du dich aber je auf sie vorbereitet? Hast du in deinem Herzen einen Platz für sie geschaffen? Was bedeutet für dich das Wort Treue? Der Biber ist dem Wasser immer treu. Er ist sein ganzes Leben mit dem Wasser beschäftigt und lässt sich ganz auf den Fluss, in den er seine Burg baut, ein. Deshalb erlebt er keine bösen Überraschungen, obwohl ein Fluss eine gewaltige Kraft hat und eine noch gewaltigere entwickeln kann.
Frauen geben das Leben weiter. Frauen sind die tief wurzelnde Kraft des Wassers. Das Wasser, das im Leben als Leben fließt. Das ist die große Kraft der Frau. Kennst du diese Kraft?
Das Schicksal hat dir deine Frau genommen und du denkst, du hast sie für immer verloren", sagte Ahmed und sah Juan mit klarem Blick an. „Ich will dir etwas sagen", fuhr er fort, „keiner verliert *seine* Frau. Kein Mann verliert seine Frau, wenn er wirklich für sie da ist, wenn er sie liebt und versteht.
Manche Männer sind nicht wie die Biber, sondern eher wie ein Hengst, der immer zu nächsten Weide zieht. Bleibt er stehen, wird er unruhig. Das ist das Dilemma eines solchen Mannes. Er ist ein Hengst und trotzdem muss er stehen bleiben. Nur wenn er seine Frau versteht, sich auf sie einlässt, kommt er an, weil er sich im Strom des Lebens befindet."

Sie tranken schweigend ihren Tee. Juan wusste, dass dies nicht der Augenblick war, Fragen zu stellen. Die Achtung vor dem Gesagten, die Achtung Ahmed gegenüber gebot es, nicht zu fragen und damit die Kraft von Ahmeds Worten zu verwässern. So trank er in Ruhe seinen Tee und ließ seinen Blick über die hügelige Landschaft schweifen.

Ahmed und Juan schwiegen noch eine Weile. Dann zahlten sie, verabschiedeten sich und gingen. Jeder seines Wegs. Aber die Wege waren einander näher gekommen.

Juan ging nach Hause und dachte nach. ‚Ahmed hat viel gesagt!', dachte er. ‚Ich bin also ein Hengst. Ein wilder Hengst. Und sollte doch ein Biber sein! Wie wird man ein Biber? Ja, genau das muss ich Ahmed fragen.'

Und so ging Juan am nächsten Tag wieder zu Ahmed und sagte: „Du hältst mich für einen Hengst. Dabei sollte ich ein Biber sein. Das habe ich jedenfalls gestern deinen Worten entnommen. Das hat mich sehr angesprochen, obwohl ich es nicht ganz verstanden habe."

Ahmed lächelte und antwortete: „Das stimmt. Ich glaube, du bist ein schöner, starker, wilder Hengst. Das fasziniert dich. Ein Hengst ist aber immer in Bewegung. Seine Bewegungen sind wunderschön. Harmonisch, fließend. Elegant. Aber er ist immer in Bewegung. Selbst wenn er schläft, bewegen sich seine Ohren. Genauso bist du ständig in Bewegung. Du wanderst von Frau zu Frau. Dabei denkst du immer an eine andere. An eine, die du nicht bekommen kannst. Das schafft Unruhe. Dein Bauch, deine Brust, dein Kopf, dein Becken sind voller Unruhe."

„Das stimmt", gab Juan ihm Recht, „ich habe viel Unruhe in mir. Ich hatte Zeiten, da musste ich einfach los. Ich musste weggehen. Mich mit einer Frau treffen. Mit einer Frau sprechen. Ihr nah sein."

„So kannst du keiner Frau nah sein! Das geht nicht. Körperliche Nähe ist nur dann wirkliche Nähe, wenn sie aus der seelisch-geistigen Nähe erwächst. Du kannst ein Meisterwerk nur erschaffen, wenn du es bereits *in dir* geformt hast. Das Außen ist immer Ausdruck des Innen. Ohne Herz kann sich kein Arm bewegen. Ein Herz kann aber sehr wohl schlagen, wenn es keine Arme gibt."

Juan verstand nicht. „Was meinst du damit, einer Frau nah zu sein?", fragte er dann.

„Schau", antwortete Ahmed, „du liebst eine bestimmte Frau, bist aber mit anderen zusammen. Wo soll da Nähe sein? Wo ist da Wahrheit?

Aber das sind Fragen für später. Die Hauptfrage für dich heißt im Moment: Wie machst du das? Wie kommt es, dass du das kannst?"

Juan staunte. Diese Frage hatte er sich noch nie gestellt. Er konnte das eben. Fertig, aus! Ahmed sah sein Staunen. Er fand es gut.
Nach einer Pause fragte Ahmed: „Wo ist dein Herz, wenn du bei einer Frau bist?" Diese Frage traf Juan. Er spürte plötzlich, dass er nie wirklich bei einer Frau gewesen war. Nie. Sein Herz war immer woanders. In diesem Leben bei Juanita. Sein Muster war immer noch dem aus seinem letzten Leben ähnlich, obwohl sich etwas Entscheidendes verändert hatte: In diesem Leben blieb Juan auf *eine* Frau bezogen. Diesen Unterschied hatten seine Krankheit und sein Abschied von Juanita im letzten Leben bewirkt.

„Und wie finde ich mein Herz?", fragte Juan.
„Du brauchst dein Herz nicht zu finden", antwortete Ahmed und machte eine kleine Pause, während er einen Schluck trank. „Du musst dein Herz nicht finden", wiederholte er, als er seine Tasse hinstellte, „du musst es nur öffnen!"
Juan sah ihn an und schwieg. ‚Dieser Ahmed weiß viel', dachte er, ‚viel mehr, als er sagt. Er ist offensichtlich ein Meister. Dabei kannte ich ihn bisher nur als ganz bescheidenen Verkäufer! Welch eine Kraft in dieser Bescheidenheit steckt!'
Mit diesen Gedanken drückte Juan genau das aus, was Ahmed gesagt hatte: Er musste sein Herz nicht finden, er musste es nur öffnen. Und genau dies hatte er getan. Zwar einem Mann gegenüber. Aber immerhin jemandem gegenüber, den er als Meister anerkannte. Das war ein großer Schritt. Juan schwieg und ließ das Gesagte und Gedachte auf sich wirken. Das war bereits der halbe Weg.

Juan fragte Ahmed, ob er noch etwas Tee wolle. Als dieser bejahte, schenkte er ihm und sich ein und fragte anschließend: „Und wie öffnet man sein Herz?"
„Jeder auf seine Weise. Gott hat für jeden *seinen* Weg bestimmt. Wenn ich dich aber richtig verstanden habe, möchtest du wissen, wie *du dein* Herz öffnen kannst."
„Ja, genau das interessiert mich!"

„Willst du es wirklich wissen?“
„Ja, wirklich“, antwortete Juan mit ernstem Gesicht.
„Für dich gibt es nur einen Weg: Abstinenz. Enthaltsamkeit. Keinen anderen!“
Juan konnte die Antwort kaum fassen.
„Für wie lange?“
„Bis du Juanita erreicht hast!“
„Das kann ja ewig dauern“, meinte Juan bang.
„Dein Herz ist nicht so verschlossen!“ Diese Bemerkung von Ahmed war sehr weise. Sie machte deutlich, dass er in Juans Herz blicken und außerdem in seine Zukunft sehen konnte. Ahmeds so bescheidenes Wesen zeigte, dass er erleuchtet war.
„Und wie sieht diese Abstinenz aus?“, musste Juan nochmals fragen.
„Dass du keine Beziehungen mehr mit anderen Frauen eingehst. Weder emotional noch körperlich.“
„Das halte ich nicht durch!“, meinte Juan etwas trotzig.
„So darfst du nie, nie denken. Denke nie, dass du es nicht kannst, sondern dass es dein Weg ist, den Gott dir gab, damit du dein Herz und damit *dich* finden kannst.“

Juan dachte nach. Er fand alles, was Ahmed sagte, sehr berührend. Allein er zweifelte, ob er das leisten könne. Frauen waren sein Lebensinhalt. Und nun sollte er sie aufgeben? Wie sollte das möglich sein?
Ahmed konnte Juans Gedanken leicht erraten. Jeder hätte dies tun können, standen sie doch gleichsam mit Leuchtschrift auf seiner Stirn geschrieben. Ahmed aber schwieg.
Nach einer Weile sagte er dann: „Du denkst falsch und machst dir damit das Leben schwer. Stell dir vor, man würde vor ein Kind all das Essen stellen, das es während seines Lebens verzehren wird. Es würde möglicherweise verzweifeln und gar nichts mehr essen. Oder man würde diesem Kind sagen, was es alles in diesem Leben vollbringen müsse. Wahrscheinlich wäre es so entmutigt, dass es gar nichts mehr machen würde. Deswegen gibt es den Schleier des Nichtwissens. Er bewahrt dich vor Mutlosigkeit und Verzweiflung, die zur Tatenlosigkeit führen. Mache dir deshalb das Leben nicht schwer. Denke nicht, dass du eine Ewigkeit lang keine Frau haben wirst, sondern denke jeden Tag: *Heute nicht*. Denke nicht an gestern. Denke nicht an

morgen. Denke nur das eine: *Heute nicht*. Und wenn du abends allein ins Bett gehst und es damit an diesem Tag geschafft hast, dann freue dich. Freue dich jeden Abend über deine Leistung. Du musst dich unbedingt freuen. Unbedingt. Dies darfst du ja nicht vergessen!“

Obwohl Ahmeds Worte ihm große Angst machten, fühlte Juan sich von ihnen sehr angesprochen. Er hatte bereits so viel wegen Juanita gelitten. Er hatte mit so viel innerer Unruhe kämpfen müssen. Warum sollte er nicht einmal einen neuen Weg ausprobieren?

Sie tranken ihren Tee und Ahmed brachte das Gespräch auf Dinge, die mit Juan persönlich nichts zu tun hatten. Juan sollte nicht das Gefühl bekommen, er könne beim gemeinsamen Teetrinken nur über schwierige Themen sprechen. Außerdem sah Ahmed, dass Juans Zeit der Veränderung im Inneren gekommen war, aber noch nicht im Äußeren.

Bald danach traf Juan eine Frau. Es war eine sehr attraktive Frau, und so vergaß Juan sogleich das Gespräch mit Ahmed und ging wenig später eine Beziehung mit ihr ein. Diese Frau war aber mindestens so verletzt wie er. Sie war ähnlich attraktiv und verstrickend wie er. Juan wusste deshalb nie, woran er bei ihr war. Einmal wollte sie ihn sehen. Ein andermal lieber nicht. Das nächste Mal war sie sehr distanziert. Ein weiteres Mal ganz nahe.

Diese Wechselbäder nahmen ihn sehr mit. Immer wieder wollte er sich von ihr trennen. Zu seinem großen Erstaunen musste er aber feststellen, dass er sich nicht von ihr lösen konnte. Über Monate ging es so hin und her. Juan wusste nicht, was er tun sollte. Er spürte, dass dies auf keinen Fall die Beziehung war, die er suchte. Gleichzeitig erkannte er aber, dass er an diese Frau gebunden war und sich, so sehr er es auch wollte, nicht von ihr trennen konnte. Er litt und litt. Er litt einige der Schmerzen, die er Frauen in diesem und im vorherigen Leben zugefügt hatte. Dann zog diese Frau fort, lernte einen anderen Mann kennen und ward nicht mehr gesehen. Auch dies verletzte Juan sehr. Er hatte so viel versucht, getan, ausprobiert, um mit ihr zurechtzukommen, und sie konnte einfach wegziehen, mit einem anderen eine Beziehung eingehen und nichts mehr, auch nicht das Geringste, von sich hören lassen! Juan konnte es nicht fassen.

Als er eines Abends auf dem Balkon seines Hauses saß, in die Wolken sah und nachdachte, kam ihm zum ersten Mal der Gedanke: ‚So, wie ich mich jetzt fühle, haben sich die Frauen gefühlt, mit denen ich zwar Beziehungen hatte, die mich aber nicht interessierten. Wie unfair ich war!' Er staunte, wie schnell die Wolken dahinzogen und sich ständig veränderten. ‚Wie leicht die Wolken sind. Wie ungebunden. Wie glücklich sie aussehen. Ich bin sicher: Wolken sind glücklich!', dachte er. Da kamen ihm die Worte von Ahmed in den Sinn. ‚Alleinbleiben. Alleinsein. Ja, ich werde allein bleiben! Ich werde mir jeden Tag sagen: Heute nicht!'

So blieb Juan allein. Und es war nicht einfach. Immer wieder war er versucht, eine kurze, unverbindliche Beziehung einzugehen. ‚Einfach mal ein paar schöne Stunden mit einer Frau verbringen!' Sein letztes Erlebnis steckte ihm aber noch so tief in den Knochen, dass er seinem Vorsatz treu blieb. Er dachte dann immer an die Ruhe, die Ahmed ausstrahlte. Eine Ruhe, die ihn berührte. Eine Ruhe, die er bewunderte. Dieser Ruhe wegen wollte er es ausprobieren. Deshalb sagte er sich jeden Tag: „Heute nicht!" – und blieb dabei.

Diese Haltung tat ihm gut. Juan fühlte sich nicht mehr so eingespannt, so angespannt, so getrieben. Aber er war auch sehr einsam. Sein Leben hatte irgendwie seinen Sinn verloren. Trotzdem hielt er durch. Ein halbes Jahr.
Als er kurz davor war, in sein altes Leben zurückzufallen, wurde er zum Militär eingezogen. Sein Land befand sich im Krieg, und nun musste auch er an die Front. ‚Na gut', dachte er sich, ‚dann gehe ich eben an die Front. Kann auch nicht schlimmer als hier zu Hause sein! Aber bevor ich gehe, besuche ich nochmals Ahmed.' Er hatte Ahmed in den vergangenen Wochen und Monaten immer wieder getroffen. Ahmed hatte ihm viel Stütze, Ruhe und Hoffnung gegeben.

Nun ging Juan zu ihm und verabschiedete sich von Herzen. „Gott segne dich, mein Lieber", sagte Ahmed. „Du wirst nun ein sehr intensives Leben haben. Es geht um Leben und Tod. Dein Leben und das Leben anderer. In welch eine Dimension du nun kommst! Halte dich an Gott, und Er wird dich leiten. Halte dich an Gott, und Er wird dich sicher nach Hause führen. Bete morgens und abends, und wiederhole während des Tages den Namen des Herrn. Und nütze die freie Zeit, um dich zu entschuldigen."

„Entschuldigen?", fragte Juan, der nicht verstand.
„Ja, entschuldigen", wiederholte Ahmed. „Die Welt ist nämlich auf die Gesetze der Göttlichen Ordnung aufgebaut. Alles hat sein Gesetz, seine Ordnung, nach der es sich richtet. Es gibt die Ordnung, nach der sich die Planeten bewegen. Es gibt die Ordnung, nach der die Welt sich dreht. Nach der die Jahreszeiten sich abwechseln. Es gibt die Ordnung, wie Handwerker, Krieger, Richter, Herrscher sich verhalten sollen. Das Sanskritwort dafür ist *Dharma*. Dies kannst du mit Rechtschaffenheit, mit Ordnung oder mit rechtem Tun übersetzen. Dieses rechte Tun hat seine Wurzeln in Gott. Und das heißt: Handelst du in Liebe, in Wahrheit, in Frieden und gewaltlos, so bist du rechtschaffen und Gottgefällig. Und die Rechtschaffenheit lebst du als Krieger dadurch, dass du dein Land verteidigst und niemals aus Eigennutz verletzt geschweige denn aus Hass tötest.

Das *Dharma* in der Beziehung von Mann und Frau ist die Treue. Treue ist praktizierte Liebe. Wer nicht treu ist, wer sich trennt, lebt nicht nach der Göttlichen Ordnung. Gott liebt die Einehe."

Juan sah Ahmed mit großen Augen an. Es gab da viel, was ihn faszinierte. Einmal die Gedanken selbst. Sie berührten ihn sehr. Dann war da aber auch die Tatsache, dass Ahmed all dies so klar wusste und sagte – und dass er dies erst jetzt tat! Er war nicht etwa am ersten Tag ihrer näheren Bekanntschaft damit herausgeplatzt. Oder ein anderes Mal, als sie sich getroffen hatten. Nein, erst jetzt bei einem so wichtigen Abschied. Juan war sehr berührt. Er spürte, dass Ahmed genau wusste, wann der rechte Augenblick war.

‚War dies nicht auch *Dharma*?', dachte er und hatte sogleich verstanden, was dieser gemeint hatte.
„Sage mir, Ahmed, bei wem soll ich mich entschuldigen?"
„Bei allen, die direkt und indirekt davon betroffen sind, dass du dich nicht an das *Dharma* der Einehe gehalten hast.

1. *bei allen Frauen, mit denen du zusammen warst.*
2. *bei den Partnern dieser Frauen, die in der einen oder anderen Weise damit zu tun haben, dass diese mit dir zusammen waren.*
3. *bei Gott, dass du Beziehungen ohne Seinen Segen hattest und dass du Beziehungen hattest, bei denen du überhaupt keinen Segen haben wolltest, da du diesen Begegnungen von vornherein keine große Bedeutung beigemessen hast.*
4. *bei dir selbst, dass du dich so gering geachtet hast, dich in solche unklaren und egoistischen Beziehungen zu verwickeln.*

All dies ist ganz wichtig für dich. Denn jeder, der vorherige Beziehungen hatte, sollte sich durch diese ernst gemeinten Entschuldigungen innerlich frei machen.“

Wie immer, wenn er etwas Wichtiges hörte, schwieg Juan erst einmal. Er dachte über das Gehörte nach und ließ es in sich nachklingen. Er trank ganz bedächtig von seinem Tee. Nach einer Weile sagte er dann: „Ich spüre, dass es wichtig ist, was du sagst, Ahmed. Du weißt viel. Ich habe da aber noch eine Frage: Wie entschuldige ich mich? Muss ich jeden persönlich aufsuchen?“
„Eine wichtige Frage! Dazu gibt es zwei Antworten: Erstens solltest du keinen persönlichen Kontakt aufnehmen, sondern Gott bitten, die Entschuldigung weiterzugeben. Dies ist in diesem Fall die perfekte Form der Entschuldigung, da Gott genau das weitergibt, was richtig und wichtig ist.“
„Und die zweite Antwort?“
Ahmed lachte: „Es ist dir aufgefallen, dass ich nur das eine erwähnte! Du denkst mit! Die zweite Antwort ist, dass Sexualität alles verändert. Für immer. Da gibt es kein Zurück. Es gab Gesellschaftsformen, da dachten die Menschen, Sexualität sei etwas ganz Banales. Da kam jeder mit jedem zusammen, und am nächsten Tag behandelten sie sich so, als sei nichts gewesen. All diese Gesellschaften sind untergegangen – oder werden untergehen. Sexualität ist eine Göttliche Energie, denn sie schafft neues Leben. Wer sie nicht achtet, achtet Gott nicht! Deshalb solltest du keinen Kontakt mehr mit deinen früheren Partnerinnen pflegen. Was gewesen ist, ist gewesen. Es gibt kein Zurück

mehr. Gehe nicht zurück, sondern mache dich mit Hilfe der Entschuldigungen frei. Und entschuldige dich nicht selber, bitte vielmehr Gott, deine Entschuldigung weiterzugeben. Gehe mit Gott und werde frei!" „Wie wichtig!", antwortete Juan wieder. Wie auch sonst sprachen sie nun über andere Dinge. Dann verabschiedeten sie sich. Juan war sehr nachdenklich. Ahmed umarmte ihn und wünschte ihm Gottes Segen.

Am nächsten Tag ganz früh fuhr Juan an die Front. Es kam nun eine schwere Zeit für ihn. Er musste in Schützengräben sitzen, auf Angreifer schießen, seinen verwundeten Kameraden beistehen, viel Nässe und Kälte aushalten. Die Zeit verging. Wann immer er aber konnte, sprach er mit Gott und bat Ihn, seine Entschuldigung weiterzugeben, so wie Ahmed es ihn gelehrt hatte. Dann wurde er schwer verwundet. Mehr tot als lebend wurde er ins Lazarett gebracht. Viele, viele Wochen lag er hier, und lange wussten die Ärzte nicht, ob er überleben würde. Eine Krankenschwester pflegte ihn besonders hingebungsvoll. Sie war in einem zurückliegenden Leben eine Frau gewesen, die ihn sehr verletzt hatte. Sie bekam jetzt die Chance, dies wieder gutzumachen.

Als es Juan ganz allmählich besser ging, unterhielt er sich mehr und mehr mit ihr. Und wieder kam sein „Jagdinstinkt" hoch. Am liebsten wäre er mit dieser hübschen Schwester ausgegangen. Da wurde ihm aber seine Auf-Gabe bewusst: Er wollte das alte Leben doch nicht weiterleben, sondern wollte endlich für Juanita offen sein. ‚Will ich das überhaupt?', fragte er sich. ‚Was soll ich mit Juanita?'

„Willst du etwas erreichen, musst du etwas opfern", hatte Ahmed ihm einmal gesagt. ‚Was will ich? Wozu habe ich überlebt?', fragte sich Juan, während er auf dem Feldbett im Lazarett lag und die Verstrebungen an der Decke betrachtete. ‚Was will ich? Was ist richtig für mich? Wo will ich hin? Will ich Juanita oder diese Krankenschwester? ... Ahmed sagte mir, ich solle mir vergeben. Das ist wichtig. *Ich verstehe unter Vergeben auch, dass ich mir Zeit lasse.* Dass ich nichts übereile. Dass ich nachdenke, nachspüre und herauszufinden versuche, was ich, was mein wahrer Kern will.'

So horchte Juan immer wieder in sein Herz hinein. Er merkte dabei, dass er alle Frauen mit Juanita verglich. ‚Wenn ich alle Frauen mit ihr vergleiche, dann ist es sie, sie allein, die ich suche. Ich habe die schwere Verwundung überlebt. Ich habe ein neues Leben bekommen', dachte Juan, und dieses Leben möchte ich für mich nutzen. Ich will mich für mich entscheiden. Und entscheide ich mich für mich, muss ich mich für Juanita entscheiden, denn sie ist in meinem Herzen.'

Der Umgang mit der herzlichen Krankenschwester war nicht immer leicht für Juan – besonders als es ihm besser ging und seine Lebensgeister und seine Vitalität immer stärker wurden. Er dachte in den Momenten, in denen er der Versuchung immer wieder Auge in Auge gegenüberstand, an Ahmeds Satz: „Sag dir stets: Heute nicht!" Das half ihm. Trotzdem brannte seine Seele immer wieder.

Warum sollte er sich für die doch unerreichbare Juanita entscheiden, wo diese liebe Krankenschwester hier war?, fragten die ungestümen, die körperlichen Anteile in ihm. ‚Warum soll ich eigentlich?', fragte sich Juan und erkannte die Antwort. ‚Weil ich lang genug alles Mögliche getan habe, nur habe ich mich nie gefragt, was es bedeutet, das zu leben, was meine Seele benötigt. Heute spüre ich genau, dass mir meine Entscheidung gut tut. Ich weiß, dass Juanita in meinem Herzen ist. Und ein einziges Mal in meinem Leben möchte ich meinem Herzen treu sein. Ein einziges Mal!'

Das war aber gar nicht so einfach. Immer wieder kamen Juan Zweifel. Immer wieder fühlte er sich versucht, doch seinen alten Weg zu gehen. Besonders, wenn andere Genesende weiblichen Besuch bekamen, ausgingen und fröhlich wiederkamen, war es für ihn kaum auszuhalten. Es kämpften in ihm zwei so gegensätzliche und so starke Seelen, dass er manchmal von der Angst befallen wurde, er werde auf der Stelle verrückt. Immer wieder lag er nachts wach und zweifelte an seinem Entschluss – und an seinem Verstand! Er lag dann da und hatte die größte Mühe, sich nicht in den buntesten Bildern auszumalen, wie schön ein Zusammensein mit „seiner" Krankenschwester wäre. In diesen Momenten zwang er sich aber, an Juanita zu denken. Und gelang ihm das nicht, dann dachte er an Gott und wiederholte Seinen Namen. Damit bekam er Ruhe und dankte Ahmed und Gott von Herzen.

Die Situation verschlimmerte sich nochmals, als sein Entlassungstermin näher rückte. Er wusste, dass er „seine“ Krankenschwester aus den Augen verlieren würde, wenn er das Lazarett verließ – und sie ihn. Immer wieder war er von Zweifeln zerfressen. Darüber hinaus musste er noch miterleben, wie ein anderer Soldat sich um die Schwester bemühte. Was würde werden, wenn er ging? Und wenn er nie mit Juanita zusammenkäme? Er litt so, dass er nur noch den Namen des Herrn wiederholen konnte. Das verschaffte ihm Erleichterung, aber die Schmerzen begannen von neuem, sobald er damit aufhörte.

Juan spürte, wie sein Körper von Tag zu Tag gesünder, seine Seele aber zerrissener wurde. So humpelte er mit dem Namen des Herrn auf seinen Lippen durch das Lazarett und übte mit Krücken die ersten Schritte. Er versuchte, an nichts anderes zu denken. Aber wie sollte er dies tun, wo „seine“ Schwester ihm immer wieder beim Gehen half? Sie war ihm dann so nah, so spürbar, so greifbar nahe. Er konnte nicht anders, als bei dem Namen Gottes Zuflucht zu suchen. Er wiederholte und wiederholte ihn – bis er plötzlich begriff: Wenn er nicht durchhielt, würde er viel, unendlich viel verlieren. Alles Kämpfen wäre umsonst gewesen. Das wollte er nicht, und daraus schöpfte er Hoffnung.

Juan durchlitt die letzten Tage bewusst, verabschiedete sich jedes Mal, wenn er „seine“ Krankenschwester sah, mit Tränen im Herzen von ihr – Tränen, die er auf keinen Fall zeigen wollte.
Es kam der Tag der Entlassung. Er ging zu ihr, überreichte ihr ein schönes Geschenk und verabschiedete sich von ganzem Herzen. Dabei bat er Gott, Er möge sie schützen, führen und segnen. Dann ging er, bevor ihm seine gebrochene Stimme alles verderben würde. Denn er wusste, wenn sie ihn zu sehr berühren würde, könnte er nicht mehr widerstehen.
Er fuhr los und winkte noch eine Weile.

‚Ich habe nie gewusst, dass mein Herz so leiden kann!', dachte er. ‚Gott, welch einen schweren Weg du für mich gewählt hast!‘ Traurig und in sich gekehrt kam er zu Hause an. Er setzte sich auf seinen großen Balkon und sah wieder den Wolken nach. ‚Ja, ja, die Wolken‘, dachte er, ‚wir müssen uns verändern wie die Wolken. Ganz geschmeidig dahinziehen. Immer im Kontakt mit dem Himmel. Immer nahe dem Licht! Ja, ja, der Lebensstrom – von dem Ahmed sprach! Wie mag es ihm nach all der Zeit wohl gehen?‘ Juan wusch sich, zog sich an und ging sogleich zu Ahmed. Kaum war er in den Laden getreten, sah Ahmed ihn und erkannte sofort, wie sehr er sich verändert hatte.

„Ah, da bist du!“, rief Ahmed aus. „Wie schön, dass du wieder da bist. Und wie schön deine Seele ist!“
Juan staunte.
„Du kommst genau richtig. Ich schließe nämlich gerade, und wir können einen Tee zusammen trinken.“
„Sehr gerne, Ahmed“, antwortete Juan, nachdem er ihn herzlich umarmt hatte.
Sie gingen wieder ihren Tee trinken. Ahmed erkundigte sich nach Juans Erfahrungen, nach seinen Verwundungen – den inneren und den äußeren. Juan erzählte von seiner Zeit im Lazarett und davon, wie sehr ihn der Verlust „seiner“ Krankenschwester schmerze. „Welch eine Leistung du vollbracht hast“, bewunderte ihn Ahmed. „Welch einen großen Krieg du gewonnen hast! Ich gratuliere dir. Wie sehr dich diese drei Jahre verändert haben! Du bist als Krieger gegangen und als ein Held wiedergekommen! *Ein Held bist du deshalb, weil du alte Neigungen besiegt und einen tiefen Kontakt zu Gott aufgebaut hast. Wer das schafft, ist ein wirklicher Held.* Du wirst mit einem Orden belohnt werden – das Karma wird dies mit Sicherheit tun!“ Ahmed prostete Juan mit seiner Teetasse zu, und seine Augen strahlten.

Dann sprachen sie über dies und jenes, was zwischenzeitlich geschehen war. Nach einer Weile, als er sich lange genug auf die Schwingung von Juans Seele eingestellt hatte, sagte Ahmed: „Es gibt noch eine Neuigkeit: Juanitas Mann musste so wie du und viele andere auch in den Krieg. Er ist bereits ganz zu Anfang gefallen. Fast drei Jahre ist es nun her.“

Juan blieb fast das Herz stehen. Dasselbe Herz, das beim Abschied von der Krankenschwester so gelitten hatte, dass es fast zerbrochen wäre, blieb nun beinahe stehen, und ein heilsamer Hoffnungsstrahl entstand wie blaues Licht.
Als er nach Hause kam, überlegte Juan sogleich, was er tun könne. Er wollte Juanita sofort anrufen. Er zitterte aber am ganzen Körper. Dann betete er zu Gott, Er möge ihn führen und ihn nur das Beste für alle Beteiligten tun lassen. Nachdem er so gebetet hatte, rief er mit bangem Herzen an. Juanita antwortete. Sie freute sich hörbar, dass er anrief. Das machte ihm Mut und erwärmte sein Herz. Sie verabredeten sich für den nächsten Nachmittag in einem Café. Juan schlief die ganze Nacht nicht. ‚Gott sei Dank habe ich den Namen des Herrn', dachte er, ‚sonst würde ich bestimmt verrückt werden! Ich bin so schrecklich aufgeregt!'

Er kam – natürlich! – zu früh ins Café. So wartete er wieder eine Ewigkeit. Dann kam Juanita. Er stand auf und ging ihr entgegen. Sie war strahlend und herzlich wie immer. Aber sie war nicht die Juanita seines Herzens. Das wusste er sofort. Sie war eine liebe, liebe Frau. In seinem Herzen war aber eine andere.
Er war erstaunt. Im ersten Augenblick auch enttäuscht. Dann spürte er eine große Freude in sich. Er fühlte sich ganz weit. Ganz offen. Ganz frei. Das erste Mal in seinem Leben war er frei. Frei von einem krankhaften Zwang, der ihn wie eine Marionette bestimmt hatte. Einem Zwang, den Juan als Freiheit missverstanden hatte. Nun war er frei. Nun spürte er inneren Frieden in seinem Herzen. Er hatte die äußere Juanita für immer verloren. In seinem Herzen hatte er aber *seine* Juanita gefunden. Dieses Bild der Frau, das er nie gehabt hatte, lebte nun in ihm und gab ihm inneren Frieden – einen Frieden, der ins Glück hineinragte.

Durch den Tod ihres Mannes konnte auch Juanita ganz von Juan lassen. Auch sie hatte immer wieder an ihn gedacht. Auch an ihr waren die Erlebnisse des letzten Lebens nicht spurlos vorübergegangen. Dadurch, dass ihr Mann gefallen war, wurde dieser aber zum Held ihres Lebens. Dadurch baute sie eine Beziehung zu ihm auf. Sie wurde zu einer Tiefe und Offenheit fähig, durch die sie in ihrem nächsten

Leben eine äußerst beglückende Ehe mit ihm führen konnte – einem nächsten Leben, das bald sein würde, da sie wenige Monate nach diesem Treffen starb.

Juan begegnete Juanita bei jenem Treffen sehr herzlich, mit viel Achtung und Dankbarkeit. Er spürte genau, dass sie nicht seine Partnerin war. Er wusste aber auch, dass er ihr seine innere Juanita zu verdanken hatte. Das sagte er ihr, und auch dieser Ausdruck von Dankbarkeit machte ihn frei.

Als er an diesem Abend nach Hause kam, wusste er, dass Juanita seine Lehrmeisterin gewesen war. Er spürte aber auch, dass Juanita nicht mehr der richtige Name für sein inneres Bild war. ‚Wie soll ich sie nur nennen?', fragte er sich. Er dachte an Maria, die Gott-Mutter. Maria ist das Symbol für die Liebe, die die Welt umsorgt.

Dieses Bild ließ Juan durch seine Seele fließen. Wie eine Ikone, die immer zur Anbetung auffordert. Dieses Bild, das er so viele Leben lang bei so vielen Frauen gesucht hatte. Diese Fülle hatte er gesucht. Gefunden hatte er dagegen eine große Leere, weil er sie nur im Körperlichen und nicht im Geistig-Spirituellen gesucht hatte.

Drei Tage nach seiner Begegnung mit Juanita traf er sich wieder mit Ahmed. Sie unterhielten sich ein wenig über das Treffen, und Ahmed war von Herzen froh, dass Juan so eine wundervolle Entwicklung gemacht hatte. „Was willst du nun tun?", fragte er.

„Ich werde vermehrt meiner Arbeit nachgehen", antwortete Juan.
„Das ist gut. Ich sehe aber einen Schatten in deinem Herzen."
„Einen Schatten in meinem Herzen?", fragte Juan zurück.
„Ja, einen Schatten!", sagte Ahmed mit Bestimmtheit.
„Und was soll das sein?"
„Du gehst von einem Extrem zum anderen", antwortete Ahmed. „Früher hattest du eine äußere Frau nach der anderen, ohne eine innere Frau zu haben. Nun hast du eine wunderbare innere Frau, aber keine äußere. Das ist nicht ausgewogen. Ich sage: Das Leben ist ein Strom. *Es ist das Wesen eines jeden Stromes, dass er nach Ausgleich strebt.* Wo ist dein Ausgleich?"

Juan verstand nicht. Seiner alten Gewohnheit treu, schwieg er und ließ Ahmeds Worte in sich wirken. Nach einer Weile sagte er dann: „Ahmed, was möchtest du mir damit sagen? Ich verstehe dich nicht.“
„Die Ikone in deinem Herzen bedarf eines Bildes vor deinen Augen!“
„Und wie sieht das aus?“, fragte Juan und wusste überhaupt nicht, was Ahmed meinte.
Ahmed tat so, als tränke er nachdenklich seinen Tee, sah Juan an und sagte nach einer Weile: „Du hast deine Frau kennen gelernt. Du glaubtest damals aber, deine Frau sei Juanita, und hast sie deshalb aus deinem Bewusstsein verbannt. In deinem Herzen ist sie aber noch zu sehen. Wo ist die Krankenschwester, die dein Herz so sehr berührte? Du darfst sie nicht verbannen. Sie ist Teil deines Herzens! Heute bist du reif für sie. Heute kann sie deine Frau werden, denn sie kann in deinem Herzen ein Zuhause finden, da du dich heute von einer Frau berühren lässt.“

„Wie soll ich sie aber finden? Das Lazarett ist bestimmt bereits aufgelöst, oder zumindest ist sie abgereist“, zweifelte Juan.
„Wenn du sie nicht suchst, bist du weder wert, dass du sie findest, noch kannst du sie finden. Sie ist eine gute Frau. Deshalb wirst du sie finden, weil sie dir treu ist. Und sie ist dir treu, weil sie ihrem Herzen treu ist. Und sie kann ihr Herz für dich bewahren, weil du sie durch deine Integrität, durch deine innere Suche und deine Treue berührt hast. Sei ihr, sei deinem Herzen, sei der Frau in deinem Herzen treu, und du wirst sie finden. Das ist ein Gesetz: Stellt sich ein Mensch mit seinem ganzen Herzen auf seinen Partner ein, so wird er ihn finden. Nur wenn das Bild in deinem Herzen unklar ist, nur wenn ein Teil ihn doch nicht will, findest du ihn nicht. Sonst kommst du unweigerlich mit ihm zusammen. Du wirst sehen!“
Juan war von diesen Worten sehr bewegt. Ahmed hatte einen Teil in ihm angesprochen, den er weggeschoben und vergessen hatte. Nun bekam er Kontakt damit, und es lebte eine neue Kraft in ihm auf.

So war Juan wenig später auf der Reise und suchte seine Krankenschwester. Als er zu dem Lazarett kam, war es so verlassen, wie er befürchtet hatte. Einem Mann, der dort wachte, hatte sie aber ihre Adresse hinterlassen. So fand er sie einige Kilometer entfernt.

„Warum hast du ihm deine Adresse hinterlassen?", fragte Juan sie. „Ich wusste, dass du wiederkommen würdest", antwortete sie und sah ihn mit ruhigem Glanz in den Augen an.
„Woher wusstest du das?"
„Weil du Teil meiner Seele bist. Du musstest meinen Teil in deiner Seele noch finden. Ich war aber schon lange bei dir angekommen. Das Einzige, was uns trennte, war die Zeit. Die Zeit, die uns jetzt verbunden hat."
Juan erlebte sein Herz voller Glück, denn er war endlich bei seiner Frau, der wahren Juanita, die er immer gesucht hatte, angekommen.

Bald darauf heirateten sie und bekamen zwei Kinder, die sie gemeinsam großzogen. Und sie staunten, wozu die Liebe fähig ist. Die Liebe, der Gott, den sie sahen, wenn sie ins eigene Herz blickten. Und der Gott, den sie in ihrem Herzen sahen, hatte jeweils das Gesicht ihres Partners. Dieser Gott segnete ihre Ehe mit Achtung und Glück. Und innere Ruhe schmückte ihr Leben.

ULRICH
oder DER SEGEN DER ZUFRIEDENHEIT

Ulrich war „Uh- *rich*“ (vom Englischen *rich,* reich), das heißt sehr reich. Schon als seine Eltern sich kennen lernten, besaßen beide ein ansehnliches Vermögen. Durch die geschickten Geschäfte, die sein Vater tätigte, wurden sie sogar noch reicher.
Ulrich wuchs somit im Wohlstand, im Überfluss auf. Leider war dieser Überfluss ausschließlich auf das Materielle beschränkt. Es fehlte ihm weder an gutem und gesundem Essen noch an Sport, an schöner Kleidung, an guten Schulen und vielen Freunden. Aber Werte, spirituelle Ausrichtung, Charakterbildung wurden ihm nicht vermittelt.

Dies ist die Tragik vieler Kinder, die im materiellen Überfluss aufwachsen: Sie bekommen viel zu viel Unwichtiges, aber zu wenig Entscheidendes. Und anstatt Charakter auszubilden, entwickeln sie unzählige Ansprüche, Launen und damit ein großes Ego, das ihnen ein Leben lang unendlich viele Probleme schafft. Ulrich war also im Grunde bettelarm. Das wusste er natürlich – wenn auch nicht bewusst. Er wusste es aber auch deshalb, weil er immer wieder spürte, wie ungerecht, wie unnahbar, wie wenig nachempfindend, wie lieblos seine Eltern waren. Sie kauften ihm zwar Unmengen von allem, was man nur kaufen kann. Das Entscheidende jedoch, das, was man nicht kaufen kann, den zarten Hauch der Liebe, der sich über alles breitet und alles verändert, blieben sie ihm schuldig.

Dies ist das entscheidende Wort: Schuldig. Schuld ist im Deutschen sowohl ein finanztechnischer als auch ein ethischer Begriff. In anderen Europäischen Sprachen gibt es diese Verbindung von finanzieller und ethischer Schuld nicht in diesem Maße. Das Deutsche ist eine sehr philosophische Sprache, denn es ist richtig, dass derjenige, der Schulden macht, beziehungsweise derjenige, der Schulden machen lässt, sich auch leicht *schuldig* macht. Dies klingt zunächst eher unklar oder gar „moralisch". Bei näherer Betrachtung kann man jedoch erkennen, dass dem nicht so ist, sondern dass in dem Wort eine tiefe Weisheit steckt.

Macht jemand Schulden und kann sie nicht zurückzahlen, macht er sich an demjenigen schuldig, der ihm das Geld geliehen hat. Denn dieser geht gewöhnlich davon aus, dass er sein Geld zurückbekommt. Erhält er es nicht, kann ihn dies in mancherlei Schwierigkeiten stürzen. Manch einer kalkuliert genau dies in seine Planungen ein: Er leiht sich Geld mit dem klaren Vorsatz, es nicht wieder zurückzugeben. Damit macht er sich schuldig und steht eines Tages mit absoluter Sicherheit an der Stelle dessen, den er heute betrügt. Denn zwischen Betrüger und Betrogenem steht allein die Zeit. Die Zeit bedingt im Handumdrehen, dass aus dem einen der andere wird.

Manche laden aber auch Schuld auf sich, weil sie Kredite gewähren, von denen sie genau wissen, dass sie nicht zurückgezahlt werden können. Manch eine Bank tut dies. Sie führt ihre Kunden vorsätzlich hinters Licht, um an deren Vermögen zu kommen. Können diese Armen ihren Kredit nicht vertragsgemäß zurückzahlen, so wird ihnen alles, was sie der Bank an Sicherheit gegeben haben, genommen. Ist es zum Beispiel ein Haus, so wird es versteigert und sie verlieren alles: Das, was sie bereits gezahlt haben, das, was sie an Vermögen noch besaßen, und darüber hinaus auch noch ihr Zuhause.

Vielen geht es danach viel, viel schlechter, als es ihnen gegangen wäre, wenn sie keinen Kredit aufgenommen hätten. Die Banken, die Gläubiger haben ihr Geschäft gemacht. Ich frage mich aber, was für ein Geschäft? Lohnt es sich, für ein paar tausend Mark oder auch für eine Million andere ins Unglück zu stürzen?
Ich sage immer: Alle sind eins. Hier wird dieser Satz besonders deutlich: Du stiehlst heute durch eine betrügerische Machenschaft jemandem Geld. Er verliert es, und du bekommst es. Heute. Und

morgen? Morgen verlierst du es, und er bekommt es! Deshalb lohnen sich solche Geschäfte nie – ganz davon abgesehen, dass du dich durch Betrug von Gott entfernst. Lohnt sich da die Million, die du ergaunerst? Glaubst du, du machst einem Ertrinkenden eine Freude, wenn du ihm sagst, er solle sich keine Sorgen machen, er habe im Lotto gewonnen? Über diese Nachricht freut er sich erst, wenn er wieder festen Boden unter den Füßen hat, denn dieser ist ihm in dem Moment viel wichtiger als alles Geld. Was nützt ihm schließlich das Geld, wenn er ertrunken ist?

Der feste Boden unter deinen Füßen ist deine Beziehung zu Gott. Sie gibt dir Ruhe und Zufriedenheit. Das Geld dagegen versetzt dich in ständige Unruhe, denn Geld ist untrennbar mit Immer-Mehr-Wollen verbunden. Wer Gelderwerb als das Ziel seines Lebens ansieht, kann deshalb niemals zufrieden werden.
Er läuft ständig Gefahr, sich schuldig zu machen, denn wer immer mehr will, ist immer wieder versucht, über die Grenzen von *Dharma*, von Rechtschaffenheit, hinwegzugehen.

Das taten Ulrichs Eltern: Sie kümmerten sich mehr um ihren Wohlstand als um die innere Entwicklung ihres Kindes. Sie kümmerten sich mehr um Geld und Ansehen als um den Charakter ihres Sohnes. Nichts Schlimmeres können Eltern ihren Kindern antun!

Geld ist wie ein Schuh: Es muss passen. Hast du zu wenig Geld, dann ist der Schuh zu klein, und er drückt dich. Ist er zu groß, gibt er dir keinen Halt. Mit anderen Worten: Zu wenig Geld macht das Leben schwer, zu viel Geld macht es haltlos. Deswegen dürfen Eltern ihre Kinder nicht mit Geld überschütten. Anstatt um das Geld sollten sie sich um den Charakter ihrer Kinder kümmern, und um diesen auszubilden, ist weniger Geld immer besser als zu viel.
Viele Eltern verwenden außerdem Geld als einen Ersatz für Liebe, als einen Ersatz für Spiritualität. Quantität kann aber nie Qualität ersetzen. Eine Mutter kann stundenlang ihr Kind streicheln, spürt dieses aber nicht, dass die Mutter es wirklich liebt, wird es das Streicheln kaum wahrnehmen und sich ihm voraussichtlich schnell entziehen.

Geld ist Materie. Materie hat zunächst keine Bedeutung. Kleine Kinder zum Beispiel behandeln Geld genauso wie Papier. Es hat für sie keinen Wert. Den bekommt es erst dadurch, dass dem Kind bewusst wird, was es alles mit Geld machen, was es bewirken kann. Damit bekommt Geld eine Bedeutung. Und dies ist die Qualität. Wird nämlich Geld entwertet oder durch eine andere Währung ersetzt, verliert es von einem Tag auf den anderen seinen Wert – es wird damit von einem Tag auf den anderen von Qualität zu Quantität, von einem Bündel Reichtum zu einem Bündel Papier, wie vieles andere auch.

Geld kann viel bewirken. Was viel bewirken kann, ist einerseits gut, kann aber auch gefährlich werden. Mittels eines Messers kann man zum Beispiel Dinge in ihrer Beschaffenheit verändern. Du kannst eine Mohrrübe in winzige Stückchen zerkleinern oder aus einem Stück Holz eine Figur schnitzen.
Du kannst damit aber auch dich und andere verletzen – oder gar töten. Das Messer bewirkt in jeder Richtung, in der positiven und der negativen, mehr als zum Beispiel ein Löffel. Deshalb muss man mit einem Messer viel vorsichtiger umgehen als mit einem Löffel.

Genauso ist es mit dem Geld. Als besonderer Bedeutungsträger kann es in jeder Hinsicht viel bewirken.
Geld ist einem scharfen Messer vergleichbar: Es kann dir und anderen helfen. Du kannst Geld verwenden, um anderen eine Freude zu machen: Ihre Not zu lindern oder ihnen zum Beispiel eine Ausbildung zu ermöglichen.
Du kannst es aber auch missbrauchen, um Macht über andere zu erhalten, andere auszubeuten oder gar zu unterdrücken. Geld ist ein sehr scharfes zweischneidiges Schwert: Du kannst einerseits, wie einst Alexander der Große, Probleme mit einem Schlag, mit einem Scheck lösen. Du kannst aber auch jederzeit dich und andere verletzen.

Der Preis für den Missbrauch von Geld ist Isolation. Unzählige reiche Menschen sind einsam, fühlen sich verlassen, können trotz – oder wegen! – ihres Geldes ihrem Leben keinen Sinn geben. Außerdem befürchten sie, dass jeder, der ihre Gesellschaft sucht, nicht sie, sondern ihr Geld meint. Viele haben zu viel Geld, aber zu wenig Ethik, zu wenig seelische Stärke und zu wenig Spiritualität.

Sind nun reiche Menschen schlechter als arme? Natürlich nicht. Dies wäre so, als sagte man, Deutsche oder Italiener seien schlechter als Franzosen oder Engländer. Dies ist eine völlig sinnlose Aussage. Denn Gute und Schlechte gibt es überall.
Geld hat aber die Wirkung, Eigenschaften bei Menschen deutlich zu machen. Konntest du als Armer zum Beispiel deinen Geiz mit der Entschuldigung verbergen, dass du nichts hast, kommt diese Schwäche ans Licht, wenn deine finanzielle Situation deutlich macht, dass du geben könntest, wenn du wolltest.

Geld ist somit wie eine besondere Fähigkeit: Du musst die passenden Charaktereigenschaften haben, um es handhaben zu können. *Zu diesen Eigenschaften gehören übergeordnete Werte und Tugenden wie Liebe, Opferbereitschaft, Rechtschaffenheit, Wahrhaftigkeit, Friedfertigkeit, Mitgefühl, Achtung, Achtsamkeit und Gewaltlosigkeit.*
Hast du diese Eigenschaften nicht, wird Geld für dich nicht das Lösen, sondern das Schaffen und Anhäufen von Problemen darstellen – früher oder später.

Kein Wunder also, dass Ulrich heranwuchs und nicht erfuhr, worum es im Leben geht: Um Liebe, Verständnis, Mitgefühl und den weisen Umgang mit Geld.
Zudem erfuhr er nichts Wichtiges über Gott.
Ulrich besuchte gute Schulen, eine renommierte Universität, verkehrte in so genannten „interessanten" Kreisen. Er pflegte den Umgang mit Leuten, die für sein berufliches Fortkommen von Interesse sein konnten. Was aus seiner Seele, was aus seiner Freude wurde, darum kümmerte sich jedoch niemand.

Hier stoßen wir wieder auf eine interessante Eigenschaft des Geldes: Die meisten jagen ihm nach, weil sie sich davon Glück versprechen. Sie meinen, Glück könne man kaufen. Man kann sich aber ein Haus,

Diener, Bequemlichkeit und sogar einen Partner kaufen. Aber kein Glück und keine Liebe. Dies ist die Wahrheit, die die Illusion, Geld bringe Glück, mit einem Federstrich wegstreicht.
Deshalb wird derjenige, der sich einen Partner des Geldes wegen wählt – weil er damit zum Beispiel ‚endlich" seine Geldsorgen los sein will –, nicht allzu lange auf die Zerstörung seiner Hoffnungen warten müssen. Finanzielle Interessen sind nämlich kein gutes Fundament für ein so vielschichtig aufgebautes Gebilde, wie es die Ehe ist. Deshalb führen Beziehungen, die anstatt auf Liebe auf Geld oder sonstigen Egointeressen aufgebaut sind, bald zu Enttäuschung und Trauer anstelle von Ruhe und Glück.

Dies war auch Ulrichs Los. Er hatte von seinen Eltern und Freunden keine wahre Geborgenheit und keine ihn mitbedenkende Liebe kennen gelernt. Traf er seine Eltern, so war es für ihn langweilig, weil er ihnen nichts zu sagen hatte. All ihre hausgemachten Problemchen und Wehwehchen interessierten ihn nicht. Er ging aber brav mit ihnen in Restaurants essen, in denen die Rechnung so hoch war, dass manch eine Familie einen Monat lang davon hätte leben können, unterhielt sich vornehmlich mit den Freunden, die er mitbrachte, und bekam anschließend noch ein Kuvert mit Geld zugesteckt. Damit wollten ihm seine Eltern ihre Zuneigung beweisen. Und Zuneigung ist das richtige Wort, denn zugeneigt waren sie ihm. Sie hätten auch vieles für Ulrich getan. Aber das, was er wirklich brauchte, das konnten sie weder sich noch ihm geben, weil sie es selber nicht kannten.

Entsprechend waren auch Ulrichs Bekanntschaften mit Frauen. Er sah gut aus. War athletisch im Wuchs und schlagfertig in seinen Formulierungen. Außerdem hatte er diese Ausstrahlung, die junge Männer haben, die wissen, dass ihre Eltern reich sind und ihnen finanziell immer aushelfen werden. Trifft sie auf die entsprechenden Seelen, kann sie wie magisch wirken.

Ulrich traf auf die entsprechenden Seelen. Und wanderte von Einsamkeit zu Einsamkeit. Er genoss, was er genießen konnte. Da diese Beziehungen aber alle auf Materiellem gegründet und ziemlich leer

waren, wanderte er von einer „Ablenkung“ zur nächsten. Und wovon musste er sich ablenken? Von der inneren Leere, die ihn immer wieder bedrängte.
Er hatte aber nicht gelernt, auf sie zu hören. Er hatte nicht gelernt, dass die innere Leere *das* Signal ist, etwas im Leben zu verändern. Er meinte deshalb, er müsse ihr entfliehen. So wanderte er von Party zu Party. Von Amüsement zu Amüsement. Bis er eines Tages diese Art zu leben ausgereizt und die Leere ihn wieder eingeholt hatte. Und diesmal besonders stark. Denn was sollte er tun, wo er doch fast alles erlebt hatte?

Er war Mitte zwanzig, hatte alles und wusste doch nicht, wohin – wohin mit sich.
Da schlug er eines Tages gelangweilt eine Zeitschrift auf. Er blätterte wahl- und ziellos darin, dachte: ‚Kenn’ ich alles!‘ und blätterte weiter. Da stieß er auf einen Bericht über Rennfahrer. Kaum hatte er begonnen, ihn zu lesen, spürte er ein Prickeln im Bauch. ‚Ah!‘, dachte er. ‚Endlich etwas Neues! Dass ich nicht schon früher darauf gekommen bin! Das ist Leben!‘ Ulrich war begeistert, denn endlich hatte er eine Lebensaufgabe. Noch dazu eine, die schnell, im doppelten Sinne sehr schnell zur Lebens-Aufgabe führen kann! Aber genau darin lag das Prickeln – und das suchte er in Ermangelung von etwas Besserem.

Ulrich verfügte über die nötigen Beziehungen, um an die richtigen Adressen zu kommen. So stellte er sich eines Tages in einem bekannten Rennstall vor, zu dem der Vater eines Freundes den Kontakt hergestellt hatte.
Hier führte er den entsprechenden Leuten seine Fahrkünste vor, die tatsächlich ausgezeichnet waren. Außerdem stellten diese sogleich fest, dass er ein Mann ohne Nerven war. Oder spirituell ausgedrückt: Ulrich war ein Mann ohne das Wissen über die Gnade einer Geburt im menschlichen Körper. Und wer davon nichts weiß, der riskiert alles, gerade weil er nicht weiß, was er riskiert.

So konnte Ulrich bald Rennen fahren. Und wie er fuhr! Kein Risiko, das er nicht einging oder zumindest in Betracht zog! Keine Gefahr, die ihn nicht gelockt hätte, denn erst dann meinte er zu leben. Durch sein Können und seine Risikobereitschaft wurde er bald ein bekannter Rennfahrer. Er wurde umjubelt. Gefeiert. Geehrt.

Und da begann sie schon wieder, die innere Leere – sie hatte ihn nicht verlassen. So gefährlich das Fahren auch war, so unberechenbar der Ausgang jedes Rennens, es wurde immer mehr zur Routine. Auch die Aufregung. Was sollte Ulrich tun? Noch mehr riskieren? Er kam damit an den Punkt, an dem viele Rennfahrer, deren Leben nicht von weiterführenden Zielen bestimmt ist, einen Unfall haben oder gar tödlich verunglücken. Sie merken bewusst/unbewusst, dass ihr Leben, trotz allem!, keinen Sinn mehr hat oder nie einen hatte. So entsteht ein Unfall. Dies sieht dann ganz zufällig aus – ein böser Zufall! In Wahrheit ist es aber der innere Aufschrei nach Sinn, nach einer Veränderung, die endlich einen bleibenden Wert vermittelt – und sei es dadurch, dass alles zerstört wird: Das Auto, der Körper, das Leben.

Ulrichs Leben stand auf der Kippe, und es fehlte wenig, dass er es verlor, dieses Leben, das ihm nichts bedeutete.
Es kam aber anders. Sein Vater, der sein Leben lang nach immer mehr Geld gestrebt hatte, verbrauchte sich allmählich. Wer sich nur um Geld kümmert, wenig für andere tut und außerdem Fleisch isst und Alkohol trinkt, dessen Gesundheit geht schnell dahin.
So erkrankte Ulrichs Vater, und bald darauf bekam er einen Herzinfarkt, an dem er auf der Stelle starb.

Für Ulrich bedeutete dies, dass er von einem Tag auf den anderen der Besitzer eines Imperiums wurde. Er musste deshalb sogleich das Rennfahren aufgeben und sich um die Firmen seines Vaters kümmern. Mit anderen Worten: Sein Vater, der ihm im Leben so wenig gegeben hatte, bewahrte ihn, seinen Sohn, durch seinen Herzinfarkt vor dem Tod auf der Piste. Ulrich sah diese Zusammenhänge nicht. Er verspürte aber eine tiefe Dankbarkeit seinem Vater gegenüber, weil er durch ihn eine so wichtige Aufgabe bekommen hatte.

Nun war Ulrich von einem Tag auf den anderen wirklich Uh-*rich*, sehr, sehr reich. Was sollte er aber mit all dem Reichtum tun? Wie sollte er dieses Riesenunternehmen verwalten, wo er doch noch so jung war und keine richtige Ausbildung hatte?

Sein Vater hatte viele Berater gehabt. Ulrich hatte als Rennfahrer eines gelernt: Er wusste, dass bei einem Rennen genauso viel von der Zuverlässigkeit der Monteure und Techniker abhing wie von seinem Können. Machten sie einen Fehler, vergaßen sie etwas Wichtiges, konnte es sein Leben kosten. Ulrich hatte damit ein genaues Gespür dafür entwickelt, wem er vertrauen konnte und wem nicht.

Die Berater seines Vaters empfand er alle als Blutsauger. Sie waren für ihn wie Maden im Speck – ‚nur', dachte er, ‚einen Speck, in dem Maden sind, kann man nicht mehr essen! Das heißt, ich brauche neue Berater!' Und so suchte sich Ulrich neue Berater. Dies war aber gar nicht so einfach, denn er musste sie suchen und besuchen, ohne dass die bisherigen es erfuhren.

Hier kam ihm sein Karma zu Hilfe beziehungsweise die Tatsache, dass sein Vater kurz vor und auch nach seinem Tod darum gebeten hatte, der Herr möge seinem unerfahrenen Sohn helfen. Dieses Gebet kam aus einem durch den Tod berührten Herzen und wurde deshalb von Gott sogleich gehört und erhört. Dies ist immer während der Sterbestunde so, deshalb sollten Menschen sich schon lange, *am besten ein Leben lang auf diesen Moment vorbereiten, denn was du im Augenblick deines Todes denkst, geht in Erfüllung beziehungsweise bestimmt deine nächste Inkarnation.*

Die Rettung für Ulrich war eine junge Frau, die er während seiner Zeit als Rennfahrer kennen gelernt hatte. Zugegeben, sie fühlte sich von seinem Geld, von seinem „Ruhm" und von seinem Draufgängertum angezogen. Sie war eben noch jung an Leben und Erfahrungen. Sie hatte aber ein gutes Herz, und obwohl Ulrich sich ihr gegenüber ziemlich großspurig gab, blieb sie bei ihrer Achtung sich selbst und bei ihrer Loyalität ihm gegenüber. Sie bewunderte ihn, sie hatte aber auch Angst um ihn und fand sein Draufgängertum höchst gefährlich. Sie spürte jedoch genau, dass Worte Ulrich nicht erreichen würden. Deshalb betete sie für ihn, und so trug auch sie dazu bei, dass sein Leben gerettet wurde – etwas, was Ulrich nie erfuhr. Auch hierin war sie stark.

Nachdem Ulrich der mächtige Chef geworden war, traf er sich eines Abends mit ihr zum Essen. Er erzählte Hedda von seinen neuen Anforderungen, von der Größe der Aufgabe und dem Problem mit den Beratern. Hedda hatte den richtigen Namen, denn sie lebte nach dem Motto: „He, da!“ Das bedeutet, sie gehörte zu den Menschen, die sehen. Obwohl fast alle Menschen Augen haben, besagt dies noch nicht, dass sie auch tatsächlich sehen. Viele gehen an den größten und schönsten Dingen vorbei und sehen nichts.

Andere dagegen sehen sogleich, wo etwas Bemerkenswertes ist, wie sich etwas verändert hat, wie sich jemand fühlt, was jemand braucht oder was er denkt. Sie leben nach dem Motto: „He, da!“, weil sie sehen und das Leben ganz nah an sich herankommen lassen wollen und *können*. Sie sind wach – und genießen es.

Genau so war Hedda. Ihre wachen Augen waren ständig mit Beobachten, mit Erfassen, mit Vergleichen, mit Erkennen beschäftigt. Hedda liebte ihr Leben, denn sie sah, wie reich es war. Sie war damit das völlige Gegenteil von Ulrich. Da er das Leben nicht achtete, wollte er es auch nicht genau betrachten.
Er lebte von klein auf im Überfluss, warum sollte er da auf die kleinen Dinge achten? Ulrich achtete nicht auf diese kleinen Dinge, die eine Welt ausmachen können. Er hatte zwar durch die Rennen gelernt, sehr aufmerksam zu sein und Gefahren schnell zu sehen. Außerdem hatte er, wie gesagt, erkannt, wie wichtig es war, Menschen vertrauen zu können.
Trotzdem wusste er nun nicht, wie er die richtigen und absolut loyalen Berater finden konnte.

Er erzählte also Hedda von seinem Problem, und diese meinte sogleich: „Wenn du möchtest, kann ich dir dabei helfen. Ich habe auch ein Auge für anständige Leute!“

So zogen sie zusammen von Vorstellungsgespräch zu Vorstellungsgespräch, und Hedda sagte Ulrich nach jedem Treffen genau, was sie von den Einzelnen hielt. Dies war für ihn eine große Hilfe – besonders weil es sich häufig mit seinem Eindruck deckte. Heddas Beurteilungen waren für ihn auch deshalb so kostbar, weil sie ihn in seinem Vertrauen gegenüber seinem Gefühl und Unterscheidungsvermögen unterstützten.
So waren die Berater, die sie zusammen auswählten, nicht nur kompetent, sondern auch loyal.

Hedda riet ihm zudem: „Du darfst nicht mehr als zwei, maximal drei Berater haben!"
„Aber mein Vater hatte so viele!"
„Dein Vater ist dein Vater. Du bedenke aber, dass es sehr, sehr schwer ist, gute und loyale Berater zu finden. Die meisten wollen heutzutage ihre Fähigkeiten nicht in erster Linie für einen anderen, für eine Firma oder gar für eine Idee einsetzen. Sie denken primär an ihre eigenen Interessen, das heißt an *ihr* Geld!"
„Das tue ich doch auch!", meinte Ulrich lachend. „Ja", antwortete Hedda, „aber erstens ist dies dein gutes Recht, denn es ist dein Geld, um das es geht, und nicht das deiner Berater. Zweitens steckt hier auch das Problem: Was machst du eigentlich mit dem vielen Geld? Was ist dein Ziel?"
Ulrich wurde ernst und auch etwas ärgerlich, denn er wusste nicht, was er antworten sollte. Er schwieg. Hedda schwieg ebenfalls, und es entstand eine etwas bedrückende Stille. Hedda beobachtete ihn in diesem Augenblick genau. Als sie eine Leere und eine Härte in seinem Gesicht sah, die sie an die Schnauze eines Grizzlys denken ließen, erschauderte sie und wusste, dass Ulrich als Partner zu gefährlich für sie war.

Solange er Rennen gefahren war, hatte die Nähe des Todes noch eine gewisse Zartheit in ihm gelassen. Diese war nun durch die Macht und den Reichtum, die nicht in Ethik und Spiritualität eingebunden waren, weggewischt worden. Hedda schluckte schnell eine Träne, wusste aber, dass Ulrich nicht sehen konnte, was in ihr vorging. Sie verabschiedete sich von ihm, zog sich fortan mehr und mehr zurück und betete zu Gott, Er möge Ulrich helfen.

Ulrich bemerkte zunächst kaum, dass Hedda sich zurückzog – kannte er doch die Vergänglichkeit von Beziehungen. Zudem war er zu sehr mit sich beschäftigt, als dass er sich viele Gedanken über Hedda machte. Und als er es schließlich feststellte, war bereits so viel Zeit vergangen, war er so sehr im Griff des Geldes und der Macht, dass er sie kaum vermisste und entsprechend schnell vergaß.

Das weitere Leben von Ulrich ist schnell erzählt. Ulrich fuhr zwar keine Rennen mehr. Stattdessen kaufte er ein schnelles Auto nach dem anderen, weil er immer noch von seiner Unruhe getrieben war. Deshalb jagte er über die Straßen, als wollte er sich am liebsten selbst überholen. Da geschah eines Tages das Unvermeidliche, das, was sein Vater vorher hatte verhindern können: Ulrich kam bei regennasser Fahrbahn von der Straße ab, prallte frontal gegen einen Baum und war auf der Stelle tot.

„Wozu", wirst du fragen, „verhinderten Ulrichs Vater und Hedda durch ihre Gebete, dass er als Rennfahrer starb, wenn er bald darauf doch durch einen Unfall umkommen sollte?"
Diese Frage ist entscheidend. Wäre Ulrich während eines Rennens gestorben, hätte er ins Jenseits die Illusion mitgenommen, als Geschäftsmann hätte er seinem Leben doch eine sinnvolle Wende geben können.
Durch das Verwalten des Imperiums seines Vaters stellte er aber fest, dass auch diese Tätigkeit seinem Leben keinen tiefer gehenden Sinn gab. Deswegen raste er auf den Straßen, denn er riskierte immer noch wenig, war ihm sein Leben ja nichts wert.
Ulrich hätte noch einige Jahre oder gar Jahrzehnte so weiterleben können. Es wäre für seine Entwicklung aber nachteilig gewesen, denn er hätte sich viel negatives Karma aufgeladen, ohne etwas daraus zu lernen. Deshalb erhörte Gott Heddas Gebete und beendete eine Inkarnation, die in eine Sackgasse geführt hatte.

Hedda kam zu Ulrichs Beerdigung und legte eine weiße Rose auf seinen Sarg als Zeichen ihrer Achtung ihm gegenüber. Sie hatte ihn sehr gemocht, ihm aber nicht helfen können, da sie genau gespürt hatte, dass sie Ulrich vom Herzen her nicht erreichen konnte.
So betete sie für ihn: „Geliebter Herr, Ulrich hatte es nicht leicht. Er hatte in diesem Leben keine Chance, denn niemand führte ihn. Niemand wies ihm den Weg. Ich auch nicht!
Ich bitte dich, oh Herr, gib ihm im nächsten Leben die Chance, die er diesmal nicht hatte."

Nach einigen Inkarnationen, in denen er Entscheidendes lernte, wurde er in einem der ärmsten Viertel Kalkuttas als fünftes Kind einer Bettlerfamilie wiedergeboren, die nicht viel mehr als das Blechdach über dem Kopf besaß. Die ganze Familie ernährte und kleidete sich von dem wenigen, was sie im Abfall fand und was die Kinder erbettelten.

Die Kinder der verschiedenen Familien spielten, wo immer sie konnten. Und ihr Spielzeug war das, was gerade herumlag: Ein Stein, ein Stock, eine zerbrochene Tasse, eine Flasche. Anstrengend war das viele Betteln. Aber auch dies machten sie gemeinsam. Als Ulrich (ich nenne ihn weiterhin bei diesem Namen, damit deutlich wird, wie sinnlos ein Denken ist, das sich auf die Enge einer einzigen Inkarnation, eines einzigen Landes, einer einzigen Religion oder nur einer Rasse beschränkt) – sieben Jahre alt war und nach ihm noch zwei weitere Geschwister gekommen waren, gaben seine Eltern ihn als Laufburschen zu einem Kaufmann in der Nähe.

Er kam damit weg von der Straße, was, wie alles, zwei Seiten hatte: Einerseits war er dadurch mehr von seinen Spielkameraden getrennt, auf der anderen Seite hielt er sich nicht mehr so viel auf den unsicheren Straßen in zweifelhafter Gesellschaft auf.
Der Kaufmann, zu dem er kam, war ein gläubiger Mann. Bevor Ulrich morgens mit der Arbeit begann, setzte er sich mit Ulrich vor den Altar, auf dem viele verschiedene Gottesfiguren standen, und sagte ihm, er solle beten, die Augen schließen und sich vorstellen, zwischen seinen Augenbrauen entstünde Licht.

Ulrich gelang dies mit der Zeit immer besser. Er liebte die heilige Ruhe an diesem Ort, und nie wurde ihm die Zeit lang, wenn der Kaufmann neben ihm zuerst verschiedene Mantren rezitierte und dann still dasaß. Froh begann er anschließend den Arbeitstag, der mit kurzen Unterbrechungen bis zum Abend ging. Dann setzte sich der Kaufmann wieder mit Ulrich vor den Altar und forderte ihn auf, Gott für die Energie und den Schutz zu danken, die er während des Tages erhalten hatte.

Ulrich berührte all dies sehr. Und da er sich berühren ließ, wurde er verändert.
Eines Tages, als sie wieder einmal vor dem Altar saßen, fragte der Kaufmann: „Mein Lieber, magst du mir eine Frage beantworten?"
„Natürlich, gern, Herr."
„Welchen Gott hast du dir ausgesucht? Du musst nicht antworten, wenn du nicht möchtest!" Allein aus diesen Sätzen kann jeder, der etwas weiß, erkennen, dass der Kaufmann eine alte, weise Seele war, denn nur eine solche ist in der Lage, so respektvoll mit einem Kind zu sprechen. Eine alte Seele blickt hinter den Schein eines kleinen Körpers, sie lässt sich nicht täuschen und zollt einem Kind *mindestens* so viel Respekt wie einem Erwachsenen. Ich sage deshalb *mindestens*, weil in den meisten Fällen Kinder für Gott viel offener als manch ein Erwachsener sind – wie zum Beispiel Ulrich in seinem früheren Leben.

Nun stand die Frage des Kaufmanns im Raum, die er mit so viel Achtung für sein Gegenüber vorgebracht hatte.
„Natürlich kannst du fragen, Herr. Mein Lieblingsgott ist Ganesha. Ich liebe Elefanten. Ganesha strahlt so viel Liebe, Freude und Güte aus. Zudem sorgt er für das Gelingen all unserer Unternehmungen."
„Da hast du gut gewählt!", sagte der Kaufmann. „Denn Ganesha hat auch deshalb den Kopf eines Elefanten, weil Elefanten alles wegräumen können. Ganesha ist der Gott, der alle Hindernisse wegräumt. Ganesha steht für dein Denken, das wie ein Rüssel das Größte und Kleinste bewegen kann. In der einen Hand hält er die Axt, mit der er die Bindungen an die Welt durchtrennt. In einer andern das Seil, mit dem er die Gläubigen an sich bindet. Der dicke Bauch steht für gute Gefühle und Gelassenheit. Und bedenke: Unter Ganesha wird fast

immer eine Maus dargestellt. Die Wünsche der Menschen haben die Eigenschaft, sich wie Mäuse zu vermehren. Dadurch, dass Ganesha dich an sich bindet, sorgt er dafür, dass deine Wünsche nicht immer mehr werden.
Bete täglich zu Ihm, und du wirst sehen, dass dein Leben immer glücklicher wird!"

Ulrich war berührt. Und langsam, von Tag zu Tag mehr, wurde er wieder Uh-*rich*, reicher und reicher. Diesmal aber in der Hinsicht, in der Hedda bei seiner Trauerfeier für ihn gebetet hatte. Er fand durch Heddas Gebet, durch Gottes Gnade und durch die Seelentiefe des Kaufmanns zu einem Glauben, der seinem Leben einen Sinn gab. Und Ganesha nahm ihn in Seine Arme.

Der Kaufmann schickte Ulrich in die Schule, damit er mehr und mehr Aufgaben übernehmen konnte. Und all das, was er in seinem früheren Leben unterlassen hatte, tat er jetzt. Mit Ganesha im Herzen half er, wo immer er konnte. Der Kaufmann leitete ihn an und beobachtete mit froher Fürsorge, wie sein Zögling das umsetzte, was er ihn lehrte: *Glück bedeutet, zu teilen und für andere da zu sein.* So teilte Ulrich sein weniges Taschengeld mit seiner Familie. Und obwohl er mehr und mehr zum Haushalt des Kaufmanns gehörte, vergaß er seine Familie nicht, zumal der weise Kaufmann ihn stets an seine Herkunft erinnerte: „Vergiss nie, woher du kommst! Mag deine Familie sein wie sie will, von ihr stammst du ab. Sie ist deine Wurzel. Schneidest du deine Wurzeln ab, verdorrst du. Verehrst du dagegen deine Eltern, weißt du immer, woher du kommst. Und wenn du weißt, woher du kommst, weißt du immer, welchen Weg du zurückgelegt hast."

Und Ulrich, der in diesem Leben so unendlich viel weniger an Materiellem besaß als damals als Uh-*rich*, war so unendlich viel glücklicher, weil er jemanden gefunden hatte, der ihn führte und zwei entscheidende Dinge lehrte: *Einen engen Kontakt zu Gott und Zufriedenheit.*

Aus seinem früheren Leben hatte Ulrich einiges mitgenommen: Seine Fähigkeit, mit Geld umzugehen, zu planen, zu rechnen und gute loyale

Mitarbeiter auszusuchen. Ulrich hatte damit gute Fähigkeiten mitgebracht, die den Laden des Kaufmannes zum Erblühen brachten.
Er hatte in dieser Inkarnation durch die Führung seines Lehrers die Gnade, seine breit gefächerten Fähigkeiten zu leben, die er in früheren Inkarnationen nicht positiv nutzen konnte.

Das führte ihn ebenfalls zur Zufriedenheit.
*Zufriedenheit ist eine der größten Segnungen, die ein Mensch bekommen kann. Zufriedenheit ist im Grunde alles, was ein Mensch brauc*ht.
Und zu dieser Zufriedenheit benötigt er nur das Licht einer kleinen Kerze.
Ganz klein. Aber ganz hell – in seinem Herzen.

Übe dich in Zufriedenheit. Es gibt kein höheres Gut als die Zufriedenheit.
Die Tragik des Menschen besteht darin, dass er das, was er hat, nicht schätzt, und das, was er nicht hat, idealisiert.
Sieh, was du hast. Sieh, wie vielen es schlechter geht als dir.
Vergleiche dich **nicht** ***mit jenen, von denen du annimmst, sie besäßen mehr.***
Sieh, was du hast, und übe dich damit in Zufriedenheit. Es gibt kein höheres Gut als die Zufriedenheit, denn sie ist der entscheidende Weg zum Glück.

DIE KRAFT DER ZARTHEIT

Die Kraft der Zartheit ist die Kraft des Wassers. Das Wasser ist das Symbol des Weiblichen, der Anima – bei Männern und Frauen.
Das Wasser strömt dahin, ganz einfach, ganz weich. Aber es strömt. Unaufhaltsam. Das Wasser ist immer in Bewegung. Und viele Bewegungen sind zart, zum Teil nicht zu sehen. Wer kann schon das verdunstende Wasser sehen? Wer sieht die Wassertropfen in den Wolken? Wer sieht die einzelnen Tropfen in einem Bach? Niemand nimmt sie wahr, und trotzdem sind sie da und erhalten das Leben.

Sieh dir einen Bach an. Sieh dir das Leben an seinem Ufer an. Sieh, wie er lustig und leicht dahinplätschert und wie die Sonne darin gefangen ist, weil er sie voller Leben, voller Liebe spiegelt. Du glaubst das nicht? Ich weiß es aber. Ich weiß, dass die Sonne, dieser herrliche Gott, es liebt, sich in einem plätschernden Bach zu spiegeln. Die Sonne liebt das Leben, deshalb dient sie so selbstlos, aufopfernd und unermüdlich. Ein plätschernder Bach ist der Inbegriff von pulsierendem Leben. Von weiblicher Kraft. Das bewegte Licht der Zartheit.

Viele Menschen haben Angst, ihrem Partner mit Zartheit zu begegnen, da sie dadurch verletzlicher sind. Sie glauben vielmehr, sie müssten mit ihm konkurrieren beziehungsweise notfalls gegen ihn kämpfen. Welche Beziehung bleibt aber dadurch bestehen, dass Partner gegeneinander kämpfen? Welche Partnerschaft festigt sich durch ständige Konkurrenz? Ein Mensch, der gegen seinen Partner kämpft, hat sein Ziel aus den Augen verloren. Er sollte nicht *gegen* jemand anderen, sondern vielmehr *für* seine Zartheit kämpfen.
Bedenke, falls du in Kampfkategorien denkst, dass nur die Zartheit dich „siegen“ lässt. Weil die Zartheit immer beide, dich und deinen

Partner, einbezieht. *Denke immer daran, dass es nie, niemals einen Sieg gibt, wenn der eine seinen Machtanspruch gegen einen anderen durchsetzt.* Nie, niemals geht das gut.

Deshalb kann bereits das Erkennen, dass du nicht auf die Zartheit, sondern auf den Kampf ausgerichtet bist, unendlich viel Frieden in deine Beziehung bringen.
Bedenke: Du kannst nur siegen, wenn du *in dir* einen Sieg erringst, wenn du *in dir* etwas klärst, was dich weiterbringt.

Die Angst und das Ego halten nicht viel von der Zartheit. Sie meinen, die Zartheit sei viel zu schwach, viel zu unbedeutend, um nützlich zu sein. Dieser Irrtum lässt besonders das Ego früher oder später erst stolpern und dann fallen. Wie viele erleben dies heute! Sie meinen, sie müssten in ihrer Beziehung kämpfen, sie müssten, *koste es, was es wolle* (eine entlarvende Redewendung!), ihre Interessen durchsetzen. Und was geschieht? Die Ehe geht in die Brüche, und beide Partner leiden – denn sie kannten ihre wahren Interessen nicht.

Kampf ist nie ein Wert an sich. Viele verwenden ihn aber so. Manche Ehen sind nur deshalb noch nicht zerbrochen, weil beide Partner es lieben zu streiten. Früher oder später kommen sie aber stets an eine Grenze, wo sie entweder umdenken müssen oder ihre Ehe zerstören.

Der Kampf ist deshalb nie das letzte Ziel, sondern höchstens ein – sehr gefährliches! – Mittel, um auf dem Weg zu diesem Ziel ein Stück weiterzukommen.
Das Ziel ist Zartheit. Sie ist die Kraft, die eine Beziehung schafft und erhält. *Die Zartheit ist die Kraft, die alle Schwierigkeiten meistert – häufig auch dadurch, dass sie sie gar nicht, oder zumindest nicht so stark, entstehen lässt.*
Denn das Ziel der Zartheit ist tiefe Freundschaft, tiefes Verstehen, welches die beste Basis für eine sehr gute und lang andauernde Beziehung sind.
Viele Männer lieben es, wenn Frauen Parfum tragen. Parfum inspiriert sie, lässt sie träumen, zieht sie magisch an. Was auf der körperlichen Ebene das Parfum ist, das ist auf der seelischen Ebene die Zartheit.

Dazu eine Geschichte: In einem kleinen Afrikanischen Dorf lebte eine Frau, die sehr gläubig war. Sie sprach jeden Tag mit ihren Göttern, opferte ihnen immer etwas Speise, wenn sie aß, und hielt auch sonst die Riten ihrer Gemeinschaft ein. Sie verehrte ihren Mann und zog ihre Kinder liebevoll auf. Eines Tages verwüstete eine Elefantenherde die Felder, die sie mit den anderen Dorfbewohnern in mühevoller Arbeit monatelang bebaut hatte. Die ganze Ernte war dahin. Um nicht Hunger zu leiden, bauten sie nochmals Getreide an und baten die Götter, sie möchten die Pflanzen gedeihen lassen und vor Verwüstungen schützen. Kaum waren die Samen wieder gekeimt, träumte die Frau, die Elefantenherde werde wiederkommen. Es sei nicht die Herde, sondern ein Bulle, der so rücksichtslos sei. Er sei von Menschen verletzt worden und habe deshalb die Achtung vor deren Feldern verloren.

Am nächsten Abend kam die Herde, angeführt von dem mächtigen Bullen. Die Frau wusste, dass sie wieder die Felder zerstören würde. Sie bat die Götter um Hilfe. Sogleich wurde ihr bewusst, dass sie etwas tun müsste, um den Elefantenbullen zu berühren. Sie nahm deshalb eine Schale Hirsebrei, legte ein paar Gemüseblätter als Verzierung darauf und ging mit Gottes Namen auf den Lippen auf die Elefantenherde zu. Eine kleine, zarte Frau ging diesen Kolossen entgegen! Sie ging und hielt den Elefanten ständig die Schale mit dem Hirsebrei entgegen. Der Elefantenbulle verstand die Geste nicht, blieb aber doch stehen. Die Elefantenkühe waren aber sogleich von der Zartheit dieser Geste berührt. Es wurde ihnen unmittelbar klar, dass sie nie wieder die Felder dieses Dorfes beschädigen durften. Sie hoben ihre Rüssel und trompeteten. Es war eine Geste von Herz zu Herz. Der Elefantenbulle konnte daraufhin nicht anders, als sein Verhalten dem der Kühe anzupassen. Die Kraft der Zartheit hatte auch ihn über die Elefantenkühe berührt.

Dies ist kein Märchen, sondern eins der vielen Beispiele, die deutlich machen, dass die gesamte Natur eins ist. Und dieses Eine ist Gott. Nicht der ferne Gott im noch ferneren Himmel, sondern der nahe und nahbare Gott in deinem Herzen, der als Seele zu dir spricht. Diese Seele, dieser nahbare Gott, ist in allen und allem. Deswegen verstehen

dich alle Elefanten genauso wie Hyänen, wie Raben, wie Mäuse oder Schlangen, wenn du ihnen mit der Zartheit deiner Liebe begegnest, weil alles nur dieser Eine Gott ist.
Dieses Beispiel sollte dich natürlich nicht dazu verleiten, nun naiv auf wilde Tiere loszugehen oder nicht auf die Warnungen kluger Mitmenschen zu hören. Es soll dich vielmehr in Kontakt mit deinem Herzen bringen und dich aus der Stärke deines Herzens sicher entscheiden lassen. Dann kannst du dem gefährlichsten Tier ohne Gefahr begegnen.
Entwickle deine Zartheit, denn ohne diese Kraft kann das gefährlichste Tier in dir beziehungsweise in deinem Partner sein. Es wäre nicht das erste Mal. Kämpfe deshalb nicht in erster Linie nach außen, sondern nach innen, um die Kraft zu finden, die dich mit allen Wesen in Verbindung bringt, weil sie dich mit dir selbst verbindet.

Die Zartheit ist der Hauch des Lebens. Gott ist Zartheit. Das Göttliche in dir auch. Sie drückt sich in tiefer Freundschaft, großer Nähe, Vertrauen und Offenheit aus. Zartheit ist damit die wahre Basis einer glücklichen Beziehung.

Verstehst du mich?

Martina war eine gute Frau. Sie war aber sehr stark von *Rajas*, dem Aggressiven und Aktiven im Menschen, bestimmt. Der Mensch durchläuft in seiner Entwicklung drei entscheidende Stadien: *Tamas*, *Rajas*, *Sathwa*, Namen, die aus den Veden stammen, den ältesten Schriften der Welt.

Tamas bedeutet Trägheit. Wer sich also in der *Tamas*-Eigenschaft befindet, der ist träge, „der kommt nicht in die Gänge". Er ist weit davon entfernt, sich aktiv am Lebensgeschehen zu beteiligen.

Wer in *Rajas* ist, der ist wiederum *sehr* aktiv, aggressiv und unruhig. Er meint, sein Leben allein durch Aktivität und Spannung gestalten zu können. Er hat, ähnlich wie bei *Tamas*, viel Ego. Deshalb tut er nichts allein für andere, sondern immer auch für sich, das heißt für sein Ego. So hilft er anderen, weil er *ein guter Mensch* sein und so auch *gesehen sein will.* Das Ego bestimmt sein Leben, das entsprechend anstrengend ist.

Derjenige dagegen, der in *Sathwa* lebt, ist ausgeglichen, harmonisch und in sich ruhend. Er hat sein Leben auf Gott ausgerichtet. Er dient anderen, nicht weil er sich, sondern weil er Gott dienen will. Er ist für andere da, weil er überall das Göttliche erkennt.
Er tut deshalb nichts für sich, sondern reicht sein ganzes Tun dem Herrn dar und überlässt Ihm die Früchte seines Handelns.
Darüber hinaus wird der Herr auf allen Gebieten für ihn sorgen: Denn Er hat immer wieder betont, dass Er für den sorgen wird, der sich Ihm ganz hingibt.

Der *Sathwa* ist so von Gott ergriffen, dass er alle seine Bindungen und damit alle seine Eigenschaften eine nach der anderen aufgibt. Dies bedeutet, dass er selbst das Stadium der *Sathwa* transzendiert.

Deshalb sind alle drei Stadien dieser Grundwesenheiten wichtig: Durch *Tamas* lernst du, dass du durch Lethargie weder weiterkommst noch dein Glück findest. Durch *Rajas* erkennst du, dass das Gegenteil von etwas Schlechtem ebenfalls schlecht ist: Warst du vorher zu passiv, bist du nun zu aktiv. Beides führt dich weder zur Glückseligkeit noch zu innerer Ausgeglichenheit und Ruhe. *Sathwa* lehrt dich, dass alles, was du suchst, in Gott liegt. In Ihm, in Seinen dir entgegengestreckten Händen liegt die Fülle, liegt all das, was du suchst. Kommst du in Kontakt mit diesen Händen, bist du zuerst begeistert. Bald spürst du aber schmerzlich die Einschränkung, der du noch unterworfen bist. Du möchtest dich nicht mehr von diesen Händen beschenken lassen, sondern wie diese schenken, das heißt: Du möchtest von Gott nicht mehr getrennt sein. Auch nicht einen einzigen Augenblick. Du möchtest vielmehr unbedingt mit diesen Händen, mit diesem wundervollen Sein verschmelzen. Deshalb gibst du auch den letzten Rest deines Egos auf, um eins mit der Erfüllung all deiner Wünsche zu werden. Du gibst dich ganz hin. Du gibst dich ganz auf. Und eben dadurch findest du dich. Findest du dein wahres Sein. Du erkennst, dass dieser Gott mit den Händen aus Licht, Himmel und Weite, dass dieser Gott auch du bist. Dieser Gott ist dein Wesen. Dieser Gott ist stets dein Sein. Weswegen jede Trennung in Wahrheit nur eine Illusion ist.

Martina war noch nicht so weit. Sie kämpfte mit sich und mit ihrer Umwelt. Mit anderen Worten: Sie kämpfte sich durchs Leben. So lernte sie auch einen Partner kennen, der ähnlich dachte und fühlte wie sie und entsprechend kämpfte. Hans war der ideale Spiegel für Martina. Er machte viel, kämpfte viel, verletzte andere und war selber schnell verletzt. Martina fand ihn wunderbar. Sie hatten beide das Gefühl, *ihren* Partner gefunden zu haben. So war es nicht verwunderlich, dass sie sich unsterblich ineinander verliebten und bald heirateten. Auch in der Ehe harmonierten sie gut. Sie erlebten ihr körperliches Zusammensein als besonders schön und erfüllend. Sie bauten ein gemeinsames Geschäft auf und konnten mit der Zeit ein ansehnliches Vermögen nicht nur verdienen, sondern auch ansparen. Hans und Martina waren wirklich erfolgreich, denn sie waren ja aktiv. Sie waren aber auch erfolgreich im Streiten. *Rajas* wirkt sich nicht nur als Aktivität, als Aggressivität, sondern auch als Rechthaberei aus. So wollten sie immer beide Recht behalten. Keiner gab nach. Und wie lauten die Sätze von Menschen, die vom Ego bestimmt sind und deshalb immer Recht behalten wollen? *Das habe ich doch gesagt! Das habe ich nicht gesagt! Du drehst mir die Worte im Munde herum! Du willst immer Recht behalten! Mit dir kann man nicht reden! Du verdrehst alles! Du hast gerade etwas ganz anderes gesagt! Ich habe Recht! Mit dir kann man nichts klären!* Dazu kommen noch die Verallgemeinerungen wie: *Du sagst immer ... Du sagst nie ... Alles, was du sagst ...* Und natürlich jede Art von Beschimpfungen.

Dadurch, dass *Rajas* so eng mit der Wut verbunden ist, sind zwangsläufig die Neigungen, den anderen zu beschimpfen, sehr groß. Beschimpfungen und all die anderen „Kampfmittel" sind aber nicht günstig für den Erhalt, geschweige denn die Vertiefung einer Beziehung. Beziehungen müssen mit der Zeit wachsen. Beziehungen sind wie Pflanzen: Wachsen sie nicht, sind sie krank und gehen irgendwann ein.

Die Beziehung von Hans und Martina wuchs schon lange nicht mehr. Sie blieben aber der Kinder, des Geschäftes und Gottes wegen zusammen. Beide waren nämlich gläubig. Beide beteten deshalb jeden Tag für ihre Beziehung und das Glück des anderen, für das der Kinder und das der gesamten Welt. Gott hörte ihre Gebete. Die Zeit war aber noch nicht reif, dass Er ihnen helfen konnte. Ihr Ego war noch so groß, dass sie sich nicht helfen lassen wollten. Sie erwarteten nämlich eine Hilfe, die darin bestehen sollte, dass der *andere* umdachte. Sie selber, so dachten sie beide, hatten nichts zu lernen. Wären sie mit einem „besseren" Partner zusammen, könnten sie glücklich sein. Aber leider hatte das Schicksal, diese widrige Kraft, sie zusammengebracht! ‚Welch ein Pech wir damals hatten, als wir uns kennen lernten!', dachten sie. Die Wahrheit war aber, dass sie beide so viel Ego hatten, dass im Moment jede Hilfe an ihnen vorbeigehen würde.

So litten sie, wie viele, viele Menschen leiden, weil sie nicht lernen wollen. Viele Menschen beschweren sich über das Leiden. Sie sagen, das Leiden zermürbe sie. Sie wollen keine Schmerzen haben. *Sie sagen aber NICHT, dass sie lieber leiden, als dass sie sich ändern.* Manch ein Mensch durchleidet lieber Höllenqualen, als dass er sich ein einziges Mal kritisch betrachtete. So erging es über lange Zeit auch Hans und Martina. Dann war die Zeit gekommen, dass Gott ihnen helfen konnte.

Sie verloren viel Geld bei einer gewagten Transaktion in ihrem Geschäft, und Hans erkrankte an Krebs. Durch diese doppelte Bedrohung hatten sie so viele Sorgen, dass sie ihre Herzen ein wenig öffnen und mehr und mehr auf das Streiten verzichten konnten. Wäre Hans nicht an Krebs erkrankt, hätten sie sich wegen des großen finanziellen Verlustes mit gegenseitigen Vorwürfen regelrecht zerfleischt. Da aber zusätzlich Hans so existenziell bedroht war, wurden ihre aggressiven Tendenzen abgeschwächt. Hans wurde in eine Klinik eingeliefert und operiert. Es war eine sehr gute Klinik, die eine Krebserkrankung auf vielen verschiedenen Ebenen zu behandeln versuchte.

Die meisten Menschen erkranken an Krebs, weil ihre Liebesenergie nicht mehr fließt beziehungsweise sie etwas ihnen sehr Wichtiges verloren haben. Hans und Martina hatte schon lange das Vertrauen in sich, in den anderen und in ihre Beziehung verloren. Zudem gilt: Wer viel mit anderen streitet, streitet auch viel mit sich selbst. Das Außen ist immer ein Spiegel für das Innen. Das wussten die Ärzte, die Hans behandelten. Sie hatten deshalb Gruppen eingerichtet, in denen sich die Kranken zusammen mit ihren Angehörigen aussprechen konnten. Kaum waren Hans und Martina in solch einer Gruppe, fingen sie sogleich zu streiten an. Und sofort waren sie bei den oben erwähnten Beschuldigungen angelangt: „Das habe ich nie gesagt!“, schrie Martina Hans an.

„Ich weiß, du sagst nie etwas. Besonders dann nicht, wenn es deutlich wird, welch ein dummes Zeug du redest. Du hast es aber gesagt. Ich habe es genau gehört!“, konterte Hans.

„Hör damit auf", drohte Martina, „treib es nicht auf die Spitze. Du regst mich mit deinen Unterstellungen nur auf!"
„Sehr gut", sagte der Arzt, der die Gruppe leitete. Hans und Martina stutzten, denn sie hätten sich nie träumen lassen, dass jemand ihre Art der Kommunikation loben könnte!
„Sehr gut", wiederholte der Arzt. „Was machen Sie falsch?" Nun stutzten Hans und Martina noch mehr. Was machten sie falsch, fragten sie sich beide. Sie sollten *beide* etwas falsch machen? Das war ihnen neu, denn bisher war jeder von ihnen überzeugt, dass sich nur der *andere* falsch verhielt. Nun sollten sie es beide sein? Das fanden sie ein starkes Stück! Selten waren sie sich so einig wie jetzt. Beide widersprachen deshalb dem Arzt aufs Heftigste. Der Arzt war aber klug. Er kannte Buddhas Spruch, dass Negatives, das du nicht annimmst, an den Absender zurückgeht. Der Arzt ließ Hans und Martina ihn ruhig angreifen. Bald verstrickten sie sich und kämpften wieder gegeneinander.

„Sehen Sie, das ist typisch für Aggressionen: Sie suchen sich immer ein Opfer. Sie können Aggressionen mit Wasser vergleichen. Das Wasser bahnt sich immer einen Weg. Was ist nun das Entscheidende?", fragte der Arzt und sah sich in der Runde um. Alle sahen ihn nur ganz erstaunt und erwartungsvoll an. „Das Entscheidende", fuhr er fort, „ist, dass Sie Ihr Augenmerk vom anderen auf sich verlegen. Denken Sie nicht: ‚Das habe ich nicht gesagt', sondern stets: ‚Ah, das hat er/sie verstanden!' Das bedeutet, dass Sie Formulierungen wie *Du verstehst mich nie, das kann nicht sein, du verstehst immer, was du willst* aus Ihrem Vokabular streichen. So, und nun probieren Sie dies einmal!"

„Du hörst mir nie zu!", fing Hans sogleich an.
„Das ist es gerade nicht!", sagte der Arzt lachend. „Wenn Sie einen Versuch starten wollen," fuhr er fort, „dann fragen Sie Martina: Fühlst du dich von mir verstanden?"
„Das ist wohl etwas viel verlangt", meinte Hans empört. „Erst haut sie mir auf die Ohren, bis die rot sind – symbolisch ausgedrückt –, und dann soll ich ihr noch ins Ohr säuseln: Du, fühlst du dich auch recht

verstanden?! Das ist wirklich etwas viel verlangt! Dann lieber krank sein, aber mein Recht bekommen!“

„Sie bekommen Ihr Recht, Hans?“, fragte der Arzt.
„Nein!“, antwortete dieser empört.
„Wozu also all das Kämpfen, wenn es doch nichts bringt?“, sagte der Arzt. Hier staunte Hans, denn dass das stimmte, das spürte er. „Was soll ich dann tun?“
„Mir mal zuhören!“, warf Martina etwas gereizt ein.
„Ich soll dir immer zuhören! Und wer hört mir mal zu? Keiner. Keiner. Keiner!“ Hans war verärgert und schrie entsprechend laut seine Empörung heraus.
Martina war betroffen und schwieg. Nach einer Weile fragte sie Hans: „Und jetzt?“
„Was heißt hier ‚und jetzt‘? Was willst du denn schon wieder von mir?“, fragte Hans gereizt.
„Gar nichts will ich!“, antwortete Martina prompt.

„Moment!“, warf der Arzt ein. „So kommen Sie nicht weiter. Möchten Sie einmal einen anderen Weg gehen?“ Da beide bejahten, fuhr der Arzt fort: „Die entscheidende Veränderung bei Ihnen kann nur eintreten, wenn Sie nicht mehr danach fragen, was Sie brauchen, sondern *was der andere benötigt*. Nur, wenn Sie Ihr Augenmerk von sich weg und zum anderen hin wenden, können Sie einen neuen Weg finden!“
„Und wie sollen wir dies anfangen?“, fragte Hans.
„Indem Sie Martina fragen, was sie von Ihnen braucht.“
Hans sah den Arzt fassungslos an: „Martina fragen, was sie von mir braucht? Das soll helfen? Sie sagt mir doch immer, was sie braucht – ob ich sie frage oder nicht! Jetzt soll ich sie auch noch fragen?“
Martina fand Hans’ Reaktion schon wieder „die Höhe“. Da sollte er endlich *einmal* etwas für sie tun, und was war seine Reaktion? Ablehnung. Martina war so empört und Hans so in Rage, dass sie sich wieder einmal heftig stritten.
Nach einer Weile sagte der Arzt: „Schluss! Dieses Verhaltensmuster leben Sie schon seit Jahren. Es hat Ihnen nur Probleme, Krankheit und Schmerzen gebracht. Bitte probieren Sie beide einmal, was ich Ihnen vorgeschlagen habe. Wer mag anfangen?“

Nun wollte Hans unbedingt anfangen. Er sah Martina zunächst so an, als wolle er sie sogleich mit Haut und Haaren verschlingen. Dann sagte er: „Was brauchst du von mir, Martina?“
Martina staunte über diese Frage. Nun war sie gestellt, und sie fühlte sich völlig unvorbereitet! Was brauchte sie von Hans? Sie wusste es nicht.
Der Arzt bemerkte ihr Dilemma und sagte deshalb: „Sprechen Sie aus, wie Sie sich fühlen. Sie müssen keine perfekte Antwort parat haben!“
Martina staunte wieder. Dann sagte sie: „Hans, vielen Dank, dass du mich gefragt hast. Das berührt mich wirklich. Aber ich weiß gar nicht, was ich brauche. Das hätte ich nie gedacht!“
Hans war von Martinas Offenheit sehr berührt. Er hatte Tränen in den Augen, als er sagte: „Das ist für mich ganz neu ... Dich so zu sehen, Martina. Das hätte ich nicht gedacht!“
„Ich glaube“, dachte Martina laut, „ich glaube, ich brauche diese Anteilnahme von dir. Sie berührt mich sehr! Du bist mir dadurch nah!“

Hans und Martina waren sehr froh über diesen neuen Weg. Bald hatten sie ihn aber wieder verloren, da sich erneut eine Forderung und damit ein Machtanspruch einschlich.
So forderte Martina, als sie wieder einmal dabei waren, sich zu streiten: „Frag mich doch mal, was ich brauche, anstatt all das zu erzählen!“ Hans war daraufhin ärgerlich und fragte extra nicht.
Sie brachten das Problem in der Gruppe ein. Da fragte der Arzt: „Sind Sie eigentlich gläubig?“
„Ja“, antworteten beide.
„Dann versuchen Sie Gott nicht im fernen Himmel zu sehen, sondern in Ihnen.“
„In uns?“, fragten sie erstaunt.
„Ja, in Ihnen“, wiederholte der Arzt. „Versuchen Sie immer das Positive im anderen zu sehen. Unterstellen Sie ihm keine negativen Absichten. Und versuchen Sie immer, immer wieder herauszufinden, was der *andere* braucht. Glauben Sie mir, was *Sie* brauchen, ist ganz nebensächlich!“

„Nebensächlich?“, fragte Hans mit einem Erstaunen nach, das schon in Fassungslosigkeit überging.

„Ja, nebensächlich“, wiederholte der Arzt. „Denn so, wie Sie sich hier gezeigt haben, wissen Sie gar nicht, was Sie wirklich brauchen. Sie nehmen an, Sie suchen Klärung. Sie suchen sie aber nicht. Sie verhalten sich vielmehr so, dass nicht deutlich werden soll, dass die wenige Nähe, die Sie haben, die ist, die Sie ertragen können. Mehr ist Ihnen sogleich zu viel, wie letztes Mal deutlich wurde. Einer von Ihnen beiden hält immer den nötigen Abstand ein. Sie sind wie Ringer. Auf der einen Ebene sind sie Gegner, weil jeder den anderen besiegen will. Auf der anderen Ebene sind sie engste Partner, denn sie haben miteinander so viel Körperkontakt wie sonst nur Liebespaare. Ihr Kampf ist Ihre Form des Kontaktes. Diese Form war mit ein Grund dafür, dass Hans Lungenkrebs entwickelte. Nun gilt es, eine neue Form der Kommunikation zu finden. Dies ist schwer. Dies macht Angst, weil mehr Nähe entsteht, an die Sie noch nicht gewöhnt sind. Sie werden deshalb immer wieder versucht sein, in alte Verhaltensmuster zu rutschen. Machen Sie sich dann liebevoll gegenseitig darauf aufmerksam. Das ist Ihr Weg.“

Hans und Martina waren erstaunt. Aber sie verstanden. Die Worte des Arztes berührten sie, weil sie genau wussten, dass es so, wie es im Augenblick war, nicht weiterging. So übten sie eine Weile in der Gruppe das neue Verhalten. Natürlich verstrickten sie sich immer wieder. Der Arzt konnte ihnen aber helfen, und sie ließen sich helfen. Damit veränderte sich ihre Kommunikation. Und mit ihrer Kommunikation veränderte sich ihr Leben. Eine Tür war aufgegangen. Hans und Martina spürten, dass ihr alter Weg sie nur in Probleme, Trauer und Krankheit geführt hatte. Ihr neuer Weg war nicht ganz einfach, aber er bereitete ihnen Freude. Und diese Freude machte ihnen unmittelbar klar, dass es der richtige Weg war.

Die Prozesse waren allerdings nicht immer einfach. Hans und Martina hatten aus einer unbewussten Absicht heraus so gelebt. Sie liebten „den süßen Stachel des Zorns“, das war nicht einfach aufzugeben. *Die Bindungen an die Aggressionen sind stärker, als viele sich vorstellen können. Sich zu ärgern bereitet nämlich eine tiefe Ego-Befriedigung.* Ärgerst du dich, hast du zwangsläufig das Gefühl, dass du Recht hast – und dass der andere dumm ist. Dies vermittelt dir ein starkes Gefühl der Überlegenheit. Du ärgerst dich zwar, gleichzeitig gibt es aber einen Teil in dir, der sich freut und der Situationen sucht und *schafft*, in denen du dich ärgern und damit überlegen fühlen kannst.

Der Ärger bereitet somit auf einer mehr oder minder unbewussten Ebene eine nicht unerhebliche Freude. Diese möchte keiner so ohne weiteres, das heißt ohne Ersatz aufgeben. *Es gibt deshalb nur einen einzigen Ersatz für den Ärger, und das ist die Liebe.* Die Liebe verbindet nicht nur, wie der Kampf beziehungsweise die Wut es tun. Die Liebe verbindet nicht nur, sondern sie verschafft viel Freude, sie lässt ein Strömen, eine Schwingung zwischen zwei Menschen entstehen, die unvergleichlich ist. Die Liebe ist das Gefühl, das im Grunde alle Kämpfenden einerseits vermeiden, auf der anderen Seite aber von ganzem Herzen suchen. Da ihr Herz durch das viele Kämpfen in vielen Fällen verschlossen ist, nehmen sie ihre Sehnsucht nach Nähe und Geborgenheit nicht wahr.

Hans und Martina waren aber an die Schwelle der Veränderung bereits herangekommen. Ihre Verluste und Hans' Krankheit hatten ihre Herzen geöffnet. Ich sage: *Heiße Schmerzen und Leiden willkommen, denn sie lassen dich Dinge verstehen und öffnen dein Herz.* Sieh dir das Viele und Wunderschöne an, das dich umgibt. Lerne zu staunen. Das Staunen ist der Weg des Berührtseins und damit des Umdenkens. Staunst du, kann sich die feine Energie der Liebe eine Bahn schaffen, durch die sie fließen kann. Dieses Fließen der Liebe heilt deine Beziehung.

Für Hans und Martina war es schwer, immer wieder den anderen zu fragen, was er brauchte. Häufig verwickelten sie sich und waren drauf und dran, erneut zu streiten.
Von Mal zu Mal konnten sie jedoch sich leichter an die Frage „*Was brauchst du?*" erinnern – und sie auch aussprechen. Von Mal zu Mal wurden ihre Gespräche inhaltsvoller, herzlicher, stärker aufeinander bezogen.
Dieser Prozess dauerte gut ein Jahr, wobei sie immer wieder die Hilfe der Gruppe und des Arztes benötigten.

Dann heilte Hans' Krebs. Und noch etwas Erstaunliches geschah: Ihr Geschäft florierte wieder. Das Verstehen, das Aufeinander-Eingehen, das Bemühen *um* den anderen färbte auch auf den Umgang mit den Geschäftspartnern und den Kunden ab. Hans und Martina waren durch ihre gemeinsame Entwicklung an den *großen Strom* angeschlossen – und der führt immer zum Erfolg.
Ein Erfolg, eine Gemeinsamkeit, ein Fließen, das Hans und Martina sichtlich aufblühen ließ.

Begegne deinem Nächsten mit Liebe, und du begegnest Gott.

Dixi
oder Liebe verändert alles

Dixi war ein Querkopf. Im Grunde hieß Dixi nämlich gar nicht Dixi, sondern Josef. Manche nannten ihn auch Jeff. Die meisten kannten ihn aber als Dixi – und „kannten“ hat hier eine doppelte Bedeutung: Einmal nannten sie ihn so, und andererseits erlebten sie immer wieder, welch ein Dickkopf Dixi war. Er hatte nämlich diesen Spitznamen bekommen, weil er immer Recht behalten wollte und häufig seinen Gesprächspartner dadurch verärgerte, dass er zu jeder Zeit und Unzeit behauptete: „Das hab ich doch gesagt!!“ Dixi ist lateinisch und bedeutet eben dies.

Dixi wusste alles besser. Er meinte, er habe immer Recht und müsse dies auch jedem deutlich machen. Mit anderen Worten: Dixi war auf Versagen programmiert. Will nämlich jemand stets Recht haben, ohne sich um die Ansicht beziehungsweise die Argumente der anderen zu kümmern, ist sein Versagen vorprogrammiert.
Das Gesetz lautet nämlich: So, wie du andere achtest, wirst du geachtet. Wer andere nicht achtet, hat entweder gar keinen Erfolg oder zumindest nicht auf Dauer.
So ging es auch Dixi. Er kam durch die Schule, weil er intelligent genug war, halbwegs passable Noten zu bekommen, obwohl alle seine Lehrer der einhelligen Meinung waren, er sei mühsam.
Er schaffte sogar das Abitur und studierte. Aber weder wurde er mit seinem Studium fertig, noch fand er eine Stellung, die ihm gefiel – wobei es nicht allein darum ging, dass die Stellung *ihm* nicht, sondern

auch, dass *er* seinen Arbeitgebern nicht gefiel. So wurde ihm immer wieder gekündigt. Weil er aber alles besser wusste und stets Recht behalten wollte, lernte er aus all seinen Erfahrungen nichts.

Hinzu kam noch, dass er entweder vergaß, die Miete zu bezahlen, oder tatsächlich das Geld nicht hatte, weswegen er auch mehrmals seine Wohnung verlor.
Dies ging so weit, dass er obdachlos wurde. Er war mittellos, er war obdachlos, und trotzdem war er immer noch Dixi: Er meinte immer noch, Recht zu haben.

Die Zeit verging, und das Leben zog mit ihm seine bunten Schleifen. Dixi lebte vom Abfall der Gesellschaft. Er sammelte Flaschen und Dosen, half hier und da ein wenig und verdiente sich damit das Nötigste zum Überleben.
Nachdem er mehrmals einem Bauern beim Aufladen geholfen hatte, fragte dieser ihn nach seiner Bleibe. Als Dixi ihm antwortete, er habe keine, schlug der Bauer ihm vor, er könne in einer etwas verfallenen Scheune am Waldrand umsonst wohnen. Er brauche die Scheune nicht und sei froh, wenn jemand dadurch eine Behausung bekäme.
Dixi bedankte sich und zog mit seinen wenigen Sachen, vornehmlich Decken, in die heruntergekommene Scheune ein.

‚Welch ein Glück ich habe!', dachte Dixi. ‚Ich bekomme eine Scheune, die ich mir mit etwas Mühe ausbauen kann. Ich werde mir einen Garten anlegen, ausrangierte Fenster und einen Ofen besorgen. Außerdem gibt es im Wald Brennholz zur Genüge.'
Dixi war mit der Zeit klug geworden und hatte den Wankelmut der Menschen kennen gelernt. Deshalb bat er bei einer günstigen Gelegenheit den Bauern um ein Papier, einen Vertrag, in dem stand, dass er bis zu seinem Lebensende in der Scheune wohnen könne. Der Bauer stutzte, denn dies kam ihm zunächst etwas lang vor. Da Dixi aber fleißig war und immer aushalf, wenn er ihn brauchte, willigte er ein. Außerdem hatte Dixi die passende Antwort: „Mach dir keine Sorgen, dass ich dir etwas wegnehme. Vielmehr baue ich dir *deine* Scheune schön aus. Ich kenne es, immer wieder alles zu verlieren. Ich habe gelernt, dass *Verträge aus guten Zeiten große Hilfen in schlechten*

Zeiten sind. Und klare Verträge verhindern, dass die Freundschaft leidet!“ Diese Worte überzeugten den Bauern, der Dixi sowieso wohlgesonnen war und außerdem ein gutes Herz hatte. So schrieb er das Gewünschte auf ein sorgfältig ausgesuchtes Papier, fertigte eine Kopie für sich an, unterschrieb beides und händigte ein Exemplar Dixi aus. Dixi war nun sozusagen Hausbesitzer. Er besaß zwar im Moment nur eine ziemlich heruntergekommene Scheune, vor seinem inneren Auge sah er aber ein charmantes Haus mit vielen Blumen und einem gut bestückten Gemüsegarten.

Dixi sägte und hämmerte von morgens bis abends. Er deckte mit Ziegeln von Abbruchhäusern das Dach, passte Fenster und Türen ein und isolierte die dünnen Wände. Dazu verdoppelte er diese mit Brettern und füllte den Zwischenraum mit Lehm und Stroh. Und er fand auch noch einen alten Herd, auf dem er kochen konnte und der darüber hinaus sein Heim heizte.
Dixi hatte es geschafft: Mit einfachsten Mitteln und fast ohne Geld hatte er sich ein hübsches Haus gebaut! Aber: Er blieb immer noch Dixi – er wusste immer noch alles besser.

So verging die Zeit. Im Garten wuchs und blühte es. Die vielen Blumen schmückten das kleine Haus. Doch Dixi war immer noch allein. Keiner wollte auf Dauer mit ihm zusammen sein. Keiner, der ihn besuchte, wollte länger bleiben.

Dann brach ein schwerer Krieg aus. Das Land wurde von fremden Truppen besetzt. Es wurde viel zerstört, geplündert und sogar gemordet. Dixi wollte sich für sein Land einsetzen, bekam aber zur Antwort: „Penner haben nichts im Militär zu suchen. Solche wie dich brauchen wir nicht!“ So ging Dixi nach Hause und bedauerte, dass er so ein Niemand war, dass er nicht einmal zur Verteidigung seines Landes taugen sollte.

Eines Morgens, als er vor die Haustür trat, saß auf einer Bank, die er auch vom Trödel hatte, ein Junge mit versteinertem, tränenverschmiertem Gesicht.

„Hallo!“, sagte Dixi freundlich. Der Junge schreckte auf und wollte fliehen. „Hab keine Angst, mein Lieber, ich tue dir nichts. Ganz im Gegenteil!“ Als der Junge dies hörte, hielt er inne und sah sich Dixi genauer an.
Da er Dixis gute Augen sah, blieb er sitzen und sagte ebenfalls: „Hallo.“
„Warum hast du so viel Angst, mein Lieber?“, fragte Dixi Anteil nehmend und wunderte sich, dass er diesen Jungen bereits zum zweiten Mal „mein Lieber“ nannte.
„Ich habe Angst ...“, der Junge hielt inne. Wieder war das Starre in seinem Gesicht, und die verschmierten Tränen fielen wieder stärker auf. Plötzlich, als bräche es aus ihm heraus, sagte der Junge: „Sie haben alle, alle umgebracht. Nur ich blieb übrig. Ich allein. Ich spielte gerade im Stall mit einem Kalb unter dem Bauch einer Kuh. Ich durfte stets mit den herumlaufenden Kälbern spielen. Meine Eltern waren so lieb, so lieb, so lieb ... Auch meine Schwester und meine beiden Brüder. Und meine Tanten und mein Onkel. Sie waren alle so lieb ... Aber nur ich spielte im Stall ...“

Dixi war sehr berührt von dem, was der Junge ihm erzählte. Er setzte sich zu ihm auf die Bank und legte ganz vorsichtig seinen schweren Arm um die Schultern des Jungen. Der Junge weinte bitterlich.
Nach einer langen Zeit des Schweigens sagte Dixi aus der Tiefe seines Herzens heraus: „Du kannst bei mir bleiben. Ich werde für dich sorgen, du guter Junge.“ Dies berührte den Jungen sehr, und er freute sich, dass Dixi so liebevoll zu ihm war.
„Vielen Dank. Ich heiße Thimo. Vielen Dank!“
„Gut, Thimo, ich heiße Dixi. Das Beste ist, wir ziehen gleich los und besorgen eine Matratze und ein Gestell für dich, denn im Haus ist bisher nur ein Bett.“ Dixi hätte auch einige Decken ausbreiten und damit Thimo ein Lager bereiten können, er hatte aber das Gefühl, dass Beschäftigung das Beste für Thimo sei, um wenigstens eine Zeitlang seinen Schmerz zu vergessen.

Kaum waren sie aber auf der Suche nach einem Bettgestell und einer Matratze für Thimo, da fing Dixi sogleich mit seinem „Hab ich doch

gesagt!" an. Thimo war aber viel zu verletzt und eingeschüchtert, um es bewusst zu bemerken, geschweige denn etwas zu sagen.
Sie fanden alles, was sie für Thimos Bett benötigten, schleppten es nach Hause und bauten es auf.
Thimo war einerseits zufrieden, andererseits vermisste er seine Familie. Aber Dixi war rührend zu ihm. All die Zeit, die Dixi allein geblieben, verachtet und gedemütigt worden war, hatte in ihm den großen Wunsch erweckt, einmal jemandem etwas zu geben, der es brauchte und auch von ihm annahm.

Mit Thimo war es aber nicht ganz einfach für Dixi. Er konnte ganz ausgelassen sein und sich dann plötzlich auf sein Bett werfen und bitterlich weinen. Fragte Dixi ihn dann nach dem Grund, so antwortete Thimo nur: „Ach nichts, ich vermisse nur meine Familie."
Da dies immer wieder geschah und Dixi sehr bewegte, kam ihm eines Tages die Frage, wann dies auftrat, wann Thimo plötzlich von Trauer schier überwältigt schien. Dixi beobachtete sich und Thimo von Tag zu Tag genauer. Er ließ sogar zweimal die Suppe anbrennen, was ihm bis dahin noch nie passiert war – so beschäftigt war er damit, herauszufinden, was mit seinem lieben Jungen vor sich ging.

Da fiel ihm eines Tages auf, dass die Auslöser stets Meinungsverschiedenheiten zwischen ihnen waren.
Eines Morgens saßen Dixi und Thimo auf der Bank vor dem Haus – so wie damals, als sie sich zum ersten Mal gesehen hatten. Sie saßen da, Schulter an Schulter, als Dixi sagte: „Ich glaube, dass du immer dann so traurig wirst, wenn wir diskutieren ..."
„Woher weißt du das?", fragte Thimo erstaunt zurück.
„Es hat mich lange beschäftigt, so kam ich vor kurzem zu diesem Schluss. Stimmt's?"
„Ja", antwortete der Junge so kurz, dass es Dixi auffiel.
„Was ist da noch?"
„Ach, weißt du", antwortete Thimo, und Dankbarkeit war in seinem Gesicht, „du hast so viel für mich getan. Ich habe kein Recht, dich zu kritisieren. Du bist für mich ein Vater und eine Mutter, zwei Brüder und eine Schwester, zwei Tanten und ein Onkel. Ja, du bist sogar der ganze Kuhstall für mich! So gut bist du. Was soll ich mich da beschwe-

ren?“ Dixi war von diesen Worten sehr berührt. Er merkte, dass er sich nicht in diesem Jungen getäuscht hatte. Es war ein wunderbarer, guter Junge, und Dixi freute sich darüber. Aber wie sollte er hinter das Geheimnis des Jungen kommen, fragte er sich.
„Mein Lieber, wir wollen einen Pakt schließen: Ich sage dir, was ich brauche, und du sagst mir, was du brauchst!“
„Das geht nicht“, antwortete Thimo prompt.
„Warum nicht?“, fragte Dixi erstaunt.
Anstatt zu antworten, schwieg Thimo.
„Warum schweigst du?“
„Ach, Dixi, es hat keinen Sinn!“, wehrte der Junge ab.
„Warum hat es keinen Sinn?“
Schweigen. Plötzlich brach es aus dem Jungen aus tiefster Seele heraus: „Weil du immer Recht hast. Du hast immer, immer, immer Recht. Und wo bleibe ich? Wenn du wieder einmal *hab ich doch gesagt* sagst, dann bricht bei mir jedes Mal der Schmerz um den Verlust meiner Familie aus. Dann merke ich, was ich verloren habe. Wie einsam, einsam, einsam ich bin!“ Da weinte der Junge und legte seinen Kopf an Dixis Schulter.

Dixi war zuerst überrascht, dann aber tief berührt. Noch nie hatte jemand ihm gesagt, dass seine Rechthaberei ihn verletze. Alle hatten ihm vermittelt, er sei ein Dummkopf; nicht er, sondern sie wüssten es besser. Keiner hatte ihm dies so wie Thimo vermittelt und dabei derart sein Herz berührt. Dixi saß da und war dankbar, dass er diesen Jungen halten und seinen lieben Kopf spüren durfte. Und er versprach sich, dass er sein Verhalten ändern und stets darauf achten wollte, dass Thimo nicht mehr seinetwegen traurig sein sollte. ‚Wie liebevoll er gesagt hat, dass ich ihm seine Familie, selbst den Kuhstall ersetze‘, dachte Dixi, ‚welch ein Geschenk, dass ich diesen Jungen kennen darf!‘

Das, was so viele Jahre nicht geglückt war, geschah nun. Die Zeit war reif, und Dixi konnte lernen. Er achtete seit dem Gespräch auf der Bank peinlichst darauf, nicht mehr zu behaupten, er habe es ja gesagt,

er habe Recht. Und so geschahen noch viele Wunder: Das Zusammenleben von Dixi und *seinem* Jungen war von Stund an harmonisch und für beide beglückend.
Aber auch Dixis Kontakte zur Außenwelt veränderten sich grundlegend: Er fand nicht nur eine Arbeit, die ihm viel Freude und Erfolg bescherte, er lernte auch immer mehr Menschen kennen, die ihn achteten, die seine Gegenwart schätzten und sich gern mit ihm unterhielten.
Der Junge hatte ihn in seinem Herzen berührt, und er hatte sich berühren lassen. Damit erhielt er den Schlüssel zum Erfolg, der da heißt: Liebe, Offenheit und die Bereitschaft, anderen zuzuhören und stets zu versuchen, von ihnen zu lernen und ihnen zu helfen. Wer anderen so begegnet, kann tun, was er will, der Erfolg ist sein!
Und Dixi änderte seinen Namen. Er hieß von nun an wieder Josef, der Hilfreiche. Für sich und andere. Josef, so wie er getauft worden war.

Achte und liebe die Tiere

Es lebte im vorigen Jahrhundert ein Mann, der zusammen mit seinem Sohn seine Existenz auf der Pelztierjagd aufgebaut hatte.
Der Mann liebte seinen Sohn sehr. Er schätzte aber auch seine Schwiegertochter und freute sich darauf, dass er bald Großvater werden würde.
Eines Tages waren Vater und Sohn unterwegs, um in einer etwas entfernter gelegenen Stadt ihre Felle zu verkaufen.
Als es dunkelte, machten sie auf einem Felsvorsprung Rast. Plötzlich wurden sie von Räubern überfallen.
Der Mann wusste, dass die Räuber sie ermorden und die Felle an sich reißen würden.
Er stieß deshalb blitzschnell seinen Sohn die Böschung hinunter und rettete ihm dadurch das Leben.
Er selber kam im Kugelhagel der Räuber um.

Was sagt uns diese Geschichte?
Die Räuber beziehungsweise Mörder verkörpern die negative Einstellung dieser beiden Männer dem Leben gegenüber.
Wer Tiere für seinen Profit ausbeutet beziehungsweise tötet, erleidet früher oder später das, was er den Tieren antut.
Der Mann konnte durch seine Liebe und Opferbereitschaft das Leben seines Sohnes retten, der weniger negatives Karma auf sich geladen hatte.
Sein eigenes Leben konnte aber nicht gerettet werden.
Durch seine Handlung hat der Mann aber viel gutes Karma erworben, das ihm in seinem nächsten Leben dienen wird.

Gute Taten, *verbunden* mit *Einsicht*, verhindern, dass dich die Konsequenzen deiner negativen Handlungen einholen.
Sei deshalb dankbar für alles, was du lernen kannst. Freue dich über dein Leben. Freue dich über alles, was dir begegnet, und versuche, es zu verstehen.
Denn Wissen, verbunden mit einem offenen Herzen, ist die Grundlage für das, was dein wahrer Kern sucht: Die Befreiung selbst.

Der Junge namens Krishna

In einem sehr kleinen Indischen Dorf lebte ein armer Bauer. Er hatte ein kleines Feld, eine Hütte und einen kleinen Unterstand für seine Kuh. Um sein Land zu bebauen, arbeitete er schwer. Und dies von morgens bis abends. Für die ganz schweren Arbeiten lieh er sich einen Ochsen von seinem Schwager, wofür dann seine Frau ihrem Bruder im Haushalt half.

Eines Tages bekamen unser bescheidener Bauer und seine zarte Frau einen Sohn. Da er an Krishnas Geburtstag auf die Welt kam, nannten sie ihn nach dem Hinduistischen Gott. Und Krishna war ein passender Name für diesen Jungen, denn er hatte viele Inkarnationen im Gebet verbracht. Er war von Gott als Segen und als Wegweiser zu seinen Eltern geschickt worden.

Krishna war lieblich anzusehen und weit in seiner spirituellen Entwicklung. Immer wieder verblüffte er seine Eltern mit erstaunlichen Aussprüchen. So sagte er einmal, er war damals gerade drei: „Wo ist eigentlich meine Schwester?" Die Eltern maßen dieser Aussage keine große Bedeutung bei, denn sie hatten Krishna bereits gesagt, er werde bald ein Geschwisterchen bekommen. Überrascht waren sie aber, als er immer wieder von seiner Schwester sprach und bald darauf seine Mutter tatsächlich ein Mädchen gebar.

Ein andermal, er war damals fünf, sagte er zu seinem Vater: „Geliebter Vater, geh heute nicht aufs Feld. Es wird regnen. Der Boden wird lehmig sein, und du wirst ihn nicht bearbeiten können. Bleib zu Hause. Hier hast du so viel zu tun. Gehst du aufs Feld, wirst du weder das eine noch das andere tun können."

Krishnas Vater aber antwortete: „Ah, Krishna, warum sollte es regnen? Es sind kaum Wolken am Himmel! Und woher weißt du, dass es regnen wird?“
„Lieber Vater“, antwortete Krishna, „die Wolken sagen doch deutlich, dass es regnen wird!“
„Die Wolken?“, fragte der Vater. „Die Wolken sollen das sagen?“
„Ja, Vater, die Wolken. Auch die Wolken reden. Natürlich reden sie. Wie sollten sie nicht reden? Hast du mich nicht gelehrt, dass alles Gott ist?“
„Du hast Recht“, antwortete der Vater, „alles ist Gott. Auch das Feld, das bearbeitet sein will!“
Krishna merkte, dass sein Vater ihn nicht verstand. So wünschte er ihm viel Glück, nahm seine kleine Schwester bei der Hand und ging zur Mutter. Der Vater ging aufs Feld. Bald aber regnete es derartig, dass er klitschnass nach Hause kam.

Krishna half immer wieder im Kuhstall. Er war acht, als die Kuh ein Bullenkälbchen zur Welt brachte. Krishna freute sich sehr über dieses wunderschöne und so drollige Kälbchen. Und immer, wenn seine Schulaufgaben es ihm erlaubten, genoss er es, im Stroh zu liegen, ihnen Geschichten zu erzählen und dem Kontakt von Mutter und Kind zuzusehen.
Da sagte der Vater eines Tages zu Krishna: „Ich muss das Kalb verkaufen. Wir benötigen dringend das Geld. Ein Händler hat mir ein günstiges Angebot gemacht. Damit können wir einige Schulden abzahlen.“
„Und was macht der Händler mit dem Kalb?“, fragte Krishna und sah seinen Vater mit seinen tiefen Augen an.
„Das weiß ich nicht.“
„Du weißt das nicht, Vater? Du musst es aber wissen! Gott hat dir diese Kuh und das Kalb anvertraut, du bist verantwortlich für beide. Du musst Gott Rechenschaft ablegen. Ich weiß das. So wie ich weiß, wann es regnet“, sagte Krishna ganz ruhig.
„Aber was soll ich tun? Wir benötigen doch das Geld! Und der Händler bezahlt mir einen sehr guten Preis!“

„Vater", antwortete Krishna und betete dabei zu Gott, Er möge ihn das Richtige sagen lassen, „Vater, du hast mich gelehrt, dass der, der gut zahlt, auch gut verdient. Was hat der Händler mit dem Kalb vor?"
„Ich weiß es nicht. Ich weiß nur, dass wir unser Geld verdienen müssen und so ein Angebot nicht alle Tage kommt."
„Aber Gottes Angebot steht alle Tage. Gott sagt immer und immer wieder, dass Er für Seine Gläubigen sorgt. Wir sind Hindus. Für uns sind Kühe heilig, weil sie uns die Milch, dieses kostbare Gut, schenken. Was wären wir ohne unsere Kuh? Wir hätten keine Milch, keine Dickmilch und keinen Joghurt. Und auch kein Kalb. Geld, was ist Geld, Vater? Geld gehört dem Herrn. Er gibt es. Er nimmt es. Wollen wir es doch dem Herrn überlassen!"
Krishna war selber überrascht über das, was er gesagt hatte. Und er war froh, dass Gott ihm sogleich geholfen hatte, als er Seine Hilfe wieder einmal so dringend benötigte.
Die Worte, die durch Krishnas Mund kamen, berührten seinen Vater. Er wurde nachdenklich und sagte dann: „Krishna, vielen Dank für deine Worte. Ich werde zu dem Händler gehen und herausfinden, was er mit unserem Kalb vorhat."

Am nächsten Tag ging der Bauer zu dem Händler und sprach mit ihm. Dabei fand er heraus, dass dieser ein Geschäft mit Mastkälbern aufgemacht hatte. Die Kälber wurden in engen Boxen gehalten und nach unendlich qualvollen Wochen geschlachtet.
Der Bauer war bestürzt! Es wurde ihm deutlich, dass er ohne seinen Sohn schuldig geworden wäre. Er hätte das Kalb von der Kuh getrennt, damit es in einer engen Box gemästet und anschließend geschlachtet worden wäre. Der Herr segnete ihn, deshalb spürte er deutlich die Schuld, der er knapp entgangen war. Dennoch empfand er keine Erleichterung, sondern fragte sich nur, wie er seine Schulden abzahlen konnte.

Er sprach über diese Probleme und die Schwierigkeiten, die er mit dem Händler hatte, beim Essen mit seiner Frau. Krishna saß dabei und hörte genau zu.
Nach einer Weile, als das Gespräch immer wieder hin- und hergegangen und zu keinem Ergebnis gekommen war, bat Krishna den Herrn

um Führung und sagte dann: „Geliebter Vater, ich denke, wir müssen nun das tun, was du mich so früh gelehrt hast. Wir müssen beten. Wir müssen Gott bitten, Er möge uns kundtun, was Er will. Sein Wunsch soll unsere Richtlinie sein!"
„Und wenn wir keine Antwort bekommen oder sie nicht erkennen?", fragte der Vater besorgt.
„Geliebter Vater, was hast du immer gesagt?", antwortete der Herr durch Krishnas Mund. „*Der Mensch benötigt zwei Dinge: Geduld und Vertrauen.* Genau diese sind nun gefragt. Wenden wir sie an, so wird uns der Herr mit Sicherheit antworten!"
Krishna bemerkte kaum, wie bewegt seine Eltern waren. Er war viel zu sehr damit beschäftigt, das Licht zu spüren, das er in sich empfand. Der Herr, der sie alle bis hierher geführt und nun gelehrt hatte, segnete sie – und Sein Segen bestand vornehmlich aus Liebe, Geduld und Vertrauen.

Nach diesem Gespräch sagte der Bauer dem Händler, er werde ihm das Kalb nicht verkaufen. Er sei ein Hindu, er dürfe keinem Lebewesen, besonders aber keiner Kuh beziehungsweise keinem Kalb das antun, was es bei dem Händler erleiden würde. Der Händler verstand ihn überhaupt nicht. Er sprach vielmehr von Geld, von Wohlstand.

Der Bauer war von dem Gespräch und dem Verhalten des Händlers unangenehm berührt. Er fühlte sich so, als habe er seine Mitte verloren. Nachdenklich, den Blick zu Boden gesenkt, ging er nach Hause. Er kam aber auf einen anderen Weg, der ihn zu einem kleinen Tempel führte. Er ging hinein, setzte sich nieder und sprach mit Gott.
„Herr", sagte er, „Du hast alles erschaffen. Ich, meine geliebte Frau und meine wunderbaren Kinder, wir alle sind deine Werke, deine Wunder. Du bist der Allmächtige. Du schufst auch meine Kuh und deren Kalb. Wieso, wieso aber schufst du all die Not, in der wir leben müssen? Bitte, bitte, Herr, lass mich mein Karma verstehen. Wieso sind wir so bettelarm? Weshalb arbeite ich von morgens bis abends und muss Schulden machen, nur um überleben zu können?"

Der Bauer betete und betete.

Da sprach der Herr zu ihm. „In einem früheren Leben hast du wie jener Händler gehandelt. Dir war damals das Geld wichtiger als Rechtschaffenheit. Du wusstest nicht und du wolltest nicht wissen, dass sie viel wichtiger ist als alles Geld der Welt. Rechtschaffenheit ist der wahre Lebensatem. Ohne Rechtschaffenheit erstickst du. Ohne Rechtschaffenheit bist du weniger wert als Staub.
Achte auf die Liebe, die Krishna und deine Kuh und ihr Kälbchen dir vorleben. Lerne von ihnen. *Achte die Rechtschaffenheit, achte das Leben. Das ist wahrer Reichtum.*

Halte deshalb deine Kuh in Ehren. Denke immer, immer, immer, wenn du sie siehst, wenn du sie fütterst, wenn du sie melkst, dass sie Gott ist. Achte sie entsprechend.
Das Bullenkalb behalte. Lass nicht den Tierarzt in eurem Dorf, sondern den im Nachbardorf einen starken Ochsen aus ihm machen. Der Tierarzt im Nachbardorf kann dies, ohne ihm Schmerzen zu bereiten. Ehre und achte diesen Ochsen, der deinen Pflug und deinen Karren ziehen und damit für euch und für sich Gutes tun wird. Wäre er tot, könnte er dies nicht.
Schlage ihn nie, niemals ohne triftigen Grund. Du würdest dir sonst negatives Karma aufladen.
Und beachte stets die Regel: Erst musst du die Tiere füttern, dann darfst du essen.

Und noch etwas: Deine Kuh wird noch mehrmals kalben. Bitte mich um ein gesundes Kalb und darum, dass du seinem Leben einen guten, einen Göttlichen Sinn geben kannst. Dann kommt Segen auf dein Haus.
Gehe nun. Gehe ins Licht. Denn du bist das Licht!“
Der Bauer verneigte sich tief und verließ den Tempel. Er war wie benommen und überaus glücklich.

Er tat wie befohlen, und langsam lösten sich all die Knoten, die bis dahin unlösbar schienen.
Der Bauer hielt sich an die erhaltene Weisung, er hielt sich an Rechtschaffenheit, und Licht, Liebe und Glück kamen in sein Leben.

Und etwas ganz Merkwürdiges konnte er jeden Tag beobachten: Seine Frau und seine Kinder waren in dasselbe Licht gehüllt wie seine Kuh und sein Ochse.

‚Seltsam', dachte der Bauer, ‚dies ist doch das gleiche Licht, das ich im Tempel sah!'
Und noch etwas erstaunte ihn: Auf einmal verstand er, wieso sein Sohn Krishna mit den Wolken reden konnte.
Krishna, der alles ins Rollen gebracht hatte.

Die Natur mit all ihren Lebewesen ist der Mantel Gottes. Wer ihr nicht mit Achtung begegnet, sie verletzt oder gar zerstört, begeht ein großes Sakrileg.

Zwei Wege, ein Ziel

Ein ziemlich dummer Mann hatte einen Sohn namens Warren – vom Englischen *war* wie Krieg beziehungsweise Krieger. Weil dieser Mann dumm war, behandelte er seinen Sohn schlecht, verlachte ihn, demütigte und schlug ihn.
Für Warren war diese Behandlung durch seinen Vater in vielerlei Hinsicht schlecht: Er entwickelte kein Selbstwertgefühl, fühlte sich schnell in der Defensive und meinte, Kraft und Macht seien das Entscheidende im Leben.

Er war gerade zehn Jahre alt, da ging er an einem Gebäude vorbei, an dem groß „Taekwondo" stand. Warren verstand natürlich nicht, was dies bedeutete. Unter der Schrift waren aber zwei Männer abgebildet, die mit Händen und Füßen miteinander kämpften. Dies zog Warren magisch an. Er ging in das Gebäude und folgte der Schrift mit den beiden Kämpfern. Er lief eine Treppe hinauf, und bald stand er vor einer Tür. Warrens Herz klopfte so sehr, dass er meinte, es würde ihm aus der Brust springen. Trotz oder vielleicht gerade wegen des Herzklopfens öffnete er die weiße Tür, die sich in einer großen, weißen Wand befand. Warren öffnete die Tür Zentimeter um Zentimeter und sah in einen großen Raum. Der Raum hatte weiße Wände und einen rotbraunen Parkettfußboden. Dies nahm er aber nur am Rande wahr. Was Warren sogleich sah und wie gebannt mit seinen Augen verfolgte, waren die Männer, die mit gekonnten Bewegungen oder sogar Sprüngen miteinander kämpften.

Warren stand vor Faszination wie angewurzelt da. Dass es so etwas Wunderbares gäbe, hatte er nicht einmal in seinen kühnsten Träumen gedacht – dabei träumte er so viel, und dies mit offenen Augen!

Warren stand immer noch mit offenem Mund da, als ein Mann auf ihn zukam und ihn ganz freundlich fragte, was er für ihn tun könne. Dieser Mann war ganz anders als sein Vater. Er war zugewandt, freundlich, offen, gleichzeitig wirkte er sehr bestimmt. „Ich weiß nicht ...“, stotterte Warren.
„Ich weiß es aber!“, sagte der Mann. „Dich interessiert Taekwondo.“
„Ja“, antwortete Warren und wusste nicht, wer dieses „Ja“ gesagt hatte, denn sein Herz schlug nun noch stärker.
„Komm“, sagte der Mann, „komm herein. Ich bin Jack. Ich bin der Trainer. Du bist genau richtig hier. Wir suchen junge Talente wie dich.“
„Junge Talente wie mich?“, wunderte sich Warren. Jacks Art fand er aber so gut, dass er sogleich ein paar Schritte machte und sagte: „Ich bin Warren.“

Jack zeigte ihm eine Umkleidekabine, gab ihm leihweise einen weißen Kampfanzug und begann sogleich, ihm bestimmte Kampftechniken beizubringen. Warren war begeistert und hatte das Gefühl, sein Leben habe nun endlich einen Sinn bekommen. Er fand auch alle anderen, die sich in dem Raum befanden, so freundlich, ja herzlich, dass er gerne jede freie Minute hier verbringen wollte.

Die Taekwondo-Schule kostete natürlich Geld. Das war für Warren aber kein Problem, denn Geld bekam er genug. Seine Eltern kümmerten sich nicht um ihn. Sie nahmen ihn weder im wörtlichen noch im übertragenen Sinne an die Hand und führten ihn liebevoll durchs Leben, sondern überließen ihn sich selbst und gaben ihm statt Liebe Geld. Dieses Geld verwendete er nun für die Taekwondo-Schule.
Warren hatte jetzt ein Ziel, einen Sinn in seinem Leben gefunden. Er war überglücklich und trainierte beinahe täglich.
Bald fühlte er sich schon als richtiger Kämpfer. Er lernte, immer besser seinen Körper zu beherrschen und ihn als Werkzeug im Kampf einzusetzen. Und er fand, dass Jack ein wunderbarer Lehrer war.

So verging die Zeit. Er war mittlerweile vierzehn und nicht nur ein guter Kämpfer geworden, sondern auch bereits groß gewachsen, als sein Vater ihn wieder einmal demütigte. Warren fragte ihn, warum er

ihn so schlecht behandle. Sein Vater ärgerte sich über diese Frage derart, dass er ihm sogleich eine Ohrfeige geben wollte – er war eben ein dummer Mann.
Durch all das, was er gelernt hatte, konnte Warren die Hand seines Vaters leicht abwehren. Es war der Augenblick gekommen, wo er sich nicht mehr schlagen ließ. Das war ihm klar geworden. Er wollte nicht mehr alles einstecken, was sein Vater ihm antat. Jetzt nicht mehr!
„Was?“, schrie sein Vater. „Du wehrst dich? Na warte!“ Warrens Vater war so herzlos, dass er mit Fäusten auf seinen eigenen Sohn losging. Warren fühlte sich aber so sicher, dass er ihn ganz leicht abwehren konnte. Dabei spürte er etwas Erstaunliches in seiner Brust: Je mehr sein Vater sich aufregte, desto ruhiger wurde er. Er war zu einem Krieger geworden, der tief in seinem Körper genau wusste, was er konnte.

Warrens Vater kämpfte nun mit Händen und sogar Füßen gegen seinen eigenen Sohn. Und seine Frau, die doch schließlich Warrens Mutter war, sah untätig zu. Da nahm Warrens Vater plötzlich einen Schürhaken vom Kamin und ging damit auf seinen eigenen Sohn los. Nun fühlte sich Warren bedroht. Er sprang in die Luft, wie er es gelernt und unzählige Male geübt hatte, und versetzte seinem Vater einen Schlag, der ihn ohnmächtig zu Boden sinken ließ.
Als Warrens Vater wieder zu sich kam, hatte sich alles geändert. Er erkannte in seinem Sohn einen Gegner, den er nie bezwingen würde, und entschied sich deshalb, ein friedliches Auskommen mit ihm zu finden. Warren hatte von nun an weder Probleme mit seinem Vater noch mit seiner Mutter. Er ging klar seiner Wege, und sie respektierten dies.

Ähnlich ging es Warren mit seinen Freunden und Klassenkameraden. Er strahlte eine solche Sicherheit und Entschiedenheit aus, dass keiner sich mit ihm anlegen wollte. Jeder wusste zudem, wie gut er sich verteidigen und wie unglaublich schnell er sein konnte.

Die Zeit verging. Er war achtzehn, als er einen Job in einem kleinen Geschäft annahm. Dieses Geschäft war Tag und Nacht geöffnet. Und verworren und unsicher wie die Zeiten heute sind, war es bereits mehrmals überfallen worden. Warren kümmerte dies nicht, hatte er doch sein Taekwondo, mit dem er seinen Vater besiegt und Sicherheit gefunden hatte.

Eines Nachts saß er wieder einmal an der Kasse, als vier Männer hereinkamen. Sie waren mit Pistolen bewaffnet. Warren sah sie ganz ruhig an. Er spürte, wie sein Kriegerherz höher schlug. Endlich hatte er eine Herausforderung, die ihn faszinierte! Vier bewaffnete Männer, das war doch ein Gegner, der „sich lohnte"! Warren überlegte, wie er es am besten anstellen konnte, diese vier möglichst schnell und ohne großes Risiko außer Gefecht zu setzen.
Ganz ruhig sagte er deshalb: „Wie ich sehe, wollt ihr Geld!"
„Ja", brummten die vier fast im Chor.
„Könnt ihr gerne haben. Ist heute aber nicht so viel." Dabei machte Warren langsam die Kasse auf und zeigte ihnen den Inhalt. Als sie sich niederbeugten, um zu sehen, was in der Kasse war, sah Warren den Augenblick für sein schnelles Eingreifen gekommen. Wie ein Panther sprang er über die Theke, die ihn von den vier Verbrechern trennte, und bevor diese überhaupt realisierten, was geschah, hatte er sie bereits zu Boden gestreckt. Er rief die Polizei, die sogleich kam und die vier festnahm.

Wie dies in vielen Ländern ist, kamen die Verbrecher beinahe schneller aus dem Gefängnis heraus, als sie hineingekommen waren. Kaum waren die vier wieder frei, drohten sie, Warren bei der nächsten Gelegenheit zu erschießen. Er war klug genug, diese Drohung ernst zu nehmen. Und weil er keine Möglichkeit sah, sich zu schützen, verließ er die kleine Stadt, die er liebte, und zog woanders hin, um sein Leben zu retten – und dies, obwohl er ein hervorragender Taekwondo-Kämpfer war. So gut, dass er im Handumdrehen vier bewaffnete Männer k. o. schlagen konnte.

Was sagt dir diese Geschichte?
Um die Frage zu beantworten, erzähle ich dir noch eine Geschichte.
Edward hatte bereits in seinen früheren Leben viel gebetet. Das Gebet war für ihn keine Bitte, die er an Gott richtete, sondern ein Gespräch,

das er mit Gott führte. Edward fühlte sich deshalb nie allein, obwohl er allen Grund dazu gehabt hätte, waren doch auch seine Eltern so lieblos wie die von Warren.
Fühlte sich Edward wieder einmal von seinen Eltern nicht geliebt, nicht verstanden und nicht geachtet, dann sprach er mit Gott. Er fühlte sich dadurch so geborgen, dass ihn all das, was er mit seinen schlechten Eltern erlebte, immer weniger berührte.

Als er sieben war, sprach er mit seinem Patenonkel. Der sagte ihm, er solle stets an Gott denken. „Das tue ich doch!“, sagte Edward mit Entschiedenheit.
„Ja“, antwortete sein Onkel, „das glaube und sehe ich. Was ich aber meine, ist, dass du ständig den Namen des Herrn wiederholen solltest. Du musst immer *OM Jesus Christus* sagen, das wird dir ganz neue Horizonte eröffnen – OM beim Einatmen und Jesus Christus beim Ausatmen.
Mit dem Namen des Herrn auf den Lippen und Seinem Bild in deinem Herzen kann dich auf Dauer nichts mehr berühren. Keiner kann dich verletzen, keiner kann dich übergehen, denn du suchst dein Glück nicht mehr in der Außenwelt, sondern in dir. In deinem Herzen! Da liegt alles verborgen!“
Edward war seinem Patenonkel für diesen Rat sehr, sehr dankbar. Er wiederholte von nun an, wo er nur konnte, den Namen des Herrn. Er verspürte dadurch eine Ruhe, ein Licht, eine Liebe in sich, die ihn erleben ließen, wie er Teil des großen Universums wurde: Die Welt war um ihn, war außerhalb von ihm. Und außerdem war sie auch in ihm. Er fühlte sich als diese Welt. Er fühlte sich als all das, was ihm begegnete. Edward verspürte eine Leichtigkeit in seinem Herzen, die er nur fließen lassen konnte.

Seine Veränderung blieb den anderen nicht verborgen. Auch seine Eltern, die sich bis dahin wenig um ihn gekümmert hatten, sahen plötzlich ihren Sohn mit anderen Augen – dies aber auch deshalb, weil Edwards Lehrer sie darauf angesprochen hatten.
Je mehr sich Edward veränderte, desto mehr veränderten sich auch seine Eltern. Sie machten seine Entwicklung, wenn auch in viel kleinerem Ausmaß, mit und konnten ihr Herz mehr und mehr öffnen.

Edward übte sich in der Wiederholung des Namen Gottes, wann immer er konnte. Dies wurde ein Segen für ihn. Und er wurde ein Segen für die Welt. Ganz ruhig, ganz zart, ganz langsam. Aber unaufhaltsam und damit unendlich stark.

So sah er eines Tages, wie drei Jungen einen Schwächeren schlugen. Edward ging mit dem Namen des Herrn auf den Lippen zu den Jungen. „Tut das nicht!“, sprach es gleichsam durch ihn. „Tut es nicht. Euretwegen, denn es kommt mit Sicherheit auf euch zurück. Ihr schlagt zu dritt einen Schwächeren. Das ist gegen das Gesetz, denn es ist unfair.“ Es sprach so kraftvoll und zugleich so liebevoll durch Edward, dass die drei Jungen berührt innehielten und dann weggingen. Kaum waren sie weg, nahm Edward den am Boden sitzenden Jungen in den Arm.
„Siehst du“, sprach es erneut durch ihn, „was dir heute geschehen ist, wird eines Tages auf sie zukommen. Das ist das Gesetz. Sei du froh, dass du deinen Teil abgetragen hast. Nichts kommt auf uns zu, was nicht mit uns zu tun hat!“
„Wie gut du redest“, sagte der Junge zu Edward.
„Ich? Ja, ja!“, sagte Edward, und war froh, dass er dem Jungen hatte helfen können.

In der Nacht erschien Edward sein Patenonkel in einem Traum. „Was du gestern zu den Jungen gesagt hast, war entscheidend. Es gibt tatsächlich ein Kosmisches Gesetz, das besagt, dass alles, was du tust, auf dich zurückkommt. Das Gute wie das Schlechte. Alles. Keiner ist davon ausgenommen. Und der Herr selbst hält sich an dieses Gesetz!“

Edward wachte auf und war sehr überrascht von diesem Traum. ‚Ich muss bald wieder einmal meinen Patenonkel anrufen!‘, dachte er und ging mit dem Namen des Herrn auf den Lippen in die Schule. Er war etwas früh dran, so stand er noch ein wenig im Schulhof. Da kam einer der drei Jungen, die gestern den einen wehrlosen geschlagen hatten.
„Hallo!“, sagte er etwas linkisch.
„Hallo, wie geht's?“, antwortete Edward freundlich.
„Du, ich hab einmal eine Frage.“
„Schieß los!“, antwortete Edward.

„Du sagtest gestern", kam es wie aus der Pistole geschossen aus dem Jungen, „alles komme auf einen zurück. Was heißt das?" Edward wusste nicht, wovon der Junge sprach. So wiederholte er schnell ein paar Mal den Namen des Herrn und machte dabei ein so wichtiges Gesicht wie nur irgend möglich. Das fand der Junge schon sehr interessant. Da erinnerte sich Edward an den Traum. „Ja", sagte Edward, „das ist das Kosmische Gesetz, das immer gilt: Was du tust, kommt auf dich zurück. Tust du Gutes, kommt Gutes. Tust du Schlechtes, kommt Schlechtes auf dich. Das ist immer so. Auch bei dir!"
„Werde ich nun auch bald geschlagen?", fragte der Junge bang.
„Gut, dass du früh aufgehört hast!", antwortete Edward.
„Vielen Dank!", sagte der Junge. Und sie redeten noch über vieles andere. Schließlich stellte der Junge sich vor. Er hieß Mikel. Und sie wurden Freunde.

Was sagen dir diese beiden Geschichten?

Die Geschichte von Warren ist die Geschichte des Felsens. Ein Felsen ist hart, stark und kann mit ungeheurer Wucht niederfallen und vieles dabei zertrümmern. Außerdem siegt ein Fels gegen jedes Schwert. Kein Schwert kann gegen einen Felsen gewinnen. Das ist die große Stärke und die tiefe Ruhe des Felsens. Er steht da, gibt Halt und Sicherheit. Zudem sind Felsen die besten Fundamente, um selbst die größten Häuser darauf zu bauen.

Edwards Geschichte ist die Geschichte des Wassers. Das Wasser fließt und passt sich jeder Biegung, jeder Unebenheit an. Das Wasser wirkt ganz weich. Das Wasser ist aber gleichzeitig unermesslich stark. Das Wasser verbindet diese Gegensätze in sich und ist damit der Quell des Lebens. Das Wasser kann jeden Stein schleifen. Und was kann ein Stein gegen das Wasser ausrichten? Nichts. Wirf doch einen Stein, und mag er noch so groß sein, in ein Gewässer oder gar ins Meer. Es mag ein kurzes Aufschäumen, ein paar Wellen geben. Am Ende ist alles wieder, wie es war.
Das ist der Unterschied zwischen Kampf und Kampfsport und der Wiederholung des Namen Gottes. Kämpfst du und siegst, so hast du deine Niederlage nur verschoben. Irgendwann gerätst du immer an

jemanden, der dir mit fairen oder unfairen Mitteln überlegen ist. Irgendwann kommst du wie Warren an den Punkt, wo du gesiegt hast, durch die Umstände aber fliehen musst, das heißt dich so verhältst, als hättest du verloren.

Warren hatte schlechte Eltern, dafür aber in Jack einen guten Trainer für die körperliche Ebene gefunden, durch den er wichtige Eigenschaften wie innere und äußere Stärke, Selbstwertgefühl und Ruhe fand. Er war aber noch nie jemandem begegnet, der ihn vom Körper zur Seele und damit zu Gott geführt hatte. Diese Erfahrung sollte er auf seiner „Flucht" machen. Dazu waren die vier Verbrecher gut gewesen.

Edward dagegen ging durch die Wiederholung des Namen des Herrn den Weg des Wassers. Er floss in die Situationen wie Wasser. Mit Gott in seinem Herzen und auf den Lippen fühlte er sich mit allen verbunden und doch für sich.
Das ist der Weg des Lichts, denn durch die Nennung seines Namens wählst du Gott als deinen Weggefährten. Er wird dich nie, niemals fallenlassen. Er wird alles so einrichten, dass du nicht wie Warren zunächst in eine Sackgasse, sondern ans Ziel kommst.

Aber auch Warrens Weg ist notwendig. Es ist die Wegstrecke, die der Krieger zurücklegt, bis sie ihn zu Edwards Leben und Erleben führt und er die Nähe zu Gott direkt sucht. Das eine Mal der harte Stein. Das andere Mal das fließende Wasser. Und was ist nun der wahre Unterschied zwischen beiden? Nichts als Entwicklung. Und damit Zeit – die wie Wasser fließende Zeit ...

Der entscheidende Unterschied zwischen beiden Geschichten liegt in ihrem Ausgang. Warren kämpft *gegen* vier Verbrecher und muss anschließend die Stadt verlassen, obwohl er sich sehr eingesetzt hat. Er hat aber aus Freude am Kampf die Auseinandersetzung gesucht. Er wollte siegen und sich beweisen.

Edward dagegen kämpft *für* einen Jungen und gewinnt dadurch in Mikel einen Freund.

Warren hat in allen geschilderten Fällen für sich gekämpft: Gegen den Vater, bei den Schülern, im Geschäft, denn da wollte er seine Kunstfertigkeit beweisen.
Edward dagegen ging mit Liebe zu vier Jungen und bewahrte einen vor Schlägen. Das ist die Kraft des Wassers. Des Fließens.

Warren fand in seiner neuen Stadt einen guten Trainer, der ihm als Erster sagte, dass Kampfsport dazu da sei, einen Kampf zu vermeiden. „Wird jemand angegriffen", lehrte ihn dieser Trainer, „hilf ihm mit Behutsamkeit, durch die ein wenig, ich betone: *ein wenig* deine Kraft und dein Können durchscheinen. Entscheidend ist aber die *Behutsamkeit.* Greift dich jemand an, warte noch länger. Nimm dich noch mehr zurück. Sei noch behutsamer. Dein Leitspruch als Krieger muss immer sein: *Wer nicht körperlich kämpft und sein Ziel dennoch erreicht, hat wirklich gesiegt.* Wer sich von Herzen für andere einsetzt, wird beschützt. Wer für sich kämpft und siegt, hat in den meisten Fällen die Niederlage noch vor sich – nämlich dann, wenn es aus Gründen des Ansehens, des Ego, der Rücksichtslosigkeit oder aus Dummheit geschieht!"

Warren hörte diese Sätze und ließ sie in sein Herz fließen.

Er hielt sich daran und genoss das Gefühl, das entsteht, wenn du dich an die Wahrheit halten kannst: Dass das Kosmische Gesetz, die Göttliche Rechtschaffenheit den beschützt, der sich nach ihr richtet, der sich an sie hält.

K.-D.
oder WIE KARMA WIRKT

K.-D. war einer jener Menschen, die noch nicht begriffen haben, worum es im Leben geht. Von diesen Seelen gibt es zurzeit viele auf der Welt. K.-D. war zudem auch noch besonders hartherzig. Ich verstehe deshalb dieses K.-D. als eine Abkürzung des Italienischen *caduto*, gefallen. K.-D. war gefallen. Von seinem Herzen abgefallen. K.-D. verstand das Leben nicht, denn er lebte es nicht.
So passte es auch zu ihm, dass er eine Karriere im Parteiapparat der DDR machte. K.-D. war so weit vom Leben entfernt, dass er nicht nur ein Mitläufer dieses Regimes war, sondern ein Verantwortlicher. Er wollte sogar ein Gestalter dieses „Staates der Zukunft" werden.

Dieser Staat hatte aber keine Zukunft. Kein Staat hat eine Zukunft, der seine Bürger einsperren muss, damit sie ihm nicht davonlaufen.
Dies allein ist bereits eine Ungeheuerlichkeit, denn Menschen hängen an ihrer Heimat und verlassen sie fast immer nur dann, wenn sie dazu gezwungen werden. Häufig ist es die Not, die die Menschen aus ihrer Heimat vertreibt. Fliehen sie in großen Scharen, dann ist die Not groß. So verhielt es sich auch in der DDR. Die Menschen litten, deswegen wollten sie gehen. Statt aber umzudenken, statt sich zu überlegen, was die Menschen brauchten, statt zu überlegen, was die Regierung ihnen verweigerte, inwiefern sie ihre Bürger misshandelte, statt als Herzensmenschen zu reagieren, regierten die Machthaber der DDR mit noch mehr Gewalt und Brutalität.
So wurde die Mauer gebaut und der Schießbefehl erlassen. Danach wurde auf Menschen, die versuchten, die DDR zu verlassen, geschossen. Viele wurden erschossen!

Man stelle sich vor: Ein Industriekonzern behandelt seine Angestellten so schlecht, dass diese wegwollen. Daraufhin sperrt der Konzern sie einfach ein und schießt auf diejenigen, die fliehen wollen – nur, weil er sie nicht menschenwürdiger behandeln will!

Genau diese Ungeheuerlichkeit beging das DDR-Regime. Und K.-D. war dabei. Er unterstützte den Schießbefehl. Er nannte die armen erschossenen Flüchtlinge Vaterlandsverräter und freute sich über jeden vereitelten Fluchtversuch. Er war überzeugt von der Aufgabe, von der „wichtigen Mission" der DDR. Wer dabei umkam, war ihm unwichtig – „das Leben fordert eben seinen Tribut, und manche Unverbesserliche kommen besser um, als dass sie den Staat unterminieren!", meinte er in seinem Zynismus.
K.-D., der vom Herzen Abgefallene, lebte seine dumpfe Zeit, bis die Wende kam. Der Herr wollte nicht, dass die Demonstranten zusammengeschossen wurden. So kam K.-D.s „große Stunde" nicht. Er musste vielmehr untätig zusehen, wie „sein" Staat zusammenbrach.
Dann nahm das Schicksal seinen Lauf. Wie es vorhergesehen war, gab es wieder *einen* Deutschen Staat. Darüber hinaus galt das Bundesdeutsche Rechtssystem auch für die Neuen Bundesländer. Dies bedeutete für K.-D., dass er festgenommen und angeklagt wurde. Wegen Totschlags.
K.-D. konnte dies nicht fassen. Er war empört. Er empfand sich als Opfer böswilliger, konterrevolutionärer Kräfte, aber er wurde verurteilt und musste seine Strafe absitzen. K.-D., der Gefallene, verstand nichts. Er rebellierte vielmehr gegen den Staat, der ihm dies antat. Er sah überhaupt nicht ein, dass er seinen ihm anvertrauten Bürgern zuerst die Freiheit genommen und sie dann auch noch beschießen und erschießen hatte lassen. Er saß in seiner Zelle, grollte und verstand nicht – verstand nicht, dass es ihm viel besser als unzähligen Häftlingen unter den Bedingungen der DDR ging.

Ich habe *bewusst* die Verben „beschießen" und „erschießen" gewählt. Das Verb „beschießen" ist wichtig, weil es etwas anderes sagt als der Ausdruck „auf jemanden schießen". Beim Beschießen ist das Treffen enthalten. Bei dem Ausdruck „auf jemanden schießen" ist das Treffen dagegen hypothetisch. K.-D. nahm das Treffen nicht nur in Kauf, sondern beabsichtigte es. Deshalb spreche ich auch von „Beschießen“. Von der Göttlichen Ordnung her gesehen, ist dieses Schießen nicht Totschlag, sondern „Erschießen“ und damit Mord. Mord kann niemals mit ein paar Jahren Gefängnis gesühnt werden – ganz besonders dann nicht, wenn weder Einsicht noch Reue noch Mitgefühl, geschweige denn Mitleid entstehen.

Und hier setzt das Karma nochmals ein.
Es ist Karma, dass K.-D. gefangen genommen und verurteilt wurde. Und es ist Karma, dass er durch den Prozess und die Gefangenschaft die Chance bekam umzudenken. Doch K.-D. konnte diese Chance nur zu einem minimalen Teil nutzen.

Nun eine andere Geschichte:

Uno war in seinem Wunsch nach Un-gebundensein un-vergleichlich. Ein Un-ikat. Einzigartig. Eben Uno. Unos Wunsch nach Ungebundensein machte ihn einsam. Denn einerseits hatte er sich nicht um Gesetze, Göttliche und weltliche, gekümmert, und andererseits hatte er sich dabei so viel Schuld aufgeladen, dass er einsam sein musste. Uno war im vorherigen Leben Polizeipräsident in einem autoritären Staat gewesen. Er sorgte für Recht und Ordnung – Recht und Ordnung, wie *er* sie verstand. Uno hielt sich an den Buchstaben des Gesetzes. Das war für ihn Recht. Er übersah, dass Recht ohne Liebe zu Härte, zu Brutalität, zu Unterdrückung der Schwachen und Hilflosen führt. Das verstand Uno aber nicht. Er war von der Ordnung überzeugt und ließ deshalb alle, die den Buchstaben des Gesetzes nicht so wie er verstehen wollten, einsperren und verurteilen. Einige wurden auch ohne Urteil eingesperrt. Manch einer wurde auf der Flucht erschossen.
Und wie ging es weiter? Uno starb eines Tages an den Folgen einer Schussverletzung, die ihm ein aufgebrachter Vater zugefügt hatte, dessen Sohn unschuldig erschossen worden war.

Uno wurde in der DDR wiedergeboren.
Schon als Kind wollte er fliehen. Mit sechzehn unternahm er den ersten Fluchtversuch, der scheiterte. Er wurde allerdings weder verletzt noch gefasst.

Mit siebzehn versuchte er zusammen mit einem Freund wieder zu fliehen. Als sie aber die Grenze erreichten, wurden sie von Wachposten entdeckt, die sogleich das Feuer auf sie eröffneten. Unos Freund wurde in den Bauch getroffen und verblutete in Unos Armen. Uno selbst trug eine schwere Verletzung an der Schulter davon.
Er wurde gefasst, und obwohl er so schwer verletzt war, wurde er geschlagen und eingesperrt. Unzählige Verhöre musste er über sich ergehen lassen. Immer wieder wurde er misshandelt. Erst mit einundzwanzig wurde er wieder freigelassen.

Er war nach dieser schweren Haft sehr verletzt, dachte aber weiter an Flucht. Da verliebte er sich, heiratete, und ein Jahr später bekam er einen Sohn. Dieser Sohn war sein Augapfel. Seinetwegen konnte und wollte er die DDR nicht mehr verlassen. Er führte ein glückliches Familienleben, bis sein Sohn mit knapp fünfzehn einen Fluchtversuch unternahm und dabei erschossen wurde.
Uno trug seine Liebe, seinen geliebten Sohn zu Grabe. Dann ließ er alles stehen und liegen, und todesmutig, da sie nichts mehr zu verlieren hatten, flohen Uno und seine Frau aus der DDR auf einem Weg, der im Grunde chancenlos schien. Unos Karma hatte sich aber geändert, denn Uno selber hatte sich geändert. So kamen seine Frau, die im früheren Leben seine rechte Hand gewesen war, und er wohlbehalten in den Westen, wo sie sich eine neue Existenz aufbauten.

Was haben die beiden Geschichten gemeinsam? Die Antwort ist: Alles.
Und was verbindet sie? Die Zeit. Der eine kommt früher an die Grenze. Der andere später.
Der eine ist noch K.-D. – caduto, gefallen über seine Unwissenheit.
Der andere ist Uno – derjenige, der bereits den Schritt zum Mitgefühl getan hat. Jenen ersten Schritt, der einzigartig ist, weil er durch das Erleben in der Seele fest verankert ist und deshalb nicht mehr rückgängig gemacht, nicht mehr zurückgenommen werden kann.

Bedenke stets, dass alles, was dir geschieht, dir zufällt, dir widerfährt, das Beste für dich ist.
Und dass es deine Aufgabe ist, herauszufinden: **Inwiefern.**

Umwege können die kürzesten Wege sein

Es war einmal ein Mann, der angelte gerne in seiner Freizeit – und kümmerte sich auch sonst nicht um die Zusammenhänge im Leben. Deshalb bekümmerte es ihn auch nicht, dass Fische für seine Freizeitbeschäftigung sterben mussten.
Eines Tages nun – nach dem Muster, das aus vielen Märchen bekannt ist – fing er einen großen Fisch. Der sprach zu ihm: „Wenn du mich am Leben lässt, erfülle ich dir deinen sehnlichsten Wunsch!"
„Ich wünsche mir, unermesslich reich zu sein", antwortete der Mann sogleich.
„Gut, dein Wunsch ist erfüllt", erwiderte der Fisch, „bei dir zu Hause steht ein Tisch. Wenn du dessen Schublade dreimal hintereinander öffnest, ist sie nach dem dritten Mal mit Geld gefüllt. Ich verknüpfe aber", fuhr der Fisch fort, „die Erfüllung deines Wunsches mit zwei Bedingungen: Erstens vergiss mich nicht, und zweitens finde heraus, wer ich bin!"

Der Fisch verschwand, und der Fischer ging überglücklich nach Hause. Er fand den Tisch, öffnete die Schublade dreimal und sah sie beim dritten Mal mit Geld überreich gefüllt.
So wurde er zu einem reichen Mann. Er kaufte sich Häuser, Ländereien. Er hatte viele Angestellte. Er heiratete und hatte mehrere Kinder.
Je mehr die Zeit verging und je reicher er wurde, desto mehr vergaß er den Fisch und die Frage, wer er sei.
Manchmal, zu Beginn seines Reichtums, waren ihm die beiden Bedingungen des Fisches noch durch den Kopf gegangen. Später wurde er

bei dem Gedanken an den Fisch regelrecht ärgerlich. Er fand ihn anmaßend und selbstgerecht.
„Im Grunde unglaublich, was dieser Fisch von mir erwartete", dachte er dann.

Die Zeit verging, und er benötigte immer mehr Geld, um all seine Wünsche bezahlen zu können. Er war eben ein sehr reicher Mann mit entsprechenden Verpflichtungen.
Eines Tages kam ein riesiges Erdbeben und zerstörte all sein Hab und Gut. Auch der Wundertisch verschwand. Es blieb ihm nur das nackte Leben.
Verzweifelt irrte er durch seine verwüsteten Ländereien, bis er erschöpft zu Boden sank und einschlief.

Da erschien ihm der Fisch im Traum und sagte: „Du hast mich und meine Bedingungen völlig vergessen. Du lebtest nur *deine* Interessen und hieltest mich für selbstsüchtig, weil ich dir zur Bedingung machte, an mich zu denken. Du Tor. Ich hatte dir diese Bedingungen als weitere Geschenke gegeben. Solange du an mich gedacht hättest, wärest du sicher gewesen. Und hättest du nachgeforscht, hättest du herausgefunden, dass ich nur dein Schöpfer sein kann, der dir alles gab und gibt.

Nun hast du alles verloren. Du bist einen Umweg gegangen. Umwege können aber die kürzesten Wege sein, wenn du durch sie lernst. Und sehe ich dein Leid, sehe ich dein Bemühen, bin ich voller Gnade für dich ..."

HEINRICH
oder DIE MACHT DES SCHICKSALS

Heinrich war Arzt – ein Arzt, der es liebte zu forschen. Dies war zunächst weder etwas Außergewöhnliches noch etwas Schlechtes. Das Schlechte war, dass Heinrich böse war und an hilflosen Menschen forschte. Er war Arzt in einem KZ und führte Versuche an Menschen durch.
Er war herzlos und damit auch gottlos.

Das Naziregime ging zu Ende. So auch Heinrichs üble Versuche. Und plötzlich wendete sich das Blatt – etwas, was so typisch für das Leben ist: Aus dem Jäger wurde von einem Tag auf den anderen der Gejagte. Wovor floh Heinrich? Vor der zu erwartenden Strafe. Heinrich floh aber auch vor der Einsicht, dass er Schreckliches getan hatte. An die Stelle der Einsicht trat die Verdrängung, das heißt, Heinrich redete sich ein, er habe eigentlich immer an das Wohl der Menschheit gedacht. Deshalb fühlte er sich, trotz der schrecklichen Taten, die er im KZ begangen hatte, als guter Heiler.

Durch Geduld, List und Lüge gelangte er in ein Land, dessen Machthaber ebenfalls noch nicht gelernt hatten. Hier fand er Unterschlupf und arbeitete weiter als Arzt. Viele, viele Menschen kamen zu ihm, baten ihn um Hilfe und ließen sich von den Händen behandeln, die nicht lange zuvor über unzählige Menschen Leid und Tod gebracht hatten. Heinrich half in vielen Fällen und wurde als guter Arzt geehrt.
Sein Herz blieb aber verschlossen. Keiner konnte Licht in dieses Dunkel bringen. Auch nicht seine neue Frau, mit der er drei Kinder hatte, die er streng erzog.

Heinrich versuchte zu vergessen. Seine Seele vergaß aber nicht – obwohl sein Verdrängen während seines Tagesbewusstseins recht gut funktionierte. Nachts aber hatte er Alpträume, in denen er sich von verstümmelten, leidenden, schreienden Menschen umgeben, nein umringt sah. Heinrich sprach mit niemandem darüber, denn er sah in jedem einen möglichen Verräter oder gar Verbrecher – wie er es war. Auch zu seiner Frau und seinen Freunden hatte er kein Vertrauen.
So lebte Heinrich ständig in dem Bewusstsein, dass niemand ihn kannte, dass niemand wusste, niemand wissen durfte, wer er war.

So ein Wissen zermürbt einen Menschen. Er hat in dieser Situation nur die Wahl zwischen zwei unangenehmen Alternativen: Entweder er verdrängt seine Schuld, wird physisch krank und leidet damit am Körper, oder er wird sich seiner Schuld bewusst und leidet deshalb seelisch. Heinrich entschied sich für die Verdrängung und lebte damit weiterhin eine falsche Identität, indem er sein wahres Wesen hinter der Maske des guten, hilf- und erfolgreichen Arztes verbarg. In Wahrheit war er aber immer noch viel mehr an Wissen als an den Menschen interessiert, und er half seinen Patienten, weil er Geld verdienen und seine wahre Identität verbergen wollte.

So wurde Heinrich krank – das Leben führte ihn über seinen Körper zur Wahrheit. Er bekam eine Krankheit, die niemand zu behandeln wusste. Er hatte Pusteln am ganzen Körper, die immer größer wurden. Bald war er von Furunkeln übersät. Die Wahrheit brach sich ihren Weg.
Heinrich versuchte einiges, um dieser Krankheit Herr zu werden. Er besprach sich mit Kollegen, aber keiner konnte ihm helfen. So entschied er, sein Leben sei nun ebenso wertlos wie das vieler anderer vorher, nahm seine alte Dienstwaffe, die er über all die Jahre aufgehoben hatte, und machte dieser Inkarnation dadurch ein Ende, dass er sich in den Kopf schoss.

Albrune und Reinhard waren ein Paar. Albrune bedeutet „das Geheimnis", und Albrune war sich selbst ein Geheimnis. Rein-hard war seinem Namen entsprechend richtig hart. Die beiden waren von den Gedanken des Nationalsozialismus überzeugt. Sie meinten in ihrer mangelnden seelischen Erfahrung, Menschen könne man nur mit Härte, wenn es sein müsse, mit brutaler Hand führen. Alles andere seien weichliche Illusionen, die sich nur solche Menschen ausdächten, die nicht reif, die nicht fähig für „den großen Wurf" seien. Ein starker Mensch erkenne, dass die Menschen straff geführt werden müssten.

Albrune und Reinhard achteten weder *die* Menschen noch den Einzelnen. Sie vertraten vielmehr die Ansicht, der Starke müsse siegen. Und die Diktatoren, die Starken, würden immer siegen, vorausgesetzt, die Schwachen täten sich nicht als eine Allianz der Minderbemittelten zusammen und wendeten damit – gegen das Gesetz der Welt verstoßend! – das Schicksal zu ihren Gunsten.

So dachten sie. Deshalb störte es sie nicht, dass durch die Diktaturen des 20. Jahrhunderts über die ganze Welt verteilt Millionen Menschen umgekommen waren und Zigmillionen an den Folgen des Krieges Jahrzehnte, wenn nicht ein Leben lang leiden mussten.
Sie meinten unverdrossen: „Wenn der Starke seinen Weg geht und damit dem Schwachen zeigt, wo es langgeht, dann ist das eben so! Entwicklung ist Leiden. Der Mensch wird durch Erziehung und Leiden stark!"
So fanden sie auch nichts an Menschenversuchen auszusetzen, geschweige denn an Tierversuchen – was der Starke befahl, musste eben getan werden!

Albrune und Reinhard hatten den Krieg überstanden. Sie hatten viele Entbehrungen erlebt, viel Leiden gesehen, und trotzdem wollten sie Kinder!
Dieser letzte Satz kommt dir vielleicht etwas erstaunlich vor: „Warum ‚trotzdem'?", wirst du fragen. Ich sage „trotzdem", weil ich der Meinung bin, dass man eine andere Einstellung haben sollte, wenn man Kindern ein Zuhause bieten und Geborgenheit geben möchte.

Albrune und Reinhard wollten aber Kinder. Und wollten aus ihnen starke Menschen machen.
„Durch Disziplin und den Blick auf das Wesentliche gerichtet", wie sie es nannten.

Sie waren damit die idealen Eltern für Heinrich, der nach einigen kurzen Leben bei ihnen wiedergeboren wurde.

Albrune und Reinhard, die einen Starken heranziehen wollten, bekamen Heinrich, der wegen seines Karmas stark behindert war. Er hatte das Leben bereits gelebt, für das sie ihn erziehen wollten, und kam zu ihnen, um die Konsequenzen seines Handelns zu erleben. Seine Wirbelsäule war in sich verdreht, und er hatte verkrüppelte Hände und Füße.

Albrune und Reinhard waren entsetzt. Ihr erster Gedanke war der an Euthanasie, an die Tötung „unwerten" Lebens. Die Zeiten hatten sich aber geändert. Das, was früher staatlich angeordnet worden war, stand nun unter Strafe. Sie konnten sich deshalb ihres Kindes nicht einfach „entledigen", sondern mussten eine andere Lösung finden. Sie suchten deshalb fieberhaft nach einem Heim für Behinderte. Sie fanden aber keines, das Heinrich aufgenommen hätte: Die Heime hatten entweder keinen Platz, oder sie waren auf eine Behinderung spezialisiert, die der von Heinrich nicht entsprach. Das Problem war nämlich, dass sein Körper offensichtlich verkrüppelt, sein Geist aber alles andere als behindert war.

So verging die Zeit. Albrune und Reinhard suchten einen Platz für Heinrich, der heranwuchs. Damit entstanden Bindungen.
Albrune stillte Heinrich zwar genau nach der Uhr und kümmerte sich auch sonst nicht im Geringsten darum, was *seine* Bedürfnisse waren. Disziplin war ihrer Meinung nach von Anfang an angesagt. Dass sie ihr Kind damit auch noch *seelisch* schädigte, kümmerte sie nicht, denn sie war unwissend genug zu glauben, dass sie immer das Richtige tue und nichts in Frage stellen müsse.
Heinrich verstand sehr bald, was seine Eltern wollten, und richtete sich danach. Das fanden seine Eltern wunderbar.

Die Zeit verging. Heinrich lernte trotz seiner verkrüppelten Hände schreiben und konnte bald sehr schön mit dem geschriebenen Wort umgehen.

Da hörten Albrune und Reinhard von einem Arzt, der angeblich herausgefunden hatte, wie man Behinderte so operierte, dass die Schäden sich mit fortschreitendem Wachstum korrigierten.
Sogleich gingen Albrune, die Unwissende, und Reinhard, der Harte, zu diesem Arzt. Dieser war ein stattlicher Mann, der sie sehr beeindruckte. Sie unterhielten sich lange und gerne mit ihm, denn sie teilten in allem seine Ansichten. Er war ein starker Mensch. Er trat ebenfalls für die Herrschaft der Starken ein. Albrune und Reinhard übersahen aber bei diesem Gespräch und bei ihrer anschließenden Entscheidung, dass sie nicht in der Position der Starken, sondern der Schwachen waren – besonders Heinrich, um den es ja vornehmlich ging.

Dr. Grausig, so will ich diesen Arzt nennen, fühlte sich aber als Starker und dazu auch noch als starker Vertreter der „Herrenrasse". Er hasste Kranke. Besonders Verkrüppelte. Deshalb führte er diese abenteuerlichen Operationen beziehungsweise Versuche durch und freute sich, den mit den Eltern besprochenen Eingriff bei Heinrich vornehmen zu können.
Albrune und Reinhard gegenüber rühmte er sich seiner Erfolge, die er zweifellos hatte. Seine Erfolge waren aber nichts anderes als „Abfallprodukte" seiner Menschenversuche, die er sehr geschickt tarnte. Dr. Grausig war auch sonst sehr geschickt. Er versicherte zum Beispiel Heinrichs Eltern, die Operation habe bei 95% der Patienten Erfolg. Er müsse aber wegen des Restrisikos eine Erklärung unterschreiben lassen, worin sie ihr Einverständnis gäben, dass er volle Freiheit in der Wahl der Mittel habe und dass sie wüssten, dass mit dem Eingriff gravierende Risiken verbunden seien. Albrune und Reinhard stutzten bei diesem Satz. Dr. Grausig wischte aber ihre aufkommenden und berechtigten Zweifel mit der leeren Aussage: „Reine Formsache!" weg. Und die beiden waren viel zu weit von ihren Gefühlen und ihrem Instinkt entfernt, als dass sie alarmiert gewesen wären. Albrune und Reinhard waren noch so unerfahren in Herzensangelegenheiten, dass sie die dunkle Seele von Dr. Grausig weder sahen noch sie aus seiner Art zu reden beziehungsweise aus seinen Vorschlägen erkannten. Sie waren eben noch blind, deshalb vertrauten sie blind.

So wurde Heinrich am Rücken und an den Händen operiert, obwohl er mit seinen Behinderungen gut zu leben gelernt hatte. Er war damals acht, gut in der Schule und auch sonst sehr aufgeweckt.
Nach der Operation war er querschnittsgelähmt und konnte seine Hände gar nicht mehr bewegen. Dafür verlangte Dr. Grausig auch noch ein immenses Honorar. Dr. Grausig hatte Heinrichs Weg eben noch vor sich!
Heinrich dagegen war nun an den Rollstuhl gefesselt. Er konnte kaum noch etwas selber tun, sondern war fast vollständig auf die Hilfe anderer angewiesen – so wie seine Gefangenen in jenem früheren Leben. Sie waren darauf angewiesen gewesen, dass diejenigen, die Macht über sie hatten, diese nicht missbrauchten. Heinrich hatte sich aber überhaupt nicht um deren Ängste, deren Schmerzen und Leiden gekümmert. Für ihn waren sie nichts als Bausteine für sein medizinisches Wissen gewesen. Gefühle „und all der Kram“ hatten ihn nicht interessiert.

Nach der Operation war Heinrich, wie gesagt, fast vollständig auf die Hilfe anderer angewiesen. Und diese anderen waren vornehmlich seine Eltern, die ein sehr schlechtes Gewissen hatten und sich viele Vorwürfe machten.
„Wie haben wir nur einer so riskanten Operation zustimmen können? Wie haben wir nur an einen so unverantwortlichen Arzt kommen können?“, fragten sie sich immer und immer wieder. Dass sie Dr. Grausig besonders auch deshalb ausgewählt hatten, weil er genauso verächtlich dachte wie sie, sahen sie nicht.
So verklagten sie ihn, um sich wenigstens über den Umweg des Gesetzes Recht zu verschaffen.
Da sie aber nicht an das Recht der Schwachen glaubten, sondern sich immer für das Recht der Starken eingesetzt hatten, bekamen sie auch nicht Recht. Dr. Grausig hatte seine Verträge gut ausarbeiten und absichern lassen. Was er als „reine Formsache“ bezeichnet hatte, war vielmehr reine Perfektion. So verloren Albrune und Reinhard nicht nur den Prozess, sondern auch viel Geld, da sie alle Kosten zu tragen hatten.

Sie machten aber die wichtige, nein die entscheidende Erfahrung, wie bitter es ist, wenn der Starke auf Kosten der Schwachen Recht bekommt.

Nun ist es im Leben häufig so, dass dem, der hat, gegeben wird, und dem, der nicht hat, auch noch der letzte Rest genommen wird. Diese bereits in der Bibel beschriebene Weisheit zielt auf das Gesetz des Karma ab: Tust du Gutes, bekommst du Gutes. Tust du Schlechtes, wirst du so lange mit den Konsequenzen deines Handelns konfrontiert, bis du nicht mehr nimmst, sondern gibst.
Schlechtes zu tun ist nämlich eine besonders negative Form des Nehmens. Tust du dagegen Gutes, gibst du und bekommst deshalb auch.

Albrune und Reinhard wurden als Konsequenz ihres negativen Denkens nun immer wieder damit konfrontiert, welch eine schreckliche Operation sie an ihrem armen Jungen hatten durchführen lassen, denn jetzt ging es ihm sehr viel schlechter als vorher und er hatte ständig Schmerzen.
Außerdem kamen die Vorwürfe auch noch von allen Seiten. Mal deutlicher, mal vorsichtiger. Aber sie kamen und verfehlten ihre Wirkung nicht. Albrune und Reinhard hatten ein sehr, sehr schlechtes Gewissen, dem sie dadurch zu entkommen versuchten, dass sie sich immer mehr um Heinrich kümmerten.
Dieser litt immer wieder so sehr, dass es seinen Eltern schier das Herz zerriss. Nicht einmal, nicht zweimal, nicht dreimal, sondern zigmal saßen sie an seinem Bett oder an seinem Rollstuhl und weinten, weil sie so wenig tun konnten, um seine Schmerzen zu lindern oder seinen Allgemeinzustand zu verbessern.

Natürlich gaben sie ihm Schmerzmittel. Sie wussten aber, dass dies eine Gratwanderung darstellte. Je mehr Schmerzmittel Heinrich bekam, desto abhängiger wurde er. Je abhängiger er war, desto weniger wirkten sie und umso mehr Mittel mussten sie ihm geben. Abgesehen davon, dass diese Medikamente nicht ohne Nebenwirkungen waren und ihre Wirkung bald erschöpft sein würde.

Albrune und Reinhard hatten sich verändert. Deswegen werde ich sie nun nicht mehr so nennen, sondern von ihnen nur mehr als Heinrichs Eltern sprechen, denn die waren sie nun wirklich geworden und berührten mit ihrer Liebe Heinrichs Herz, der die Fürsorge seiner Eltern als großes Geschenk erlebte. Heinrich lernte dadurch, was es bedeutet, selber Opfer zu sein.

Mit den Jahren verschlechterte sich Heinrichs Zustand. Er ertrug diese vielen Jahre des Leidens mit großer Geduld. Seine Eltern allerdings verzweifelten schier. Sie mühten sich nun von morgens bis abends und von abends bis morgens um ihren Sohn – und das Einzige, was sie erreichten, war eine ständige Verschlechterung.
Doch ihre Liebe wuchs: Sie lernten durch Heinrich, dass die Welt nicht dem Starken, Mächtigen gehört, sondern *allen*. Und dass besonders die Schwachen und Hilflosen das Herz berühren und unsere volle Aufmerksamkeit verdienen.

Heinrichs Eltern hatten sich so weit geöffnet, dass sie aus Liebe und Mitgefühl darauf verzichteten, mit ihrem Sohn zu kommunizieren, denn er war häufig durch die Wirkung der Schmerzmittel benommen. Es war ihnen aber wichtiger, dass er nicht litt. So dämmerte er über einen langen Zeitraum dahin und starb schließlich an einer Überdosis Morphium, die sein Vater ihm gab, weil er nicht mehr mit ansehen konnte, wie sein Sohn immer mehr litt. Er hatte ihm helfen wollen und ihn dabei versehentlich getötet.

Die Eltern beerdigten Heinrich mit all der Liebe, die sich zwischen ihnen entwickelt hatte.
Sie wurden im darauf folgenden Leben mit zwei schönen Seelen gesegnet, die als Kinder zu ihnen kamen und die sie mit viel Liebe, Verständnis, Klugheit und Respekt gegenüber dem Leben im Allgemeinen großzogen. Alles Eigenschaften, die sie durch Heinrich in sich hatten entdecken dürfen.

Und was wurde aus Heinrich?

Sein Leiden hatte auch in ihm eine große Wandlung bewirkt. Er hatte das erlebt, was er anderen angetan hatte. Dadurch war er viel weicher geworden.
Eine große Veränderung hatte es auch bewirkt, dass er ab dem achten Lebensjahr fast ganz unbeweglich und damit beinahe vollständig auf die Hilfe anderer angewiesen war. Seine Eltern hatten zwar Dr. Grausig ausgewählt und sich für die wahnsinnige Operation entschieden. Sie hatten aber ihre Schuld angenommen, sich mehrfach unter Tränen bei ihm entschuldigt und aufopfernd für ihn gesorgt.

Dies hatte Heinrich tief berührt. Er erlebte damit unmittelbar, was Dienst am Nächsten war. Was es bedeutete, für jemanden wirklich da zu sein – ohne auf Sonn- und Feiertage, auf durchwachte Nächte und erschöpfende Tage zu achten. Dies lehrte Heinrich vieles von dem, was er im nächsten Leben benötigte.
Die Schmerzmittel, die ihn in einen Dämmerzustand versetzten, hatten auch die Wirkung, dass er mit seinem Unbewussten die Situation erfasste. Er hörte seine Eltern sprechen, sich Sorgen machen. Er spürte, wie sie mit ganzem Herzen für ihn da waren. Und er war berührt von alledem, was seine Eltern seinetwegen durchlitten. Deshalb verstand er es von seinem Herzen her nur zu gut, dass sein Vater ihm aus lauter Fürsorge und Verzweiflung versehentlich eine Überdosis Morphium gab.

Durch all dies kam Heinrich berührt ins Jenseits und berührt und berührbar in sein neues Leben. Er hatte gelernt, wie sich seine Opfer gefühlt hatten, und brauchte nur noch den Teil kennen zu lernen, den die Angehörigen seiner Opfer durchlitten hatten.

In diesem neuen Leben traf er wieder auf seine Frau, mit der er in jenem Leben, das nun weit zurücklag, zusammen gewesen war und drei Kinder gehabt hatte. Mit ihr bekam er dieses Mal zwei Kinder. Einen Jungen und ein Mädchen.

Als eines seiner Kinder schwer erkrankte, machte er die Erfahrung, wie wichtig es ist, zu geben und für jemanden sorgen zu müssen.

Dadurch, dass Heinrich die Seite der Angehörigen kennen lernte, fand er seinen Glauben, den Weg zum Gebet und sein Hingezogensein zu Gott.
Seine Kinder waren seine Lehrmeister, die ihren Vater dahin führten, nach etwas Größerem, Sinnvollerem, Übergreifendem zu suchen – und es zu finden.

Heinrich wurde eine immer liebendere Seele. Er erlebte noch eine Inkarnation, in der seine Neigung, sein Potential zum Negativen, umgewandelt wurde. Was vorher entsetzlich negativ und zerstörerisch gewesen war, wurde nun, und zwar genauso stark, wie es zuvor negativ gewesen war, zu einer Kraft der Liebe, die viele, viele erreichte, nährte, beglückte.
Heinrich wurde zu einem Licht der Welt.

Was sagt dir diese Geschichte? Nichts ist endgültig schlimm, nichts für immer böse. *Es ist alles eine Frage der Zeit.* Was heute negativ oder böse ist, wird morgen umgewandelt. Jeder lernt. Selbst oder gerade der besonders Böse. Er erlebt in jedem Leben andere Umstände, wodurch er die Erfahrungen macht, die er für seine positive Entwicklung benötigt.
Deshalb ist es so wichtig, dass das Denken, das Gedächtnis, das mit dem Denken verbunden ist, und das Ego mit dem Tod vergehen und mit einer neuen Inkarnation neu entstehen. Damit kann jede Seele ganz neue, unmittelbare Erfahrungen machen, alte Fehler ausmerzen und Neues, Positives erleben. Und die Entwicklung der einen Seele ist immer auch die Entwicklung der anderen.

Heinrich hatte nach seiner Inkarnation als Arzt im KZ viel, sehr viel zu lernen. Seine Eltern aber auch! Sie waren nicht an den Versuchen beteiligt gewesen. Sie vertraten aber eine ähnliche Geisteshaltung. Sie waren jedoch keine so unbedingten Seelen wie Heinrich. Ihr Potential war weder besonders aufs Negative noch aufs Positive ausgerichtet. Sie lernten deshalb schnell durch Heinrichs Leiden. Sie verehrten das Starke, den starken Menschen so sehr, weil sie selber nicht stark waren. Durch Heinrich bekamen sie eine nachhaltige Erfahrung, die sie zu liebevollen, vorsichtigen und rücksichtsvollen Menschen werden ließ.

Ganz langsam, ganz allmählich, durch eine Situation, durch ein Kind, das sie so nicht wollten, und durch einen Arzt, von dem sie meinten, ihn bewusst gewählt zu haben.
Es war aber ihr Schicksal, das sie liebevoll leitete. So liebevoll, wie sie sich anschließend um Heinrich kümmerten. Heinrich, der in seinem vorherigen Leben ein starker Arzt gewesen war – und nichts gelernt hatte. Heinrich, der bei ihnen ganz schwach wurde und dadurch ihr Herz wie kein anderer berührte.
So stark berührte, dass sie ihm in einem späteren Leben noch einmal kurz helfen konnten – als Dank für all das, was er ihnen gegeben, was er sie gelehrt hatte.
Heinrich hatte das Potential, sowohl im Negativen als auch im Positiven sehr starke Erfahrungen zu machen. So fiel er zuerst sehr tief, kam dann aber in einen unmittelbaren Kontakt mit der Kraft der Liebe, wodurch er besonders hilfreich für die Welt wurde.

Ein Tag ohne Liebe ist wie ein Körper ohne Leben.

Löwenherz
oder *Per aspera ad astra*
(Durch Schwierigkeiten zu den Sternen)

Winfried war ein eleganter Mann. Mit seinem dichten, lockigen Haar, den strahlenden Augen und dem frechen Lächeln auf den Lippen fiel er auf. Außerdem war er hoch gewachsen und athletisch. Kein Wunder, dass die Frauen Winfried umschwärmten. So kam er leicht und gewandt durchs Leben. Schwierigkeiten ging er entweder aus dem Weg, wartete, bis sie vorüber waren, oder bat andere, ihm „die Kohlen aus dem Feuer zu holen". Winfried machte es sich leicht und fand immer jemanden, der ihm dabei half.

Darüber hinaus bekam er jede Menge Bestätigung. Männer wie Frauen suchten seine Gesellschaft, denn Winfried war so locker, so lässig. Die meisten sahen nicht hinter seine Fassade oder wollten sie nicht durchschauen, denn Winfried versprach ein einfaches Leben. *„Take it easy!"*, war sein Lieblingsspruch. Und entstand in irgendeiner Weise eine kompliziertere Situation, so war sein üblicher Satz: „Komm, *take it easy*! Nur keine Aufregung, das wird schon!"

Hatte jemand etwas mit ihm zu klären, dann war Winfried allerdings nicht mehr so locker. Das fand er überhaupt nicht mehr *„easy"*! Denn Klärung bedeutet, dass man einen Standpunkt hat. Dass man weiß, was man will und was man anderen schuldet. Winfried hatte aber keinen Standpunkt. Denn Winfried hatte genau den richtigen Namen für seine Lebenseinstellung: Win-fried hatte den Frieden des Windes in sich. Und welchen Frieden hat der Wind? Gar keinen! Den Wind treibt es immer irgendwohin. Immer ist er in Bewegung. Immer muss er weiter.

Und warum ist der Wind so umtriebig? Weil er so leicht ist. Das war Winfrieds Problem: Er war zu leicht. Er machte es sich zu leicht und – es wurde ihm zu leicht gemacht! *Wer es zu leicht hat, hat keine Gnade.* Das solltest du dir immer vor Augen führen.

Wenn du es schwer hast, denke an einen Menschen wie Bernhard. Bernhard hatte früh seine Eltern verloren. Er war zu Pflegeeltern gekommen, die ihn schlecht behandelten und ihn nur deshalb aufzogen, weil sie seine Waisenrente für sich verwenden wollten. Bernhard war nicht schön und nicht besonders groß. Er hatte keine funkelnden Augen und keine tolle Mähne auf dem Kopf. Aber Bernhard ging durch alle Schwierigkeiten mit einem *Bear-n-heart*, mit einem Bären- beziehungsweise mit einem Löwenherzen.

Bernhard hatte nicht nur ein starkes, sondern auch ein weiches, ein liebevolles Herz. Dieses Herz war die Frucht all dessen, was er erlitten, was er durchlitten hatte. Bernhard war kein eleganter Mann wie Winfried. Dafür war er aber ein Mann mit Charakter, mit Herz, mit Gemüt, mit Durchhaltevermögen. Ging Winfried allen Problemen aus dem Weg und wurde dadurch immer schwächer, so hatte Bernhard die Erfahrung gemacht, dass Probleme dazu da sind, dass man sie meistert.

Verblüffend war, dass Bernhard den gleichen Spruch wie Winfried benutzte. Kam ein Problem auf ihn zu, so sagte er sich: *„Take it easy!"* Dies bedeutete nun nicht, dass er den Problemen aus dem Weg gehen, sondern dass er ihnen unbedingt die Stirn zeigen wollte.

„Man darf nicht verbissen an die Dinge herangehen", war seine Meinung. „Das macht auf die Dauer nur starr, plump und unflexibel. Ich lasse mich durch nichts niederkriegen. Deswegen sage ich: *Take it easy!* Denn nichts ist so schwer, dass man es nicht meistern könnte." Obwohl Bernhard denselben Spruch wie Winfried als Leitfaden für sein Leben hatte, war er ein ganz anderer Mann. Er stand mit beiden Beinen fest auf dem Boden, kämpfte für seine Ideale, setzte sich für seine Freunde ein und ging, wenn es sein musste, keinem Streit aus dem Weg – obwohl er keinen suchte. Er las gute, spirituelle Bücher und erlebte die Zeit, die er mit ihnen verbrachte, als Gemeinschaft mit guten Menschen. Und fand dadurch inneren Frieden.

Bernhard hatte nicht nur ein Bären-, er hatte ein Löwenherz. Er war durch seinen Einsatz und seinen Charakter zu einem Löwen geworden. Ich sage stets: *Werde wie die Löwen*. Die Könige der Tiere. Gehe gelassen durch dein Leben. Geschmeidig und doch kraftvoll. Halte den Kontakt mit deiner inneren Kraft, so dass keiner ohne weiteres einen Kampf mit dir beginnt. Strahle eine Selbstsicherheit und innere Ruhe aus, durch die jeder, der dir begegnet, sogleich erkennt, dass du ein Löwenherz bist.
Denke an das Ergebnis: Bernhard wurde nicht so umschwärmt wie Winfried. Aber erstens interessierte ihn dies nicht, und zweitens umgaben ihn keine oberflächlichen, uninteressanten und desinteressierten Menschen. Stattdessen hatte er sehr, sehr gute Freunde, mit denen er eine Gemeinschaft guter Menschen bildete. Er war fest in sich gegründet und fühlte sich von seinen Freunden anerkannt, weil er sich selbst und seine Freunde anerkannte und wertschätzte.

Bernhard hatte sein Löwenherz gefunden, das ihn durch ein starkes Leben führte. So ging Bernhard seinen Weg, geführt von seinem Herzen. Es war ein Löwenweg, der ihm viel Glück bescherte, denn wer in der Wahrheit lebt und ein starkes Leben führt, dem ist das Glück sicher.

Der arme Winfried dagegen versuchte alles zu vermeiden, zu glätten, zu beschönigen, gutzureden. Er verlor damit immer mehr die Wahrheit, seinen inneren Frieden und sich selbst. Er ging den Weg des Dauerwindes und wurde „windig". So wurden seine Bekannten auch immer windiger, immer unklarer, immer unehrlicher. Am Schluss lebte Winfried nur noch für die fadenscheinigsten Vergnügungen.
Dann erbarmte sich der Herr: Winfried kam in so große Schwierigkeiten, dass er ihnen nicht mehr ausweichen konnte. Er dachte, er würde an ihnen zerbrechen! Die Situation war aber so beschaffen, dass er ihr diesmal nicht entkommen konnte. Er musste sie durchstehen, ob er wollte oder nicht. Stück für Stück kam er weiter. Er verlor aber alle seine Freunde und Freundinnen. Hilflos und mittellos stand er am

Beginn seines neuen Lebens und wusste nicht, was er tun sollte. Er fiel tiefer und tiefer. Er durchmaß die ganze Spanne seiner Oberflächlichkeit. Er staunte, wie groß diese war.

Er war so hilflos, dass er spürte, dass die Oberflächlichkeit ihm überhaupt nicht weiterhelfen konnte. Dass die Oberflächlichkeit, die er mit seiner gepflegten und „gepuderten" Lässigkeit kultiviert hatte, in Wahrheit nichts wert war. Und da kam das entscheidende Wort: Wahrheit. Es kam Wahrheit in Winfrieds Leben. Er schwankte nicht mehr wie ein Fähnchen im Wind, sondern stand da. Zwar ganz allein. Schwankend. Auch hilflos. Aber Wahrheit hatte Platz in seinem Leben gefunden.

Winfried begann damit, den Weg des Löwen zu gehen: Stark und klar, geschmeidig und selbstsicher auf sein Ziel zuzugehen.
Und was ist das Ziel des Löwen? Du weißt es nicht? Dann gehe hin und frag den Löwen, wohin er geht, wohin er will! Frag ihn. Fahr ins ferne Afrika und frag ihn. Pack sogleich die Koffer. Nimm alles mit, was du brauchst. Und wenn du reisefertig bist, wenn alles zum Abreisen bereit ist, setze dich noch einmal ganz ruhig hin. Gehe in dich. Was spürst du dann? Das ferne Afrika, mit den hinreißenden Menschen und Tieren, mit den wunder-baren Formen und Farben ist nicht Tausende von Kilometern entfernt, sondern in dir. Du bist dieses Afrika. Du bist der starke Löwe, den du suchst. Du bist *Bear-n-heart* oder besser: Löwenherz.

Du bist der König der Tiere. Du bist der Herr *deines* Reiches. Du hast den starken Blick für das Wesentliche. Den mächtigen und doch geschmeidigen Gang.
Und ganz leicht spielt der Wind in deiner Mähne. Der Wind, der unterstreicht, wie entspannt du bist.

Ein Fall von Gnade

Elisabeth war eine begnadete Ärztin. Sie war bereits eine sehr gute Schülerin gewesen. So gut, dass sie zwei Klassen übersprang und mit knapp siebzehn Abitur machte. Danach studierte sie Medizin und spezialisierte sich auf Kinderheilkunde. Da sie außerdem früh heiratete und Kinder bekam, konnte sie ihren Beruf nur nebenbei ausüben.

Als ihre Kinder aus dem Haus waren, wollte sie wieder ganztags als Kinderärztin tätig sein. Ihr Mann begrüßte Elisabeths Entscheidung sehr, denn er hatte es stets bedauert, dass eine so begabte Ärztin, wie seine Frau es war, durch die Umstände nicht ihren Fähigkeiten entsprechend arbeiten konnte.

Elisabeths Motto war aber immer gewesen: Erst meine Familie, dann der Beruf. So behandelte sie nur ihre eigenen Kinder, wenn sie krank waren. Als diese dann in die Schule gingen, arbeitete sie halbtags. So blieb sie in ihrem Beruf auf dem Laufenden.

Elisabeth hatte über mehrere Leben viel Gutes getan. Dieses Gute bestimmte einerseits ihren heutigen Lebensstandard. Andererseits bedingte es ihren Wunsch, als Kinderärztin in einem Krankenhaus zu arbeiten, denn hier meinte sie, besonders viel für die Kinder und deren Eltern tun zu können.
Es ergab sich aber das Problem, dass sie für eine Anstellung im Krankenhaus zu wenig Krankenhauserfahrung hatte. Ein Chefarzt stellt kaum einen Arzt ein, der bereits in den Vierzigern ist und außerdem wenig praktische Erfahrungen hat. Am liebsten sind einem Chefarzt junge Menschen, die er lehren und entweder in die Welt

schicken oder als seine langjährigen Mitarbeiter heranziehen kann. In vielen Ländern gilt heute das Alter nicht mehr. So beginnt ein Mensch mit Ende vierzig bereits an Wert zu verlieren.
Da sind seine Lebenserfahrung, seine gemachte Entwicklung, seine erlangte Ausgewogenheit völlig gleichgültig. Wichtig ist nur, dass er jung ist. Dann ist er rentabel. Dann „rechnet“ er sich. Innere Qualitäten dagegen sind vollkommen sekundär, denn primär zählt das Salär, das Gehalt. Wie wenig gehaltvoll derjenige ist, der ein Spitzengehalt bekommt, ist uninteressant. Hauptsache, er „rechnet“ sich.

Elisabeth hatte aber klare Ziele. Sie wollte in der Klinik arbeiten, weil sie wusste, wie viel Leiden dort herrscht. Außerdem praktizierten in der kleinen Stadt, in der sie lebte, bereits zwei Kinderärzte, die sie sehr schätzte. Warum sollte sie denen Konkurrenz machen und ihre Praxis ganztags geöffnet haben? Ihr war es viel lieber, dass die beiden anderen Ärzte voll ausgelastet waren, sie sich aber in der Klinik den Kindern widmen konnte. Das war ihr sehnlichster Wunsch.

So schrieb sie eine Bewerbung an das Krankenhaus der nahe liegenden Kreisstadt und betete zu Gott: „Geliebter Herr, bitte hilf mir, dass ich in dem Krankenhaus als Kinderärztin eine Stelle bekomme ... Nein“, verbesserte sie sich, „dein Wille geschehe. Ich weiß, dass du mich das ganze Leben geführt, beschützt und beschenkt hast. Du hast mein Leben gesegnet. Ich danke dir von Herzen dafür. Du bist mein Morgen-, Mittag-, Abend- und Nachtstern. Du bist das Licht meines Lebens. Ich würde gerne als Kinderärztin in der Klinik arbeiten. Aber dein Wille geht vor meinem Wunsch, denn dein Wille ist Gnade!“

Mit diesem Gebet im Herzen schickte Elisabeth ihre Bewerbung los – und übte sich in Geduld, als sie lange nichts hörte.
Dann, eines Tages, erhielt sie ein Schreiben, in dem sie zu einem Gespräch mit dem Chefarzt der Kinderabteilung jener Klinik eingeladen wurde. Das Schreiben klang allerdings weder besonders einladend, noch machte es große Hoffnungen.
Doch Elisabeth war zuversichtlich. ‚Was auch geschieht, ich weiß, dass es gut für mich ist‘, dachte sie und bereitete sich innerlich auf das Gespräch vor, das in genau einer Woche stattfinden sollte.

Fünf Tage, nachdem sie besagtes Schreiben erhalten hatte, ging sie in dem Kaufhaus jener Kreisstadt, in der sich die Klinik befand, einkaufen. Vor den Kassen warteten die Menschen. Elisabeth stellte sich an und kam langsam der Kasse näher. Als nur noch eine Frau vor ihr war und Elisabeth bereits ihre Lebensmittel auf das Band an der Kasse gelegt hatte, hörte sie hinter sich eine laute Stimme. Sie drehte sich um und sah, wie ein Mann – sie nahm an, es sei ein Bauarbeiter, da er von oben bis unten wie mit Zement verdreckt war – mit einem anderen stritt.

„Ich habe es wirklich eilig und habe nur diese zwei Dinge. Wieso macht es Ihnen denn etwas aus, mich vorzulassen?“, fragte der Mann.

„Weil da jeder kommen könnte!“, antwortete der andere in einem sehr unfreundlichen Ton.

„Ich habe es aber eilig!“

„Na und? Jeder hat es eilig!“, erwiderte der herzlose Zeitgenosse.

Das war Elisabeth zu viel. Mit freundlicher, aber entschiedener Stimme sagte sie: „Wenn Sie es eilig haben, können Sie gerne vor mir an die Kasse. Kommen Sie!“

Der verschmutzte Mann staunte zuerst, dann lächelte er und nahm dankbar das Angebot an.

„Wie kommen Sie dazu, uns alle zu übergehen?“, fauchte der Gehässige hinter ihr.

„Ganz einfach“, antwortete Elisabeth mit einem entwaffnenden Lächeln, „ganz einfach: Dieser Mann hat es offensichtlich eilig. Warum so ein Aufstand? Warum sollten wir ihm nicht schnell helfen?“

Dem Streithahn blieb bei diesen Worten der Mund offen stehen. Er brummelte noch etwas von „Unverschämtheit“. Elisabeths Worte hatten ihn aber berührt, und sein „Unverschämtheit“ war gar kein Vorwurf, sondern seine Form, sein Einverständnis zu bekunden, dabei aber nicht sein Gesicht zu verlieren.

Der verschmutzte Mann war von Elisabeth ebenfalls beeindruckt. ‚Welch eine Frau!‘, dachte er, zahlte, bedankte sich nochmals und lächelte ihr bewundernd zu.

Zwei Tage später kam Elisabeth in die Klinik zu dem Vorstellungsgespräch. Sie wurde in das Zimmer des Chefarztes geführt, während

dieser gerade intensiv telefonierte. Elisabeth konnte ihn deshalb in Ruhe betrachten. Er war ihr sympathisch. ‚Wie angenehm für eine mögliche Zusammenarbeit. Sehr angenehm, besonders weil er mir irgendwie vertraut vorkommt', dachte sie.
Da beendete der Chefarzt das Telefonat und wandte sich ihr zu. Bevor er sich für sein Gespräch entschuldigen konnte, entfuhr es ihm: „Sie! Das ist aber eine Überraschung!"

Elisabeth verstand nicht, weswegen sie ihn mit fragendem Gesicht ansah.
„Ja, ja", sagte der Chefarzt und lachte. „Wir kennen uns. Vorgestern rutschte ich beim Joggen aus und fiel direkt in eine Pfütze. Ich wusste gar nicht, wie ich aussah, als ich in dem Supermarkt einkaufen ging. Ich hatte es wirklich eilig, weil ich unbedingt in die Klinik musste. Vielen Dank, dass Sie mich vorließen. Das waren kostbare Minuten!"

Elisabeth staunte, denn nun erkannte sie den „Arbeiter" aus dem Supermarkt und lachte.
„Sie waren großartig", fuhr der Chefarzt fort. „Wie herzlich, klar, souverän und nicht verletzend Sie die Situation meisterten! Meine Anerkennung!"
Elisabeth dachte erfreut: ‚Vielen Dank, lieber Gott, für diesen wunderbaren „Zufall" – nein: für Deine großartige Präzision!'

Bei diesen Gedanken hatte Elisabeth eine Ausstrahlung, die dem Chefarzt nicht entging. Er sprach mit ihr über Kinder, Kinderkrankheiten und deren Behandlung und konnte dadurch schnell feststellen, wie versiert, wie kompetent Elisabeth war.
Er sagte deshalb: „Ihr Alter ist das Problem. Das wissen Sie. Wir stellen fast ausschließlich junge Assistenzärzte ein, die in die Position eines Stationsarztes hineinwachsen. Ich habe aber keine Stelle als Stationsärztin zu besetzen."
„Wie schade", antwortete Elisabeth.
„Deswegen ist Ihr Alter kein Problem!" Diesmal staunte Elisabeth, denn das verstand sie nun wieder nicht. Der Chefarzt sah ihr Staunen und sagte mit einem Lächeln in den Augen: „Ihr Alter ist kein Problem,

weil ich Sie bitten möchte, gleich als Oberärztin bei uns zu arbeiten. Ich weiß, dass Sie genau die Richtige dafür sind!"
„Und wie wird das für die anderen sein?", fragte Elisabeth, da sie niemanden übergehen wollte, denn sie wusste genau, dass ein Vorteil, der auf Kosten anderer erworben wird, keinen Segen bringt.
„Stimmig, wie für mich!", antwortete der Chefarzt. „So einfach ist das! Sie müssen nämlich wissen, dass vor kurzem einer unserer Oberärzte weggegangen ist. Sie sind genau die richtige Besetzung für seinen Platz."
Der Chefarzt und Elisabeth unterhielten sich noch lange, denn er wollte sie einerseits noch besser kennen lernen, andererseits wollte er sie auf die Aufgabe vorbereiten, die auf sie zukam.

Als Elisabeth nach Hause fuhr, war sie überglücklich über das Geschenk, das sie soeben durch Gottes Gnade und die Persönlichkeit und den Mut ihres neuen Chefs bekommen hatte.
Bald darauf fing sie ihre Tätigkeit als Oberärztin an. Und ihre Arbeit brachte Segen.

Was sagt dir diese Geschichte?
Zunächst einmal, dass es keine Zufälle gibt. Alles hat mit dir und deinem Schicksal, deinem Karma zu tun.
Hast du viel Gutes getan wie Elisabeth, dann bekommst du dazu auch noch die Gnade, dass du direkt erlebst, wie sehr Gutes tun, Beten und das positive Sich-Fügen der Ereignisse verbunden sind.
Entscheidend war bei alledem Elisabeths Motivation: Sie wollte im Krankenhaus arbeiten, nicht weil sie Karriere machen oder viel verdienen, sondern weil sie helfen wollte. Ist dein Herz offen für andere und kommt aus diesem offenen Herzen der Wunsch, anderen zu helfen, dann bahnt sich dieser Wunsch von allein einen Weg, für andere da sein zu können. Dies ist ein Kosmisches Gesetz. Ebenso wie das, dass Helfen immer zum Helfer zurückkommt.

Nur Unwissende helfen nicht. Besonders Dumme sagen: „Was soll ich anderen helfen? Mir hilft doch auch keiner!" Das Leben ist wie eine alte Wasserpumpe. Erst wenn du Wasser in die Pumpe einfüllst, kann sie Wasser herausgeben. Das heißt: Wenn du gibst, bekommst du.

Elisabeths Leben war auf Geben aufgebaut. Deshalb fügte sich ihr Schicksal immer zu ihren Gunsten, weil ihr Vorteil auch stets den Vorteil anderer einbezog.
So war es auch bei ihrer Tätigkeit als Oberärztin. Natürlich hatte sie mit Egoismen anderer Ärzte, mit Machenschaften und sogar Intrigen zu tun. Ihr Augenmerk war aber stets auf die Sache, nicht auf ihre persönlichen Interessen gerichtet. Dies ist nun nicht so zu verstehen, dass Elisabeth alles mit sich machen ließ, nach dem Grundsatz: „Hauptsache, den anderen geht es gut." Natürlich nicht, denn sie wusste genau, dass ihre und die Interessen der anderen durch ihre Aufgabe aufs Engste miteinander verbunden waren. So konnte sie ganz klar Grenzen setzen und Fehlverhalten ansprechen und korrigieren. Das Entscheidende war aber, dass es von Herzen kam. Dass sie nicht verletzen, sondern klarstellen wollte.

Außerdem war Elisabeth auch insofern klug, als sie jeden Morgen den Herrn um Führung und darum bat, Er möge ihren Tag gestalten. Er möge durch sie hindurch handeln. Er möge sie davor bewahren, anderen Unrecht zu tun oder sie zu verletzen. Und Er möge die Früchte ihres Handelns annehmen.

Mit anderen Worten: Elisabeth war genau die richtige Besetzung für die Stelle einer Oberärztin. Ihr Chef hatte bei ihrer Einstellung einiges riskiert, dabei aber genau ins Schwarze getroffen – und dies merkten alle auf der Station und waren froh, mit einer auf so vielen Ebenen kompetenten Persönlichkeit arbeiten zu können.

Denn: *Hat jemand Gottes Segen, bekommen alle etwas davon ab, die mit ihm zu tun haben.* Und der Segen wird dadurch nicht weniger, sondern mehr. Das ist das Wesen des Segens. Eines Segens, den Elisabeth genoss – den jeder genießt, der sich so liebevoll für andere einsetzt.

Ostergeschichte

Es lebte einmal ein besonders gesegneter Junge, der betete und meditierte täglich eine Zeitlang unter einem Baum. Es war ein majestätischer Baum, der von weitem schon zu sehen war, denn vor ihm lag eine große Wiese. Durch diese Wiese führte ein Weg, den viele Menschen benutzten. Viele, viele gingen diesen Weg. Aber kaum jemand sah den Jungen, der mit geschlossenen Augen da saß.

Seine Eltern wussten, wo er war und was er tat. Da er aber all seine häuslichen und schulischen Pflichten zu aller Zufriedenheit erfüllte und sie spürten, dass dieses Sitzen unter dem Baum sowohl ihm als auch ihnen gut tat, unterstützten sie sein Tun von ganzem Herzen.

Eines Tages, der Junge war nun bereits vierzehn, kam ein Mann auf ihn zu – einer dieser bösen Menschen, die aus Wut zu allem fähig sind. Es wurde kühl und bereits Abend, doch der Junge saß immer noch still unter dem Baum.
Der Mann mit seiner Wut kam auf den Jungen zu und wollte ihn umbringen, weil es ihn ärgerte, dass der Junge so regungslos da saß.

Da öffnete der Junge seine Augen und sah ihn zuerst ganz ruhig und dann voller Liebe an. „Ah, da bist du, Vater!“, sagte er, und Freude und Liebe erfüllten sein Gesicht. „Komm, setz dich neben mich“, fuhr er fort, „ich warte schon seit Jahren auf dich. Wo warst du all die Zeit? Was ist geschehen? Wer hat dich verletzt?“ Diese Worte und das Strahlen dieses Jungen berührten diesen finsteren Mann ganz tief in seinem Herzen. Er setzte sich zur Rechten des Jungen und begann von sich zu erzählen. Er erzählte und erzählte. Es war schon lange dunkel geworden. Er saß immer noch da, hielt nun die Hand des Jungen und erzählte und weinte und weinte.

Dann schwieg der Mann. Er schwieg lange. So lange, bis er noch einmal die Hand des Jungen mit seinen beiden Händen drückte, sich verneigte und in sein Leben ging. Und das Licht begleitete ihn.

Die Zeit verging, und der Junge saß immer noch unter dem Baum, betete und meditierte. Und die vielen, vielen Menschen sahen ihn nicht. Aber seine Energie war da. Und sie gingen durch sie hindurch.

Da kam eine kranke Frau zu ihm. Sie kam eher zufällig. Sie war so schwach, dass sie sich setzen musste. Erst als sie sich gesetzt hatte, bemerkte sie, dass der Junge da saß. Er war nun sechzehn.

Er öffnete seine Augen, nahm ihre beiden Hände und sagte: „Mutter, wie bist du bewegt! So vieles hat dich berührt. So vieles hast du gegeben. Wie gesegnet du bist!“ Und Tränen der Rührung flossen seine Wangen hinunter. Da weinte auch die Frau. Es waren Tränen vieler, vieler Sorgen, Schmerzen und vielen, vielen Kummers. Auch sie spürte auf einmal ein Licht in sich, das sie noch nie erlebt hatte.
Sie schwieg lange. Dann umarmte sie den Jungen, und auch sie ging gesund nach Hause.

Als der Junge achtzehn und bereits ein junger Mann war, kam ein reicher Familienvater zu seinem Platz unter dem Baum. Er hatte soeben seine Frau verloren, die er über alles geliebt hatte. Sie war sein wahrer Reichtum gewesen. Nun war ihm bloß das Geld geblieben.

Der junge Mann sah ihn mit all seiner Liebe an, und plötzlich kam so viel Glück in das Herz des Familienvaters, das Herz, das vor wenigen Augenblicken noch vor Schmerz zu brechen schien.
„Ah, Bruder“, sagte unser junger Mann, „wie schön, dass du kommst. Ich warte bereits seit Jahren auf dich. Wie viel Glück bringst du in mein Leben! Ich danke dir so, dass du in mein Leben kommst. Wie sehr beschenkst du mich!“ Er stand bei diesen Worten auf und umarmte von ganzem Herzen den Familienvater.

Dann gingen sie einen gemeinsamen Weg.

Mit dem Geld des Familienvaters bauten sie Heime für bedürftige Kinder und Jugendliche auf.
Viele, viele bedürftige junge Menschen fanden Obdach, Schutz und Verständnis, weil dieser reiche Mann sein Leben vollständig änderte und nun sein ganzes Tun an der Seite des jungen Mannes den Hilfsbedürftigen weihte.
So war ihm der Tod seiner Frau durch die Liebe des jungen Mannes zur Quelle großer Freude geworden.

Und der Tag, an dem der Familienvater den jungen Mann unter dem Baum traf, war Ostersonntag.
An diesem Tag traf er Christus: Die Liebe seines Herzens – die Quelle allen Glücks. Er war so berührt, dass diese Liebe, dieses Licht nicht mehr aus seinem Herzen wichen.

Heute ist Ostersonntag. An jedem Tag ist Ostersonntag. Finde Christus in deinem Herzen. Lass die Liebe aufblühen. Gehe mit der Osterbotschaft in die Zeit. In *deine* Zeit. Und bedenke, dass Ostern immer am Frühlingsanfang, am Anfang deines Aufwachens, deines Aufblühens steht. Du bist dieser Frühling. Du bist dieses Aufwachen. Denn du bist diese Liebe. Denn du bist der Christus selbst. Du hast dich bereits unzählige Male für dich und die Welt geopfert.

Geh in die Welt und sei ein Segen. Denn du bist das Licht der Welt.

DIE HÄNDE
oder WIE MAN GOTT ERREICHT

Celina war eine gute Frau. Sie war freundlich zu sich und anderen, war fleißig in ihrer Arbeit als Sekretärin und pflegte eine enge Beziehung zu Gott.
Vom Karma ihrer letzten Leben her hatte sie allerdings Schwierigkeiten mit Männern. So war ihr Vater in diesem Leben nicht nur schwierig, sondern lieblos. Weil sie diesen lieblosen Vater als Vorbild hatte, lernte sie Reiner kennen. Reiner war ein reiner Egoist. So sehr Celina für andere mitdachte, so sehr dachte Reiner an sich. Andere waren für ihn bloß die Statisten seines Lebens. Nur sein Leben war wichtig. Alles andere war Beiwerk.

Celina hörte nicht auf die Stimmen, die sie warnten. Sie war in Reiner verliebt und wollte ihn heiraten. Wusste sie, in wen sie verliebt war? Natürlich nicht, sonst hätte sie ihn nicht geheiratet. Jedenfalls auf einer Ebene. Auf einer anderen Ebene aber geschah etwas ganz anderes, wie wir noch sehen werden.

Celina war glücklich, dass Reiner sie heiratete, obwohl dieser reine Egoist sich um nichts kümmerte. Er verdiente gerade so viel, dass sie damit auskamen, als Celina ihr erstes Kind gebar. Reiner kümmerte sich nicht um das Kind, auch nicht um Celina. Es war ihm egal, ob sie Kinder bekamen. Er liebte „Spontaneität", wie er es nannte. Um die Folgen sollte sich gefälligst Celina kümmern. So wurde sie noch dreimal schwanger. Reiner wäre es auch Recht gewesen, wenn sie die Kinder nicht ausgetragen hätte. Kind oder kein Kind, das war ihm egal.

Celina sprach immer wieder von ihrer Not. Sie war völlig überfordert durch die vier Kinder und das wenige Geld, das sie zur Verfügung hatte. Darüber hinaus litt sie sehr darunter, dass Reiner immer weniger zu Hause war. Sie sprach dies eines Tages ganz freundlich und ruhig an. Da antwortete Reiner: „Was soll ich nach Hause kommen und dein Jammern anhören? Sei doch froh, dass ich dann komme, wenn ich entspannt bin, somit ist wenigstens einer gut gelaunt hier! Du hast ja nur Sorgen!"

„Natürlich mache ich mir Sorgen", antwortete Celina, „wir haben vier Kinder, wenig Geld, und du bist als Familienvater selten da." Celina sagte dies ganz freundlich. Reiner wollte sie aber nicht verstehen, geschweige denn ihre Not nachempfinden. Für ihn gab es nur seine Welt, das heißt seine Interessen, und die bestanden darin, sich das Leben leicht zu machen. Dass Celina litt, dass sie seine Unterstützung benötigte, das kümmerte ihn nicht. Davon wollte er nichts wissen.

So war er weiterhin wenig zu Hause, dafür aber umso häufiger in Kneipen. Dort gab er das Geld aus, das seine Frau und seine Kinder dringend benötigt hätten. Als Celina ihn auf seine Kneipenbesuche ansprach, wurde er sehr wütend. Das ginge sie nichts an. *Er* würde das Geld verdienen, nicht sie.

„Ich kümmere mich um die Kinder, den Haushalt, mache die Wäsche, bügle deine Hemden, Hosen und Jacken. Ist das etwa nichts?", fragte Celina.

„Gegen das, was ich leiste, ist es wirklich nicht viel. Das kann doch jede Putzfrau!", antwortete er verächtlich. Reiner war eben ein reiner Egoist, und als solcher konnte er nur sich und sonst niemanden sehen.

Diese Diskussionen verletzten Celina sehr. Sie zog sich dann traurig und entmutigt zurück und betete. Das half ihr.

Reiner fühlte sich durch diese Auseinandersetzungen „gestört"! Er wollte ein problemloses Leben leben. Da ärgerten ihn Celinas Ansprüche und Erwartungen. Er wollte, dass sie ihn in Ruhe ließ, die Kinder so versorgte, dass sie ihm nicht zur Last fielen, dass sie ihm die Wäsche machte, gut kochte und das Haus in Ordnung hielt. Ansonsten sollte sie ihn gefälligst in Ruhe lassen. Dass sie etwas von ihm brauchte, kam ihm überhaupt nicht in den Sinn. So etwas gab es in seiner Welt nicht.

Eines Abends, als er wieder einmal das gemeinsame Geld und die gemeinsame Zeit, die er mit seiner Familie hätte verleben sollen, in einer Kneipe vergeudete, lernte er Ulrike kennen. Ulrike gab sich ungebunden und war zudem eine Egoistin wie er. Reiner und sie verstanden sich auf Anhieb so, als kennten sie sich schon lange – so war es auch, nur lag dies zwei Leben zurück, weswegen sie nichts mehr davon wussten.

Reiner und Ulrike begannen eine Beziehung. Weder ihn noch sie kümmerte oder berührte es, dass Reiner verheiratet war und eine Frau und vier Kinder hatte.

Er fand das Leben mit Ulrike viel interessanter als das mit Celina, deswegen trennte er sich kurzerhand von ihr und zog zu Ulrike. ‚Ah, endlich wieder leben!', dachte er. Bald merkte er, wie viel es ihn kostete, seine ganze Wäsche in einer Wäscherei waschen zu lassen und essen zu gehen, weil er keine Lust hatte zu kochen. Außerdem war Ulrikes Leben nicht gerade billig. Sie ging abends immer in Lokale. Da er sonst allein bei ihr zu Hause hätte herumsitzen müssen, ging er mit. Da lernte er viele Menschen kennen, weil Ulrike so viele kannte. Sie war immer gut gelaunt. Mit einer Zigarette in der einen Hand und einem Glas Wein in der anderen konnte sie mühelos eine ganze Gesellschaft unterhalten. Dabei vergaß sie Reiner zum Teil völlig. Sie flirtete mit diesem und jenem. Das machte Reiner häufig eifersüchtig. Da sie aber immer mit ihm nach Hause ging und sich, je mehr sie getrunken hatte, desto inniger an ihn schmiegte, verdrängte er seine Eifersucht.

Celina litt währenddessen sehr. Sie war nun ganz allein. Außerdem hatte sie noch weniger Geld als früher, weil Reiner gar nicht daran dachte, ihr einen angemessenen beziehungsweise fairen Anteil zu geben. Celina kam in große Not. Manchen Tag aß sie nichts, damit die Kinder genug hatten. Nachts lag sie dann häufig vor Hunger und Sorgen wach im Bett, während Reiner und Ulrike ihre Gläser in einem Lokal schwenkten.

Ihre finanzielle Not wurde so groß, dass sie unbedingt Geld verdienen musste. ‚Aber wie?', fragte sie sich immer wieder. Als Sekretärin konnte sie nicht arbeiten, denn sie konnte die Kinder nicht so lange allein lassen. Ihre liebe Mutter half ihr zwar, wo sie nur konnte, trotzdem hätte die Zeit nicht gereicht.
Sie betete deshalb immer wieder zu Gott, Er möge ihr doch bitte helfen. Celina liebte Gott, und Gott liebte sie. Er hatte in diesem Leben viel mit ihr vor!

So traf sie eines Tages ihre frühere Klassenkameradin Barbara. Mit Barbara hatte sie in der Grundschule in einer Bank gesessen. Sie waren damals gemeinsam durch dick und dünn gegangen. Bis Barbaras Eltern wegzogen. Wie schmerzhaft war das damals für beide gewesen! Wie tränenreich der Abschied! Andererseits entsprach es Gottes Plan und war Sein Geschenk! Wären Celina und Barbara damals zusammengeblieben, hätten sie sich auseinandergelebt, und der Funke der Freundschaft, der sie jetzt immer noch verband, hätte nicht mehr bestanden.

Celina und Barbara trafen sich zufällig bei gemeinsamen Freunden und umarmten sich voller Freude. Als Barbara aber Celina genauer ansah, stellte sie fest, wie schlecht es ihr ging. Sie legte ihren Arm um Celinas Schultern und sagte: „Dir geht es nicht gut, nicht wahr?" – und ihr Blick streichelte Celinas müdes Gesicht.
„Nein, mir geht es nicht gut!", antwortete Celina, und Tränen schossen ihr in die Augen.
„Komm, setzen wir uns", sagte Barbara, rückte zwei Stühle zusammen und bat Celina, sich auf den einen zu setzen und zu erzählen. Celina erzählte, und Barbara war berührt, wie schmerzhaft ihr Leben mit Reiner verlaufen war. Als sie hörte, dass sie kein Geld hatte, sagte sie: „Du, das trifft sich gut! Kannst du nähen?"
„Ja", antwortete Celina, „ich muss ja alles für mich und die Kinder nähen. Deshalb habe ich diesen Patchwork-Rock an. Ich habe ihn aus lauter Stoffstücken zusammengenäht, weil ich häufig nicht einmal das Geld habe, mir Stoff zu kaufen, um ein Kleidungsstück zu nähen, das ich dringend brauche. Ich zerschneide dann alte, kaputte Sachen und

nähe mir neue daraus." „Wunderbar", freute sich Barbara, „denn ich habe eine exklusive Boutique aufgemacht und suche eine Schneiderin, die mit mir zusammenarbeitet."

Als Barbara dies sagte, sah sie Celina mit ihren warmen, guten Augen an.
„Wie lieb von dir", antwortete Celina, „ich habe aber keine Zeit. Ich bin doch so angebunden durch die Kinder!"
„Macht nichts! Du kannst zu Hause arbeiten. Wir besprechen, wenn du willst, was für ein Kleid du nähst, und du kannst es in meinem Geschäft verkaufen. Die Preise sind hoch, deshalb wirst du ganz gut dabei verdienen!"
Celina war von Barbaras liebevoller Art sehr berührt. Wie sehr sie ihr entgegenkam! Wie hilfsbereit sie war!

Als die beiden an dem Abend nach Hause gingen, verabredeten sie sich für den nächsten Tag, um alles Weitere zu planen. So geschah es auch, und Celina wurde die Schneiderin einer sehr exklusiven Boutique. Sie verdiente wirklich gut, und Barbara war äußerst fair in der Abrechnung.
Trotzdem musste Celina sehr viel arbeiten. Während Reiner und Ulrike die Nächte in irgendwelchen Kneipen verbrachten, saß Celina an ihrer Nähmaschine und kämpfte mit dem Schlaf. Sie war durch Barbaras Fürsorge sehr berührt, ebenso von Gottes Liebe, die Ihn so schnell auf ihre Bitte hatte antworten lassen. Trotzdem war Celina häufig am Ende ihrer Kräfte. Sie saß dann vor der Nähmaschine, mit den teuren Stoffen in der Hand, und fragte Gott mit einem Kloß im Hals, warum Er es ihr so schwer mache. ‚Warum habe ich es so schwer? Warum werde ich so an meine Grenzen geführt?', fragte sie sich immer wieder.

Celina wusste nicht, dass sie im letzten Leben bereits eine hohe Seele gewesen war, die viel Gutes getan und sich dadurch sehr weiterentwickelt hatte und die in diesem Leben ihre letzte Vollendung erlangen sollte. Celina wusste nichts von alledem und so auch nicht davon, dass dies ihr letztes Leben auf Erden sein würde. Stattdessen saß sie da, kämpfte mit dem Schlaf und fragte sich, warum Gott ihr das antue.

‚Wer ist eigentlich Gott?‘, fragte sie sich plötzlich. ‚Wie erkennt man Gott? Er ist immer bei uns, denn Er ist alles. Ja, ja‘, dachte sie so vor sich hin, ‚aber wie und wo sehe ich Ihn?‘
Als sie wieder einmal so grübelte, zog sie ihre Hand unter einer Stoffbahn hervor ins Licht einer hellen Lampe. Celina sah ihre Hand an und staunte. Sie staunte, weil sie sich noch nie bewusst ihre Hand angesehen hatte ‚Welch ein wunderbares Werkzeug so eine Hand ist! Was kann man alles mit einer Hand machen! Alles, alles, alles! Was wäre ich ohne meine Hände!‘, dachte sie dankbar. Da schoss es ihr durch den Kopf: „An deiner Hand, Celina, kannst du immer sehen, dass Gott in deiner Nähe ist. Dass Er immer bei dir ist. Dass alles Gott ist. So wie deine Hand: Unendlich perfekt. Gleichzeitig aber ganz unauffällig. Ganz alltäglich. Ganz ‚normal‘! Das ist Gott!“
Celina staunte. Staunte über das, was sie hörte, und staunte über ihre Hand. Welche Dienste ihre Hände ihr geleistet hatten! Dabei hatten sie nie viel Aufhebens davon gemacht. Sie waren da, ihre Hände. Halfen, wo sie konnten. Dienten ihr tagtäglich unermüdlich – und sie hatte sie nie richtig bemerkt! ‚Erstaunlich!‘, dachte Celina. ‚Da habe ich diese wunderbaren Werkzeuge und habe mir dies nie bewusst gemacht! Erstaunlich!‘

Von nun an betrachtete Celina immer wieder ganz aufmerksam ihre Hände und staunte. Besonders, wenn sie nachts nähte und nicht mehr konnte, betrachtete sie ihre Hände. Dann saß sie gedankenversunken da und erlebte, wie wunderbar die Schöpfung war. ‚Aber Moment mal!‘, dachte sie eines Nachts. ‚Ich schaue mir immer wieder meine Hände an. Ich staune auch, was sie alles können. Wo ist aber Gott dabei? Ja, lieber, lieber Gott, wo bist du?‘
Nach einigen Nächten fiel ihr auf, dass sie immer dann ihre Hände betrachtete, über deren Fähigkeiten staunte und in Gedanken versank, wenn sie besonders müde geworden war, und dass sie sich anschließend wieder ganz wach fühlte. ‚Die Betrachtung meiner Hände ist ja wie eine Meditation!‘, dachte sie. ‚Ich versinke in Gedanken an die Fähigkeiten meiner Hände und an die Fähigkeiten Gottes, und danach bin ich wieder voller Mut und Kraft! Welch ein Geschenk! Vielleicht ist es das Göttliche an den Händen, das mir bei der Betrachtung und beim Bewusstmachen so viel Kraft gibt?‘

Mit der Zeit veränderte sich Celinas Blickwinkel. Es fielen ihr immer mehr Hände und deren faszinierende Fähigkeiten auf. Wenn sie zum Beispiel in Barbaras Boutique war und Kundinnen bediente, hatte sie häufig die Gelegenheit, deren Hände zu betrachten – besonders, wenn sie etwas an einem Rock oder einer Hose machen musste und sich bückte, war sie mit ihrem Gesicht auf der Höhe von deren Händen. Sie war dann immer bewegt und nachdenklich. Sie hatte in diesen Augenblicken ein besonderes Strahlen im Gesicht, das alle berührte. Nicht zuletzt deshalb wurde sie zum Herzen von Barbaras Boutique.

All das bemerkte Celina aber nicht. Vielmehr staunte sie, wie sie von Tag zu Tag mehr das Wunderbare, das Göttliche in allen Händen sah. Es gab für sie kaum noch Unterschiede zwischen den einzelnen Händen – und dies, obwohl sie alle so genau betrachtete. Sie fand alle ohne Ausnahme wunderbar, Göttlich, einmalig. Voller Licht.
Dann kam der Tag, an dem sie das Licht nicht mehr nur in den Händen, sondern in allen Gesichtern sah. Und einige Zeit später breitete sich das Licht auf den ganzen Körper aus.
Nun sah Celina deutlich Gott in allen und allem. Sie war jetzt immer voller Glück.
Sie hatte ihr Ziel erreicht.

Ihr Ziel? Nein, nicht *ihr* Ziel, sondern das, was *Gott* für sie bestimmt hatte: Die endgültige Befreiung.
Jetzt erkannte sie, dass Reiner, der reine Egoist, nicht ihr Feind war, der alles tat, um sie zu verletzen, wie sie lange gedacht hatte. Er war nicht ihr Feind, sondern vielmehr der wichtige Anstoß, der sie die entscheidenden Schritte zu ihrer Vollendung gehen ließ.
‚Auch er hat zwei Hände. Wie wunderbar!', dachte sie über Reiner. Und das Licht strahlte in ihrem Herzen.

Und was wurde aus Reiner?
Reiner erfuhr Gnade, denn Ulrike war keine gute Frau!
Nun stutzt du, weil du meinst, Gnade könne nur darin bestehen, eine gute Frau zu haben. Das stimmt aber nicht. Es hängt nämlich ganz von dir und von deinem Karma ab, ob du durch Zuwendung oder durch Leiden lernen kannst.

Für Reiner, den reinen Egoisten, traf Letzteres zu. Deswegen war er an Ulrike geraten. Sie hatte ihn nur deshalb ausgesucht, weil ihr Freund Norbert sie verlassen hatte. Deshalb ging sie auch allabendlich in die Lokale. Sie wusste, dass sie hier Norbert treffen würde. Deswegen veranstaltete sie, wann und wo immer sie konnte, eine große Show, damit sie Norbert auffiel. Reiner war für sie nicht viel mehr als ein Komparse oder gar ein Stück Kulisse, um Norbert eifersüchtig zu machen. Mehr wollte sie nicht von ihm.

Dies merkte eines Tages selbst Reiner, der blinde Egoist. Als sie nach Hause kamen, sagte er zu Ulrike: „Irgendwie habe ich das Gefühl, dass du mich nicht liebst." Da Ulrike alles leugnete, sprachen sie nicht weiter davon, und Reiner, als naiver Egoist, der nur sich sah, bestand nicht weiter auf einer Klärung, sondern schlief seelenruhig ein.
Bereits am nächsten Tag rief ihn Ulrike von der Arbeit aus an und sagte, sie habe so viel zu tun, sie komme erst später nach Hause.
Sie kam erst spät in der Nacht und meinte, es hätte sich so lange hingezogen, weil sie alle noch „einen trinken" gewesen wären. Die Wahrheit war aber, dass sie sich mit Norbert getroffen und mit ihm den Abend und die halbe Nacht verbracht hatte. Da sie sich seiner aber noch nicht sicher war, hielt sie Reiner vorerst hin. Sie traf Norbert so lange heimlich, bis sie wusste, dass er wieder ihr Partner sein wollte. Kaum war dies klar, sagte sie Reiner: „Ich bin wieder mit Norbert zusammen. Bitte ziehe in den nächsten Tagen aus!"
Reiner blieb der Mund offen stehen. Offensichtlich konnte er es nicht fassen, dass jemand ebenso brutal war wie er.

„Aber, aber ich habe doch meine Ehe für dich geopfert", brachte er nach einer Weile heraus.
Da wurde Ulrike in ihrer Brutalität zu seiner Lehrerin: „Du hast etwas für mich geopfert? Dass ich nicht lache! Was geht mich deine Ehe an? Das ist dein Problem. Wir waren eine Zeit zusammen, als es für beide stimmte. Jetzt stimmt es für beide nicht mehr, deshalb musst du ausziehen. Das ist doch ganz normal. Da gibt es nichts zu klagen. Vielleicht zu klären – und das tun wir ja gerade. So ist das Leben: Hart, aber ehrlich!"

„Wenn du wieder mit Norbert zusammen bist, dann war ich nichts anderes als eine Überbrückung!“
Ulrike fand Reiners Gefühle sehr sentimental. Am liebsten hätte sie ihn gleich vor die Tür gesetzt. Sie beherrschte sich aber und sagte noch ruhig: „Ich finde, dass du froh sein kannst, dass ich dich als Überbrückung ausgewählt habe, denn wir hatten eine tolle Zeit. Das ist das einzig Interessante. Außerdem wolltest du unbedingt von deiner Frau und deinen Kindern weg. Dabei habe ich dir auch geholfen!“

Reiner, der Egoist, staunte, denn er musste erkennen, dass Ulrike mindestens so egoistisch war wie er. Sie war ihm der perfekte Spiegel – obwohl er dies natürlich nicht erkannte, dazu war er noch zu unkritisch mit sich selbst. Ulrike hatte ihm aber einen entscheidenden Schlag versetzt. Er war von ihrem Egoismus und ihrer Kälte so getroffen, dass er monatelang darüber nachdachte und entsprechend litt.
Er war tief verletzt. Dies war der entscheidende Schritt zu seiner Heilung. Zur Heilung seines verschlossenen Herzens. Denn der Schmerz öffnete es.

Es kamen noch viele solche Schläge. Stärkere und schwächere. Über eine lange Zeit und einige Leben verteilt. Dann wurde aus Reiner, dem reinen Egoisten, Reiner, der reine Mensch, der ein offenes Herz für sich und seine Mitmenschen hatte.
Zu der Zeit dachte Reiner schon lange nicht mehr an seine gute Lehrerin Ulrike. Auch sie hatte sich verändert.
Und hieß sie noch Ulrike? Und hieß er noch Reiner?
Zeit und Leben vergehen im Fluge. Das Einzige, was bleibt, ist das offene Herz. Dieses altert nie, dieses stirbt nie.
Genauso wie die strahlenden Hände, die Celina sah. Ihr offenes Herz war so von Liebe, von Licht erfüllt, dass Celina alles als schön, vollkommen und unsterblich sah und in sich aufnahm.
Deshalb gilt: Birgst du die Hände eines Menschen in Liebe, so birgst du ebenfalls seine Seele in deinem Herzen.
Ein langer Weg. Aber ein ganz einfaches Ziel.

Es wirkt

Leander und Babette hatten ein Baby bekommen, das sie Corinne nannten. Corinne war sehr unruhig und schrie viel. Leander und Babette liebten Corinne sehr. Trotzdem konnten sie ihre kleine Tochter häufig nicht beruhigen und waren deshalb oft ratlos.

Eines Tage kam Babettes Freundin Yve für 14 Tage zu Besuch. Sie erlebte die Verzweiflung der Eltern. So ergab es sich, dass Yve Corinne immer wieder trug und diese nach einer Weile einschlief. Babette und Leander waren jedes Mal sehr erstaunt und fragten sie: „Wie machst du das? Wieso gelingt es dir, Corinne zu beruhigen?“

Yve hatte ein Rezept, auf das die Eltern nie gekommen wären: Sie sang Corinne das *Gayatri* vor. Das ist ein sehr starkes und wirksames Mantra, also ein tief gehendes Gebet, eine spirituelle Formel, die eine bestimmte, eine besondere Schwingung in der Seele und damit auch im Körper erzeugt. Das bringt denjenigen, der es rezitiert, in seiner seelischen Entwicklung weiter und beruhigt diejenigen, die es hören. Das Gayatri besagt: Führe mich zur Erleuchtung. Zudem ist das Gayatri ein sehr starkes Schutzmantra, das dich vor Gefahren bewahrt. Du solltest es deshalb jeden Tag mindestens dreimal singen. Es mit OM einleiten und mit dreimal *Shanti*, Frieden, beenden. Am besten singt du es aber dreimal täglich dreimal: morgens, mittags und abends. Dies wird dein Leben sehr bereichern. Anbei die Noten und der Text (aus E. Bernecker: Mantren, Teil 1, OM Verlag, 2002; siehe auch CD-Hinweis im Anhang).

Das Gayatri-Mantra

Leander und Babette hielten nichts von Mantren. Trotzdem schrie ihr Baby.

So erklärte ihnen Yve: „Ich habe meinen Kindern häufig das Gayatri vorgesungen – es half mir und ihnen!“

Corinnes Eltern staunten. „Offensichtlich!“, meinte Leander lachend, denn die Wirkung war deutlich zu sehen. „Bringst du es uns bei?“, bat Babette.

„Natürlich! Es ist ganz einfach.“ Sogleich fing Yve mit dem Vorsingen an, und Leander und Babette sangen mit ihr. Bald hatten sie sowohl die Melodie als auch den Text gelernt.

Immer, wenn Corinne unruhig war oder aus einem nicht zu erklärenden Grund weinte, sangen sie das Gayatri. Und es half. Dabei gingen sie häufig mit Corinne im Arm oder auf der Schulter die *Lemniskate*, die liegende Acht. Dies beruhigte sie ebenfalls, da das Mantra eine schöne Schwingung in der Seele, die *Lemniskate* dazu eine schöne Schwingung im Körper erzeugte.

Das Gayatri half auch deshalb, weil Corinne die Schwingungen des Mantras sogleich spürte. Für sie war es nicht von Bedeutung, ob ihre Eltern daran glaubten oder nicht. Entscheidend waren die Schwingung, der Gehalt beziehungsweise sein Verwurzeltsein in der Wahrheit. Die Wahrheit beruhigt immer. Deshalb ist die Wahrheit eine so große Macht. Die Babys kommen aus dem Himmel. Aus der unmittelbaren Nähe zu Gott. Sie kommen damit direkt aus der Wahrheit. Deswegen sagt man auch, sie kämen aus dem Licht. Die Wahrheit ist das Licht der Welt. Kommen Babys in Kontakt mit der tiefgehenden Wahrheit, die in der Schwingung eines Mantras ihren Ausdruck findet, so sind sie berührt. Dieses Berührtsein gibt ihnen Frieden.

Nun fragst du dich, ob dieses Mantra bei den Eltern auch helfen kann. Die Antwort ist: Ja, sofern ihr Denken nicht dazwischenkommt. *Du wirst, was du denkst*. Vergiss dies nie. Glaubst du, dass etwas dir nicht helfen kann, wird es dir nicht helfen. Denkst du, du wirst gesund, wirst du es in den meisten Fällen auch. Dieses Denken muss natürlich aus dem Herzen kommen. Halbherziges Wissen führt zu nichts. Die kleine Corinne hatte diese Probleme nicht: Sie hatte noch nicht mit den Zweifeln zu kämpfen, die mit dem Denken häufig verbunden sind. Sie war noch ganz Gefühl. Deshalb war sie durch das Mantra unmittelbar erreichbar.

Wer dagegen zu viel denkt, hat immer den wahren Kontakt zu seinem Herzen noch nicht gefunden. Jeder Mensch sucht aber eben diesen Kontakt. Denn allein der Kontakt zum Herzen bringt Glück und inneren Frieden.

Die Taufe

Das Sakrament der Taufe hat eine tiefgehende Bedeutung. Um die Menschheit diese Bedeutung zu lehren, um die Menschheit zu lieben und zu erretten, kam vor zwei Jahrtausenden Jesus Christus auf die Erde. Aber als Vorbereitung auf ihn kam zuerst die Heilige Seele von Johannes dem Täufer.

Eine große Seele, die sich bei wunderbaren Eltern inkarnierte. Johannes' Mutter, Elisabeth, war eine Frau mit einem großen, liebenden Herzen, das sie sich während eines schweren, an Entbehrungen reichen Lebens nicht nur hatte bewahren können, sondern das sogar noch viel gewachsen war.
Johannes' Vater, Zacharias, war ein weiser, ein gütiger, ein liebender Mann. Er stand furchtlos vor den Schergen des Tyrannen Herodes, die den kleinen Johannes ebenso wie die vielen anderen Kinder ermorden wollten. Er verriet ihnen nicht, wo sein Sohn war, sondern opferte bereitwillig und mutig sein Leben. Zacharias taufte in gewisser Hinsicht seinen Sohn mit seinem Blut, denn sein Opfer ging als Segen auf Johannes nieder.

Johannes war früh erleuchtet. Er ernährte sich wie ein Yogi allein von Wurzeln, Obst und Nüssen. Das reichte ihm völlig.
Johannes taufte den Heiland im Jordan und hatte damit seine Mission erfüllt. Er verließ seinen Körper, als Salome von ihrem Onkel und gleichzeitigem Stiefvater Herodes als Lohn für einen Tanz Johannes' Kopf verlangte, der den doppelten Ehebruch von Salomes Mutter angeprangert hatte.
Johannes verlor seinen Körper, erhielt dafür aber das Ewige Licht.

Salome und alle Schuldigen wurden von ihrem negativen Karma ergriffen und lernten durch Leiden, dass keiner Gottes Boten ungestraft etwas zuleide tun darf – obwohl es für Johannes kein Leiden, sondern ein Akt der Befreiung war.

Was bedeutet nun all dies? Es besagt, dass die Taufe, wie viele andere Riten auch, die enge Verbindung von Mensch und Gott symbolisiert. Gott der Herr sendet nicht nur Seinen Sohn, diese Ihm besonders liebe Seele, sondern Er schickt zur gleichen Zeit eine ebenfalls sehr hohe Seele, die Christus taufen, die die enge Verbindung von Gott und Christus dokumentieren soll.

Die Taufe ist ein typisch Christliches Symbol. Das Christentum ist die Lehre des offenen Herzens, der fließenden Liebe. Ich sagte aber mit Bedacht „wie viele andere Riten auch", weil ich damit ausdrücken möchte, dass jede Religion im Grunde nur eine Aussage hat: Dass der Mensch von Gott auserwählt wurde. Dass Gott alles tut, um jeden Menschen zu retten. Mit aller Liebe, mit aller Entschiedenheit tut Er dies. Und Er hat immer Erfolg dabei.
Auch dafür ist das Wasser der Taufe ein Symbol. Gottes Liebe zum Menschen, zu allen Kreaturen, zu allen Seelen fließt wie das Wasser – unentwegt, unaufhaltsam. Und immer Segen bringend.

Die Bedeutung der Taufe ist deshalb: *Du bist auserwählt* – nicht in der Bedeutung, dass du ein Christ bist, sondern weil alle Menschen auserwählt sind und alle Religionen nur das eine Ziel haben: Zu Gott zu führen.

Denke dich daher als den Gott, der auf Erden sichtbar weilt. Sei dir stets deiner Göttlichkeit bewusst. Wisse durch das Sakrament der Taufe, dass du an den unendlichen Strom der Liebe angeschlossen bist. In deinem Herzen befindet sich der gesamte Kosmos. Eine unendliche Weite – und doch du. Erkenne deshalb in allem Wasser, das du siehst, das Göttliche Nass, mit dem der Heilige Johannes den Christus taufte – mit dem alle getauft wurden. Denn alle bedurften und bedürfen der Erinnerung daran, dass sie Gottes Kinder sind. Und sieh dieses Wasser nicht als reine, fließende Materie, sondern als den Strom der Liebe, der alle verbindet, da er in allen ist. Dies symbolisiert die Taufe Christi: *Christus schuf durch sein Weilen auf Erden ein neues Bewusstsein.* Durch Ihn wissen die Menschen, dass sich selbst die größten Seelen – und gerade sie! – opfern, um den Menschen zu helfen. Aus Liebe.

Alle suchen diese Liebe. Alle möchten in diesem Strom baden.
Die einen suchen ihn am falschen Platz, verstricken sich in Fehler und enden im Unrechttun wie Salome, ihre Mutter und ihr Stiefvater.
Die anderen haben die Quelle dieses Stroms in ihren Herzen gefunden. Sie können deshalb ans Kreuz genagelt oder in ein dunkles Verlies geworfen werden. Sie verlieren dadurch den Strom dieser Liebe, dieses Glücks nicht, sondern spüren ihn noch mehr, noch intensiver, noch beglückender.
Jesus starb nicht am Kreuz. Johannes verzagte nicht, als er geköpft wurde. Beide waren tief in ihrem wahren Ursprung gegründet, weswegen sie nur einen Wunsch hatten: Zu geben, nur zu geben.
Deswegen haben sie beide die Welt so reichlich beschenkt.

Wie manch ein anderer auch. Manch ein anderer, von dem nie jemand sprach oder spricht. Der oder die aber auch so vollkommen für die Welt da war. Und wodurch waren diese Seelen so vollkommen für die Welt da? Weil sie ganz für sich da waren.
Dies ist das wahre Geheimnis des Lebens und damit der Taufe: Bist du im Strom, bist du im Kontakt mit dem unendlich Wahren, dann bist du im Kontakt mit dir. Du bist dann jenes allumfassende Selbst, das sich in die Welt verströmt, weil es so viel Liebe hat, dass es unbedingt lieben möchte. Du bist dieses all-liebende Selbst. Du bist so eng mit deiner Quelle verbunden, dass Christus und Johannes keine Trennung zwischen dir und Gott sehen könnten.
Die Taufe soll dir deshalb die eine, alles beinhaltende Wahrheit vermitteln, verdeutlichen, bewusst machen: Du bist der Gott, du bist das Vollkommene, du bist das Wunderbare. Du bist der Erlöste. Du bist der Erlöser.
Du bist das Licht der Welt – das Licht, das sich in unendlich vielen, unendlich schönen Farben im Strom der Welt, im Strom deiner Taufe spiegelt.

Zwei Frauen oder Kinder brauchen Liebe

Es waren einmal zwei Frauen, die beide ein Kind hatten. Die eine hieß Nora. Die andere Beatrice.
Nora pflegte ihr Kind nach einem genauen Zeitplan. „Alles hat seine Ordnung!“ war ihr Lieblingsspruch. Und nach ihrer Ordnung musste sich der Säugling richten.
Außerdem kleidete Nora ihr Kind ausschließlich in Baumwolle. Die Strampelanzüge und Hemdchen waren schnell in der Waschmaschine, schnell wieder draußen, schnell trocken und schnell gebügelt.
Obwohl Nora davon überzeugt war, ihrem Kind alles zu geben, was es brauchte, war es ständig krank. Gereizt. Ängstlich. Nervös.

Beatrice dagegen trug ihr Kind, wann immer sie konnte, an ihrem Körper, entweder im Tragetuch, auf der Hüfte oder auf dem Rücken. Ihr Kind hatte also viel Körper- und Augenkontakt. Dies ist sehr wichtig, denn für Kinder ist der Augen- und der Körperkontakt fast so wichtig wie die Muttermilch, weil beides Balsam für die kindliche Seele ist.
Babys und Kleinkinder benötigen viel Liebe, damit der Geist seinen Weg in den kleinen Körper finden kann. Ihre Aufgabe ist es, dass Körper und Seele zusammenwachsen. Um diese schwere Aufgabe leisten zu können, benötigen sie die Unterstützung der Mutter und des Vaters!

Babys sind noch nicht fest verankert in ihrem Körper. Wenn sie zum Beispiel schlafen, kehrt die Seele zu Gott zurück. Dies geschieht auch bei Erwachsenen. Die Trennung vom Körper ist bei diesen aber nicht mehr so dramatisch. Wegen dieser Trennung wachen Babys und

Kleinkinder häufig auf und weinen. In ihrem Schlaf waren sie wieder bei Gott und kommen durch das Aufwachen plötzlich zurück. Sie sind deshalb desorientiert und drücken ihre Spannung dadurch aus, dass sie schreien. Denn die Spannung, die sie aushalten müssen, ist gewaltig: Waren sie gerade noch in der ewigen und unendlichen Glückseligkeit Gottes, wachen sie nun auf und finden sich in einem kleinen, hilflosen Körper wieder. Der Schreck ist natürlich immer wieder groß – besonders, wenn sie allein gelassen werden! Bis zum fünften, manchmal sogar bis zum siebten Lebensjahr können Kinder auf diese Weise reagieren.

Beatrices Kind schlief neben ihr. Wachte es erschreckt auf und weinte, sagte Beatrice: „Ah, mein geliebtes Kind, wie schön, dass du wach bist. Wie schön, dass du zu uns gekommen bist. Wir lieben dich von ganzem Herzen, du gute, du liebe Seele!" Kaum vernahm ihr Kind diese Worte, hörte es zu weinen auf, fühlte sich geborgen und strahlte seine Mutter mit jenem Lächeln an, das aus dem Herzen kommt.

Nora dagegen musste zu ihrem Kind in ein anderes Zimmer laufen, wenn es weinte. Manchmal hörte sie es längere Zeit nicht. Wenn sie dann endlich zu dem armen Kind kam, war es in Tränen aufgelöst.

Zynische und zutiefst verantwortungslose Ärzte meinen, wenn ein Kind schreie, schade ihm dies nicht, und man solle es ruhig sich selbst trösten lassen. Sie ziehen damit unzählige seelisch verkrüppelte Menschen heran.
Nora kam also zu ihrem Kind, machte Licht, nahm das Kind aus dem Bettchen und unternahm auch sonst noch einiges, wodurch das Kind das Gefühl bekam, erst allein gelassen und dann gestört zu werden – und dies, obwohl es den Kontakt zur Mutter dringend benötigte.

Beatrice verhielt sich, wie gesagt, ganz anders. Darüber hinaus zog sie ihrem Kind immer Hemdchen aus Wolle oder einem Gemisch aus Wolle und Seide an.
Wolle und Seide sind die idealen Stoffe, um die Temperatur gleichmäßig zu halten. Wird es warm, halten Wolle und Seide kühl. Wird es kühl, halten sie warm. Kleine Kinder haben große Schwierigkeiten mit

dem Temperaturausgleich. Der kleine Körper kann Schwankungen mangels Masse nur schwer, wenn überhaupt ausgleichen. Seine Oberfläche ist im Verhältnis zu seinem Inneren zu groß. Deshalb kühlen Babys so schnell aus.
Und genau dies verhindern Wolle, Seide oder das besonders gute Wolle-Seide-Gemisch.
Sollte es sehr heiß sein, können Kleinkinder auch ein Baumwolle-Seide-Gemisch tragen. Je älter das Kind ist, desto eher kommt Baumwolle in Frage. Baumwolle ist sehr praktisch. Man kann gute Qualität sogar kochen, und es verändert sich überhaupt nichts. Wolle aber verfilzt, und Seide wird brüchig.

Dafür kühlt Baumwolle aber den Körper aus. Kein Wunder, dass heutzutage, wo „Cooles in" ist, Baumwolle so viel getragen wird.
Das Problem besteht aber darin, dass ein Körper, der immer wieder auskühlt, sich auf Dauer verspannt. Bei Babys, aber auch bei Erwachsenen kannst du das gut beobachten. Wird ihnen kalt, werden sie unbeweglicher, und Blockaden entstehen.

Ähnlich wie mit der äußeren Kälte verhält es sich mit der inneren. Bekommen Kinder zu wenig Körperkontakt, werden sie *innerlich* starr. Fühlt sich ein Kind einsam, weint es. Bekommt es trotzdem keinen Kontakt, weil die Mutter starr ist und es nicht an sich drückt, dann erstarrt das Kind. Der Weg zu seelischer und damit körperlicher Krankheit ist damit bereitet.
Gibt die Mutter dagegen dem Kind Körperkontakt und spricht liebevoll mit ihm, dann atmet das Kind auf. Dieses Aufatmen geht durch den ganzen Körper und löst alle Anspannung, und das Kind macht dadurch seelisch, geistig und körperlich eine große Entwicklung.

Das tat Beatrice mit ihrem Kind: Sie trug es nicht nur neun Monate *vor* der Geburt, wo das heranwachsende Baby ständigen Körperkontakt hatte, sondern auch noch viele Monate danach. Außerdem gab sie ihrem Kind auch sonst viel Körperkontakt. Drückt eine Mutter ihr Kind an ihre Brust, so hört es ihren Herzschlag. Dieses rhythmische Schlagen erinnert es nicht nur an die Zeit im Mutterleib, wo es besonders geborgen war, sondern vermittelt ihm gerade durch den ruhigen Rhythmus Sicherheit. Kluge Mütter klopfen deshalb regelmäßig (nicht nur, wenn es getrunken hat) vorsichtig mit der flachen Hand ihrem Kind leicht auf den Rücken oder den Po. Richtig, das heißt *liebevoll* dosiert, bewirkt dies beim Kind eine sehr tief gehende Entspannung, die nicht selten dazu führt, dass das Kind einschläft.

Auf all dies achtete Beatrice, und die Folge war, dass ihr Kind wuchs und gedieh. Dass es sehr selten krank, dass es ausgeglichen und fröhlich war. Außerdem hat es durch diese liebevolle Behandlung und den vielen Körperkontakt ein Urvertrauen entwickelt, das es ein Leben lang als großer Schatz begleitete.
Das Urvertrauen ist ein großer Schatz und von so großer Bedeutung, weil es dem Kind beziehungsweise dem Erwachsenen unbewusst vermittelt: *Du wirst geliebt, deine Bedürfnisse sind für deine Eltern wichtig. Du bist ihnen wichtig. Deine Äußerungen werden nicht nur gehört, sondern es wird deinen Bedürfnissen entsprechend darauf reagiert. Du bist hier sicher und geborgen.*

Wer dieses unbewusste Wissen in sich hat, ist viel glücklicher, viel gelassener, viel zuversichtlicher und damit viel erfolgreicher als jemand, der all dies nicht bekam.
Hat jemand dieses Urvertrauen dagegen in seiner Kindheit nicht entwickeln können, ist es später sehr, sehr schwer, wenn überhaupt aufzubauen.

Ihr Eltern: Gebt euren Kindern so viel Liebe, so viel Zuwendung wie irgend möglich! *Liebe zu eurem Kind ist Liebe zu Gott. Das heißt, alles, was ihr eurem Kind von Herzen gebt, gebt ihr Gott.*
Ihr verpasst nichts, wenn ihr zum Beispiel am Krankenbett eures Kindes wacht. Gott sieht dies und beschenkt euch mit Seinem Segen, wie Er alle beschenkt, die selbstlosen Dienst am Nächsten tun.

Heute verwechseln aber viele Liebe mit Laisser-faire, mit Zügel- und Grenzenlosigkeit. Dies ist so, als verwechsle man zügiges Autofahren mit Raserei. Zügiges Fahren ist wichtig, weil du sonst den Verkehr blockierst, wodurch du andere zuerst behinderst und sodann mögli-

cherweise zu unüberlegten Überholmanövern verleitest, die zu Schlimmerem führen können.
Raserei dagegen ist nicht nur töricht, sondern darüber hinaus sehr gefährlich. Du gefährdest damit nicht nur dein Leben, sondern auch noch das anderer. Dies ist gegen die Göttliche Ordnung, weswegen du es unbedingt unterlassen solltest.

Viele Eltern schwanken zwischen Extremen:
Einmal geben sie ihren Kindern zu wenig Liebe, zu wenig Kontakt, zu wenig herzliche Ansprache und vermitteln ihnen zu wenig bleibende Werte – mit anderen Worten, sie geben ihnen all das nicht, was *einen guten Charakter formt*. Und nicht genug damit, sie lassen die Kinder auch noch tun und lassen, was sie wollen. Dies ist im höchsten Maße verantwortungslos.
Im nächsten Augenblick wird ihnen alles zu viel. Sie setzen dann ihre Kinder ihrer Wut aus, die plötzlich aus ihnen herausbricht, um anschließend von Schuldgefühlen zerfressen zu werden und deshalb nun ihre Kinder mit Zuwendung zu überschütten, ihnen erneut jeden Wunsch zu erfüllen, und ihnen deshalb zum Beispiel viel zu viel Geld zu geben. Obwohl diese Eltern ihren Kindern so viele angebliche Freiheiten lassen, setzen sie sie ständigen Wechselbädern aus: Einmal kümmern sie sich um alles, ein andermal lassen sie alles laufen. Dies verunsichert die Kinder, denn sie lernen keine klare Linie kennen, an die sie sich halten und an der sie ihr Handeln ausrichten können. Diese Unsicherheit schafft zwangsläufig keine Freiheit, sondern Abhängigkeit von den Eltern.

Kinder benötigen Liebe. Liebe ist Geben. Deshalb weiß die Liebe, wann das Geben aus einem Ja und wann aus einem Nein bestehen muss.
Immer ja zu sagen ist kein Geben, sondern zumindest Dummheit, wenn nicht sogar Desinteresse beziehungsweise Bequemlichkeit.
Dies ist das Erschreckende in vielen Familien: Die Kinder sind so verwahrlost, weil die Eltern ihnen im Grunde ihres Herzens mit Desinteresse begegnen.
Erziehe deshalb dein Kind frei, aber nicht ohne Grenzen.

Bedenke dabei: Frei erzogene Kinder machen zunächst mehr Arbeit. Sie erwarten mehr. Stellen mehr Fragen und in Frage und widersprechen mehr. Unterdrückte Kinder trauen sich dies häufig nicht mehr. Die Rechnung kommt aber! Zunächst scheint alles glatt und einfach zu gehen. Dann aber mehren sich die Probleme: Gesundheitliche, schulische und im Kontakt mit anderen. Zudem haben unterdrückte Kinder keinen brauchbaren Maßstab mitbekommen, anhand dessen sie einen guten Partner finden, mit dem sie glücklich sein können. Und sie werden häufig Probleme mit ihren Kindern haben, haben sie es ja nicht besser gelernt.
Zudem sind sie häufig verschlossener, skeptischer und wenig glücklich.

Hier ist dein Kontakt zu Gott sehr hilfreich. Er gibt dir die Kraft, dem Leben mit seinen Wechselfällen zu trauen – das heißt, die Wechselfälle anzunehmen, *weil* du aus einem liebenden Herzen heraus handelst. Denn Gott gibt dir die Stärke, auch schwierigere Zeiten, in denen du vielleicht sogar ratlos bist, durchzustehen. Du brauchst diesen inneren Halt, um deinen Kindern mit klar strukturierender, gleichzeitig aber auch freilassender Liebe zu begegnen.
Manchmal ist die Liebe Gottes nicht leicht zu erkennen. Verzage aber nicht. Habe vielmehr Geduld. Gib Gott deinen Kummer, deine Ungeduld oder auch deinen Ärger. Finde heraus, warum deine Situation so ist, suche dann *bewusst* immer mehr die Zeichen, die Er dir gibt, und lerne sie zu deuten.

Kinder sind Seelen, die zu dir kommen, weil sie dich eines Tages nach ihrem Weg fragen werden, nachdem sie deinen Weg kennen gelernt haben.
Dein Kind wird dich eines Tages fragen: „Wo komme ich her? Was tue ich hier? Wo gehe ich hin?“
Was willst du darauf antworten, wenn du das Verhältnis von Gott und Welt nicht kennen gelernt hast?

Als Beatrices Kind, Christopher, vierzehn war, stellte es diese Fragen. Beatrice konnte Christopher nicht nur sehr gut verstehen, sondern sie war auch klug und kreativ. Sie antwortete deshalb: „Die Fragen, die du

stellst, sind die entscheidenden. Wie gut, dass du sie stellst! Wir wollen deshalb ein Spiel machen: Ich gebe dir eine scheinbar überhaupt nicht dazu passende Antwort, und du überlegst dir zum Beispiel bis morgen, was sie in Bezug auf deine Frage bedeutet. Einverstanden?“ Christopher witterte ein neues Spiel und willigte deshalb sogleich ein.
„Gut“, fuhr Beatrice fort, „meine Antwort für heute ist: Gott ist das Wasser, und du bist der Fisch!“
Am nächsten Tag saß die gesamte Familie zusammen, und die beiden Eltern hörten aufmerksam ihren Kindern zu, denn beide hatten sich Gedanken über den Satz gemacht.

So sagte Christopher: „Wenn Gott das Wasser ist und ich der Fisch bin, dann ist er mein Element!“
„Sehr richtig!“, antworteten Beatrice und ihr Mann gleichzeitig und mussten lachen, dass sie so synchron reagiert hatten.
„Außerdem kann ich ohne Wasser nicht leben – auch wenn ich kein Fisch bin!“, sagte der zwei Jahre jüngere Jonathan.
„Ganz genau“, antwortete Beatrices Mann, während sie zustimmend nickte.
„Und Gott als Wasser ist viel mehr als Erde, denn es gibt viel mehr Wasser.“
„Auch das ist richtig! Und das Wasser umgibt den Fisch vollständig“, ermunterte ihn sein Vater.
Und so sprachen sie lange und immer wieder darüber, bis Christopher und Jonathan verstanden hatten, dass Gott wie das Wasser für den Fisch über, unter, vor, hinter und in ihm ist. Dass der Fisch gleichsam aus dem Wasser stammt – denn die wässrigen Eier schwimmen im Wasser, bis die kleinen Fische schlüpfen. Und diese wachsen und gedeihen, indem sie Nahrung aus dem Wasser aufnehmen. Und werden sie von einem größeren Fisch gefressen, der ebenfalls aus dem Wasser stammt und im Wasser ist, werden sie als Energie in diesen übergehen. Und als seine Ausscheidung werden sie erneut ins Wasser gelangen.

„Wir kommen von Gott. Und wir gehen zu Gott. Wie der Fisch vom Wasser lebt, lebt der Mensch von Gott“, überlegte Christopher.

„Was ist der Unterschied zwischen Fisch und Mensch?“, fragte Jonathan.
„Dass der Mensch denken kann!“, antwortete Christopher.
„Und dass er fühlt!“, ergänzte Jonathan.
„Fühlen tun auch die Fische“, korrigierte Beatrice.
„Spürt der Fisch auch Gott?“, fragte Christopher.
Da schwiegen die Eltern, denn sie wussten keine Antwort.
„Die Antwort müssen wir auf morgen vertagen“, schlug Beatrices Mann vor.

„Heute müsst ihr aber noch den Unterschied zwischen Fisch und Mensch erklären!“, bat Jonathan, der offensichtlich mit der Vorstellung, Menschen und Fische unterschieden sich allein durch das Denken, nicht zufrieden war.
„Gut“, sagte Beatrice, „der Hauptunterschied ist das Bewusstsein. Allein der Mensch *weiß bewusst*.“
„Allein der Mensch kann Sachverhalte durchdenken. Allein der Mensch kann zwischen gut und böse unterscheiden“, ergänzte ihr Mann.
„Und allein der Mensch kann Gott verwirklichen!“, fügte Beatrice hinzu.
„Das heißt, ein Fisch kann Gott spüren, ist sich dessen aber nicht in dem Maße bewusst wie der Mensch?“, fragte Christopher.
Dies war eine wunderbare Frage und Antwort zugleich, die deutlich machte, wie kreativ Kinder sind, die ernst genommen werden.

Es ist die Liebe, die durch Göttliche Werte zu einer glückhaften Erziehung führt. Sie segnet die Eltern. Sie segnet die Kinder, die damit in der Liebe Gottes sind. Denn Eltern wie Kinder sind Seelen, die auf dem gleichen Weg sind. Dem Weg der Liebe, die alle verbindet. Die alle begleitet.
Mit dieser Liebe fühlt sich ein Kind wie ein Fisch ... wie ein Fisch im Wasser!

Eine Frau, die wirklich für ihr Kind da ist, baut sich mehr positives Karma auf als manch ein Mann in einem langen, arbeitsreichen Leben.

Du bist deines Glückes Schmied

Es war einmal ein Mann, der hatte eine Frau, die ihn sehr liebte, die immer für ihn da war, die ihm den Haushalt machte und liebevoll die Kinder aufzog.
Der Mann liebte und ehrte seine Frau. Er arbeitete fleißig, um seine Familie zu versorgen.
Die Jahre zogen ins Land.

Plötzlich veränderte sich der Mann. Auf einmal verlangte es ihn nach einem anderen Leben.
Seine Frau verstand ihn nicht. Sie versuchte, ihm alles zu geben, was sie nur konnte. ‚Warum ist er nur unzufrieden?', fragte sie sich.

Da merkte die Frau, dass er sie nicht mehr liebte. Dass er von ihr wegwollte. Das schmerzte sie so sehr, dass sie bald darauf an gebrochenem Herzen starb.

Nun war der Mann endlich frei.
Er lebte all das aus, was er zu Lebzeiten seiner Frau nicht hatte tun können. Er traf sich mit Freunden, trank viel und lernte andere Frauen kennen.

Dies ging eine Weile so. Dann merkte er, dass die alte Unzufriedenheit sich wieder einstellte. Die Freunde passten ihm nicht mehr. Die Freundinnen ebenso wenig. Die Arbeit gefiel ihm nicht und vieles andere auch nicht.

Nun erst merkte er, wie sehr er seiner Frau Unrecht getan hatte. Wie wenig sie für seine Unzufriedenheit verantwortlich gewesen war. Er bereute seine Handlungsweise ihr gegenüber sehr, ging an ihr Grab und weinte bitterlich.

Was sagt uns diese Geschichte? Mache nicht andere für dein Wohlergehen oder deine Unzufriedenheit verantwortlich.
Glaube mir, der ich viele Milliarden Schicksale kenne: *Es liegt immer an demjenigen, der unzufrieden ist.*
Sei aber versichert: Unzufriedenheit ist eine jener Krankheiten, die im Neuen Zeitalter geheilt werden wird.

Eveline
oder *Carpe diem*, Pflücke den Tag

Eveline war eine elegante junge Frau, die genau wusste, wie sie mit ihren weiblichen Reizen umzugehen hatte, um auf Männer zu wirken. Eveline wusste all dies genau, aber sie wusste nicht, was sie tun sollte, nachdem sie ihre Wirkung erprobt hatte. Sie konnte also leicht einen Mann auf sich aufmerksam machen, sie konnte ihn kennen lernen und auch, wie man dies heute nennt, „eine Freundschaft“ mit ihm beginnen.

Aber dann wusste sie nicht mehr weiter. Sie wusste nicht, wie sie sich auf einen Mann einstellen, was sie mit ihm reden sollte und wie sie mit ihm einen Tag gestalten konnte. Da war sie so attraktiv, so geschliffen in ihrem Umgang mit anderen, und doch war sie im Grunde so unbeholfen.
So wanderte Eveline von einer Bekanntschaft zur nächsten, von einer Freundschaft zur nächsten. In Wahrheit ging sie nur von einer Einsamkeit zur nächsten, und jede Enttäuschung steigerte ihre Einsamkeit.

Eveline war aber noch jung. Sie konnte immer noch beeindrucken. Sie konnte immer wieder spüren und erleben, wie sie auf Männer wirkte. Aber die Zeit verging. Und Eveline pflückte den Tag, die vielen, vielen Tage nicht. Die Zeit verstrich – ungenutzt an Eveline vorbei.

Wer die Zeit, seine Zeit nicht nutzt, verliert unweigerlich den Kontakt zu seinem Inneren. Des Menschen Aufgabe ist es, seine Zeit auf Erden zu nutzen, um sich zu finden, um Gott näher zu kommen. Wer seine Zeit nicht dafür nutzt, vergeudet möglicherweise eine ganze Inkarnation. Dagegen rebelliert alles im Menschen. Vergeudet der Mensch seine Zeit, beginnen in seinem Inneren viele Mechanismen zu arbeiten und zu wirken. Einer der bekanntesten davon ist, dass er krank wird. Es gibt verschiedene Gründe, warum ein Mensch krank wird: Entweder er vergeudet gerade seine Zeit, er holt vergeudete Zeit nach, macht eine Entwicklung, löst altes negatives Karma auf oder kommt zur Ruhe.

Eveline vergeudete ihre Zeit, deshalb wurde sie immer wieder körperlich krank. Da sie aus den verschiedenen Krankheiten nichts lernen konnte, wurde sie psychisch krank. Mit einer schweren Depression kam sie in eine psychosomatische Klinik. Diese Klinik wurde von Ärzten und Therapeuten geleitet, die im Grunde zuallererst selber in gute therapeutische Behandlung gehört hätten, aber auf keinen Fall seelisch leidende Menschen hätten behandeln sollen. So dokterten (welch ein Verb!) sie konzeptlos an Eveline herum, ohne ihr helfen zu können. Eveline bekam viele Medikamente, die nicht wirklich halfen, sondern lediglich die Symptome unterdrückten und den Körper schwächten. Nach einigen Wochen wurde Eveline entlassen – und eine große Chance war vertan.

Was sie in dieser Situation gebraucht hätte, wären Verständnis und kompetentes Wissen gewesen. Sie bekam aber beides nicht. Dabei hätte Eveline auf die Folgen ihrer Kindheit aufmerksam gemacht werden müssen. Da lag nämlich ihr Problem: Sie war lieblos erzogen worden.
Eveline war traurig und lebte in einem schrecklichen Dilemma: Sie wünschte sich Nähe, konnte sie aber nicht ertragen, wenn sie sie bekam.

Eine der negativen Errungenschaften der Viktorianischen und Preußischen Erziehung ist der Kinderwagen. Natürlich hat er seine Vorteile, weil das Kind darin sicher, geschützt und ruhig überallhin mitgenommen werden kann. Der Kinderwagen verhindert aber vollständig den Körperkontakt. Wo tragen Naturvölker ihre Kinder? Am Körper! Der weibliche Körper wurde von Gott so geformt, dass er ein Kind stundenlang tragen kann, ohne dass das Kind aufwacht. Warum? Weil er schwingt. Geht eine Frau, so bewegt sich ihr Körper harmonisch –

zumindest der Körper einer Frau, die viel Kontakt bekommen hat. Ein Kind im Kinderwagen bekommt all dies nicht. Und schreit es, weil es diesen Kontakt vermisst, so wird der Kinderwagen (!!!) ein paar Mal hin und her bewegt. Damit soll sich das Kind beruhigen.

Die übermäßige Betonung des Körpers, die so typisch für dieses Zeitalter ist, ist zu 90 % die Folge eines Mangels an wahrem Kontakt in der Kindheit. Diesen Kontakt benötigt das Kind wie die Luft zum Atmen, wie die Milch zum Wachsen. Und eben diesen Kontakt bekommt es nicht. So sucht ein Mensch diesen so sehr vermissten Kontakt ein Leben lang.
Hier beginnt die Tragik. Hier ist der Schlüssel für Evelines Geschichte. Eveline hatte in ihrer Kindheit viel zu wenig Körperkontakt bekommen. Sie wurde wenig, wenn überhaupt, in den Arm genommen, wenig gestreichelt, wenig angelächelt, wenig mit Aufmerksamkeit bedacht, kurz: Unendlich wenig geliebt!

Diese Liebe suchte Eveline nun die ganze Zeit. Und bekam sie endlich diese so ersehnte Liebe, diese so sehr vermisste Berührung, dann konnte sie sie nicht ertragen! Und warum nicht? Weil dann in ihr der Schmerz all der erlebten und ertragenen Entbehrungen aufstieg – ohne dass ihr dies bewusst wurde.

Es ist wie bei einer Henne, die Entenküken ausbrütet. Kaum sind diese geschlüpft, wollen sie ins Wasser. Ihr Instinkt als Glucke gebietet der Henne, den Küken zu folgen, ihre Fähigkeiten als Henne machen es ihr aber unmöglich. So läuft sie ununterbrochen am Ufer hin und her vor Angst, die Entenküken zu verlieren, und kann ihnen doch nicht folgen. Und warum nicht? Weil Menschen eine unnatürliche Situation geschaffen haben! Enteneier werden von Enten gelegt und von diesen ausgebrütet. Dies ist das Gesetz der Natur. In der Natur gibt es deshalb dieses Problem nicht. Und keine Henne kommt in die für sie so beängstigende Situation, dass ihre Brut in ein Element geht, in dem sie sie nicht mehr führen kann.

Nur der Mensch bedingt dies. So auch in der Erziehung. Von der Natur, von Gott ist es so bestimmt, dass der Mensch mit viel Zuwendung, mit viel Körperkontakt aufwächst. Deshalb ist die liebevolle Berührung der Kinder durch die Eltern so wichtig. Wer von seinen Eltern diese Liebe bekam, wird sie in und mit *einem* Partner wiederfinden. All die anderen Formen von Beziehungen, die heute wie wild wuchernde Gewächse in der Gesellschaft hervorschießen, drücken nur aus, wie einsam die Menschen in ihrer Kindheit waren und es immer noch sind. Deshalb ergibt sich die paradoxe Situation, dass *viele verschiedene Kontakte wenig Kontakt bedeuten.*

Menschen suchen nicht wechselnde Beziehungen. Was Menschen suchen, ist Liebe. Um aber Liebe und Glück aushalten zu können, muss man stark sein. Glück und Liebe sind sehr, sehr starke Gefühle, die schwache Menschen schnell überfordern können. Durch lieb-lose Erziehung werden die Menschen aber schwach. Deshalb können sie die Liebe nicht aushalten. So suchen sie Kontakte anstatt Beziehung, weil sie weder Beziehung noch Kontakt bekamen, als sie Liebe brauchten.

Was ich mit obigem Satz ausdrücken möchte, ist das Paradoxe, das Absurde, das durch manch eine Eltern-Kind-Beziehung entsteht. Anstatt Kindern die Zuwendung zu geben, die sie dringend brauchen, werden die Armen zu Ordnung, Disziplin, Gehorsam und Verstehen erzogen, worin diese sich mehr oder minder unwillig fügen in der ewig unerfüllten Hoffnung, durch Gehorsam eine bessere Beziehung zu ihren Eltern zu bekommen.

Ich sage dies, obwohl ich *den größten Wert* auf Ordnung und Disziplin, Gehorsam und Verstehen lege. Diese sind sehr wichtig und in einer von Liebe getragenen Eltern-Kind-Beziehung gut zu erlernen. Ordnung und Disziplin dürfen aber niemals an die Stelle der Liebe treten. Tun sie dies, wird die Eltern-Kind-Beziehung viel mehr zur Erziehung als zur Be-ziehung, denn Beziehung, im Gegensatz zu Bindung, sollte sich durch Liebe und Freilassen auszeichnen. Liebe ist in dieser Ordnungs-Erziehung nicht vorhanden, genauso wenig wie Freilassen. Denn ein unterdrücktes Kind kann seine Freiheit weder sehen noch ergreifen. Und warum nicht? Weil es damals als Kind in seinen Versuchen, sich spontan auszudrücken, zutiefst verletzt wurde und so mit seinem ganzen Fühlen gescheitert ist. Dies erzeugt in dem Kind ein maßloses Gefühl des Versagens, der Angst, des Unwertseins. Und diese Gefühle entsprechen der Situation genau. Denn das Kind wurde in seinen Bedürfnissen nicht gehört, seine Wünsche wurden nicht berücksichtigt, sein Leiden nicht gesehen, geschweige denn gemildert.

Dies ist die Geburt des mangelnden, des zerstörten Selbstwertgefühls. Und was ist das mangelnde Selbstwertgefühl? *Der Beziehungsfeind Nummer eins.* Kann jemand nicht an sich glauben, glaubt er anderen noch weniger. Vertraut er sich nicht, vertraut er anderen auch nicht. Hält er sich für wertlos, kann er den Wert der anderen nicht sehen, denn er könnte ihn nicht ertragen. Somit bedingt lieblose Erziehung lieblose Partnerschaft, die ihrerseits lieblose, gefühllose Menschen heranzieht.

Nur aus diesen frühkindlichen Schädigungen ist es zu erklären, dass heute so viele Menschen wegen kurzsichtiger und kurzfristiger Interessen ihren Partner und vor allem ihre Kinder verlassen. Sie setzen ihren Partner und ihre Kinder genau der Lieblosigkeit, der Einsamkeit aus, die sie selber ertragen mussten. Sie suchen in der Leidenschaft beziehungsweise der so genannten „Selbstverwirklichung" das Mittel gegen die Gefühllosigkeit, gegen das „Totsein". Sie finden aber nicht mehr Leben, nicht mehr Geborgenheit, sondern noch mehr Enttäuschung, noch mehr Verletzungen, noch mehr Leiden.

So wanderte Eveline von Beziehung zu Beziehung. Von Hoffnung zu Hoffnung. Von Leiden zu Leiden. Und all dies, weil keiner ihr half, ihre Kindheitswunde zu heilen. Weil keiner ihr sagte, dass sie stets den Kontakt floh, den sie suchte. Dass ihr Ziel die Liebe und das Ankommen waren, vor denen sie gleichzeitig so viel Angst hatte.
Dann endlich, als es ihr sehr, sehr schlecht ging, fand sie Therapeuten, die ihr halfen. Sie kam diesmal in eine Klinik, in der sich die Ärzte und Therapeuten um ihre Seele, um ihren Körper, um ihre Kindheit und ihren Schmerz kümmerten. Langsam konnte Eveline heilen. Langsam konnte sie den erlebten Schmerz der Kindheit zulassen, um das verlo-

rene Paradies, das sie mit ihren Eltern hätte erleben können, trauern und somit einen entscheidenden Abschnitt ihres Lebens dadurch abschließen, dass sie ihn in ihre Gegenwart *bewusst* einbezog.

Ich sage immer wieder: *Lebe in der Gegenwart.* Die Vergangenheit ist nicht mehr. Und die Zukunft ist noch nicht. Warum sollte sich dann ein Mensch mit seiner Vergangenheit auseinandersetzen? Ist das nicht ein Widerspruch?
Hast du Schwierigkeiten mit deinem Partner? Hast du Schwierigkeiten mit deinen Kindern? Hast du Schwierigkeiten mit dir? Ist dem so, dann ist deine Vergangenheit nicht vergangen, sondern lebt in deiner Gegenwart, lebt *in dir* weiter.

Eveline wurde durch die Ärzte und Therapeuten behutsam und liebevoll – was im Grunde das Gleiche sein sollte! – in Kontakt mit den Entbehrungen in ihrer Kindheit gebracht. Sie wurde sich dadurch bewusst, wie viel sie vermisst, wie viel sie gesucht und gelitten hatte. Sie verstand, dass all ihre Beziehungs-Versuche zum Scheitern verurteilt waren, weil sie dort die Konstellation ihrer Kindheit gesucht hatte: Einen Kontakt, der sie verletzte, eine Nähe, die keine war, ein Glück, das nicht blieb, weil sie nie gelernt hatte, was Glück ist – und wie man es aushält.
Eveline holte durch die fachmännische Hilfe, die sie bekam, viel nach.

Die Zeit war aber vergangen. Sie war nicht mehr „ever green“, sondern Eveline, die Starke. Und diese Stärke half ihr nun sehr, denn vieles war heute nicht mehr möglich, was mit Anfang zwanzig eine Selbstverständlichkeit gewesen war. Sie war nun fünfzig, und vieles hatte sie nicht leben können, was andere, die eine glücklichere Kindheit hatten, erleben. Sie hatte die Jahre, sie hatte all die Zeit nicht pflücken können. Eine langjährige, glückliche Beziehung war ihr versagt. Ebenso Kinder.

Nun war sie fünfzig und allein. Aber „allein“ sagt alles. Eveline war all-ein. Sie hatte in der Klinik durch ihre Erlebnisse und durch die liebevolle Hilfe der Therapeuten zu ihrem Inneren, zu ihrem Glauben an sich gefunden. Da wurde ihr deutlich, dass sie nie mehr einsam, nie mehr verlassen, sondern immer all-ein, zusammen mit dem Einzigen, dem Allumfassenden war. Eveline fand ein neues Leben. Und plötzlich bekam vieles für sie eine Bedeutung, das bis dahin von ihr unbemerkt geblieben, ihr unwichtig gewesen war.

Aber eines blieb trotzdem bestehen – ihre Ambivalenz zu sich und ihrem Alter: Sie merkte, dass sie nicht mehr zwanzig war. Sie merkte, dass sie älter geworden war. Plötzlich fand sie sich nicht mehr hübsch. Sogar unattraktiv. Die Falten, die begannen, sich in ihrem Gesicht abzuzeichnen, deutete sie als Vorboten eines nahenden Verfalls. Sie dachte, sie sei alt und damit nichts mehr wert.
Eveline war immer noch im Denken und Fühlen ihrer Eltern gefangen: Sie hatten ihre Tochter so schlecht behandelt, weil *sie es selber nicht besser, sondern sogar noch schlechter erlebt hatten*. Sie hatten sich selbst auch nicht besonders gemocht. So wie Eveline, die deshalb immer etwas suchte, was sie nicht fand. Und jetzt, wo sie begann, es zu finden, empfand sie sich als alt. Sie hatte den Eindruck, alle Hilfe käme zu spät. Ihr Leben sei gelebt – verlebt. Eine Chance, die sie nicht hatte nutzen können.

Ein Arzt, bei dem sie in Behandlung war, spürte ihre Niedergeschlagenheit und fragte sie nach dem Grund.
„Ich bin niedergeschlagen, weil ich so viel Zeit verloren habe!"
„*Es gibt keine verlorene Zeit*!", sagte der Arzt. Eveline staunte. „Nur die Zeit, die nicht genutzt wird, ist verloren!" Eveline staunte noch mehr, denn dies schien ja ein glatter Widerspruch zu sein. Der Arzt war sich dessen bewusst, was er sagte, deshalb fuhr er fort: „Ja, dies ist ein glatter Widerspruch, und doch ist es wahr! Und warum ist es wahr? Weil die gesamte Welt einen Widerspruch darstellt: Einmal ist sie Vielfalt, und dann ist sie Einheit. Vielfalt ist sie in Form der unzähligen Dinge. Einheit ist sie durch den Einen Gott, aus dem alles wurde.

So ist auch unser Weg zu diesem Gott: Solange wir auf dem Weg sind, können wir uns verirren, können wir Zeit verlieren. Gelangen wir aber bei Gott an, dann hat plötzlich alles einen Sinn, hat alles eine Bedeutung, ist nichts umsonst gewesen.

Dies drückt auch das Bibelwort *Die Letzten werden die Ersten sein* aus. Dies ist nicht zeitlich oder gemäß einer Reihenfolge zu verstehen. Vielmehr sind in Gott die Ersten die Letzten und die Letzten die Ersten, weil Gott alle Gegensätze aufhebt. Denn vor Gott gibt es keine Zeit. Gott ist *die* Einheit. Die Zeit dagegen ist *die* Trennung. Bist du bei Gott angelangt, bist du der Erste, weil jeder vor und für Gott der Erste ist. Deshalb kannst du keine Zeit verlieren. Bist du angelangt, bist du der Erste – eben weil du angelangt bist. Alle Mühen haben dann einen Sinn, alle Entwicklung hat ein Ziel: Das Angekommensein. Das Dasein in Gott!"

Eveline war berührt. Sie wusste nicht, warum, aber es entstand eine schöne Ruhe in ihrem Herzen. Dann kam ihr plötzlich ein Gedanke, ein Gedanke, der mit einer Befürchtung verbunden war. „Was du ausführst, gilt aber für jemanden, der Gott erreicht hat. Da bin ich leider nicht ..." Eveline sagte dies wie in Gedanken, und Bedauern klang mit.
„Indem du dein Leben bewusst Gott in die Hand legst, bist du angekommen. Dies ist die tiefere Bedeutung des Satzes: *Der Weg ist das Ziel*. Legst du dein Schicksal *bewusst* in Gottes Hände, bist du am Ziel angelangt, denn Er sorgt dann für dich. Er fügt deinen Weg. Du musst ausschließlich dein Augenmerk auf Ihn richten, und Er führt dich an dein Ziel.
Es gibt dann keine verlorene Zeit mehr, denn alles fügt sich in idealer Weise, und deine Entwicklung wird sich immer mehr beschleunigen."

Der Arzt hatte Recht. Er war ein kluger Mann, der weit gekommen war und deshalb vielen Menschen wirklich helfen konnte. Durch die Erforschung seiner selbst hatte er schon einen tiefen Blick hinter den Schleier der Welt geworfen.
Die Welt zu durchschauen ist in diesem Zeitalter sehr schwer, denn ihr lebt, wie ich oben bereits sagte, in einem Jahrhundert, das auf einer langen Tradition der Dunkelheit fußt.

So erging es auch Eveline. Der Herr hatte sie zu den Konsequenzen ihres Handelns, nämlich zur Krankheit geführt. Krankheiten sind immer Weggabelungen. Entweder jemand lernt daraus und kommt weiter, oder er bewältigt diesen Schritt noch nicht und gelangt so lange immer wieder an denselben Punkt, bis er weiß, welchen Weg er gehen muss.

Eveline war an dem Punkt angelangt, wo sie einen neuen Weg gehen wollte. Sie hatte durch die Krankheit verstanden, dass ihr bisheriger Weg sie nirgendwo hinführte. Außerdem hatte sie einen Arzt, wie ich ihn schätze: Einen Menschen, der Wege aufzeigt, die vom Materiellen ins Spirituelle führen.
So fragte sich Eveline: Wie konnte sie ihr Leben verändern? Wie konnte sie einen Neuanfang schaffen, der ihr tatsächlich das brachte, was sie sich ein Leben lang gewünscht, überall gesucht, aber nirgendwo gefunden hatte?
Eveline wollte wissen, wie sie zum Glück finden, wie sie den „Tag pflücken" könne. Daher wiederholte sie den Namen Gottes und konzentrierte sich darauf, in der Gegenwart zu leben. So kam sie zu ihrem inneren Glück und fühlte sich geführt.

Sie hatte nun so viel getan, dass ihre Zeit nicht mehr vergeudet war. Sie hatte ihren Selbstwert aufgebaut, war mit sich zufrieden, hatte Ziele und Ideale. Entsprechend ihrer inneren Zufriedenheit zog sie gute und frohe Menschen an, die zu treuen Freunden wurden.
Evelines Leben hatte sich grundlegend verändert, und sie hatte innere Ruhe und Glück gefunden. Trotzdem schmerzte sie immer noch die Tatsache, dass sie nie die Erfahrung einer langjährigen, nahen und beglückenden Beziehung gemacht hatte.

Der Arzt, der sie gut nachempfinden konnte, fragte sie: „Unter den Beziehungen, die du hattest, gab es da eine, für die du wirklich etwas geopfert hast?"
Eveline war von dieser Frage völlig überrascht. Sie dachte nach und meinte, sie habe unglaublich viel geopfert.
„Ja, ich weiß!", antwortete der Arzt. „Aber du hast nicht *bewusst*, du hast nicht mittels einer Entscheidung geopfert. Sondern es gestaltete sich so, dass du am Schluss viele Opfer zu *tragen* hattest."
„Das stimmt!", meinte Eveline.
„Wodurch entstehen glückliche Beziehungen?", fragte der Arzt.

„Dadurch, dass zwei Menschen zusammenkommen, die sich gut verstehen.“
„Nein“, erwiderte der Arzt, „dadurch, dass zwei Menschen zusammenkommen, die *kompromissbereit* sind! Das ist das wahre Geheimnis des Glücks in Beziehungen. Ich kenne Menschen, die haben sich die Kompromissbereitschaft als Lebensziel gesetzt.

Dies bedeutet nicht, dass sie willenlose Jasager sind. Wer zu allem ja sagt, muss nicht kompromissbereit sein, denn zum Kompromiss sind zumindest zwei unterschiedliche Meinungen notwendig. Sagt jemand zu allem ja, gibt es nicht zwei, sondern nur eine Meinung, nämlich die, zu der er ja sagt. Aber das meine ich nicht. Ich meine vielmehr, dass Menschen in der Lage sind, ihre *und* die Meinung der anderen so gelten zu lassen, dass sie *mit* dem anderen zu einem gemeinsamen Nenner finden. ‚Und wenn der andere nicht will?‘, fragst du. Es ist ganz selten, dass jemand sich weigert, eine gemeinsame Lösung zu finden, wenn er in seinem Herzen spürt, dass sein Gegenüber ihn wirklich akzeptiert. Das ist nämlich die Wurzel der Kompromissbereitschaft: *Das Akzeptieren des anderen, das von Herzen kommt.*“

Eveline ging ein Licht auf. Sie stellte fest, dass sie sich recht wenig um die Ansichten, um die Bedürfnisse der anderen gekümmert hatte. Vielmehr wollte sie gesehen werden, wollte sie *ihre* Bedürfnisse geachtet und am liebsten erfüllt sehen. Wo der andere war ... Wer war dieser andere? Hatte sie sich dies überhaupt gefragt? Eveline schwieg, und eine Tür in ihrem Herzen ging auf. Sie spürte, wie unerreichbar sie gewesen war. Für sich und andere.

Und wie wird man erreichbar? Indem man seine eigenen Wünsche kennen lernt? Genau hier war Eveline stehen geblieben. Ihre Wünsche hatte sie so häufig vor Augen – und blieb schließlich bei diesen Wünschen stehen. Wo waren aber die anderen? Wo war ihr Gegenüber? Eveline stellte mit Erstaunen fest, dass sie dieses gar nicht kannte. Keiner hatte ihr je vermittelt, dass der andere wichtig war. Alle, mit denen sie seit ihrer Kindheit zu tun hatte, vermittelten ihr, dass ihre jeweiligen Bedürfnisse das Entscheidende waren. Das hatte sie so gelernt und gelebt. Eveline war so durch ihr Leben gegangen und bis zu dem Tag natürlich nicht auf die Idee gekommen, dass ihr Verhalten typisch für das heutige Zeitalter, war: Jeder dachte an sich – und alle waren unglücklich!

Und was konnte sie tun? Darauf gab ihr der Arzt keine Antwort, obwohl er ihr eine hätte geben können. So musste Eveline suchen. „Was ist der Weg?“, fragte sie sich immer wieder. Da der Arzt nicht antwortete, fing sie an zu beten und bat Gott, Er möge ihr doch bitte zeigen, was der Weg sei.
Da lernte Eveline einen Mann kennen, der in ihrem Alter war. Eveline fand ihn sehr interessant. Sie spürte aber, dass er eine große Wunde in sich hatte. Bald fand sie heraus, worin die Wunde bestand: Seine Frau war vor kurzem an Krebs gestorben und hatte ihn allein mit vier Kindern im Alter von achtzehn, sechzehn, vierzehn und elf Jahren zurückgelassen.

Eveline fühlte sich zu diesem Mann hingezogen, aber das war ihr zu schwierig! Ein Mann, der so an seiner verstorbenen Frau hing! Außerdem auch noch vier heranwachsende Kinder, das war ihr zu viel! Eveline wollte sich bereits zurückziehen, als ihr bewusst wurde, dass sie ihren alten Weg einschlagen wollte: Gab es Schwierigkeiten, nichts wie weg! ‚Aha!‘, dachte sie. ‚Das hat mich also hierher gebracht! So kam ich in die Sackgasse! Und wie komme ich heraus? Dadurch, dass ich mich solchen Problemen stelle?‘

Eveline sprach über ihre Befürchtungen mit ihrem Arzt. Wieder einmal antwortete er nicht mit einem einfachem Ja oder Nein, sondern brachte das Ganze in einen größeren Zusammenhang: „Jeder muss *seinen* Weg finden und gehen. Es hat wenig Sinn, wenn jemand den Weg eines anderen geht. Wo kommt er dann hin? Stell dir vor, du möchtest ins Theater, folgst aber dem Weg eines Schwimmers. Glaubst du, du kommst dann ins Theater? Die Wahrscheinlichkeit ist sehr gering. Viel eher wird dich sein Weg in ein Schwimmbad führen. Aber dahin wolltest du nicht.

Deshalb ist es so wichtig, dass jeder *seinen eigenen* Weg geht. Was du ansprichst und wovon du zu Recht befürchtest, es nicht bewältigen zu

können, ist der Weg, den dir dieser Mann mit seinen Kindern vorgibt. Überprüfe, ob es auch dein Weg ist.
Auf der anderen Seite bekommst du durch ihn auf eimal einen Mann und Kinder. Wer sagt dir, dass dies nicht die Erfüllung deines Lebens ist? Wer sagt dir, dass er dir nicht all die Freude bringt, die du ein Leben lang gesucht hast? Vielleicht macht es dir Freude, genau diese Schwierigkeiten als die Herausforderung deines Lebens zu sehen, durch die du das Leben noch einmal von einer ganz anderen Seite kennen lernst?

Die entscheidende Frage ist aber: Liebst du diesen Mann? Ist er das Ziel, das du erreichen wolltest?"

Eveline war aufgewühlt, denn was der Arzt ihr sagte, machte ihr plötzlich deutlich, wie viele große Möglichkeiten sie noch hatte. Nie hätte sie gedacht, dass sie noch diese Möglichkeiten haben würde: Einen Mann, Kinder, eine Familie!
„Ich war so häufig tollkühn, ohne jemals wirklich mutig zu sein. Ich glaube, wer glücklich werden will, muss mutig sein. Ich will einmal mutig sein! Ich will wissen, was ich tue, und mich nicht einfach von den Ereignissen treiben lassen!"
So entschied sich Eveline nach langen Gesprächen mit diesem Mann für den Weg ihres Herzens und heiratete ihn. Und sie musste umdenken.

Sie musste viel lernen. Sie musste viele Kompromisse schließen. Sie fand ihren Mut. Und was erkannte sie? Dass jener Mann mit seinen Kindern, der ihr von den äußeren Bedingungen so viel abverlangte, ihre Zwillingsseele, der Mann war, den sie immer gesucht hatte und der ihr das Leben bot, das sie zu ihrem Glück führte. Und das spürte dieser Mann auch, denn er merkte, dass seine Liebe und seine Trauer um seine erste Frau *sein* Weg zu Eveline gewesen waren. Eveline, die nun fröhlich in den Spiegel sehen konnte, denn sie sah jetzt nicht mehr die Falten, sondern das Strahlen, das ihr Mann so liebte.
Sie hatte gefunden, was sie immer gesucht hatte – und pflückte den Tag.

Jules und Jim
oder Deine Familie ist ein sehr kostbares Gut

Jules und Jim lernten sich bereits in der Schule bei einem Wettschießen kennen. Es ging dabei darum, wer mit einer Steinschleuder die meisten Tontöpfe traf. Jules und Jim waren die besten Schützen. Das Schießen, der Wettkampf, der Kampfgeist und die Fairness, mit der sie beide kämpften, gefielen ihnen so gut, dass sie Freunde wurden. Und von da an auch blieben. Damals waren sie vierzehn. Sie unternahmen viel zusammen. Sie halfen sich bei den Hausaufgaben, trieben zusammen Sport und besprachen ihre Gedanken, ihre Schwierigkeiten oder Sorgen. Jules' Eltern mochten Jim sehr gern, und ebenso ging es Jims Eltern mit Jules. Deshalb verreisten die Freunde häufig mit der Familie des anderen. Damit erlebten Jules und Jim sehr vieles gemeinsam und wuchsen wie Brüder auf.
Jules und Jim waren sich außerdem eine gute Ergänzung. Jules war der etwas ruhigere, bedachtere, der wunderbar erzählen konnte. Jim war dafür spontaner, immer zu einem Scherz oder Witz aufgelegt, wendig in Körper und Geist.

Jules und Jim machten zur gleichen Zeit Abitur. Es stellte sich für sie nicht die Frage, was sie anschließend studieren würden, denn es gab für sie nur das eine: Medizin. Sie wollten unbedingt zusammen studieren und anschließend etwas Gemeinsames aufbauen. Am liebsten eine Klinik. Aber das war noch ein Traum, bei dem sie gespannt waren, inwieweit er sich realisieren lassen würde. Nun wollten sie zunächst studieren. Da sie beide gut in der Schule waren, ein gutes Abitur gemacht und außerdem gelernt hatten zu lernen, war das Studium für sie kein großes Problem. So hatten sie viel Zeit für Hobbys, für interessante Praktika, Fortbildungen, für Feste, Treffen und Gespräche.

Jules und Jim waren zwei gut aussehende, interessierte und damit interessante junge Männer, die ihre Wirkung auf das andere Geschlecht nicht verfehlten. Besonders Jim war der Liebling aller Frauen. Mit seiner geschmeidigen, flexiblen, fröhlichen Art eroberte er im Nu die Herzen der jungen Mädchen und Frauen. Und Jim genoss die vielen Bekanntschaften, die er machte, sehr. Er war immer geschmeidig, immer fröhlich, immer „auf dem Sprung“. Auch diese Art von Jim, immer auf dem Sprung zu sein, fanden die Frauen, die er kennen lernte, faszinierend. Jede dachte, er werde den entscheidenden Sprung zu ihr machen – und bei ihr bleiben. Jede fühlte sich von Jim so angesprochen, dass sie in den Wettstreit mit allen anderen ging, damit sie es erreichte, dass Jim bei ihr blieb. Jim blieb aber nicht. Sondern wanderte und wanderte. Jim suchte etwas. Er wusste nur nicht, was.

Jules wirkte auch auf Frauen. Aber ganz anders. Er war ruhiger, nachdenklicher, im Grunde schüchterner und damit zurückhaltender. Dies wirkte ebenfalls auf die Frauen, die er kennen lernte, aber eben ganz anders. Hinzu kam, dass Jules sich intensiv mit spirituellen Fragen beschäftigte. Er baute sich mit einigen Brettern und Tüchern einen Altar, auf dem er Bilder von Maria, von Jesus, Buddha und Krishna aufstellte. Vor diesen Altar setzte er sich jeden Morgen und jeden Abend, zündete ein Räucherstäbchen an, betete, meditierte und fand dadurch innere Ruhe.
Jim war fasziniert von Jules’ Idee mit dem Altar. Er baute sich auch einen. Und setzte sich auch ein-, zweimal davor. Dann war er aber mit seinen vielen studentischen und besonders privaten Terminen so beschäftigt, dass er sich kaum noch – wenn überhaupt – davor setzte.

So veränderte sich etwas Grundsätzliches. Jim war ganz mit seinem Studium der Medizin und den Frauen beschäftigt. Jules dagegen kümmerte sich mehr und mehr um spirituelle Fragen. Das heißt nicht, dass diese nicht auch Jim interessiert hätten. Er unterhielt sich liebend gerne mit Jules über Spiritualität. Er war aber immer auf dem Sprung.

Dann lernte Jules Yvonne kennen. Yvonne war fröhlich, intelligent, sehr herzlich und sehr hübsch. Yvonne hatte viel Sinn für Jules' spirituelle Fragen, sein Meditieren und Beten. Sowohl Yvonne als auch Jules hatten das Gefühl, ihren Partner gefunden zu haben. Deshalb heirateten sie bald. Jim war natürlich Jules' Trauzeuge. Er fand, Yvonne sei die ideale Frau für Jules. Und er fand, dass Jules genau den richtigen Schritt getan hatte. Er, Jim, wollte sich noch nicht binden, für Jules war es aber genau das Richtige.

Das fanden Jules und Yvonne auch, denn sie waren sehr glücklich miteinander. Nach zweieinhalb Jahren bekamen sie eine Tochter, worüber sie sich nochmals sehr freuten.
Zu dieser Zeit war Jim in arge Bedrängnis geraten. Seine damalige Freundin war schwanger. Und er wusste nicht, was er tun sollte. Für eine feste Beziehung fehlte Jim die Motivation. Was sollte er tun?

Jim besprach sich viel mit Jules. Der vertrat schon lange die Ansicht, dass Jim eine feste Beziehung gut tun würde und sein ständiges „Wandern" ihn nur viel Kraft kostete.
„Sag mal", fragte Jules eines Abends, „warum heiratest du nicht? Was fehlt dir in dieser Beziehung? Und – in welcher Beziehung hat dir nicht etwas gefehlt? Doch in jeder, denn alle sind in die Brüche gegangen!"
„Das stimmt", antwortete Jim. „Im Grunde bin ich ganz glücklich in meiner Beziehung mit Chantal. Es fällt mir nur so schwer, mich auf eine Frau festzulegen!"
„Ich weiß, Jim", erwiderte Jules, „aber jetzt bist du doch festgelegt. Sobald Chantal euer gemeinsames Kind geboren hat, bist du ein Leben lang an sie gebunden. Du wirst immer dieses Kind mit ihr zusammen haben. Immer, wenn du dein Kind sehen möchtest, musst du Kontakt zu ihr aufnehmen. Bei jeder größeren Entscheidung musst du mit ihr sprechen, bei der Einsegnung, beim Abitur, bei der Hochzeit dieses Kindes wirst du ihr begegnen. Ein Kind ist eine sehr, sehr tief gehende Bindung. Ich kann das gut bei uns beobachten!"

Jim war aber noch nicht reif für eine klare Beziehung und eine entsprechende Verpflichtung einer Frau gegenüber. Er hatte beinahe panische Ängste zu heiraten. Er dachte, dann sei das Leben zu Ende, dann habe er nichts mehr zu erwarten.

Jim hatte aber noch ein Problem: Chantal war eine reizende Frau, die ihn nicht nur liebte, sondern auch sehr liebevoll mit ihm umging. Außerdem liebte er sie. Er wollte zwar nicht heiraten, er wollte sie aber auch nicht verlassen. Was sollte er nur tun? Chantal verstand ihn sehr gut in seinen Ängsten. Das half ihm. Er spürte deshalb, dass er sowohl Chantal nicht verlassen als auch das Kind bekommen wollte. Dennoch blieb das Problem, dass er nicht heiraten wollte. Chantal und er entschieden deshalb, unverheiratet zusammenzuwohnen.
Jim tat sich aber sehr schwer mit der Treue. Immer wieder reizten ihn andere Frauen. Immer wieder ging er hier und da eine mehr oder minder kurze Beziehung ein. Chantal litt sehr darunter. Da sie aber meinte, keine andere Wahl zu haben, schwieg sie.

Jules und Jim trafen sich oft. Jules sagte immer wieder zu Jim, er habe das Gefühl, dieser verzettle sich: Hier eine Beziehung, da eine Bekanntschaft, dort ein Rendezvous.

„Mensch, Jim, was soll das? Chantal ist doch eine wundervolle Frau! Was willst du nur? Was suchst du? Und was tust du ihr an!“

„Jules, ich weiß es nicht!“, antwortete Jim, und Jules spürte, dass diese Antwort von Herzen kam.
Jules dachte und spürte eine Weile nach. Dann sagte er: „Du wirst mich auslachen, aber ich glaube zu wissen, was du suchst.“
„Woran denkst du, Jules?“
„Ich glaube“, antwortete Jules, „dass deine ganze Suche eine Suche nach Sinn ist. Du suchst und findest Sinnlichkeit. Was du aber wirklich suchst, ist Sinnlichkeit ohne ‚lichkeit‘ wie Vergänglichkeit. Du suchst Sinn. Weißt du, Jim, es scheint mir so, als stürztest du dich in die Welt, weil du deren Vergänglichkeit erkannt hast. Aber viel Welt ist genauso vergänglich wie wenig Welt – vielleicht sogar noch vergänglicher! Warum beschäftigst du dich nicht mehr mit Spiritualität? Unser Beruf ist so anstrengend. Wir haben so viel Verantwortung – da gibt es nur die Alternative: Entweder Gott oder die Welt. Wie willst du aber der

Welt mittels der Welt helfen? Kannst du einem Ertrinkenden dadurch helfen, dass du ihm einen Kübel Wasser zusätzlich über den Kopf schüttest? Der Welt beziehungsweise *deinen* Problemen mit ihr kannst du nur beikommen, wenn du dich auf eine andere, übergeordnete Instanz beziehst. Die beste Instanz dafür ist Gott."

„Du hast vollkommen Recht", erwiderte Jim, „das ist mir immer wieder durch den Kopf gegangen. Geht es dir auch so, dass du dir in unserem Beruf wie an der Front vorkommst? Wie häufig hängen von meiner Entscheidung Leben oder Tod ab. Für einen Menschen viel zu viel!"

„Genau!", sagte Jules. „Genau das ist es! Wir haben ständig mit dem Tod zu tun. Das geht an die Substanz. Deswegen stürzen sich so viele ins Leben. Wie viele Ärzte träumen von Luxus, körperlichen Vergnügungen und Freizeit. Geballtes Leben als Gegengewicht gegen den geballten Tod!

Mir ist aber eines klar geworden: Für mich gibt es nur eine Sicherheit, und diese ist Gott. Jim, ohne meine Meditation, mein Beten und meine tägliche Bitte, Er möge durch mich handeln und die Konsequenzen meines Handelns auf Sich nehmen, könnte ich in der Klinik nicht existieren. Diese geballte Energie aus Tod, Todesangst, Erotik und Sexualität würde mich zuerst um meine Ruhe und dann um meinen Verstand bringen. Denk nur an unseren Oberarzt, der es geschafft hat, mit drei Krankenschwestern gleichzeitig ein Verhältnis zu haben. Und wodurch kam es heraus? Weil zwei von ihnen schwanger wurden!"

„Du hast völlig Recht!", antwortete Jim. „Aber ich kann nicht! Ich kann deinen Weg nicht gehen. Du bist anders. Wie früh hast du deine Yvonne kennen gelernt und bist seitdem glücklich mit ihr! Und du hast heiraten können! Ich kann all das nicht! Wenn ich an Heirat, an ein Leben mit einer Frau denke, dann ... brenn' ich mit der nächsten durch!"

Jules konnte Jim gut nachempfinden. Er kannte dieses Problem in seinen vielen verschiedenen Gesichtern: Einmal geht es um Alkohol oder um Tabak, ein andermal um Essen oder Sexualität. Er wusste, wie sehr die Menschen von ihren Wünschen getrieben werden. Erlebte er doch täglich in der Klinik, wie die Menschen sich dadurch zugrunde richteten. Er sah deshalb keine Veranlassung, Jim in irgendeiner Weise zu beurteilen oder gar zu verurteilen. Jules liebte Jim wie einen sehr lieben Bruder und betete deshalb jeden Tag, Gott möge diesem die Gnade schenken, dass er mit sich, seiner Arbeit, mit seiner Frau Chantal und mit Ihm, mit Gott ins Reine komme.

Jim wurde aber weiter von seiner tiefen Unruhe umgetrieben. Dies und das interessierte ihn, diese und jene Frau reizte ihn.
Dann wurde sein Kind geboren. Wie Jules bekam auch er eine Tochter. Er war überglücklich. Er, der immer das Weibliche, das Frauliche, die Mutter, die Anima suchte, er hatte eine Tochter bekommen. Er war so froh. Er fand sie schön und duftend wie eine Rose. Deswegen wählten Chantal und er den Namen Rosalie für sie.

Rosalie war Jims Freude. Er kam viel früher nach Hause, verbrachte viel mehr Zeit zu Hause, kümmerte sich viel mehr um häusliche Dinge – nur weil Rosalie da war und sein Herz berührt hatte. Jim ertappte sich dabei, dass er den ganzen Tag an Rosalie dachte. Was sie jetzt wohl machte, ob es ihr gut ginge, ob sie noch wach wäre, wenn er nach Hause käme, und vieles, vieles mehr.

Chantal und Jim wollten gerne noch ein Kind bekommen, und so bekam Rosalie ein Brüderchen, als sie zwei war. Sie nannten ihn Niclas.
Jim war nun noch begeisterter von seiner Familie. Er fand alles so wunderbar. Aber heiraten wollte er immer noch nicht. Ganz im Gegenteil: Er spürte, wie es ihm immer wieder zu eng, viel zu eng wurde.
Rosalie war bereits drei Jahre alt, als eine neue Krankenschwester in Jules' und Jims Krankenhaus kam. Christine war sehr intelligent, sehr fröhlich, humorvoll, sehr hübsch und sehr verletzt von ihren früheren Beziehungen. Jim sah sie und verliebte sich sogleich. Genauso ging es Christine. Keiner von beiden kümmerte sich darum, dass Jim eine Frau und zwei Kinder hatte. Sie sahen nur sich und genossen es, sich gefunden zu haben.

Jim war nun immer weniger zu Hause. Zuerst log er Chantal und die Kinder an, er habe so viel zu tun. Als Chantal sich sicher war, dass er sie anlog, fragte sie ihn direkt und fand nach einer Weile die Wahrheit

herausfand. Für Chantal war es die Enttäuschung, die Verletzung, der Verlust ihres Lebens. Was hatte sie nicht für Jim getan, geopfert, erduldet, erlitten! Und nun sollte es zu dem kommen, was sie immer zu verhindern versucht hatte! Chantal fühlte sich wie vernichtet.
Christine, die Frau mit dem Christlichen Namen, berührte dies wenig. Sie liebte Jim von ganzem Herzen oder besser: von ganzem Kopf und Körper. Da war nicht allzu viel Raum für die Belange, die Rechte, die Enttäuschung, das Leiden anderer.
Jim litt natürlich unter dem Verlust der Familie und auch darunter, dass Chantal litt. Seine Bindung an Christine war aber stärker.

Alle Beteiligten waren aber mit Gnade gesegnet, denn in Rosalie hatte Jim eine wunderbare Seele als Tochter bekommen. Sie verstand sogleich, was geschehen war. Sie verstand, wie sehr ihre Mutter litt, und litt selbst unsagbar unter dem Verlust ihres Vaters. So wurde sie nach einem Jahr krank. Sterbenskrank. Sie hatte Leukämie. Alle waren erschüttert. Besonders Jim, denn er liebte seine Tochter über alles.
Wann immer Jim konnte, war er an Rosalies Bett. Er erzählte ihr Geschichten, machte ihr Mut, tröstete sie. Rosalie lebte sichtlich auf, wenn ihr Vater da war. Besonders freute sie sich, wenn beide Eltern zu ihr kamen. Sie blühte dann so sehr auf, dass es allen auffiel.

Jim hing aber an Christine. Sie war die Frau, die ihn faszinierte. Für sie hätte er vielleicht sogar seine Kinder geopfert. Die kranke Rosalie aber allein im Krankenhaus lassen – das konnte er nicht.
Hatte er vorher fast seine gesamte Freizeit mit Christine verbracht, verbrachte er nun fast seine ganze freie Zeit, die sowieso nicht allzu üppig bemessen war, an Rosalies Krankenbett. Er war glücklich, wenn er ihre kleine Hand hielt und sie ihn mit ihren großen Augen anstrahlte. Allein schon, wie sie ihn begrüßte, berührte ihn zutiefst. Und nicht selten musste er sich die Tränen wegwischen, die aus seinen Augen flossen. So liebevoll, so berührend war Rosalie, wie sie da in ihrem kleinen Kinderkrankenbett lag.
Wenn er sich aber vor Augen führte, wie groß die Wahrscheinlichkeit war, dass sie bald sterben würde, wenn er sich ausmalte, wie er hinter einem kleinen Kindersarg hergehen würde, dann brach es ihm das Herz. Seine geliebte Rosalie, er würde sie immer vermissen.

Eines Tages musste er zu einem Kongress fahren. Jim hatte alles getan, was in seiner Macht stand, um diese Reise abzusagen, es war ihm aber nicht möglich, zu Hause zu bleiben. Jim war als einer der Hauptredner zu diesem Kongress eingeladen worden, und es wäre für die Veranstalter sehr schwer gewesen, seinen Platz mit jemand anderem zu besetzen. So musste Jim abreisen und Rosalie eine Woche allein lassen.
In dieser Zeit kam Jules sie häufig besuchen. Jules war Rosalies Patenonkel, und er kümmerte sich besonders in dieser Zeit sehr liebevoll um sie. Aber jeden Tag, an dem Jim nicht kam, ging es Rosalie schlechter. Die Ärzte waren sehr besorgt, und Jules war ebenfalls von Rosalies Zustand sehr betroffen. Es stach ihm ins Herz, wie dieses kleine Mädchen litt und wie sie langsam von der Krankheit regelrecht aufgezehrt wurde.

Jules betete jeden Morgen und jeden Abend während der Zeit seiner Meditation für Rosalie. Eines Morgens sah er während der Meditation plötzlich ein Licht vor seinem inneren Auge und hörte eine Stimme, die sagte: „Du bittest jeden Tag um Rosalies Genesung. Weißt du, dass du damit um die endgültige Trennung von Jim und Chantal bittest?“
Jules war bereits durch das Licht und das Hören der Stimme sehr berührt gewesen. Nach diesem Satz war er aber vollends betroffen. Er staunte, und sein Herz schlug laut. „Rosalie hat diese Krankheit auf sich genommen“, fuhr die Stimme fort, „weil die Krankheit allein ihren Vater mehr zu ihrer Mutter führen kann. Nur deshalb ist sie krank. Kämen Jim und Chantal wieder zusammen, wäre Rosalie bald wieder gesund! Ich segne dich in deinem Tun.“
Jules war tief berührt und bewegt: Welch ein Zusammenhang ihm hier offenbart wurde und auf welche Weise! Jules war bewegt, dankbar und bereit, sich ganz für die Ehe der Eltern seiner kranken Patentochter einzusetzen.

Als Jules Rosalie an diesem Tag besuchte, ging es ihr sehr schlecht. Jules brachte ihr heute einen großen Blumenstrauß mit den Worten: „Ich grüße dich, meine Süße! Weißt du, warum ich dir diese Blumen mitbringe? Es sind Blumen so bunt wie dein liebes Herz!“ Das freute Rosalie. Und obwohl sie sehr, sehr blass war, kam ein Strahlen in ihr Gesicht. Die Mischung aus ihrer Blässe, aus diesem Strahlen und dem

Wissen, das Jules während der Meditation bekommen hatte, berührte ihn so, dass Tränen seine Augen füllten. ‚Welch eine liebe Seele dieses Kind ist!‘, dachte er. ‚Was sie für sich, ihre Mutter, ihren Bruder und ihren Vater opfert! Welch eine Liebe!‘ Jules setzte sich an ihr Bett. Kaum saß er, fragte ihn Rosalie: „Wann kommt der Pappi zurück?“
„In zwei Tagen, Rosalie“, antwortete Jules.
„Oh, ist das lange! Oh, ist das lange!“ stöhnte Rosalie. Zwei Tage, das war für sie eine Ewigkeit.

Jules hatte sich vorgenommen, heute mit Rosalie zu sprechen. Er wollte unbedingt erfahren, was dieses kleine Mädchen empfand. So stellte er ganz direkt die naheliegendste Frage, die ihr aber noch niemand gestellt hatte: „Sag einmal, Rosalie, warum bist du eigentlich krank?“
„Weil Pappi und Mammi getrennt sind! Deshalb bin ich krank. Wären sie zusammen, wären wir alle gesund!“ Jules staunte. Er hatte angenommen, lange fragen und forschen zu müssen. Dass die Antwort so schnell und so direkt kommen würde, hätte er sich nie träumen lassen. Deshalb fragte er weiter: „Und was muss geschehen, damit du wieder gesund wirst?“
„Ah, lieber Onkel Jules“, antwortete Rosalie und sah ihn mit ihren großen, liebevollen Augen an, „ich werde nicht mehr gesund werden!“
„Warum nicht?“, fragte Jules bewegt.
„Weil mein Pappi nicht mehr zurückkommt. Er will weg von meiner Mammi. Mein Pappi hat eine neue Mammi im Krankenhaus, und ich bin im Krankenhaus. Aber ich werde nicht mehr gesund. Ich werde sterben.“
„Und wenn dein Pappi zurückkommt? Wirst du dann gesund?“
„Mit Sicherheit, lieber Onkel Jules!“, antwortete Rosalie.
„Versprichst du mir das?“
„Ich verspreche dir das, natürlich!“
„Du musst aber warten, bis dein Pappi zurückkommt! Du darfst auf keinen Fall vorher deinen Körper verlassen und wieder zu den Engeln gehen! Ich verspreche dir, dass ich alles tun werde, dass dein Pappi zurückkommt. Du musst mir aber versprechen, dass du noch durchhältst!“

„Mein lieber Onkel Jules, ich liebe dich so! Ich vertraue dir so. Ich werde warten!“

Jules war von Rosalies Sätzen derart berührt, dass er sich zu ihr niederbeugte und sie auf Stirn und Wangen küsste. Rosalie strahlte. Das Gespräch mit Jules hatte ihr endlich wieder Hoffnung gemacht. Keiner hatte bisher dieses entscheidende Thema angesprochen. Alle hatten entweder nicht daran gedacht oder es „taktvoll“ vermieden. Von Jules fand sich Rosalie ernst genommen. Sie fühlte sich endlich in ihrem großen Schmerz verstanden. Darüber hinaus spürte sie, dass Jules sich für sie und die Familie einsetzen würde.

Als Chantal kam, um die nächsten Stunden bei ihrer Tochter zu verbringen, war Jules bereits beim Gehen. Chantal und Jules schätzten sich sehr. Jules sah in ihr die ideale Frau für seinen Freund. Entsprechend hatte er Jims Trennung von ihr bedauert. Jules verabschiedete sich von Mutter und Tochter, dann rief er seine Frau an und erzählte ihr, was er mit Rosalie gesprochen hatte und was er vorhabe. Yvonne fand es richtig und unterstützte ihn. Anschließend ging er zu seinem Chef und bat um zwei Tage Urlaub. Dann besorgte er sich einen Flug zu der Stadt, in der Jim sich im Moment aufhielt, und fuhr nach Hause, um seine Sachen zu packen. Er tat alles in eine kleine Tasche, verabschiedete sich von Yvonne und fuhr zum Flughafen.

In der Stadt angekommen, fuhr er sofort zu dem Kongress, wo er auch bald Jim traf, der nicht wenig staunte, ihn zu sehen. Aber nicht nur Staunen war in seinem Gesicht, sondern auch Angst. Jim fürchtete, Jules sei gekommen, um ihm zu sagen, dass es um Rosalie besonders schlecht stehe oder dass sie sogar gestorben sei. So begrüßte Jim Jules sehr herzlich, fragte ihn aber sogleich mit banger Stimme: „Wie geht es Rosalie?“
„Es geht ihr nicht gut, sie hat mir aber versprochen, nicht zu sterben, bevor du wiederkommst!“ Jim war erschüttert. Um ungestört reden zu können, verließen sie das Gebäude und gingen in den Park, der das Kongresshaus umgab. Hier setzten sie sich auf eine Parkbank.
„Jules, was heißt das: Sie hat dir versprochen, dass sie nicht stirbt, bevor ich wiederkomme?“

„Jim", antwortete Jules, „ich muss dir die ganze Geschichte erzählen." Nun erzählte Jules von seinem Bitten für Rosalies Gesundheit, von der Antwort, die er in der Meditation bekommen hatte, und von seinem anschließenden Gespräch mit Rosalie. Jim war so berührt, dass er nur weinen, nicht aber antworten konnte.

Nach einer Weile fragte er dann: „Jules, was soll ich nur tun? Ich kann doch nicht meine Tochter für meine Beziehung zu Christine opfern. Aber ich liebe Christine. Ich kann nicht zu Chantal zurück. Das wäre mein Tod!" Jules wusste nicht, was er darauf antworten sollte.
Er betete deshalb zu Gott, Er möge ihm helfen. „Was ist denn so schrecklich an Chantal, Jim?", fragte Jules, um Zeit zu gewinnen. „Ich weiß es nicht. Ich fühle mich so eingeengt, so eingekerkert."
„Aber, Jim, ich möchte dir nicht zu nahe treten, das fühlst du dich doch immer. Jim, seitdem du Beziehungen hast, kenne ich dich nur auf der Flucht. Immer ist es dir zu eng, immer musst du weg, und ganz häufig wegen einer anderen." Jules sagte dies ohne jeglichen Vorwurf, sondern sehr herzlich, verständnisvoll und einfühlsam, so konnte Jim es gut annehmen und nachspüren.
„Was meinst du damit, Jules?", fragte er nach einer Weile.

„Ich meine, dass Christine sicherlich eine interessante, von mir aus auch eine sehr erotische Frau ist, dass sie dich aber auch deshalb so reizt, weil Chantal und die Kinder zwischen euch stehen. Sie wird dir nie wirklich nahe kommen können. Du wirst nie ganz allein mit ihr sein können. Immer, immer, immer sind da irgendwo, aber doch vorhanden, Chantal und die Kinder. Jim, ich bitte dich, sieh doch der Realität ins Auge: Du fliehst die Nähe, du fliehst Beziehungen, du fliehst Verpflichtungen. Du hast es doch auch nicht geschafft, Chantal zu heiraten. Du glaubst, dass du das frei entschieden hast, aber das ist nicht wahr. Du warst vielmehr auf der Flucht! Du wurdest bestimmt – von deinen Ängsten. Und jetzt wird wieder für dich entschieden. Rosalie ist sterbenskrank, und sie hat sich vorgenommen, zu sterben, wenn ihre Eltern nicht wieder zusammenkommen. Ich verstehe nur zu gut, welch ein Druck dies für dich ist. Auf der anderen Seite, Jim, kannst du doch nicht immer auf der Flucht sein! Du meinst, du bist frei, aber im Grunde, Jim, im Grunde deines Herzens weißt du, dass du gehetzt bist, dass du gehetzt wirst!“ Jules schwieg nun und betete zu Gott, Er möge ihm, Er möge Jim und damit Rosalie, Chantal und Niclas helfen.

„Gut, Jules“, sagte Jim nach einer Pause, „ich mag Angst davor haben, mich fest zu binden. Aber habe ich nicht ein Recht darauf? Darf ich nicht meine Ängste haben? Ich habe Chantal nie etwas vorgemacht. Sie wusste, welche Ängste ich hatte.“
„Das stimmt, Jim. Ich weiß, dass du immer offen und ehrlich mit deinen Ängsten umgegangen bist und umgehst. Du musst aber bitte dreierlei bedenken: Erstens kann es ein Trick sein, dass du *ganz offen und ganz ehrlich* deine Ängste ansprichst, dabei aber nicht im Geringsten daran denkst, sie zu verändern. Das ist aber unser aller Aufgabe. Ängste ebenso wie Wut, Hass, Neid und alle anderen negativen Gefühle sind dazu da, dass wir sie überwinden, und nicht, dass wir uns mit ihnen gemütlich einrichten.
Zweitens ist Liebe immer ein Versprechen von Glück. Chantal liebt dich, deswegen denkt und hofft sie, dass sie mit dir glücklich wird. Sie wird nie angenommen haben – und vielleicht immer noch nicht annehmen –, dass sie durch dich Verlassensein, Einsamkeit, Schmerz und Verzweiflung anstatt Liebe, Sicherheit, Geborgenheit, Stütze und Zweisamkeit erleben würde. Und drittens“, Jules berührte dabei Jims Arm, „– ich weiß, Jim, dass ich dir viel zumute –, drittens hast du eine Verantwortung Chantal und den Kindern gegenüber. Sie brauchen dich. Unbedingt. Wie unbedingt, das macht Rosalie durch ihre Krankheit deutlich!“

Jules hatte Angst, zu viel gesagt zu haben. Etwas bang wartete er auf Jims Reaktion. In diesem Moment reagierte Gott auf Jules’ Gebete. Plötzlich erinnerte Jim eine Begebenheit und weinte aus Betroffenheit und dem Gefühl von Schuld. Jules schwieg, denn er war froh, dass Jim bei alldem, was er sich anhören musste, nicht ärgerlich geworden war. „Oh, wie habe ich das nur vergessen können!“, sagte Jim unter Tränen. „Ich erinnere es jetzt ganz genau. Rosalie war damals wenige Wochen alt, da hielt ich sie im Arm. Sie öffnete die Augen und sah mich ganz lange und ganz ruhig an. Du kennst das, Jules. Sie sah mich mit diesem Blick an, den fast nur Kinder haben: Ganz ruhig und beständig. Ein

Augenkontakt, der ewig zu dauern scheint. Ich hatte das Gefühl, dieser Blick verbindet mich *direkt* mit der Ewigkeit. Rosalie sah mich lange an, dann lächelte sie. Dieses Lächeln kam mit Sicherheit aus dem Himmel. Ich war in dem Moment sicher, dass dies das Lächeln von Engeln ist. Ich war von diesem Lächeln überwältigt. Ich hatte Tränen in den Augen, als ich Rosalie von Herzen versprach, dass ich immer für sie da sein würde. Ich dachte, ich hätte mich dadurch an dieses Versprechen gehalten, dass ich sie, wann immer ich frei hatte, besuchen kam. Es war mir nicht klar, dass dieses Versprechen auch bedeutete, dass ich *in* der Familie blieb. Das war mir bis jetzt nicht klar. Das war mir nicht klar. Das war mir nicht klar …"

Nach einer Weile fragte Jim: „Aber was soll ich tun? Ich kann doch nicht ein Scheinfamilienleben führen! Wie soll das denn gehen?"
„Jim", antwortete Jules, „darum geht es doch nicht. Es geht meiner Ansicht nach überhaupt nicht darum, dass du ein Scheinfamilienleben führst, sondern dass dir bewusst wird, dass du immer auf der Flucht bist. Bedenke doch eins: So begeistert, wie du heute von Christine bist, warst du schon von einigen Frauen. Erinnerst du dich an deine Trennung von Pascal? Wegen Chantal? Die Namen waren so ähnlich und der Wechsel war so ‚nahtlos', dass du anfangs Chantal immer wieder Pascal genannt hast." Jim erinnerte sich und nickte.

„Und noch etwas, Jim", fuhr Jules fort, „bedenke, dass Chantal im Moment, neben allem anderen, auch ihr negatives Karma Pascal gegenüber abträgt. Es ist nicht richtig, einer Frau den Mann wegzunehmen. Das hat sie getan, und heute tut es Christine. Und wann kommt die Frau, die Christine den Mann wegnimmt, den Mann, den sie, ohne lange zu überlegen oder gar nachzuempfinden, einer Frau mit zwei Kindern wegnahm? Jim, deine Beziehung mit Christine ist doch auf Sand gebaut. Und könntest du bei ihr bleiben, wenn deswegen Rosalie stirbt? Besonders, wo du weißt, dass sie überleben wird, wenn du zu deiner Familie zurückkehrst? Jim, sieh es einmal so: Du hast Gnade, denn du hast gar keine andere Wahl, als zu deiner Familie zurückzukehren!"

„Das ist doch das Furchtbare! Wie soll ich nur zu Chantal zurückgehen?“
„Was heißt das?“
„Bei alldem, was ich ihr angetan habe, ist doch etwas zerbrochen!“
„Ja, es ist etwas zerbrochen“, bestätigte Jules, „aber es entsteht etwas Starkes, Neues. Und, Jim, noch etwas: Du hast auch insofern Gnade, als du jetzt an dir arbeiten musst. Du musst endlich mit deinem Beziehungswust aufhören. Durch Rosalie und Chantal beginnt für dich eine neue Zeit.“
„Aber, Jules, wie soll ich das anfangen?“ Jules sah Jim lange in die Augen und dachte nach.
„Jim“, sagte dann Jules und lachte, „du bist eine Flasche!“
„Vielen Dank“, sagte Jim und lachte auch, „und warum bin ich eine Flasche?“
„Schau dich an!“ Jim sah Jules erwartungsvoll an. „Jim, du hast so viele Eigenschaften, du hast so viele Möglichkeiten, und was machst du? Du vergeudest sie dadurch, dass du von Frau zu Frau wanderst! Welch eine Verschwendung! Ja, weißt du, was du machen sollst? Du solltest endlich einmal deine Probleme in Angriff nehmen. Fliehe nicht ständig vor den Frauen und dir selbst, sondern begib dich in Therapie und beginne zu meditieren. Ohne Klarheit in dir und ohne Ausrichtung auf Gott, was nichts anderes bedeutet als noch mehr Klarheit in dir, kannst du es auf Dauer in keiner Beziehung aushalten!“

Jim sah Jules nachdenklich an. Er spürte, was für einen guten Freund er hatte. Einen Freund, der mit ihm nicht nur durch dick und dünn ging, sondern der ihm auch sagte, wo er mit ihm nicht einer Meinung war. Jim spürte die Last der Situation. Er empfand eine Verantwortung Rosalie, Chantal, Niclas und auch Christine gegenüber. Wie sollte er all diese unterschiedlichen Interessen in Einklang bringen?

Jim sah lange zwei Meisen zu, die munter in den Zweigen einer großen Blutbuche herumturnten. ‚Wie leicht die durchs Leben gehen! Wie flink und geschmeidig! Und ich? – Aber nein!‘, dachte er dann weiter. ‚Ich habe doch gerade vorgestern diese hervorragende Therapeutin auf dem Kongress kennen gelernt. Sie wirkt überhaupt nicht verknöchert oder verstaubt. Vielleicht könnte sie mir helfen? Sie arbeitet mit

verschiedenen Methoden, das gefällt mir ...' Jim dachte nach und sah den Meisen zu, während Jules ruhig da saß und den Namen des Herrn wiederholte.
„Was meinst du, Jules, glaubst du, ich habe Zeit bis morgen?"
„Ich denke, ja", antwortete dieser, „abgesehen davon nützt es nichts, wenn du etwas übereilst und es dann wieder verwirfst."
„Das stimmt", meinte Jim, „außerdem habe ich das Gefühl, dass ich morgen klarer sehe!"

Es war nun bereits Abend geworden, so gingen sie noch etwas spazieren und kehrten anschließend in einen Gasthof ein, um etwas zu essen. Und der Herr wollte es, dass sie in eben diesem Gasthof die erwähnte Therapeutin trafen. Jim fragte sie sogleich, ob sie mit ihm arbeiten wolle. Sie wollte es gerne und versprach ihm, schnell Bescheid zu sagen, wenn sie einen freien Therapieplatz haben würde. Für Jim war diese Zusage aber bereits eine große Stütze. Er fühlte sich nicht mehr so allein gelassen und vielen verschiedenen Kräften ausgeliefert, denen er sich nicht gewachsen fühlte.

So ging er bald schlafen. Er konnte aber zunächst kein Auge zumachen. ‚Was soll ich nur tun?', fragte er sich. ‚Bleibe ich bei Christine, und Rosalie stirbt, werde ich meines Lebens nicht mehr froh. Gehe ich zurück zu Chantal und Rosalie stirbt trotzdem, wovor Gott uns bewahren möge, und ich verstehe mich nicht mit Chantal, dann habe ich möglicherweise Christine verloren, Chantal und Niclas sinnlos Hoffnungen gemacht, um anschließend voller Schuldgefühle allein dazustehen.
Aber habe ich überhaupt diese Alternative? Kann ich hoffen, dass Rosalie gesund wird? Das, was Jules während der Meditation hörte und was Rosalie ihm sagte, lässt mich hoffen. Aber Christine für Rosalie opfern, kann ich das? Oder werde ich dann ein griesgrämiger, freudloser Familienvater, der sich und anderen das Leben vermiest? Oh Gott, was soll ich bloß tun?' Jim wurde deutlich, dass er sich seit längerer Zeit wenig um Gott gekümmert hatte.

„Gott, ja, ja, den gibt es. Aber ich bin allein!" – das war Jims Motto. Aber Gott liebte Jim, denn er war ein guter Mensch. Wo immer er konnte, half er. Wie vielen Patienten hatte er nicht nur die Hand gedrückt, sondern lange gehalten, weil er gemerkt hatte, dass sie es brauchten. Mit wie vielen hatte er seine wenige Freizeit geteilt, weil sie in Not waren. Jim liebte die Menschen. Er liebte *die* Frauen ein wenig zu viel und ein wenig zu wenig *seine* Frau.

Die Zeit war aber gekommen, da Gott ihm direkt helfen wollte. Deshalb empfand Jim ein tiefes Bedürfnis, Gott um Hilfe zu bitten. „Lieber Gott", sprach er zu Ihm, „ich weiß, dass ich mich wenig um dich gekümmert habe. Du warst für mich immer im fernen Himmel, obwohl ich immer wieder beobachtet habe, wie sehr du Jules und seiner Familie geholfen hast. Ich denke, du magst vielleicht andere Menschen, ich aber habe nie eine Chance bei dir. Ich weiß, dass die Kirchen mein Leben nicht gutheißen. Ich habe zwei Kinder mit einer Frau, die ich nie geheiratet habe, und lebe mit einer anderen Frau zusammen. Außerdem reizen mich immer wieder andere Frauen. Ja, lieber Gott, ich bin immer auf der Jagd. Und ich gestehe, ich liebe die Jagd – die Jagd nach Frauen, meine ich –, aber du weißt schon, was ich meine! Und nun, Herr, sitze ich in der Patsche! Ich liebe Christine und will Chantal verlassen, aber Rosalie, meine über alles geliebte Tochter, will lieber sterben, als dass ich die Familie verlasse. Soll ich zurückgehen? Ich wette, du willst das auch! Aber dann? Was geschieht dann? Kann ich mit einer Frau leben, die ich verlassen wollte? Lieber Gott, alle, die meinen, mehr zu wissen, sagen, du hättest alles erschaffen. Warum hast du mich so geschaffen? Warum konnte ich nicht ein braver Familienvater werden wie Jules? Warum muss ich immer jagen?"

Ohne dass Jim es bemerkte, war bereits etwas Neues entstanden! Hatte er noch zu Beginn seines Gespräches Gott gegenüber seinen „Jagdtrieb" verteidigt, fragte er Ihn nun, warum gerade er so beschaffen sei. Jim verteidigte ihn damit nicht mehr, sondern bat Gott bereits, wenn auch indirekt, um Hilfe. Gottes Antwort bestand darin, dass Jim auf neue Gedanken kam und somit zu neuen Schlussfolgerungen gelangte. So meinte er plötzlich: ‚Was soll ich herumrechten, die Tatsachen sind doch erst einmal klar: Entscheide ich mich gegen die Familie und für Christine, stirbt Rosalie. Das ist die erste Tatsache, der ich ins Auge sehen muss. Die zweite ist, dass ich einen Weg *zu* und *mit* Chantal finden muss. Eine andere Alternative habe ich nicht. Lieber Gott, der du so vielen hilfst, würdest du mir die Gnade erweisen, mir zu helfen? Aber ich sage dir, das ist gar nicht so einfach! Ich habe nämlich viele Wünsche! Sehr viele ...! Also, ich sage sie einmal alle: Erstens bitte ich dich, Rosalies Leben zu retten. Sie ist so süß, dass ich mich frage, wie ich so wenig an dich denken konnte, wenn ich sie sah. Nur du kannst ein so schönes Wesen geschaffen haben.

Mein zweiter Wunsch: Bitte hilf mir, mich von Christine zu trennen. Bitte hilf auch ihr nach der Trennung. Drittens, und das ist die größte Bitte, hilf mir, einen Weg zu Chantal zurück zu finden. Ja, lieber Gott, wieso habe ich die Liebe zu ihr verloren? Viertens bitte ich dich von Herzen, dass meine Therapie bald beginnt und mir wirklich weiterhilft. Und fünftens bitte ich dich, dass ich in Zukunft einen besseren Draht zu dir bekomme.
Und sechstens bin ich erstaunt, wie offen ich mit dir reden kann und dass ich annehme, dass du all dies anhörst, also prompt für mich da bist, wo ich die ganze Zeit über so wenig für dich da war. Wie gütig von dir. Ja, ja, gütig, das ist das richtige Wort. Gütig!‘ Jim saß da und dachte über das Wort „gütig“ nach. ‚Ja, ich glaube, ich könnte von Gott viel lernen. Bin ich denn je gütig? Am besten, ich frage Chantal!‘, dachte er und lachte.

Irgendwie war etwas geschehen. Ein Knoten war geplatzt. Für Jim war klar, dass er das Versprechen, das er einst Rosalie gegeben hatte, als sie wenige Wochen alt gewesen war, halten musste und dass er alles tun musste, um ihr Leben zu retten und ihr Schmerzen zu ersparen. Er beschloss deshalb, gleich am nächsten Tag zu Rosalie zu fahren. Dann schlief er ein, nachdem er – sicherheitshalber! – Gott noch einmal all seine Wünsche erzählt und ihn nochmals um deren Erfüllung gebeten hatte. Es war bereits drei Uhr früh.
Jim wachte wie immer um halb sechs Uhr auf, ging joggen, wusch sich, zog sich an und packte. Anschließend ging er zum Frühstück, wo er sich mit Jules verabredet hatte.

Jules saß bereits an einem Tisch. Als er Jim sah, wusste er, dass dieser etwas Entscheidendes beschlossen hatte.
Jim grüßte Jules sehr herzlich, holte sich etwas zu essen und begann sogleich:
„Ich habe mich entschieden. Ich fahre heute zu Rosalie und sage ihr, dass ich zu meiner Familie zurückgehen werde. Ich weiß jetzt, dass ich dies allen Beteiligten schuldig bin!"
Jules sah ihn mit strahlenden Augen an, dann sagte er: „Jim, welch eine Entscheidung! Welch ein Schritt! Ich bewundere dich, dass du dazu fähig bist!" Dann machte er eine Pause und fragte anschließend: „Und wann fliegst du?"
„Ich muss noch mit einigen sprechen, die den Kongress organisiert haben. Danach nehme ich die nächste Maschine. Wann fliegst denn du?"
„Ich habe einen Flug um vierzehn Uhr fünfundzwanzig gebucht. Passt das auch für dich, Jim?"
„Wunderbar, das ist genau die Zeit, die ich brauche!"

Jim führte die Gespräche, die er führen musste, um seine Lage zu erklären. Und er stieß bei allen Organisatoren, denen er seine Situation erklären musste, nur auf Verständnis und Anteilnahme.
So flogen Jules und Jim zusammen nach Hause.
Jim war alsbald im Krankenhaus.
Bang stieg er die Treppen zum zweiten Stock hinauf, wo Rosalie lag. Kam er noch rechtzeitig? Lebte sie überhaupt noch? Oder war sie vielleicht während seines Fluges gar vor wenigen Minuten gestorben?
Mit bangem Herzen öffnete Jim die Tür zu Rosalies Zimmer. Sie saß da und aß etwas.
Als sie ihren Vater sah, strahlte sie und rief: „Pappi, Pappi! Da bist du ja!" Jim kam an ihr Bett und begrüßte sie. Als erfahrener Arzt sah er sogleich das Wächserne ihres Gesichtsausdrucks. Es ging ihr nicht gut. Aber sie lebte noch! Sie lebte noch! Welch ein Geschenk, dass er nicht zu spät kam! Jim war Gott sehr dankbar!

Jim wusste, dass keine Zeit zu verlieren war. Die Psyche kann den Körper verändern, erretten und heilen. Deswegen sagte er: „Rosalie, ich bewundere dich und ich bin dir von Herzen dankbar für das, was du für die Familie getan hast! Was hast du auf dich genommen, um uns wieder zusammenzubringen. Rosalie, ich werde in die Familie zurückkommen – sofern die Mammi es erlaubt."

„Sie wird, sie wird!", rief Rosalie aus und streckte sich, um ihrem Vater um den Hals zu fallen. Sie drückte ihr zartes Gesicht an das seine und weinte, weinte, weinte. Wie viel Anspannung, wie viel Schmerzen, wie viel Leiden bahnten sich in dem Moment ihren Weg!

Rosalie wiederholte immer wieder „Pappi, Pappi!" und weinte. Jim hielt sie ganz fest, seine Rosalie, diese wunderbare Seele mit dem kleinen, kranken Körper. Und Rosalie fühlte sich innerlich und äußerlich gehalten. Sie erhielt dadurch die Liebe, die sie so vermisst hatte, sie bekam den Halt, den sie unbedingt benötigte. Sie fühlte sich angefüllt von der Zusicherung, dass ihr Vater zur Familie zurückkehren werde. Nun war die Welt wieder in Ordnung, nun konnte sie wieder auf-leben.

Für Jim begannen nun die besonders schweren Gänge: Er musste bewusst die Konsequenzen erleiden, die er durch sein Handeln bedingt hatte.
Er ging zunächst zu Chantal.
Chantal war durch all das, was sie in den letzten Monaten hatte erleben müssen, sehr verletzt. Aber sie war auch offen. Sie empfing Jim zwar reserviert, aber freundlich. Und natürlich war sie sehr skeptisch. Sie hatte erfahren, wie schnell er sich von einem Tag auf den anderen vom Freund zum Feind verwandeln konnte. Sie wusste, dass sie wegen der gemeinsamen Kinder mit ihm auskommen musste, sie wollte sich aber von Jim nicht wieder in irgendwelche Abenteuer beziehungsweise in irgendwelche Abgründe ziehen oder besser: stürzen lassen.

So saß sie ihm gegenüber auf dem Sofa, war froh, dass ein schwerer Glastisch zwischen ihnen war, trank bedächtig ihren Kaffee und wartete ab.
„Chantal, ich weiß, dass ich dich sehr verletzt habe!", sagte Jim. „Ich weiß auch, dass es beinahe sinnlos ist, jetzt anzukommen und mit dir zu reden."

„Jim, es ist nie sinnlos zu reden, wenn das Gesprochene von Herzen kommt, ernst gemeint ist und, besonders wichtig: eingehalten wird!", warf Chantal ein.
„Du hast Recht, Chantal. Ich hoffe, dass das, was ich sage, von Herzen kommt. Du weißt, mit meinem Herzen habe ich meine Probleme. Ich kann dir aber versichern, dass ich es ernst, sehr ernst meine!
Ich bin an einem Punkt angelangt, wo ich nicht mehr weiterkomme. Ich muss mich mir stellen. Ich muss etwas tun. Jules hat mich beim Kongress besucht. Er hat mir gesagt, nur wenn ich zur Familie zurückkomme, könne Rosalie überleben."
„Wie kommt er darauf?", fragte Chantal überrascht.
„In der Meditation hat er diese klare Aussage erhalten. Ich habe mich damit auch sehr schwer getan. Mir wurde aber bewusst, dass ich ein Versprechen vergessen hatte, das ich Rosalie, als sie noch klein war, gab. Ich habe ihr versprochen, ich würde sie nie verlassen. Mir war weder klar, dass sie oder sonst eine Instanz dieses Versprechen vernommen hatte, noch dass es so weit reichende Folgen haben würde. Ich ging deshalb in die Klinik und sagte Rosalie, dass ich zur Familie zurückkehren werde. Sie sprang mir sogleich an den Hals und weinte. Ich spürte, wie ein riesiger Kloß sich in ihr löste. Jules hat mit Sicherheit das Richtige gehört."

Chantal hatte ihm aufmerksam zugehört. Sie sah Jim mit ihren schönen und ruhigen Augen freundlich, aber auch skeptisch an. Sie war betroffen von Jims Bericht, gleichzeitig spürte sie eine Angst in sich hochkriechen.
„Was verstehst du unter *zur Familie zurückkehren*?", fragte sie deshalb. Jim spürte ihre Angst und die seinige, er sagte deshalb: „Das ist der große Schritt: Ich wollte dich fragen, ob wir noch einmal eine Familie aufbauen können?"
„Noch einmal? Jim, wir haben noch nie eine Familie aufgebaut! Es ist bei uns alles *irgendwie* passiert. Alles, einschließlich der Schwangerschaften. Da möchte ich nie wieder hin!"
Jim war betroffen. „Und was dann?", brachte er schließlich etwas hilflos hervor.
„Wie stellst du dir das denn vor, Jim?" Chantal war etwas gereizt, als sie das fragte. Es war ihr bewusst, dass dies eine rein rhetorische Frage

war, denn im Grunde wollte sie auf etwas ganz anderes hinaus. „Wie stellst du dir dieses Familienleben denn vor? Wo bleibt Christine?"
„Das ist die entscheidende Frage!", antwortete Jim. „Deswegen bin ich hier. Ich habe die Situation mit ihr noch nicht geklärt. Es wäre – besonders für dich – klarer gewesen, wenn ich mich zuerst von Christine getrennt und dann mit dir gesprochen hätte. Ich konnte aber nicht! Das Gefühl, das Rosalie in mir geweckt hatte, gehörte in die Familie. Gehörte dir, Niclas und mir. Ich wollte es nicht im Schmerz der Trennung verlieren. Und ich wollte niemandem umsonst Schmerzen bereiten. Wenn du dir überhaupt keinen Weg für uns vorstellen kannst, dann könnte ich Rosalies Krankheit sicherlich nicht zusammen mit einer Trennung von Christine ertragen. Dies sind die Gründe, warum ich zuerst zu dir gekommen bin."

Chantal weinte. Auch bei ihr löste sich ein Knoten. Ein Knoten voller Schmerz. Sie stand auf, um sich ein Taschentuch zu holen. Dann setzte sie sich wieder. „Ich habe keine andere Wahl, Jim. Ich habe doch keine andere Wahl!", sagte sie unter Tränen.
„Warum nicht?"
„Weil ich nicht für meine Verletztheit Rosalies Leben opfern kann. Ich würde alles für sie tun – nur nicht mehr mit dir zusammenziehen!"
Jim staunte betroffen, denn er verstand den Satz nicht: Einerseits blieb ihr keine Wahl, andererseits wollte sie nicht wieder mit ihm zusammenziehen. Was wollte sie dann? Er dachte nach, fragte aber nicht.
Da kam die Antwort: „Wenn wir ein Familienleben aufbauen wollen, dann ein klares! Kein *Es geschieht eben, dann ist es eben passiert*. Nie wieder!" Chantal machte eine Pause und sah Jim ganz klar an. „Was ich meine, Jim, ist: Ich will keine Beziehung mal eben so. Ich möchte, dass wir all die Etappen leben, die wir nie gelebt haben: Kennenlernen, miteinander reden, Dinge gemeinsam erleben. Aber keine Sexualität vor der Ehe. Wenn wir eine Familie aufbauen wollen, dann so, wie sie Bestand hat! Weil wir nur so die Chance haben, die Ruinen unserer gescheiterten, unklaren Beziehung wegzuräumen und etwas Neues aufzubauen – sofern dies überhaupt möglich ist.
Natürlich musst du aber als Erstes deine Beziehung mit Christine endgültig beenden. Ohne diese Voraussetzung lässt sich überhaupt nichts aufbauen. Und da weiß ich nicht, ob du das kannst."

Es entstand eine Pause, nachdem Chantal all dies gesagt hatte. Jim ließ das Gehörte auf sich wirken und schwieg. Chantal spielte mit ihren schmalen, zarten Händen. Nach ein paar Augenblicken stellte sie noch eine Frage: „Wer hilft dir eigentlich bei *deinem* Prozess?"

„Wie meinst du das?", fragte Jim zurück.
„Ich meine, dass du es allein kaum schaffen kannst, Jim. Du warst nie allein. Immer warst du von Frauen umgeben. Häufig von mehreren – wie zum Beispiel jetzt. Wie möchtest du es schaffen, mit mir allein zu leben? Oder möchtest du ...?"
„Ich kann dich beruhigen", warf Jim ein, da er wusste, wie Chantal den Satz beenden wollte. „Ich kann dich beruhigen, denn ich habe das nicht mehr vor. Ich möchte mit einer einzigen Frau leben. Ich möchte diese meine Familie wieder aufbauen – sofern es irgend möglich ist. Und ich habe Hilfe: Jules und eine Psychotherapeutin."
„Aha!", atmete Chantal sichtlich auf. „Ist sie gut?", fragte sie dann aber noch etwas besorgt.
„Ich habe gehört, sie sei hervorragend. Auch auf mich hat sie einen sehr guten Eindruck gemacht. Die einzige Frage ist, wann ich bei ihr anfangen kann, da sie sehr ausgebucht ist!
Und noch etwas", Jim machte eine kurze Pause und fuhr dann fort: „Ich habe einen kleinen, zarten Kontakt zu Gott gefunden. Ich denke, dies ist auch ein wichtiger neuer Schritt. Mir ist bewusst geworden, dass ich nur mit der Hilfe Gottes bis hierher gekommen bin. Ich bin sicher, dass ich ohne Seine Gnade keine Chance gehabt hätte und haben werde. Und die gute Rosalie auch nicht. Ich weiß, dass ich alles Ihm verdanke. Alles. Alles! Und ich weiß auch, dass wir Zeit brauchen. Viel Zeit!" Es entstand wieder eine Zeit des Schweigens, da beide berührt waren.

Sie redeten noch über einiges. Dann fuhr Jim in seine Wohnung.
Kaum war er hier angelangt, rief er Jules an. Er berichtete ihm von Rosalies und Chantals Reaktionen, was Jules sehr bewegte. Anschließend stellte Jim aber die bange Frage: „Jules, was mache ich nur mit Christine?"

„Ich habe eine andere Frage", erwiderte Jules, „wie fandest du Chantal?"

„Ich fand sie sehr herzlich und überraschend offen und freundlich! Bewundernswert! Sie hat mich wirklich beeindruckt. Ich befürchte aber, dass ich sie nicht lieben kann. Gott sei Dank besteht sie auf einer langsamen Annäherung! Etwas anderes könnte ich auch nicht! Aber warum fragst du mich nach Chantal, wo ich dich danach frage, was ich mit Christine tun soll?"
„Deshalb, weil ich mich frage, ob du den Unterschied zwischen beiden festgestellt hast."
„Den Unterschied zwischen den beiden kenne ich schon lange!", antwortete Jim etwas kurz angebunden.
„Das meine ich nicht", erwiderte Jules ruhig. „Was ich meine, ist der Bewusstseinsunterschied!" Jim war gespannt, was er nun hören würde. „Ich meine damit", fuhr Jules ruhig fort, „dass Chantal, so wie ich sie kenne, sich viele Gedanken darüber macht, was ihr Anteil, was dein Anteil und was Gottes Anteil an eurer Geschichte ist. Nur so kann ich mir erklären, dass sie so offen, so herzlich und so klar dir gegenüber war, obwohl sie so viel mit dir erlebt hat – und befürchtet, noch zu erleben. Trotzdem ist sie bereit, mit dir eure Familie wieder aufzubauen. Welch eine Leistung! Siehst du das überhaupt?" Da Jim bejahte, führte Jules seine Gedanken weiter fort: „Und Christine? Wo sieht sie ihren Teil? Sie kann ihren Teil überhaupt nicht sehen, sonst wäre sie nicht dort, wo sie ist!"
„Wie meinst du das, Jules?"
„Ich meine das so, dass ein bewussterer Mensch, ein Mensch, der sich Gedanken über Karma, das heißt Gedanken über sein Handeln und die Konsequenzen daraus macht, niemals so handeln würde wie sie. Jim, frag dich doch, ob Chantal sich so in eine Familie hineindrängen würde."

„Na ja", dachte Jim laut, „in eine Familie nicht, aber in eine bestehende Beziehung schon. Du weißt ja, dass ich damals nicht allein war, dass ich mit Pascal zusammen war, als ich Chantal kennen lernte."
„Ich weiß. Ich weiß aber auch, dass Chantal das als einen großen Fehler erkannt hat und dass sie dir auch deshalb mit offenem Herzen begegnet, weil sie deine Beziehung zu Christine auch als Ausgleich dafür ansieht.

Du überlegst dir nun, wie du dich von Christine trennen kannst. Überlege dir in diesem Zusammenhang, ob sie dich ein einziges Mal gefragt hat, ob es nicht besser sei, wenn ihr euch trennt und du zu deiner Familie zurückkehrst!“
Jim schwieg und dachte nach. „Es stimmt, Jules, sie hat mich nie gefragt. Sie hat vielmehr gesagt, dies würde ihr nie passieren. Sie würde auf mich besser aufpassen als Chantal.“

„Keiner kann sich gegen das Karma stellen. Du kannst dein Karma nicht durch Kampf abwenden – außer durch Kampf *gegen* das Böse und *für* das Gute. Tust du Gutes, tut das Karma dir Gutes. Das ist das unveränderbare Gesetz. Das ist die Weltordnung. Christine lebt in der Beziehung mit dir nicht im Einklang mit der Weltordnung. Das ist der entscheidende Punkt. Das ist die Antwort auf deine Frage, was du mit Christine tun sollst. Oder anders ausgedrückt: Du hast doch gar keine andere Wahl, Jim! In Chantal hast du eine wunderbare Frau, deren weibliche und spirituelle Kraft du im Augenblick noch nicht aushalten kannst. Außerdem hast du deine süße Tochter Rosalie. Dem gegenüber steht deine Beziehung zu Christine, in der du dir täglich negatives Karma auflädst. Bleibst du bei ihr, wirst du scheitern. Denke an Jean, der seine Familie verließ, um mit seiner Geliebten zusammenzuleben. Was ist aus ihm geworden? Eine verkrachte Existenz: Halbiertes Einkommen, halbierte Freizeit, halbierte Karriere, halbierter Mensch! Er hatte nicht die Gnade, eine Rosalie zu haben. Wie beschenkt du bist, Jim!“

„Das stimmt!“, antwortete dieser und Dankbarkeit schwang in seiner Stimme mit. Jim sah wieder einmal, welch wunderbaren Freund er in Jules hatte. Jules sagte ihm die Dinge, wie sie waren. Er sagte schlicht die Wahrheit. Und er sagte sie so verständnisvoll, dass er die Freiheit des anderen nicht verletzte. Jim spürte Jules’ Engagement und Liebe, und es bewegte ihn sehr. Darüber hinaus hatte er Rosalies Bild vor Augen. Es war ihm deutlich, dass es um die Entscheidung: Liebe oder Leidenschaft ging. Chantal, Rosalie und Niclas verkörperten die Liebe; Christine dagegen die Leidenschaft. So bedankte Jim sich bei Jules für all das, was er ihm gegeben hatte, und traf sich noch am selben Abend mit Christine.

Diese fiel aus allen Wolken, als Jim ihr erklärte, warum er sich von ihr trennen wollte. Sie meinte, sie verstünde ihn, sie verstünde seine Not, auf der anderen Seite bedauerte sie, dass er sich all dies nicht früher überlegt hatte. Jetzt habe sie so viel in die Beziehung investiert, habe sich so sehr auf ihn ausgerichtet, so viel mit ihm geteilt. Jetzt tue ihr seine Entscheidung sehr weh. Jim gab ihr in diesem Punkt Recht, meinte aber auch, es sei aus seiner heutigen Sicht falsch gewesen, dass er überhaupt seine Familie verlassen habe und alle derart habe leiden lassen.

Christine war im Augenblick aber so mit ihrem Leiden beschäftigt, dass sie nicht in der Lage und auch nicht gewillt war, sich mit dem Leiden anderer auseinanderzusetzen. Stattdessen weinte sie viel und hoffte, dass Jim sie in den Arm nehmen und trösten würde. Sie hoffte bewusst/unbewusst, dass sie durch die Nähe wieder engeren Kontakt zu ihm bekommen würde. Jim dachte aber immer intensiver an Rosalie. Er wollte sie heute Abend noch besuchen. Er sagte deshalb noch einige liebe und tröstende Worte, die aber Christine nicht erreichten, weil sie etwas anderes wollte. So trennten sie sich – und es blieb bei beiden ein bitterer Nachgeschmack zurück.

Christine litt sehr unter der Trennung von Jim. So sehr, dass sie nach drei Wochen, als ihr klar war, dass Jim nicht zu ihr zurückkommen würde, kündigte und in ein anderes Krankenhaus ging. Dort blieb sie zunächst allein. Dann lernte sie einen netten Mann kennen, den sie heiratete – obwohl sie immer noch an Jim hing.

Jim fuhr nach dem Gespräch mit Christine sogleich in die Klinik, um Rosalie zu sehen. Er traf dort auch Chantal, die bereits seit mehreren Stunden am Bett ihrer Tochter saß. Rosalie ging es ganz gut. Sie strahlte, als sie ihren Vater sah. Und noch mehr strahlte sie, als sie merkte, dass ihre Eltern sehr freundlich miteinander umgingen. Der Tag hatte eine große Wende in ihrem Leben, im Leben vieler gebracht. Gott hatte es verfügt, und so geschah es auch!

Chantal und Jim trafen sich selten, sprachen aber viel. Die Beziehung zwischen den beiden war freundlich, offen, aber distanziert.

Dann erhielt Jim einen Anruf. Er befürchtete, es sei wieder einmal Christine, die noch etwas mit ihm klären, die ihn hören, die Kontakt zu ihm haben wollte. Es war aber nicht Christine, sondern die Therapeutin, die Jim auf dem Kongress kennen gelernt hatte. Es war ein Therapieplatz frei geworden, und den wollte sie ihm anbieten. Jim empfand dies als einen Wink des Himmels, denn er spürte, wie sein Latein im Kontakt mit Chantal zu Ende ging. Er fand die Gespräche mit ihr immer sehr wichtig, offen und auch herzlich. Er konnte sich aber überhaupt nicht vorstellen, wie er mit ihr wieder zusammenleben sollte. So war er froh, dass er eine kompetente Hilfe bekam. Zwei Wochen, dann würde er seine erste Stunde bei der Therapeutin haben.

Jim fieberte regelrecht dem Tag seiner ersten Therapiesitzung entgegen.
Dann war dieser Tag da, und er ging zu seiner Therapeutin. Er genoss diese erste Stunde sehr, denn er war zu einer sehr weisen Frau gekommen. Einer Frau, die nicht nur die Welt, sondern auch sich selber kennen gelernt hatte.
Jim fühlte sich verstanden, geborgen – und hatte allen Grund dazu.
Und je mehr er sich von seiner Therapeutin verstanden und nachempfunden fühlte, desto mehr konnte er sich auch Chantal öffnen. Zwar sehr langsam, aber dennoch!

Eines Tages sagte ihm die Therapeutin, es sei die Zeit gekommen, wo er in und mit seinen Beziehungen aufräumen müsse. Er solle sich zunächst bei allen Beteiligten seiner Beziehungen entschuldigen: Seinen früheren Partnerinnen; den heutigen Partnern der damaligen Partnerinnen; bei Gott, weil er Seine Ordnung weder beachten noch kennen lernen wollte; auch bei sich selber sollte er sich entschuldigen, weil er nicht nur die anderen, sondern auch sich übergangen habe. Und er solle sich vor allem bei Chantal, der Mutter seiner Kinder entschuldigen, die mit all seinen Enttäuschungen, Verletzungen und Desillusionierungen leben müsse.
Jim staunte nicht wenig, als er diese Aufgabe erhielt. Je länger er sie aber erfüllte, desto befreiter, desto leichter fühlte er sich.

Eines Tages sagte die Therapeutin: „Sie müssen Ihre innere und äußere Kreativität ausbilden, das heißt *leben.* Ich sage *innere* und *äußere* Kreativität, obwohl dies wie ein Widerspruch klingt, denn Kreativität kommt immer von innen. Ich meine aber mit innerer Kreativität in diesem Zusammenhang die Meditation. Sie benötigen es für Ihre Ausgeglichenheit, dass Sie sich kreativ betätigen. Da ist die Meditation einerseits sehr wichtig. Andererseits sollten Sie etwas Künstlerisches tun. Zum Beispiel modellieren, töpfern, bildhauern, malen. Sie benötigen dies als notwendigen Ausgleich. Ihre vielen Beziehungen und Ihre ständige Beschäftigung damit deute ich als Ihren Versuch, Ihre Kreativität zu leben. Sie müssen deshalb einen neuen Weg finden. Einen Weg, der Sie nicht so verstrickt.“

Jim staunte und schwieg. Er spürte aber unmittelbar, dass seine Therapeutin Recht hatte.
Was sollte er aber tun? Bildhauern? Töpfern? Modellieren? Es war alles nicht seins. Er wusste es nicht. Er fragte Chantal, er fragte Jules. Eine Antwort bekam er von Yvonne. Sie machte gerade einen Kurs in Porzellanmalerei. Das interessierte ihn. Er war Arzt. Er brauchte etwas Feinsinniges, aber zugleich auch Praktisches, irgendwie Verwendbares. Eine Statue irgendwo hinzustellen reizte ihn nicht. Aber Kaffeetassen, Teller, Schälchen oder auch Fliesen bemalen, das reizte ihn. Das machte ihm Sinn, denn da war das Produkt nachher praktisch verwendbar.

Jim besuchte den Kurs zusammen mit Yvonne und hatte einen Riesenspaß dabei. Er begann, alles Mögliche und Unmögliche zu bemalen – und er bemalte auch viele Gegenstände, die anschließend herumstanden: Einfach aus Freude!
Dann zogen Jules und Yvonne aus ihrer Wohnung in ein Haus. Kaum hörte Jim das und erfuhr außerdem, dass Jules ein Bad renovieren wollte, bot er ihm an, die Fliesen dafür zu bemalen. Jules war begeistert von Jims Idee, und dieser arbeitete jede freie Minute, bis er alle Fliesen für seinen Freund bemalt hatte.
Und sie wurden wunderschön. Alle, die sie sahen, waren beeindruckt.

Interessant war auch, dass, obwohl Jim durch die Klinik, das Meditieren und das Malen sehr beschäftigt war, trotzdem sein Kontakt zu Chantal immer intensiver und besser wurde. Er konnte sich immer mehr öffnen. Und er konnte langsam, sehr langsam sehen, welch wunderbare Frau sie war.
Und je mehr er sich öffnete, je mehr er seine Kreativität lebte, je mehr er sich von seiner Therapeutin verstanden und bei ihr geborgen fühlte, je mehr er alte Traumata löste, desto mehr vergaß er Christine und öffnete sich für Chantal.
Es war ihm deshalb möglich, mit seiner Familie mehr und mehr Zeit zu verbringen.

Nach einem Jahr setzten sie einen Hochzeitstermin fest. Der Gedanke an eine Heirat löste bei Jim nochmals viele Gefühle aus, und er musste in manch einer Therapiestunde an seinen Ängsten arbeiten. Er hielt aber durch. Er heiratete Chantal. Und es wurde eine glückliche Ehe. Rosalie und Niclas wurden zwei offene, gesunde Kinder, die früh lernten, zu meditieren und die Welt zu lieben und zu achten.
Gott hatte es so gewollt. Und so wurde es auch.

Was sagt dir diese Geschichte?
Fliehe nicht vor deiner Aufgabe! Es nützt dir nichts, denn du musst sie irgendwann erfüllen. Deine Aufgabe wurde dir gegeben, weil du durch sie etwas Entscheidendes lernen kannst. Deine Aufgabe ist Gottes Geschenk an dich, das dich in die richtige Richtung wachsen lässt. Verlasse nie aus Egoismus deinen Partner und deine Kinder. Ein solcher Schritt kommt stets als ein Problem, als eine Prüfung auf dich zurück. Tue vielmehr Gutes, dann erntest du Gutes.

Jim hatte Gnade. Und er hatte Gnade, weil er im vorherigen Leben viel Gutes getan hatte. Durch einen Unfall hatte er seine Männlichkeit verloren. Er empfand sich danach als minderwertig, als Mann dritter Klasse. Er weihte deshalb sein Leben dem Dienst am Nächsten und wurde Pfleger in einem Altenheim. Er nahm jede Mühe auf sich. Er half und tröstete, wo immer er konnte. Eine alte Frau in diesem Altenheim war Rosalie. Als sie in das Heim kam, hatte ihr Leben für sie keinen Sinn mehr. Jim widmete sich ihr aber mit sehr viel Liebe, bezog sie in viele Tätigkeiten ein, half ihr, Kontakte zu schaffen und Freundschaften zu entwickeln. Die alte Dame war ihm von Herzen dankbar, und als sie eines Tages starb, hatte sie ein Lächeln auf den Lippen und den Wunsch an Gott, Jim einmal einen kleinen Teil von alledem wiedergeben zu können, was er ihr gegeben hatte. So wurde sie seine Tochter und seine Lehrerin und konnte ihm vieles, vieles zurückgeben, was sie von ihm bekommen hatte.

Chantal kannte Jim auch von damals. Sie war die Tochter eines Herrn aus dem Heim gewesen. Jim verehrte sie. Und sie verehrte ihn. Sie wusste um seine Verletzung und hätte ihn trotzdem geheiratet. Jim hatte aber zu große Minderwertigkeitsgefühle, als dass er sich ihr hätte nähern können. So blieb er immer freundlich, immer herzlich, aber immer distanziert. Jim litt sehr. Manch eine Nacht verbrachte er damit, dass er stundenlang ins Kissen weinte. „Oh Gott, oh Gott, warum hast du mir das angetan? Warum hast du mir das angetan? Jeder kann heiraten und mit einer Frau zusammen sein – nur ich nicht! Warum, warum, warum?“ Und er weinte und weinte.

Jim wusste nicht, dass seine seelische Entwicklung es bedingt hätte, dass er, hätte er den Unfall nicht gehabt, Chantal sofort verlassen hätte. Sie hätten sich dann für lange, lange Zeit verloren. Sie mussten dieses Opfer auf sich nehmen, um sich nicht wieder so zu verletzen, wie es sieben Leben zuvor geschehen war und sie anschließend für lange, lange Zeit getrennt hatte. Damals hatte Jim Chantal händeringend geliebt; sie hatte ihn aber verlassen, weil sie ihn zu schwach fand. Das hatte Jim tief verletzt. Deshalb war er stets auf der Flucht – und gleichzeitig auf der Jagd.
Chantal ihrerseits sehnte sich nach Jim. Sie hatte später erkannt, dass ihre Trennung von Jim ein Fehler gewesen war. Aber da war es zu spät.

Im letzten Leben sehnte sie sich auch nach Jim. Sie wagte es aber nicht, sich ihm zu nähern. Sie liebte ihn so, dass sie jede Form der Beziehung eingegangen wäre. Jim verzehrte sich in seinem Gefühl des Nichtgenügens. Mit zweiundsechzig starb er und kam mit zwei ganz starken Wünschen ins Jenseits: Seine Männlichkeit ganz ausleben zu können und einmal nicht Pfleger, sondern Arzt zu sein. Er wurde wiedergeboren und lebte beide Wünsche aus. Ebenso wie Rosalie, die Leukämie bekam, um Jim zu helfen und die Ehe ihrer Eltern zu retten. Und Chantal ging in diesem Leben jede Form der Beziehung mit Jim ein. Sie hatte aber im letzten Leben so viel Liebe, so viel Stärke aufgebaut, dass sie für Jim immer emotional da sein konnte. Sie liebte ihn mit der Wärme ihres Herzens und mit der Klarheit ihres Verstandes und ihres Unterscheidungsvermögens, die sie in den früheren Leben entwickelt hatte. Dies war entscheidend für Jim, denn er bekam endlich die Stütze und die emotionale Führung, die er immer gesucht, nie aber gefunden hatte.

Damit kommen wir zu einer weiteren Aussage dieser Geschichte: Für Beziehungen ist Unklarheit der Tod. Verständnis, Vergeben und klare Vorstellungen beziehungsweise Prinzipien sind dagegen der Atem einer Beziehung. Hat eine Beziehung diese nicht, atmet sie nicht und ist entweder alsbald tot oder sie war noch nie am Leben.
Weiterhin sind für jede gute Beziehung gleichgeschlechtliche Freunde *entscheidend*. Ohne sie kann eine Beziehung, wenn überhaupt, nur sehr schlecht *be*stehen und die Prüfungen des Lebens *über*stehen. Jede Beziehung oder, besser gesagt, jede Ehe braucht gute Freunde, die sie begleiten. Ohne diese ist sie wie ein Boot ohne Ruder, wie ein Flugzeug ohne Flügel, wie ein Auto ohne Motor.

Das Allerentscheidendste ist aber die spirituelle Ausrichtung, die Anbindung an Gott. Der Indische Gott Ganesha, der Gott mit einem Elefantenkopf, wird häufig mit einem Beil in der einen und einem Seil in der anderen Hand dargestellt. Dies bedeutet, dass deine Ausrichtung auf Gott bedingt, dass deine Bindungen an die Welt zertrennt werden und du stattdessen an Gott gebunden wirst.

Jim konnte seine Beziehung zu Chantal erst aufbauen, als er einen Kontakt zu seinem Höchsten Selbst, zu Gott, aufgebaut hatte und bereit war, sich anzusehen, was ihn an einer erfüllenden Beziehung hinderte. Dafür war seine Therapeutin entscheidend. Denn sie deutete nicht allein sein Verhalten, wodurch ihm vieles bewusst wurde, sie wies ihm auch neue Wege. Wege, die bis in die früheste Kindheit zurückreichten. Jim erkannte dadurch, wovor er floh, und konnte allmählich sein Verhalten ändern.

Ebenso entscheidend war aber, dass er seine Kreativität künstlerisch und nicht in kunstvoll „verschachtelten" Beziehungen lebte. Kunst ist ein wunderbarer Weg zum Selbst. Denn *Art comes from heart.* Kunst kommt vom Herzen, und das Herz führt direkt zum Selbst, zu Gott.
So heirateten Chantal und Jim in der Kirche, und die Anwesenden waren beeindruckt, wie herzlich, wie liebevoll sie miteinander umgingen und wie wichtig für *beide* dieses Erlebnis war.
Rosalie und Niclas streuten die Blumen, und die vier wurden eine Familie, weil sie alle vier einen guten Kontakt zu sich und zu ihrem Höchsten Selbst aufgebaut hatten und diesen Kontakt pflegten.
Gott hatte es so gewollt. Und so geschah es auch.

Ich sage: Kinder sollen ihre Eltern als Gott verehren, denn sie gestalten ihr Schicksal.
Damit dies aber möglich ist, müssen die Eltern wissen, dass sowohl sie als auch ihre Kinder Gott sind.
Dann entstehen automatisch die Achtung und die Liebe, die für eine Familie so wichtig wie die Luft zum Atmen sind.

Isaak
oder Der richtige Zeitpunkt

Es war einmal ein guter Junge namens Isaak. Er ehrte seine Eltern, war gut in der Schule, befolgte die religiösen Lehren und ging regelmäßig in die Synagoge. Hier war er sehr auf einen Rabbi ausgerichtet. Wann immer Isaak religiöse oder sonstige Fragen über das Leben hatte, die seine Eltern nicht beantworten konnten, fragte er *seinen* Rabbi, und der wusste immer Rat.

Isaak war aber kein Streber, kein Angeber, kein Pfennigfuchser und auch keiner, der die Schrift buchstabengetreu auslegte. Vielmehr versuchte er deren Inhalt so zu verstehen, wie er gemeint war. So half er, wo immer er konnte – auch am Sabbat –, und war nicht damit einverstanden, dass manch ein gläubiger Jude der Ansicht war, man dürfe am Sabbat nichts tun, auch nichts, was anderen helfen würde. Isaak erlebte es als eine Farce, dass einige dieser Gläubigen sich am Sabbat, um ja nichts zu tun, stundenlang vor den Fernseher setzten und sich zum Teil die schrecklichsten Filme ansahen.
‚Tun die nichts, wenn sie sich derartige Filme ansehen?', fragte sich Isaak. ‚Natürlich tun sie etwas!', beantwortete er sich selber seine Frage. ‚Man ist immer tätig. Das Denken ist doch ein Tun, deshalb ist meine Devise: *Ist dein Denken heilig, ist es dein Handeln auch!*' So sprach Isaak häufig mit Gott und war immer bereit, dies oder jenes für andere zu tun.

So wuchs Isaak heran. Er ging durch die Wechselstürme der Pubertät, suchte intensiv nach einer Identität, auf die er sich verlassen konnte,

und litt wie viele Jugendliche in diesem Alter darunter, dass er diese nicht, noch nicht, gefunden hatte und von inneren Spannungen geplagt wurde.
Als er sich wieder einmal von inneren Spannungen hin- und hergerissen fühlte, ging Isaak zu *seinem* Rabbi. Dieser empfing ihn liebevoll. Sie unterhielten sich über dieses und jenes, und langsam arbeitete der Rabbi ein wichtiges Gesprächsthema heraus.

Es war nämlich so, dass Isaak eine gemischte Schule besuchte, der Rabbi aber gar nichts von der so genannten Koedukation hielt. Er vertrat die Ansicht, dass Jungen und Mädchen ganz unterschiedliche Entwicklungen durchlaufen und dass Koedukation kein Zeichen von Gleichberechtigung ist. Er glaubte, dass die unterschiedliche Entwicklung von Jungen und Mädchen nicht respektiert wird, wenn beide Geschlechter unter den gleichen Bedingungen aufwachsen. Er war deshalb der Meinung, dass eine Wertschätzung des anderen gerade da beginnt, wo seine Andersartigkeit *gesehen und gewürdigt* wird.

Siehst und akzeptierst du den anderen nicht in seiner Verschiedenheit, so muss dieser doch stets befürchten, dass er abgelehnt wird, wenn sein wahres Wesen gesehen wird. Sage ich zum Beispiel: ‚Die Farbigen sind wie die Weißen, und ich finde sie wunderbar', so bezieht sich dieses Lob auf die Gleichstellung der Farbigen mit den Weißen, womit im Grunde die Weißen gelobt werden! Sage ich aber: ‚Die Farbigen sind in vielem anders als die Weißen, und sie sind wunderbar', so beziehe ich das Lob direkt auf die Farbigen und ihre Andersartigkeit.

So sollte es auch mit Männern und Frauen sein. Der Rabbi war berufen, darüber zu sprechen, denn er vertrat die Meinung, dass es natürliche Unterschiede zwischen Männern und Frauen gibt, aber trotzdem keinen *Wertunterschied* geben darf. Das Gleiche sagte er bezüglich der Juden. Er war davon überzeugt, dass alle Menschen von Gott auserwählt sind. Es dürfe niemals Wertunterschiede geben, denn diese seien die Geburtsstätte aller Zwistigkeiten. Zieht ein Vater eines seiner Kinder vor, so ist der Streit vorprogrammiert. Eltern müssen die

Kinder in ihrem Anderssein sehen und anerkennen, sie müssen sie aber alle gleich lieben. Tun sie dies nicht, werden die Kinder Schwierigkeiten haben, ein gutes geschwisterliches Einvernehmen aufzubauen.

Genauso verhält es sich mit den verschiedenen Rassen, Völkern, Stämmen und Religionen. Der Herr schuf sie, damit Seelen die idealen Chancen erhalten, um die ihrer Entwicklung entsprechenden Erfahrungen zu machen. Der Herr macht aber keinen Unterschied zwischen seinen vielen Kindern. Er liebt sie alle gleich – allein schon deshalb, weil sie alle Teile von Ihm sind. Und welcher normale Mensch wollte einen Teil von sich nicht lieben? Wollte einer zum Beispiel sagen, er hätte lieber vier Hände als zwei Hände und zwei Füße? Und der von vielen so geschmähte Po, wer wollte auf ihn verzichten? Wer hätte stattdessen lieber noch mal eine Brust und wollte sich darauf setzen?

Genauso verhält es sich mit den verschiedenen Völkern. Jedes hat seine Funktion. Jedes ist wichtig. Jedes ist gut. Jedes ist für die eine oder andere Situation entscheidend. Kein Körperteil ist überflüssig. Keiner schlecht. Nur Dummköpfe können eine Wertung zwischen Händen und Füßen, zwischen Bauch und Rücken vornehmen. Ein kluger Mensch dagegen weiß, wie viel ihm jeder Körperteil wert ist, wie sehr er jeden vermissen würde und wie sehr er dem Herrn dafür dankt, dass er sie hat – alle hat!

Der Rabbi war ein weiser Mann, deswegen bewertete er weder Körperteile noch Völker, weder Mann noch Frau unterschiedlich. Vielmehr liebte und achtete er sie alle. Er war ein weiser, ein guter Mann. Trotzdem oder gerade deswegen war er gegen die Koedukation. Besonders in der Pubertät, wenn Jungen und Mädchen ihre Identität suchen und von Gefühlen hin- und hergerissen sind wie Isaak zum Zeitpunkt dieses Berichts, ist die Koedukation nachteilig, weil dann beide Geschlechter versucht sind, diesen Spannungen dadurch zu entgehen, dass sie Beziehungen zum anderen Geschlecht aufnehmen. Was aber aus einer Not oder gar aus einer Krise erwächst, ist häufig nicht von Dauer und schadet am Ende mehr, als es zunächst zu helfen schien.

Der Rabbi sah die strahlende Zukunft, die Isaak vor sich hatte, und wollte ihn deshalb unbedingt vor einer frühzeitigen Beziehung „aus gemeinsamer Not“, wie er es nannte, bewahren.
So sagte er: „Ich erinnere mich noch genau an die Zeit, als ich so alt war wie du, Isaak. Mir war nicht klar, was ich tun, was ich *mit mir* tun sollte. Ich hatte auch deshalb lange ein Problem, weil ich nicht wusste, was ich machen, ob und, wenn ja, was ich studieren sollte. So verging die Schulzeit für mich unglaublich langsam. Einmal dachte ich, das Beste sei, ich würde heiraten und Kinder haben, durch den Druck der Verhältnisse würde sich dann schon etwas ergeben.
Es kommen immer wieder Menschen zu mir, die in einer ganz ähnlichen Situation sind. Ich erzähle ihnen dann die folgenden Geschichten.“ Der Rabbi machte eine kurze Pause. Isaak sah ihn aber so erwartungsvoll an, dass er viel schneller fortfuhr, als er vorgehabt hatte.

„Es war einmal ein König, der hatte ein ganz kleines Königreich. Es war so klein, dass es im Grunde kaum lebensfähig war, denn weder produzierte es genug, noch hatte der König genug Kontakte zu anderen Königen aufgebaut, damit diese ihm bei Gefahr helfen würden. Stattdessen suchte König Tamas jahrelang nach einer Prinzessin, die ihn heiraten und ein großes Reich als Mitgift mitbringen würde. Er suchte so lange, bis er sie fand. Er war überglücklich. Sie feierten eine wunderbare Hochzeit und lebten Tag und Nacht zusammen. Der König freute sich nicht nur über seine schöne und kluge Königin, sondern auch darüber, dass er nun über ein großes Reich herrschte. Der Vater seiner Gemahlin hatte dieses Reich aber nur schaffen und erhalten können, weil er glänzende Kontakte zu seinen Nachbarn unterhielt und in seinem Reich wichtige Produkte erzeugt wurden, die andere gerne kauften. König Tamas konnte dieses große Reich weder gut verwalten noch gute Kontakte zu seinen wichtigsten Verbündeten aufrechterhalten. So kam eines Tages ein starker Herrscher mit einem großen Heer, besetzte das Reich und vertrieb den König samt seiner Gemahlin.

König Rajas, der nicht nur das Reich von König Tamas, sondern auch viele andere Gebiete erobert hatte, war nie zufrieden. Er musste immer weiter. Er musste mehr und mehr erobern. Eine Stadt nach der anderen, ein Land nach dem anderen fielen ihm zu. Und trotzdem zog er weiter und weiter. Bis er eines Tages in einer Schlacht tödlich verwundet wurde und starb.

Ein dritter König hatte ein ebenso kleines Reich von seinem Vater geerbt wie unser König Tamas. Es war ein bescheidener, sehr friedliebender Mann, der König Sathwa. Es war ihm nicht wichtig, in Prunk und Luxus zu leben. Ihm war viel wichtiger, tätig sein zu können. In der Zeit, in der er sich nicht um seine Untergebenen kümmerte, arbeitete er stets und stetig als Goldschmied. Sein Motto war dabei: *Tue gern, was du tust, und tue es so gut wie nur irgend möglich!* So wurde er sowohl als König als auch als Goldschmied weit über die Grenzen seines Landes hinaus bekannt.

Viele Herrscher besprachen sich gern mit ihm oder baten ihn, wenn sie ein besonders schönes Schmuckstück gefertigt haben wollten. Und alle waren beeindruckt von seiner Klugheit, seiner Kunstfertigkeit und seiner Zuverlässigkeit. So suchten viele Könige von nah und fern seine Freundschaft. Darüber hinaus war er seinem Volk ein leuchtendes Vorbild. Die Menschen sagten deshalb: „Wenn unser König so viel leistet, müssen auch wir uns anstrengen!“ Und so blühte und gedieh dieses Königreich. Jeder wollte darin leben, und keiner hatte ein Interesse daran, ihm etwas Böses zu tun. Einerseits nicht, weil die Menschen so von den charakterlichen Qualitäten dieses Landes beeindruckt waren, und andererseits, weil jeder fürchtete, dem guten König würden so viele Freunde zu Hilfe eilen, dass jeder Angreifer sich bald einer enormen Übermacht gegenüber sehen würde.“

Hier beendete der Rabbi seine Erzählung. Isaak saß mit halb geschlossenen Augen da – fast so, als schliefe er ein wenig. Der kluge Rabbi wusste aber, dass Isaak die Augen etwas geschlossen hatte, um sich noch besser in die Geschichte hineindenken, sich die einzelnen Bilder noch besser vorstellen zu können.

„Mein Lieber, weißt du, was die Geschichten bedeuten?“, fragte der Rabbi.

„Ich habe eine Idee. Ich weiß aber, wie wunderbar du Geschichten deuten kannst. Bitte deute du sie deshalb!“, bat der Junge.
So sagte der Rabbi: „Der erste König ist träge und meint, seiner inneren Not dadurch entkommen zu können, dass er nach einer Lösung von außen sucht. Diese Lösung hilft ihm aber nur kurze Zeit. Außerdem ist sie gefährlicher als keine Lösung. Interessant ist nämlich, dass das Königreich überfallen wird, als es durch die Heirat größer geworden ist. Probleme im Außen sind immer Widerspiegelungen von Problemen im Inneren. Versuchst du, sie im Außen zu lösen, so geht es dir wie demjenigen, der Bauchschmerzen bekommt, weil er zu viel isst, und diese nun täglich mit Kompressen auf dem Bauch zu heilen versucht. Diese Kur hilft nichts, sondern ist insofern sogar gefährlich, als der Vielfraß in dem Irrglauben verharren kann, die Kompressen würden ihm helfen. Die einzig richtige Medizin ist in diesem Fall, weniger zu essen. Sie schafft sofortige und nachhaltige Erleichterung durch grundsätzliche Heilung.

König Tamas verstand nicht, dass er und seine Untertanen aktiver, kontaktfreudiger werden mussten. Es half niemandem, dass alle zunächst von den Beziehungen seines Schwiegervaters lebten. Die Kontakte hätten gepflegt, erneuert und intensiviert werden müssen. Da der König dies nicht tat, verlor er sein Königreich.

König Rajas war dagegen sehr aktiv. Er wusste genau, wie er seine Energien einzusetzen hatte, um das zu erreichen, was er erreichen wollte. Er war stark, dynamisch und sehr durchsetzungsfähig. Er kannte aber kein Maß. Er war in seiner Aktivität grenzenlos. Musste der eine lernen, dass Trägheit zum Scheitern führt, so musste König Rajas erfahren, dass grenzenlose Aktivität das Leben kosten kann.

König Sathwa dagegen war weise, weil er ausgewogen war. Weisheit ist nichts anderes als Ausgewogenheit. Deshalb ist es typisch für den Weisen, dass sein Urteil maß-voll, eben ausgewogen ist. Dieser König diente seinem Volk, indem er umsichtig, gerecht und liebevoll regierte. Außerdem war er für seine Familie da, denn er wusste, wie wichtig der Mann und Vater für die Familie ist, und er lebte seine Kreativität.

König Sathwa lebte diese aber nicht in der Weise, dass er machte, was er wollte, sondern er war dem Gegenstand und den Auftraggebern ein guter Partner. So bearbeitete er das Gold, das Silber, die Edelsteine und die Perlen mit der größten Achtung und Liebe. Darüber hinaus begegnete er jedem als Freund. König Sathwa hatte sich gefunden. Und weil er sich gefunden hatte, fand er alle anderen auch.

Und wie fand er sie? Er sah in allen Brüder und Schwestern, Väter und Mütter, Kinder und Enkel. Er hatte sich gefunden, deswegen suchten die anderen ihn, weil sie bei ihm das zu finden hofften, was sie in sich noch nicht gefunden hatten. Der König wusste, dass sie dies nicht bei ihm finden würden. Aber weder belächelte er sie deshalb, noch gab er ihnen ‚gute Ratschläge', sondern er ging mit jedem so um, als habe *er* ganz viel von ihm zu lernen. Dies schuf eine Stimmung zwischen ihm und jedem anderen, in der jeder einen wichtigen Entwicklungsschritt machen konnte, weil er sich so anerkannt und gesehen fühlte, wie er war – und viele erlebten dies zum ersten Mal.

König Tamas verlor sein Königreich und musste fliehen. Seine Frau warf ihm deshalb häufig vor, was er alles falsch gemacht hätte.
König Rajas war immer nur von seiner Frau getrennt, um sie schließlich als Witwe zurückzulassen. Und wozu tat er das? Um unzählige Reiche zu erobern, die er alle verlor, als er frühzeitig starb.

König Sathwa kümmerte sich dagegen stets um seine Gemahlin. Er war für sie da, liebte und achtete sie. Gleichzeitig lebte er auch für sein Königreich und für seine Arbeit als Goldschmied. Weil er sich kannte, weil er die jeweiligen Grenzen kannte, übertrieb er nichts, vernachlässigte er nichts. So war seine Königin glücklich, an seiner Seite sein zu dürfen, denn auch sie spürte, wie seine Ausgewogenheit ihr ein Gefühl von Anerkennung, Geborgenheit und Liebe vermittelte. Deshalb herrschten im Königshaus eine Harmonie und ein Frieden, die sich über den Palast, die Städte und das Land bis hin zu den Nachbarstaaten ausbreiteten.
So viel und noch viel mehr erreichte dieser König – nur weil er sein Zentrum, seine Ausgewogenheit gefunden hatte."

„Was für eine schöne Geschichte! Vielen, vielen Dank! Wie sehr du mich beschenkt hast!" Isaak war sehr froh, denn die Geschichte hatte auch in seinem Herzen Ruhe entstehen lassen.
Nach einer kleinen Weile des Schweigens spürte Isaak plötzlich wieder die brennende Frage, deretwegen er zu *seinem* Rabbi gekommen war, und sagte deshalb etwas unvermittelt: „Ich habe aber doch noch eine Frage! Wie geht man eine *gute* Beziehung ein? Wann ist der *richtige* Zeitpunkt?"

„Ich will die zweite Frage zuerst beantworten", sagte der Rabbi. „Der richtige Zeitpunkt ist immer dann erreicht, wenn jemand aus seiner Mitte heraus eine Beziehung eingeht. Geschieht es dagegen aus Not oder weil jemand vor einer Aufgabe fliehen möchte wie König Tamas, dann ist dies mit Sicherheit der falsche Zeitpunkt. Daher ist es so wichtig, dass Jugendliche Zeit für ihre Entwicklung haben. Sie können in dieser Zeit in den meisten Fällen gar nicht aufeinander eingehen, weil sie viel zu sehr mit sich beschäftigt sind, mit sich beschäftigt sein *müssen*. Deshalb ist dies auch die Zeit, in der viele junge Menschen anderen schwere Wunden schlagen – und auch selber tief verletzt werden!
Aus diesem Grund sollten sie, so schwer dies manchmal auch sein mag, ihren Weg in dieser Zeit allein gehen. Dadurch entwickeln sie die Stärke, die sie anschließend mit ihrem Partner teilen können – und dieses Teilen ist dann eine Handlung, durch die sie am Schluss nicht weniger, sondern mehr haben werden. Das ist das Wunder der Entwicklung: *Wer sich gefunden hat, kann tun, was er will, er bekommt immer mehr*. Wer bei anderen das sucht, was er in sich selbst suchen und finden sollte, verliert so lange immer mehr, bis er endlich seine seelischen Hausaufgaben macht!"
„Wie wichtig!", rief Isaak strahlend aus. Er war so glücklich, dass er *seinen* Rabbi hatte, der ihn lehrte, führte und damit seinem Leben eine Ausrichtung gab.

„Ich habe verstanden, dass man keine Beziehung eingehen sollte, wenn man nicht in Kontakt mit seinem Inneren, vielleicht mit seiner Bestimmung gekommen ist."
„Sehr richtig!", bestätigte der Rabbi Isaaks Zusammenfassung.

„Ich habe aber noch eine Frage: Was sollte man beachten, wenn man eine Beziehung eingeht?"
„Möchtest du dies wirklich wissen? Auch wenn es viele, viele Fragen sind?", fragte der Rabbi zurück. Kaum hatte er sie aber gestellt, wurde ihm bewusst, dass dies eine rein rhetorische Frage war, denn er kannte Isaak zu gut, als dass er hätte annehmen können, dieser ließe sich von Schwierigkeiten abschrecken.
So kam auch prompt die Antwort: „Unbedingt! Und seien es noch so viele Fragen! Glaube mir, ich werde mir jede merken und eines Tages, wenn es so weit sein sollte, eine nach der anderen durchgehen!"

„Also dann los!", sagte der Rabbi, und Freude über Isaak strahlte in seinem Gesicht.
„Lernst du jemanden kennen, der dich interessiert oder der sich für dich interessiert, und du beginnst dich zu verlieben, so sollte deine erste Frage sein, ob du innerlich für eine Beziehung *frei* bist. Geht es dir so wie dem dritten König Sathwa, oder bist du noch verstrickt wie die beiden anderen?
Die zweite Frage ergibt sich aus der ersten, denn du musst klären, ob du diesen Menschen überhaupt liebst und *willst*.

3. Du solltest dir unbedingt darüber klar werden, was du von einer Beziehung *erwartest.* Was sind deine Ziele?
4. Was *erwartest* du von deinem Partner? Mache dir unbedingt eine Liste. Je klarer du dir darüber bist, was du erwartest, desto geringer ist die Wahrscheinlichkeit, dass du enttäuscht bist bzw. dein Partner es ist.
5. Was willst du *geben*?
6. Suchst du einen Lebenspartner? Willst du heiraten?
7. annst du *allein* sein?
8. Kannst du *zu zweit* sein?
9. Kannst du *Nähe* aushalten?
10. Bestehen noch *Bindungen* an dein Elternhaus, die eine Partnerschaft behindern?
11. Kannst du *Verantwortung* übernehmen?
12. Kannst du *treu* sein?
13. Kannst du dich *anvertrauen*?
14. Bist du *konfliktfähig*?

15. Wo kannst du und wo willst du *Kompromisse* eingehen?
16. Bist du *großzügig* und *wohlwollend*?
17. Welche Art der Beziehung *suchst* du – körperliche Nähe, geistigen Austausch, Spiritualität oder eine glückliche Mischung dieser drei?
18. Für den Mann: Kannst und willst du Frau und Kinder seelisch und materiell versorgen?
    Für die Frau: Kannst du deinen Mann stützen und den Kindern eine gute Mutter sein?

Und dies solltest du deinen Partner fragen:

1. Ist er frei?
2. Will er eine Beziehung mit dir? Auch lebenslang?
3. Welche Lebensanschauung, welche Ideale hat er? Passen sie zu deinen?
4. Ist er offen und konfliktfähig?
5. Ist er *wohlwollend*?
6. Welche vorherigen Beziehungen hatte er?
   a) Wie verliefen sie?
   b) Wie gingen sie zu Ende?
   c) Wie war's mit der Treue?
   d) Wie ist jetzt noch der Kontakt? Sind die Bindungen wirklich gelöst?
7. Wie ist sein familiärer und persönlicher Hintergrund? Das heißt, wie ist seine Familie, seine gesellschaftliche Schicht, der Beruf der Familienmitglieder? Was sind seine beziehungsweise die Hobbys seiner Familie?
8. Wie ist seine emotionale Lage? Wie geht er mit anderen um? Ist er fröhlich oder depressiv, engagiert oder desinteressiert? Hat er Humor?
9. Wie steht es mit dem Kinderwunsch? Ist er bei beiden gleich? Wie sind die Erziehungsvorstellungen?
10. Haben beide einen ähnlichen Geschmack?

Und zum Schluss noch zwei entscheidendste Fragen: *Könnt ihr Dinge besprechen, klären und einen wirklichen Konsens finden? Hält dein Gegenüber Abmachungen, hält es Verträge ein?*

(Vgl. dazu die noch ausführlichere Liste in *Beziehungen – Zeitlose Wahrheiten Bd. 2*, S. 97 ff.)

Viele Fragen, nicht wahr, Isaak?“, beendete der Rabbi seine Aufzählung.
„Ja“, antwortete Isaak, „es sind wirklich viele Fragen. Aber eine ist wichtiger als die andere. Ich danke dir von ganzem Herzen, dass du dir die Mühe gemacht hast, sie aufzuzählen. Ich bin erstaunt! Ich bin wirklich erstaunt, dass du so viele Fragen aufzählen konntest, von denen ich eine wichtiger als die andere fand, obwohl ich selber auf keine einzige gekommen wäre.
Wie viel hat mir dieses Gespräch mit dir gegeben. Wie viele Fragen habe ich bekommen. Aber auch so viele Antworten. Zum Beispiel die, dass ich mich noch intensiver auf eine Beziehung vorbereiten muss. Wie wichtig! Wie entscheidend!“ Nun schwieg Isaak, und der Rabbi unterbrach die Stille nicht.

Nach einer Weile kam Isaak noch ein Gedanke, noch eine Frage, die er aber nicht aussprach: ‚Und was machen all diejenigen, die nicht so einen Rabbi haben?‘ Diese Frage machte ihm wieder einmal bewusst, was für ein Glück er hatte. Und am Abend betete er für alle seine Freunde, damit auch sie diese Hilfe bekämen.
Dann dachte er gleich an die erste Frage: ‚*Bin ich frei?* Nein, ich bin nicht frei!‘, beantwortete sich Isaak diese Frage sogleich. ‚Ich bin nicht frei, denn im Moment bin ich ganz auf meinen Rabbi ausgerichtet!‘

Beziehungen brauchen Führung, brauchen Hilfe

Patrick und Marie waren seit sieben Jahren verheiratet, als Marie die Beziehung zu schwierig wurde und sie auszog. Patrick stand völlig fassungslos da und verstand die Welt nicht mehr. Er meinte, alles richtig und gut gemacht zu haben. Marie dagegen war der Ansicht, er habe sich nur um sich und sonst niemanden gekümmert.
Was war geschehen?

Patrick hatte im vierten Jahr seiner Ehe einen spirituellen Führer kennen gelernt. Dies veränderte sein Leben grundlegend. Er ging abends nicht mehr weg. Meditierte morgens und abends. Er hängte viele Bilder von ihm im Haus auf.
Was Patrick ganz übersah, war, dass er seinen Vertrag mit Marie gänzlich veränderte.
Im Deutschen sagt man zu den Gesetzen über Vereinbarungen „Vertragswesen". Im Grunde ist der Mensch selbst dieses Vertrags-Wesen, denn er ist ständig auf Verträge aus – obwohl ihm dies in den meisten Fällen nicht bewusst ist.

Treffen sich zwei Menschen, signalisieren sie bereits durch die Art und Weise, wie sie „Grüß Gott, wie geht es dir?" sagen, ob sie dem anderen freundlich oder unfreundlich gesonnen sind. Ich habe deshalb auch „Grüß Gott" als Grußform gewählt, denn je bewusster sich der Mensch seiner und der Göttlichkeit seines Gegenübers ist, umso herzlicher begegnet er ihm. Kein Mensch kann Schlechtes tun, der den Namen Gottes auf den Lippen hat. Würden die Würden(!)-Träger der verschiedenen Kirchen und Religionen ständig den Namen Gottes auf den

Lippen haben, könnten sie noch mehr für die Welt tun. Auch die verschiedenen Verantwortlichen der Kirchen und Religionsgemeinschaften haben unausgesprochene Verträge mit den Gläubigen – vor allem den, dass sie diese zur Erlösung, zum Wissen um das Wahre, sprich: zur Liebe führen werden. Deshalb ist es so wichtig, sich dieser Verträge und der damit verbundenen Verantwortung bewusst zu sein und danach zu handeln.

Es ist heute üblich geworden, dass man Verträge nicht mehr einhalten muss. Dies geht so weit, dass manche sich juristische Unterstützung dafür holen, damit die Verträge, die sie mit anderen abschließen, so gestaltet sind, dass sie sie *nicht* einhalten müssen. So tief sind die Menschen heute zum Teil gesunken! Und das Schlimmste daran ist, dass viele sich dessen gar nicht bewusst sind! Viele empfinden es als normal, dass jeder allein auf seinen Vorteil bedacht ist – wodurch sie immer einsamer werden. *Jeder ist sich selbst der Nächste,* lautet ein geflügeltes Wort. Wer ist dieser Jeder?, frage ich. Und was geschieht? Ich bekomme keine Antwort. Denn diesen Satz haben Menschen geprägt, die weder die größeren Zusammenhänge noch die Verbundenheit aller Menschen noch sich selber auch nur im Entferntesten kannten. Sie waren vielmehr völlig in ihr kleines Ego verstrickt und dachten, dieses sei die ganze Wahrheit! Und viele, die ebenfalls nichts wussten, plapperten es nach.

Und wenn viele das Gleiche sagen, meinen andere ebenso Unwissende, dann sei das wahr. So glaubten die Menschen über Jahrtausende, die Erde sei der Mittelpunkt des Universums. Und da alle das sagten, galt es als Wahrheit. Bis einer kam, der mehr sah: Kopernikus, der den Schleier wegriss.
Und die Machthaber kämpften gegen ihn, weil sie meinten, ihre auf Unwissenheit gegründeten Verträge müssten eingehalten werden. Wären sie mit der Wahrheit, das heißt mit der Liebe gegangen, hätten sie die Unermesslichkeit des Universums *in sich* gefunden und Kopernikus leicht glauben können – deshalb leicht, weil sie es selber bereits gewusst hätten!

Menschen brauchen Verträge. Menschen machen Verträge. Ununterbrochen.
Treffen sich zwei Menschen, beschränkt sich deren „Vertragswesen" nicht allein auf die Begrüßung. Jedes Wort wird gedeutet. Erzählt zum Beispiel eine Frau einem Mann, sie habe sich von ihren Eltern nie verstanden gefühlt, und der Mann bemitleidet sie, so schließt er in diesem Punkt einen Vertrag mit ihr. Er sagt ihr auf der Herzensebene: „Ich würde dich nicht so behandeln. Ich würde dich viel besser verstehen. Ich würde wissen wollen, was du brauchst!" Und weil der Mann sie so nachempfindet, fühlt sie sich verstanden und vertraut ihm mehr und mehr. Er kann damit zu einem fürsorglichen Freund oder sogar zu einem Partner werden, weil er ihr auf einer unbewussten Ebene versichert, dass er sich stets anders verhalten wird, als sie es in ihrer Kindheit erlebt hat. Tut er dies dagegen nicht, erlebt die Frau dies unbewusst als Vertragsbruch.

Das Vertrags-Wesen zwischen Menschen ist sehr umfangreich. Ohne sich dessen bewusst zu sein, vereinbaren Menschen unendlich viel. Erzählt ein Mann, was er gerne isst, und die Frau reagiert begeistert darauf, nimmt er an, sie würde wie er dieses Gericht häufig essen wollen. Mag sie es aber gar nicht, wird er ent-täuscht sein und sich getäuscht fühlen. Er wird sie fragen, warum sie so begeistert auf seine Äußerungen reagiert habe. Sie wird dann sagen: „Ich fand deine Schilderung so wunderbar, ich hatte dieses Gericht förmlich vor Augen. Darauf habe ich reagiert. Aber es häufig essen zu wollen – so war es nicht gemeint!" Der Mann wird sich wundern.

Genauso wird die Frau reagieren, wenn sie feststellt, dass ein Mann anfangs vieles mit ihr besprach und sich mit ihr beriet, später aber nicht mehr. Sie wird verletzt und enttäuscht auf die „Vertragsverletzung" hinweisen. „Früher hast du wichtige Dinge mit mir besprochen. Heute erfahre ich kaum noch etwas von dir!", wird sie klagen.

Und genau hier kommen wir zu Patrick und Marie zurück. Als Patrick Marie kennen lernte, war er ein Lebemann, der fröhlich durchs Leben ging und stets zu einem Scherz aufgelegt war. Marie dagegen war schüchtern. Deshalb gefiel ihr Patricks lockere Art besonders gut. Sie

war fasziniert, wie er allem etwas Leichtes, Lustiges abgewinnen konnte. Dies war der Vertrag, den er mit ihr schloss: *Ich werde immer lustig sein und dich mitreißen!* Und Maries Vertrag war: *Dafür werde ich dich immer bewundern und es genießen, mit dir zusammen zu sein!* Wie die allermeisten Verträge waren auch diese den „Vertrags-Partnern" unbewusst! Das ist das Problem, das ist die Tragik der meisten Verträge.
Zum Leben gehört untrennbar die Veränderung. Alles verändert sich. So auch Partner. Nur wenn sie sich ihrer gemachten Verträge bewusst sind, können sie diese im gemeinsamen Einvernehmen besprechen, aufeinander hören und sie verändern.

Menschen versprechen sich viel, un-endlich viel. Erwecken Hoffnungen, geben Sicherheiten, verpflichten sich für dies und das – *und sind sich dessen überhaupt nicht bewusst.*

Dies kann so weit gehen, dass ein Mann seiner Frau sagt, er käme am Nachmittag um vier Uhr nach Hause. Die Frau richtet sich den Tag so ein, dass sie um vier da ist, um ihn zu empfangen. Der Mann kommt aber nicht. Und warum kommt er nicht? Weil er seine Aussage, er käme um vier, als überhaupt nicht verbindlich ansah! Für ihn war dies nur ein „Richtwert". Es könnte vier, fünf oder auch sechs oder sieben Uhr sein. Dass die Frau sich auf seine Aussage aber einstellt, kann er überhaupt nicht verstehen.
„Hätte ich gesagt: ‚Ich komme um vier, und wir fahren dann weg', wäre dies verbindlich gewesen. Aber so hatte meine Aussage keine Bedeutung!", meint er. Die Frau versteht ihn – verständlicherweise!! – überhaupt nicht. So sehr sie ihm zu erklären versucht, dass er ein Versprechen gebrochen habe, so sehr bleibt er bei der Behauptung, er habe keines gegeben!

Dabei verletzt er gleich mehrere Verträge, ohne sich dessen auch nur im Geringsten bewusst zu sein: *Erstens*, dass sie sich auf ihn verlassen könne. *Dies ist der Basisvertrag jeder Beziehung*. Jeder verspricht dem anderen auf die eine oder andere Weise, er könne sich auf ihn verlassen. Denn jeder weiß, dass *Unzuverlässigkeit die Hauptstraße zum Un-Glück ist.*

Der *zweite* Vertrag, den er verletzt, ist, dass seine Aussagen bindend seien. Er verletzt aber nicht nur den Vertrag der Zuverlässigkeit, sondern sieht auch nicht, *dass* er ihn verletzt hat. Dies verunsichert und enttäuscht die Frau noch mehr.

Drittens verletzt er den Vertrag, er werde ihr zuhören und auf das reagieren, was sie sagt. Jeder Mensch vermittelt diesen Vertrag seinem Partner auf die eine oder andere Weise. Denn Nicht-Zuhören, Nicht-Reagieren erlebt jeder als Missachtung. Stell dir vor, du kommst zu einem König, und dieser gibt sich sogar mit dir ab, du hast aber die Stirn, ihm zu vermitteln, dass du ihm nicht zuhörst, dass du nicht auf ihn reagierst, dass er dich nicht interessiert. Stell dir vor, du stehst vor dem König, er spricht mit dir, und du packst dein Pausenbrot aus und isst es genüsslich! Was, meinst du, wird er tun? Ich kann dir sagen: In früheren Zeit wäre dir zumindest eine Tracht Prügel sicher gewesen!

Aber genauso verhalten sich viele ihrem Partner gegenüber. Interessant ist hier das Wort Partner. Ich möchte hier den eindeutigen Beziehungscharakter hervorheben, den dieses Wort ausdrückt. Ein Partner ist stets jemand, mit dem man in der einen oder anderen Weise verbunden ist. Und genau hier beginnt das Problem: Viele, sehr viele Menschen behandeln ihre Partner, ihre Kinder oder sonstigen Angehörigen um einiges schlechter als irgendwelche Fremden. Bei diesen geben sie sich Mühe, versuchen sich auf sie einzustellen, hören ihnen zu, nehmen sich zurück, versuchen herauszufinden, was sie brauchen, und viele dieser guten Eigenschaften mehr legen sie plötzlich an den Tag. Kaum kennen sie aber jemanden besser, verblassen diese Tugenden immer mehr, bis gar nichts mehr übrig bleibt.
Dies ist ein klarer Vertragsbruch, der bis zum Betrug reicht.

Bewusst oder unbewusst strengen sich viele Menschen nur an, um jemandem zu imponieren, um von ihm gesehen, anerkannt zu werden. Haben sie dies erreicht, wird er für sie uninteressant. Und weißt du, warum? Weißt du, was sie damit ausdrücken? Einen erschreckenden *Mangel an Selbstwert. Menschen behandeln andere nur deshalb schlecht, weil sie sich für nichtswürdig halten.* Sie halten sich leider für einen Niemand, der auf andere nur deshalb wirken kann, weil er gut blufft. Reagiert der andere positiv oder gar liebevoll auf sie, so können sie diesen nur ebenso verachten, wie sie sich selbst verachten. Sie leben nach dem tragischen Motto: *„Wer mich mag, ist entweder blind oder selber nichts wert!“* Folglich erwidern sie die Achtung des anderen mit Missachtung, die Liebe mit Ablehnung oder gar Verachtung – manchmal sogar mit Hass.

Hier kommen wir wieder zu Patrick. Er war ein sehr unklarer Mann. Er achtete sich nicht. Entsprechend schlecht dachte er über andere. Er hatte aber die besondere Gabe, das Leben leicht zu nehmen. Er ließ sich nicht von jeder Widrigkeit niederdrücken. Er lebte nach dem Motto: „Nur sich nicht verrückt machen, es wird sich schon richten!“ Dies ist im Grunde eine sehr weise Haltung, ist sie ja das Herz des Tao. Das Tao lehrt diese Haltung aber aus Wissen. Patrick dagegen vertrat sie aus Bequemlichkeit. Er wollte sich von nichts drängen, beeinflussen oder gar unter Druck setzen lassen. Hätte Marie mehr über sich und das Leben gewusst, hätte sie sich ausrechnen können, dass Patricks Haltung zwei Seiten hatte. Sie war aber froh, dass jemand leicht durchs Leben ging, sie war glücklich, dass er sie mitnahm und dass er sie immer wieder zum Lachen bringen konnte.

Dann begegnete er, wie gesagt, dem spirituellen Lehrer, und eine ganz andere Seite kam zum Vorschein. Plötzlich kümmerte sich Patrick überhaupt nicht mehr um Marie und die beiden Kinder. Er war nur noch mit sich, seiner Meditation beschäftigt – und wurde außerdem immer ernster. Was an sich eine gute Entwicklung für ihn darstellte. Da sie sich aber über längere Zeit hinzog und er für Marie gar nicht mehr erreichbar war, wurde diese im Grunde positive Entwicklung zu einem immer größeren Beziehungsproblem.
Denn Patrick interessierte es wenig – wenn überhaupt –, wie es Marie ging. Das einzig Wichtige waren ihm seine spirituellen Übungen. Was Marie dazu sagte, war ihm völlig gleichgültig!

Patrick hatte damit etwas grundsätzlich falsch verstanden: *Spiritualität darf niemals an die Stelle der Beziehung treten.* Deswegen ist es keine große spirituelle Leistung, wenn ein Mann oder eine Frau – wie es immer wieder geschieht – bei Nacht und Nebel ihre Familie verlassen, um einem „Guru“ zu folgen, und ihr Partner und ihre Kinder sehen können, wie sie weiterleben. Ein guter spiritueller Lehrer müsste diesen Mann beziehungsweise Frau zurückschicken, denn ihre spirituelle Aufgabe besteht darin, dass sie für ihre Familie sorgen, und nicht, dass sie irgendwo herumsitzen und meditieren, während Partner und Kinder sehen können, wie sie überleben.

Aber Patrick wollte nicht hören. Es interessierte ihn nicht, was andere sagten. Auch als dieser spirituelle Lehrer ihm sagte, er müsse sich mehr um seine Frau und die Kinder kümmern, hörte er nicht. Er lebte sein Ego und konnte deshalb nicht verstehen, geschweige denn umsetzen, dass *helfende Hände stets heiliger als betende Lippen* sind. Und warum ist das so? Weil *die untätigen Hände das Bekenntnis der Lippen zum Lippenbekenntnis machen.* Wer betet, anstatt zu helfen, hat nicht verstanden, dass jeder Mensch, der ihm begegnet, jener Gott ist, zu dem er betet. Gott ist *hinter* dem Altarbild, vor dem du betest, aber *in* dem Menschen, dem du helfen kannst. Außerdem wünschen sich die meisten Menschen stets etwas, wenn sie zu Gott beten. Geben sie aber ihrem Nächsten, was dieser benötigt, so sind sie auf der Bahn des Erfolgs, die besagt: *Willst du bekommen, dann gib, denn Gottes Aufgabe ist ausschließlich zu geben.*

Patrick wollte nicht hören. Er hörte nicht auf seinen spirituellen Lehrer. Und er hörte nicht auf Marie, die ihm sagte, er sei nur mit sich beschäftigt und beteilige sich nicht mehr an ihrem gemeinsamen Leben. Dass er einen spirituellen Weg gehen wolle, begrüße sie sogar, aber nicht zu diesem Preis, den sie und die Kinder zahlen müssten.

Patrick antwortete abschmetternd darauf, sie wisse nicht, was ihr entginge und welche Entwicklungschancen sie sich entgehen ließe. Sie sollte selber mehr für ihre spirituelle Entwicklung tun.

Patricks Aussage ist bemerkenswert: Er war der Ansicht, Marie nutze die Chance nicht. Dabei war das gerade *sein* Problem: *Er* nutzte die spirituellen Lehren nicht, denn anstatt weniger Ego zu haben und Marie nachzuempfinden, stärkte er es durch seine spirituelle Ausrichtung noch mehr! Dies entsprach dem Verhalten von Dummköpfen, die

Kampfsportarten dazu verwenden, sich sinnlos mit anderen zu schlagen, anstatt die gelernten Techniken dazu zu verwenden, in Notsituationen sich oder anderen zu helfen.

Patrick verwendete seine spirituellen Übungen nicht, um mehr Frieden, sondern um mehr Kampf in seine Familie zu bringen. Darüber hinaus wollte er nicht hören. Und wie heißt die Formel? *Den Blinden gibt Karma das Augenlicht!* Da er Marie überhaupt nicht zuhörte, nicht mit ihr kooperierte, ihr keinen Raum ließ, sondern sich rücksichtslos verhielt und auch nicht auf die guten Ratschläge anderer hören wollte, trennte sich Marie von ihm.

Nun reagierte er so wie manche, die auf dem spirituellen Weg sind: Er meditierte noch mehr, er wiederholte den Namen Gottes noch häufiger. Dies sind wunderbare Techniken, die ich allen deshalb ans Herz lege, weil ich weiß, wie wirksam sie sind. Patrick sollte aber nicht lernen, wie er zu innerer Ruhe und Gelassenheit kam, sondern wie *sein Gegenüber* im Zusammensein mit ihm diese finden konnte.

Patrick verhielt sich aber wie die oben erwähnten Menschen, die bei Nacht und Nebel Partner und Kinder verlassen und einem unklaren Lehrer folgen. Solche Menschen machen alle ihre spirituellen Übungen, um ihre Familie zu vergessen. Wozu ist das gut? *Die Aufgabe des Menschen ist, Bewusstsein zu finden, Liebe zu entwickeln und verantwortungsbewusst zu leben.* All dieses verpasst so ein verworrener Familienvater. Wozu geht er dann einen spirituellen Weg?

Wozu meditierte und wiederholte Patrick den Namen Gottes, wenn das Ergebnis war, dass Marie sich immer mehr von ihm entfernte?
Und was war seine Schlussfolgerung aus alledem? Marie sei die falsche Frau für ihn! Man bedenke: Die Frau, mit der er sieben Jahre zusammengelebt, mit der er zwei Kinder hatte, war plötzlich die falsche, weil er rücksichtslos einen neuen Weg ging, ohne sich auch nur im Geringsten um sie zu kümmern!

Ich bin gegen Trennungen. Menschen sollen sich für *einen* Partner entscheiden. Diese Entscheidung ist ein Vertrag. Und der lautet: *Ich will für dich da sein. Ich will für dich sorgen. Ich möchte, dass du glücklich wirst!* Dies sind die unbewussten Verträge, die zu erfüllen die Menschen sich gegenseitig versprechen.

Dies ist auch der tiefere Grund, warum Menschen auf Schönheit reagieren, warum so viele sich in schöne Menschen verlieben. *Für den Menschen ist das Schöne ein Versprechen von Glück.* Je unbewusster jemand ist, desto mehr sucht er dieses Schöne da, wo es das Versprechen von Glück am wenigsten erfüllt: Im Körper! Je weiser dagegen jemand ist, desto mehr sucht er das Schöne da, wo es hingehört: In der Seele, im Charakter! Denn allein diese Schönheit entspricht dem Gesuchten. Was der Mensch sucht, ist nämlich, was er aus dem Jenseits, aus der Tiefe seiner Seele kennt: Es ist das Schöne *und* Gute an sich, das Gott ist. Gott ist die vollkommene Verbindung von Schönem und Gutem. Gott ist deshalb das, was die Menschen im schönen Körper, in schönen Bewegungen, im schönen Ausdruck, im schönen Charakter, in der schönen Seele suchen.

Das Finden dieser wahrsten aller Wahrheiten ist auch eine Aufgabe des Partners. Kommst du mit ihm nicht zurecht, dann überlege dir immer, inwieweit du bereits in Kontakt mit dieser Wahrheit gekommen bist. Mit anderen Worten: *Du trennst dich von ihm, weil du von dir, von deiner Quelle getrennt bist.* Das ist das ganze Problem. Und was sagte jener Mann, der sich unbedingt wegen einer anderen von seiner Frau trennen wollte und eines Tages bemerkte, dass er in die neue Beziehung *sich*, sprich: die alten, bekannten Probleme mitgenommen hatte? „Hätte ich gewusst, dass ich wieder da stehen würde, wo ich bereits stand, hätte ich mich nicht getrennt. Aber ich habe es nicht wissen können, war ich doch viel zu verschlossen dafür!"

So erging es auch Patrick. Statt um den Verlust seiner Familie zu trauern, stürzte er sich in die Meditation und in die Wiederholung des Namens Gottes. Diese halfen ihm – sein Herz zu öffnen! Und sein offenes Herz ließ ihn von Tag zu Tag mehr spüren, dass er seine Familie vermisste.

Als er Marie wieder einmal traf, um die Kinder abzuholen, fragte er sie, wie es ihr ginge. „Nicht so gut. Aber auch nicht mehr so schlecht, denn ich mache eine Therapie, die mir sehr hilft!", antwortete sie ruhig. Patrick bekam große Ohren, aber noch größere Augen: Therapie – das klang zwar verlockend, er sah dabei aber einen völlig unklaren Therapeuten vor seinem inneren Auge, der seine eigenen Schwierigkeiten auf die Patienten abwälzte.

Marie bemerkte seinen Gesichtsausdruck und meinte deshalb: „Ich sehe deine Skepsis und verstehe sie nur zu gut! Wie viele Therapeuten sind weder hilfreich noch vertrauenswürdig, das heißt, sie schaden mehr, als sie helfen. Dieser Therapeut hat aber in seiner Therapie viel aufgearbeitet, er ist deshalb fröhlich, kompetent und geht außerdem selber einen spirituellen Weg. Er hat mir schon sehr geholfen!"
Patrick staunte. Das Thema machte ihm aber noch zu viel Angst, deswegen sagte er nur: „Ich freue mich, dass er dir gut tut. Es freut mich wirklich!"
Marie spürte sofort, dass dies von Herzen kam. Patrick hatte sich seit langem wieder einmal auf sie bezogen, hatte ihr zugehört, war auf sie eingegangen und hatte mit einem Gefühl geantwortet! Patrick staunte über Maries Bericht von dem Therapeuten. Marie staunte ihrerseits über Patrick! Dieser hatte aber so viel Angst vor der Therapie, dass er es nicht bemerkte.

Er bemerkte in den folgenden Wochen, dass es Marie immer besser ging, er dagegen irgendwie stehenblieb. Was sollte er nur tun?
Es war ihm schon lange klar, was er tun müsste. Er wollte aber nicht. Auf keinen Fall! Nie, nie würde er zu einem Therapeuten gehen!
Was sollte er aber dann tun? Er spürte, wie er Marie und die Kinder vermisste. Er spürte, wie Marie sich von Mal zu Mal veränderte – und er blieb allein zurück! Zumindest empfand er es so. Er scheute aber trotzdem den Schritt in eine Therapie.

Eines Tages ging es ihm besonders schlecht. Er betete um Hilfe und traf sich dann mit Marie. Die sah ihn an und sprach ihn auf sein Befinden an. Patrick murmelte etwas Unverständliches, denn er wollte weder ihr noch sich selbst eingestehen, dass er nicht weiterkam.
„Patrick", sagte dann Marie und sah ihn herzlich an, „Patrick, wovor hast du denn Angst?"

„Ich weiß nicht!“, antwortete er.
„Ich glaube, ich weiß es!“, meinte Marie. „Ich glaube, du hast Angst, jemand schaut dir in die Karten. Ich habe es mir nie eingestanden, aber du warst immer ein Spieler – und ich fand es gut. Spieler sind aber in der Lage, alles zu verspielen: Ihr Geld, ihr Haus, ihre Frau, ihre Kinder. Und warum? Weil Spieler keine Hemmungen haben, sich selbst beziehungsweise ihr Leben zu verspielen. Du bist ein Spieler, Patrick, und Spieler lassen sich nicht in die Karten sehen. Aus Schutz. Aber welch ein Schutz ist das! Stell dir vor, jemand schaut dir in die Karten und sagt dir, damit könntest du nie gewinnen. Welch eine Chance! ... Es wäre aber wohl doch keine Chance“, fuhr Marie fort, „denn du würdest nicht darauf hören! So ist es!“

Marie schwieg, und Patrick brummte vor sich hin.
Dann fragte er unvermittelt: „Und wie ist dein Therapeut? Kannst du dich auf ihn verlassen? Würde er auch mich als Patienten annehmen?“
Marie staunte. „Was möchtest du, allein zu ihm gehen oder zusammen mit mir?“
„Es macht mir beides Angst! Und wenn ich mir bewusst mache, dass ich mich entscheiden muss, dann könnte ich gleich wieder weglaufen. Lotussitz und Räucherstäbchen ... Ah, welch eine Ruhe! Aber Therapie, wie unheimlich!“ Plötzlich sagte Patrick: „Ich komme mit dir mit!“
Marie war froh, dass Patrick sich entschieden hatte. So ging sie nicht weiter darauf ein, dass er sie gar nicht gefragt hatte, ob es ihr recht wäre, wenn er mit ihr zusammen zu ihrem Therapeuten ginge, auch wenn sie es ihm angeboten hatte.
Auf der anderen Seite war Marie nicht darauf eingegangen, welchen Mut Patrick mit seinem Entschluss bewiesen hatte.

So ging Patrick zusammen mit Marie zu dem Therapeuten und war tief in seinem Inneren auf Kampf und Ablehnung eingestellt – das heißt, er vermutete Kampf, weil er viel Kampf und Ablehnung in sich hatte.

Der Therapeut war ein älterer Mann, der klug und erfahren war. Er erkannte sogleich, dass mit Patricks Kommen Marie, die Kinder und

natürlich auch Patrick eine ganz neue Chance bekamen. So konzentrierte er sich primär auf diesen und achtete genau darauf, wo sein neuer Patient verletzlich, verschlossen oder im Angriff war.
Da Patrick es liebte, im Mittelpunkt zu stehen, fühlte er sich von dem Therapeuten verstanden und angenommen. Und weil er sich geachtet fühlte, achtete er auch den Therapeuten.
Dieser Therapeut hatte ein wichtiges Ziel erreicht: Er hatte durch seine Klarheit und den Kontakt mit tieferen Schichten seiner selbst eine Achtung gefunden, die er auch anderen vermitteln konnte.

So entschied sich Patrick, bei dem Therapeuten zu bleiben. Dies war zunächst einer der größten Erfolge seiner spirituellen Entwicklung – auch wenn er das nie so gesehen hätte –, war er doch bereit, einen Weg zu gehen, der seinem Ego Macht entziehen würde.

Schon nach einigen Stunden bei dem Therapeuten war Patrick in der Lage zu sehen, wie wenig er sich um andere kümmerte. So machte der Therapeut ihn darauf aufmerksam, dass er stundenlang erzählen konnte, ohne sich darum zu kümmern, was sein Therapeut meinte, wie er das Gehörte empfand und wie er darauf reagierte. Selbst wenn der Therapeut eine Hand hob oder ansetzte, etwas zu sagen, ließ es Patrick unberührt. Er redete, als sei es ihm das Wichtigste, dass er *redete*, und nicht, dass er gehört wurde.
Behutsam machte der Therapeut ihn darauf aufmerksam. Er zeigte ihm, wie wenig er darauf achtete, wo sein Gegenüber war. Patrick staunte! Er achtete nicht auf andere? Unglaublich! Er dachte, er sei so aufmerksam, so bewusst, und nun das!

Das Spiel wiederholte sich immer wieder: Patrick erzählte, und der Therapeut wies ihn darauf hin, dass er sich nicht um ihn kümmerte. Der Therapeut sprach aber nicht in einem vorwurfsvollen Ton, sondern leicht und spielerisch. Patrick konnte den Hinweis annehmen, weil er sich nicht bewertet, nicht verletzt fühlte. Patrick staunte.

Da erzählte der Therapeut eine Geschichte: „Es war einmal ein wunderhübsches Mädchen. Sie war nicht nur hübsch, sondern auch sehr intelligent und sehr lieb. Alle ihre Verwandten litten aber, weil sie blind war. Dem Mädchen machte dies nicht so viel aus, war sie ja damit geboren. Die anderen dagegen bedauerten, dass sie all das nicht sehen konnte, was sie sahen. Das Mädchen verstand das aber nicht.

Anstatt auf die Gefühle der anderen einzugehen, setzte sie sich stets an einen Bach und hörte auf dessen Plätschern. Mit der Zeit entwickelte sie sogar eine Sprache, in der sie sich mit dem Bach unterhielt. Sie war überglücklich. Sie brauchte niemanden. Dann wurde es Winter, und der Bach fror zu. Das Mädchen konnte sich nicht mehr mit ihm unterhalten. Nun wurde sie traurig und dachte: ‚Die anderen sprechen über dieses oder jenes, was sie gesehen haben oder sehen. Ich kann da nicht mitreden. Und der liebe Bach ist zugefroren. Jetzt fühle ich zum ersten Mal, dass ich einsam bin. Was kann ich nur tun?‘

Da erzählte eine Tante dieses Mädchens ihren Eltern, dass es einen Heiligen gäbe, der große Wunder vollbringe. Sie sollten doch einmal das liebe Mädchen zu ihm bringen, vielleicht würde er ihr helfen.“ Nachdem der Therapeut sich vergewissert hatte, dass Patrick noch zuhörte, fuhr er fort: „Sie brachten das Mädchen zu dem Heiligen, der sogleich seine Freude über das kluge, herzliche Mädchen aussprach. Er nahm sie zur Seite und sagte ihr ganz leise, so dass es die anderen nicht hören konnten: ‚Dein bester Freund ist der Bach, der im Moment schweigt, weil das Eis in dieser Jahreszeit das Sagen hat.‘ Das Mädchen staunte.
‚Ich habe dir eine Mitteilung von ihm zu machen, die er dir schon immer sagen wollte, die du aber noch nicht zu hören bereit warst.‘ Das Mädchen staunte noch mehr und machte ein fragendes Gesicht. ‚Eine Mitteilung?‘, brachte sie mit einem leichten Erschauern hervor.

„Ja, eine sehr wichtige!“, bekräftigte der Heilige. „Der Bach wollte dir schon immer sagen, dass du schon lange sehen kannst. Du hättest es ihm aber noch nicht geglaubt. Du wolltest bisher ja noch nicht sehen. Jetzt, wo du sehen willst, wo du die anderen sehen willst, wirst du sehen. Der Bach sagte mir, ich solle dir etwas Wasser auf die Augen spritzen, dann würdest du sehen. So, nun erschrick nicht, denn ich werde tun, wie der Bach befohlen hat!‘ Bei diesen Worten spritzte der Heilige etwas Wasser auf die geschlossenen Augen des Mädchens, wartete einen Augenblick und verdeckte ihr dann die Augen, damit sie nicht vom Licht geblendet werde, wenn sie sie öffnete. Das Mädchen öffnete langsam die Augen – und sah!

Sie sah immer mehr. Und staunte immer mehr. Und hatte von Tag zu Tag mehr, worüber sie mit den Menschen um sich reden konnte!"
Hier schwieg der Therapeut, und Patrick war ganz still. Er wusste nicht, warum, er spürte Raum in sich.
Obwohl Patrick als ganz neues Gefühl Raum in sich spürte und merkte, dass die Geschichte ihn berührte, wusste er nicht genau, wie er sie deuten sollte.

„Die Geschichte hat mich sehr berührt", meinte Patrick, „ich kann sie aber nicht deuten!"
„Ich erkläre sie dir gern", antwortete der Therapeut.
„Das blinde Mädchen beziehe ich auf deinen weiblichen Seelenteil, deine Anima. Dieser Teil in dir ist blind. Du kannst nicht sehen, was dein Gegenüber fühlt. In dir ist wenig Raum für eine Frau. Marie konnte dir noch so sehr sagen, wie sehr sie mehr Kontakt, mehr *Dasein* von dir benötigte, du reagiertest nicht darauf, weil du nicht darauf reagieren konntest. Es war wie bei dem blinden Mädchen: Selbst wenn sie sich noch so sehr bemüht hätte, sie hätte die Dinge um sie herum nicht sehen können. Ebenso wenig konntest du auf sie reagieren."

Der Therapeut sagte dies in einem so herzlichen Ton, dass Patrick diese Deutung gut annehmen konnte.
„Das Mädchen spürte aber eine Einsamkeit", fuhr der Therapeut fort. „Sie ging deshalb an einen Bach und sprach mit ihm. Dies bedeutet, dass Menschen den Austausch benötigen wie die Luft zum Atmen. Haben Menschen keinen Kontakt, verkümmern sie zuerst und sterben dann, wenn sich ihnen immer noch niemand zuwendet. So sprach das Mädchen mit dem Bach. Der Bach ist *das* Symbol für Leben. Der Bach plätschert, der Bach ernährt die unzähligen Lebewesen, die in ihm sind, und die vielen Millionen Wurzeln der unzähligen Pflanzen, die durch ihn leben. Der Bach spendet Kühle, der Bach spiegelt das Sonnenlicht in einer einmaligen Weise, wodurch es noch wundersamer, noch hinreißender, noch Göttlicher wirkt. Der Bach ist geballtes

Leben – und genau dahin geht das Mädchen. Sie sieht das Leben nicht, wie es ist. Deshalb geht sie dahin, wo es geballt zu spüren ist.

Du, Patrick, bist zur Spiritualität gegangen. Hier fandest du das Leben, das du woanders nicht finden konntest. Wie das Mädchen hast du dein ganzes Leben darauf ausgerichtet. Du hast aber übersehen, dass in deiner unmittelbaren Nähe deine Frau und deine Kinder waren. Du hast dies nicht gemerkt und hast sie deshalb völlig übergangen. Deshalb fror der Bach ein: Marie ging. Die Kommunikation brach zusammen, deshalb zog Marie aus. Nach einiger Zeit bemerktest du, dass du sie nicht einfach so übergehen, einfach so abhaken konntest, wie du es dir gewünscht, wie du es dir vorgenommen hattest. Da öffnetest du dich für Neues. Du kamst dahin, an dir zu arbeiten, und deine Augen öffneten sich langsam."

„Ich habe wirklich Ähnlichkeit mit dem Mädchen", rief Patrick berührt dazwischen, „ich konnte genauso wie sie die anderen nicht sehen. Ich habe mich auf die Meditation gestürzt und war davon überzeugt, meine Familie würde auch davon profitieren!"
„Genau!", meinte der Therapeut. „Spiritualität ist wichtig. Wäre der Heilige nicht spirituell, er wäre weder ein Heiliger, noch könnte er heilen. Du hast aber des Guten zu schnell und zu viel getan, ohne die anderen einzubeziehen."
„Stimmt!", meinte Patrick nachdenklich und zufrieden.

Und zufrieden war er deshalb, weil ihm ein Licht aufging. Er spürte, dass er wie jenes Mädchen war: In sich verschlossen und unnahbar. Ihm gefiel die Geschichte sehr gut. Er fand das Bild wunderbar, wie dieses Mädchen am Bach sitzt und ihr Herz ausschüttet.
„Auch ich habe vor meinem Altar mein Herz ausgeschüttet. Das Mädchen hat sich ebenfalls hervorragend mit dem Bach unterhalten. Aber für ihre Mitmenschen war sie nicht da – ebenso wenig wie ich! Dann kam der Frost, und sie spürte ihre Einsamkeit – ebenso wie ich!"

„Wie gut du das sehen kannst!", sagte der Therapeut anerkennend. „Du hast vollkommen Recht, aber im Gegensatz zu dem Mädchen hast du Frau und Kinder. Das Mädchen war in dem Alter, in dem sie sich

sehr um sich kümmern konnte und musste. Hast du dagegen eine Familie, musst du für sie sorgen. *Es ist keine spirituelle Entwicklung möglich, wenn sie auf Kosten der Familie geht.* Marie hat ein Recht auf ihren Weg, ebenso wie du auf deinen. Was ist die Aufgabe der Ehe?", fragte der Therapeut mit einem Lächeln in den Augen.
„Ich weiß es nicht", meinte Patrick ratlos.
„Die Aufgabe der Ehe ist, nicht aufzuhören, bevor man nicht einen Kompromiss gefunden hat!" Beide lachten.
„Ja, ja", sagte Patrick lachend, „ich wusste sogleich, dass etwas herauskäme, was kein Mensch schaffen kann!", machte er sich ein wenig über sich selbst lustig.
„Denk dich groß. Wachse an deiner Aufgabe, erfülle sie mit Freude, und du hast den tiefen Sinn deiner spirituellen Entwicklung gefunden! Du dachtest, du könntest von morgens bis abends mit deinen spirituellen Übungen beschäftigt sein. Du bist aber kein Mönch – und auch dieser muss sich an die Klosterregeln halten. Deine Aufgabe in diesem Leben ist es, ein guter Ehemann zu sein. Dies ist deine wichtigste spirituelle Übung. Eine große, eine starke Auf-Gabe. Denn keiner kann eine glückliche Ehe führen ohne Auf-gabe. Du musst ganz vieles aufgeben, was das Mädchen noch unbekümmert leben konnte. Das ist das Wunderbare am Leben: Die Aufgaben sind von Gott so eingerichtet, dass sie uns mehr und mehr die Chance geben, uns zu finden, indem wir unser Gegenüber sehen.

Und noch etwas, Patrick: Wir müssen sehen, dass die Welt Materie gewordene Vielfalt ist. Dass es unendlich viele verschiedene Formen der Entwicklung gibt. *So gehen Partner häufig unterschiedliche spirituelle Wege.* Deshalb ist es die Aufgabe einer Beziehung, einen Rahmen zu schaffen, innerhalb dessen jeder *seinen* Weg gehen kann. Auch dies hat seinen tieferen Sinn, denn Toleranz ist die Schwester der Weisheit, und Weisheit ist unser aller Ziel."

Patrick sprachen diese erhellenden Ausführungen sehr an. Er fühlte sich von seinem Therapeuten verstanden, gemocht und gut beraten. Deshalb konnte er von ihm das annehmen, was er sonst nicht gerne gehört hätte – besonders von Marie nicht!

Das Bild des blinden Mädchens begleitete ihn noch lange. So lange, bis er immer mehr Zugang zu seiner Anima fand – jenem weiblichen Seelenteil, der für Intuition, Spüren, Nachempfinden und Offensein für den anderen steht. Dann fand er allmählich zu Marie zurück und brachte mehr und mehr seine Vorstellungen mit Maries Wünschen bezüglich ihrer spirituellen Wege in Einklang. Und dieser Ein-Klang bestand darin, dass jeder seinen Weg ging und sich trotzdem auf den anderen einstellte. Patrick kümmerte sich liebevoll um seine Familie und erreichte damit viel, sehr viel auf seinem spirituellen Weg.

‚Gehe mit Gott' bedeutet: Gehe mit den Menschen, die dir nahe sind. Und wie gehst du mit ihnen? Indem du sie wertschätzt. Indem du ihnen von Herzen das Gefühl gibst, dass sie dir wichtig sind.

Möchtest du gesehen werden, dann sieh. Möchtest du gehört werden, dann höre. Möchtest du wertgeschätzt werden, dann wertschätze du zuerst.

***Die einfache Formel lautet: Wer liebt, der wird geliebt.
Wer nicht geliebt wird, liebt nicht. Weder sich noch andere.
Liebe, liebe, und Gott ebnet dir jeden Weg.***

Glück ist zu sehen, was man hat

Es war einmal ein Junge, der lebte in ärmlichen, aber glücklichen Verhältnissen. Seine Eltern ehrten Gott, liebten einander und ihre Kinder. Sie waren mit allen in dem kleinen Dorf befreundet, in dem sie lebten. Sie waren aber, wie gesagt, arm, und dieser Junge hatte große Träume.

Er erzählte seine Träume seinen Eltern, und diese, klug wie sie waren, meinten, er könne sie niemals in dem Dorf verwirklichen, sondern nur in einer großen Stadt. Sie erklärten ihm auch, dass man viel Geld benötige, um in die Stadt gehen zu können, was sie aber nicht besäßen. Er solle deshalb wie sie Bauer werden. Sie seien nicht reich, hätten aber alles, was sie brauchten, und seien zudem zufrieden und glücklich.

Damit konnte sich der Junge nicht zufrieden geben. Eines Tages packte er seine Siebensachen, schrieb seinen Eltern einen liebevollen Abschiedsbrief und zog los.

Er erreichte die Stadt und fühlte sich verloren, einsam und unsicher. Bald war das wenige Geld verbraucht, das er mitgenommen hatte, und er musste jede nur erdenkliche Arbeit annehmen, um sich überhaupt ernähren zu können. Zum Schlafen suchte er sich eine ruhige Stelle im Freien, denn etwas anderes konnte er sich nicht leisten.

Dann geschah das Wunder. Er fand eine Arbeit, die ihm den Aufstieg ermöglichte. Sein Traum ging in Erfüllung. Er wurde reich. Er hatte es geschafft.
Alles hatte sich so gefügt, wie er es sich vorgestellt hatte.

Trotzdem blieb ein Teil seines Traumes unerfüllt: Wo war das große Glück, das er sich stets so bunt ausgemalt hatte? Das Glück, das er von zu Hause her kannte?
Hätte er – außer dass er in der Stadt mehr verdiente (und auch ausgab) – nicht auch zu Hause bleiben können?

Er spürte, dass er unbedingt wieder Kontakt zu seiner Familie, besonders zu seinen Eltern, aufnehmen musste. Er fuhr deshalb zu ihnen. In ihrer Liebe lebte er auf. Zudem erkannte er, dass die Verwirklichung seines Traumes ihm etwas sehr Großes geschenkt hatte: Zu *sehen*, was er bereits hatte, als er noch völlig unerfüllt träumte.

ALINA
oder GOTT HANDELT SCHNELL

Alina war eine gute Frau. Sie hielt sich an die Wahrheit, an Rechtschaffenheit, an die Liebe, an Frieden und an die Gewaltlosigkeit. Alinas Mann Andrej dagegen war nicht so klar ausgerichtet. Er strauchelte vielmehr in der Welt herum und versuchte hier und da sein Glück – sowohl beruflich als auch privat.
Alina spürte das und betete deshalb zu Gott, Er möge ihm helfen und damit auch sie und die Kinder vor Unglück bewahren. Gott erhörte ihre Gebete, und so kam es in all den Jahren zu keinen größeren Schwierigkeiten.

Dann aber verliebte sich Andrej in die Frau eines Geschäftskollegen – und sie sich in ihn.
Die Situation wurde zunehmend brisanter. Und Alina betete wiederum. Deswegen schickte Gott Andrej einen Traum, in dem er seine Angebetete vor sich sah. Er sah ihre schönen Augen, ihr schmales Gesicht und ihr lockiges Haar. Er begann sogleich, sich in ihren schönen Augen zu verlieren. So verliebt war er. Da sah er plötzlich, wie die Iris seiner Geliebten sich veränderte. Sie dehnte sich und nahm plötzlich die Form einer Kaulquappe an. Andrej staunte.

Er staunte aber noch mehr, als er sah, wie die Kaulquappe sich in ein Krokodil verwandelte, das ganz schnell erst das Auge, dann das Gesicht und schließlich seine Geliebte ganz auffraß. Im Nu war das Krokodil riesengroß und bedrohte nun auch ihn. Andrej war zu Tode erschrocken und wachte schweißgebadet auf. Er verstand sofort die Bedeutung des Traumes: Die Kaulquappe interpretierte er als ein

Symbol der Fruchtbarkeit, des Lebens, der Körperlichkeit. Das hieß: Sobald er mit seiner Angebeteten körperliche Nähe erleben würde, wären zuerst sie und dann er von Zerstörung und Tod bedroht.
Andrej war von dem Traum so getroffen und im wahrsten Sinne des Wortes wach-gerüttelt, dass er nicht weiter versuchte, eine Beziehung mit der Frau seines Kollegen aufzubauen.

Alina ihrerseits wusste von alledem nichts. Sie spürte nur, dass ihr Mann unruhig, hin- und hergerissen und im Umbruch war. So betete sie noch mehr, und der Herr schenkte ihr Seine Gnade. Andrej erfuhr viele Schicksalsschläge, die ihn zuerst spüren und anschließend erkennen ließen, dass sein Weg in die Irre führte. Er begann deshalb zuerst zaghaft, dann aber mehr und mehr zu beten und den Weg seiner Frau zu teilen. Er gewann das Vermögen, das er in der letzten Zeit verschleudert hatte, zum Teil zurück. Er gewann zudem inneren Frieden und erlebte die Freude, die ein Paar erfährt, wenn es einen gemeinsamen spirituellen Weg geht.

Diese Geschichte macht deutlich, welche Macht das Gebet hat und welch großer Nutzen beziehungsweise Segen es für eine Beziehung ist, wenn auch nur *ein* Partner von Herzen betet.
Würden heute mehr Menschen beten, gäbe es mit Sicherheit weniger Scheidungen, denn die Zahl der Scheidungen ist direkt proportional zur Zahl derjenigen, die den Weg zum Gebet entweder nicht suchen oder nicht finden.

Betet dagegen jemand, so ruft er Gott sogleich auf den Plan.

So kam eines Tages zu einem Erleuchteten eine Gruppe Menschen, die ihn fragte, warum am Vortag ein vollbesetztes Flugzeug abgestürzt sei, wobei alle Insassen umgekommen waren. Warum hatte Gott das nicht verhindert? „Er ist doch allmächtig, warum hat Er diese Menschen nicht gerettet?“, fragten sie.
„Weil kein Einziger sich an Gott gewandt hat“, antwortete der Erleuchtete. Hätte auch nur *einer* um Hilfe gebeten, hätte Er sofort gehandelt. Unzählige Unglücke sind durch Gebete verhindert worden. Manche allerdings konnten selbst Gebete nicht abwenden, wenn das

Karma der Beteiligten es bedingte, dass etwas so und nicht anders geschehen musste. Aber auch dein negatives Karma kannst du durch Gebete und die Wiederholung des Namen Gottes in positives umwandeln.
Selbst vor einer Atomexplosion wurden die Menschen bewahrt, weil einige Gott von Herzen um Hilfe baten. Damit haben diese Menschen eine Katastrophe mit unabsehbaren Folgen verhindert.

Bedenke deshalb: Das Gebet ist die größte Macht, die der Mensch hat. Die Welt befände sich in einem viel schlimmeren Zustand, wenn nicht so viele gute Menschen um den Erhalt und das Wohlbefinden der Welt beteten.
Das Gebet ist so stark, dass sich viele sehr, sehr hohe Seelen inkarnierten, um der Welt zu helfen und somit auf die Gebete zu antworten.
Wenn du Probleme hast, deine Beziehung schwierig ist, dann bete. Du benötigst aber drei Eigenschaften, damit deine Gebete auch sicher in Erfüllung gehen können: Du brauchst Glauben, Geduld, und außerdem musst du so viel zu Besserung deiner Situation beitragen, wie du nur irgend kannst.
Du darfst zum Beispiel nicht Verhaltensweisen beibehalten, die deine Ehe zerstören, und davon ausgehen, das Gebet werde schon helfen.

Gib deine schlechten Gewohnheiten auf. Lebe nach den fünf Kardinaltugenden Liebe, Wahrheit, Rechtschaffenheit, Frieden und Gewaltlosigkeit. Übe Selbstkritik und nicht Kritik an anderen, und Gott wird dir helfen und dich segnen. Mit Sicherheit, denn Er kann gar nicht anders, da Seine Liebe Ihn wie ein Magnet zu dir hinzieht.

Suche die Gesellschaft der Guten

Eine so genannte „Judasziege“ wird von Hirten als Anführerin einer Herde eingesetzt, damit sie diese in den Schlachthof führt. Dort bleibt die Herde. Die Judasziege kommt dagegen frei, wird belohnt und kann die nächste Herde in den Tod führen.

Eines Tages wird sie aber alt. Und was geschieht dann? Sie wird damit belohnt, dass auch sie geschlachtet wird und eine jüngere Ziege ihren Platz einnimmt.

Was soll dir dieses Beispiel sagen? Hüte dich vor schlechter Gesellschaft. Sie kann dir noch so viel versprechen. Du magst noch so viele *sichtbare* Vorteile haben. Eines Tages wirst mit Sicherheit auch du betrogen. Wer andere betrügt, wird irgendwann auch dich betrügen.

Betrügen, ebenso wie Lügen, wird nämlich schnell zur Gewohnheit, die gar nicht mehr wahrgenommen wird. Traue deshalb niemandem, der anderen schadet – seien die Opfer Menschen oder Tiere.

Setze all deine Anstrengung ein, bei und mit guten Menschen zu sein. Bleibe lieber allein als in schlechter Gesellschaft. Es mag anfangs noch so schwer sein. Am Ende zahlt sich die Gemeinschaft mit den Guten aber immer aus.

Denn dein Ziel ist das absolute Gute.

Schule dein Unterscheidungsvermögen, denn es bewahrt dich vor bösen Überraschungen.
Gibst du dem Bösen, wird er es dir nicht danken, sondern gar gegen dich verwenden.
Gibst du dagegen dem Guten, wird er es dir hundertfach zurückgeben.
Dies zu wissen und zwischen Guten und Bösen zu unterscheiden ist das Geschenk des Unterscheidungsvermögens – eines der größten Geschenke auf dem Weg zum Höchsten Ziel, wo du dieses Wissen nicht mehr brauchst, weil es dann keine Trennung zwischen dir, der Welt und Gott mehr gibt.

ARCHE UND ANARCHIE

Karl Marx hatte es schwer. Er wuchs in einer Familie auf, in der er sich nicht geborgen fühlte. Und er hatte nicht die Gnade, einen engen Kontakt zu Gott aufbauen und pflegen zu können. Stattdessen lebte er in ständiger Konkurrenz – mit sich und mit anderen.
Karl Marx hatte deshalb ein schweres Leben, weil er im Laufe seiner verschiedenen Leben nicht die Eigenschaft der Freude entwickelt hatte. Freude zerrann ihm wie Wasser in einem durchlöcherten Eimer.

Das Positive an Karl Marx war sein Engagement. Er wollte die Welt verändern. Das Leiden der Arbeiter berührte und beschäftigte ihn sehr, wozu er Weltbewegendes formulierte und sehr wichtige Anstöße gab. Sein Denken war aber tot – obwohl er so viel dachte. Karl Marx dachte nämlich, Gott sei tot.

Das Denken, das von einem toten Gott ausgeht, ist selber tot. Gott ist der absolute Maßstab. Gott ist die Essenz, das Wesen und damit das Wesentliche von und in allem. Wer Gott nicht denken will, kann nicht denken – obwohl oder gerade weil er meint, dies so klar zu denken. Dies klingt paradox, aber gerade deshalb ist es wahr. Das Denken kann Gott nicht ergründen. Es kann Gott nicht durchdenken, analysieren, erfassen. Gott muss aber immer als Maßstab, als Ziel, als das sichere Absolute im Denken enthalten sein, sonst wird das Denken grenzenlos. Und grenzenloses Denken ist höchst gefährlich. Ein Denken ohne Grenze, ein Denken ohne Gott ist zu allem fähig.

Karl Marx wollte eine Gesellschaft ohne Gott aufbauen. Ich sage: „Der Mensch ist Gott." Karl Marx sagte: „Gott ist der Mensch." – Eine kleine Umkehrung, und alles ist anders. Sage ich, der Mensch solle das

Göttliche in sich suchen und verwirklichen, sagte Karl Marx, Gott sei der Mensch, und er sei tot. Also sind sowohl Gott als auch der Mensch tot. Ohne zu wissen, was er sagte, formulierte Marx damit aber eine entscheidende Wahrheit:
Ist Gott nicht mehr lebendig in der menschlichen Gemeinschaft, geht diese zugrunde – und mit ihr die Menschen, die in ihr leben.

Eben dies geschah in den kommunistischen Ländern: Die Regierungen richteten die Staaten zugrunde und ermordeten darüber hinaus noch Millionen (!!!) Menschen. Welch ein Gräuel!
Der Mensch hat immer zwei Möglichkeiten: Entweder er wendet sich Gott zu und vom Dämonischen ab oder umgekehrt. Das Entscheidende auf dem Weg zu Gott ist das Aufgeben des Ego. Das Ego ist zunächst wertfrei. Es ist anfangs hilfreich, sogar entscheidend, um zu überleben und wichtige Entwicklungen zu machen. Ein Tier ohne Ego ginge zugrunde. Und so auch ein Mensch ohne Durchsetzungsvermögen.

Früher oder später kommt aber der Punkt, an dem der Mensch sich entscheiden muss: Für oder gegen das Ego. Entscheidet er sich für das Ego, liegt der Weg zum Dämonischen sehr nahe. Das *Dämonische ist die totale Macht des Ego*, nach dem Motto: Alles für mich, koste es – besonders andere! –, was es wolle! Das ist etwas, was bei Tieren nicht geschehen kann, weil sie bei weitem nicht über die Freiheit und die Macht des Menschen verfügen.
Der Weg zu Gott, zum Selbst, ist das Aufgeben von Ego. Gott schmilzt das Ego, löst es mehr und mehr auf. Deshalb ist der Weg zu Gott für das Ego kein leichter Weg. Deswegen wird das Ego so sehr vom Dämonischen angezogen. Hier glaubt es, sich nicht nur über die Runden retten zu können, sondern sogar mehr und mehr Macht zu bekommen.

Dieses Denken ist falsch. Es ist das Denken ohne Maßstab, ohne Gott. Keiner kann auf Dauer dämonisch sein. Dämonen können nur unter bestimmten Bedingungen aufkommen und eine Zeitlang überleben. Ihre Zeit ist aber immer begrenzt. Früher oder später müssen sie ihr Dämonendasein aufgeben. Da gibt es kein Entrinnen. Anders dagegen ein guter Mensch: Er kann immer gut sein. Er wird einigen Prüfungen begegnen, die ihm helfen, seinen Charakter zu festigen und seine Güte mehr und mehr in seinem Wesen zu verankern. Der Gute ist aber immer bereits am Ziel. Der Schlechte dagegen noch auf dem Weg. Der wirklich Gute weiß, dass er Gott ist. Der Schlechte leugnet Gott oder meint, Gott sei der Mensch.

Was bei dieser Haltung herauskommt, sehen wir in den kommunistischen Ländern. Alle waren Diktaturen. Und was heißt das? Wo kein Gott ist, da ist auch keine Freiheit!
Hier wendest du sogleich ein, es gäbe genügend Diktaturen, die sich auf eine Religion bezögen oder gar von der Religion oder von einer Kirche ihre Legitimation ableiten oder bekommen.
Für mich ist die Antwort einfach: Hast du einen Maler bestellt, und es kommt jemand, der anfängt, dein Haus einzureißen, dann nennst du den nicht einen Maler, sondern einen Abbruchunternehmer, oder du erklärst ihn für verrückt.

Wer Menschen unterdrückt, die Menschenrechte mit Füßen tritt und seine Untertanen leiden lässt, hat mit Gott so viel zu tun wie jener Mann mit einem Maler – nämlich gar nichts.
Die Nähe zu Gott und zu wahrer Religion erkennst du daran, wie liebevoll, wie gebend, wie barmherzig jemand ist. Ist er es nicht, ist er Gott nicht nahe.

So war es auch mit der marxistischen Theorie und deren zum Teil äußerst brutaler Umsetzung in die Praxis. Politiker, die ihre Staatsbürger für eine Idee einsperren, darben lassen oder gar foltern und ermorden, sind keine Politiker, sondern Verbrecher.
Aber selbst die schlechtesten Wesen können nicht Gottes Gesetze ignorieren. Sie können die Kirchen schließen und groß verkünden, Gott gäbe es nicht, und doch werden sie mit Seinen Gesetzen konfrontiert und können sie, *wenn überhaupt, nur eine Zeitlang* übergehen.

So lehnte der Marxismus anfangs auch die Familie beziehungsweise die Einehe ab. Jeder sollte mit jedem zusammen sein können, und zwar so lange er beziehungsweise sie es wollte, und er sollte gehen können, wann immer es ihm beziehungsweise ihr passte.

Das Göttliche Gesetz lautet aber: *Wer die Familie zerstört, zerstört die Gesellschaft*. An Gott glaubten die marxistischen Tyrannen nicht. Und dennoch mussten sie Seine Gesetze befolgen – um zu überleben. Denn eine Regierung, die die Familien zerstört, führt geradewegs in die Anarchie und damit in die totale Zerstörung.

Anarchie wird mit Gesetzlosigkeit beziehungsweise mit politischem, sozialem und wirtschaftlichem Chaos übersetzt. Ich möchte es aber noch anders sehen. Das griechische Wort „Arche“ bedeutet Anfang, Ursprung. Anarchie ist für mich der Zustand, der nicht mit dem Ursprung verbunden ist. Dieser Ursprung ist Gott. Leugnest du Gott, verlierst du deinen Ursprung. Achtest du die Familie nicht, verlierst du den Kontakt zu deinem Ursprung, zu Gott. Und was ist ein Leben ohne Gott? Sinn- und wertlos. Du bist auf Erden, um Gott zu finden, nicht um Ihn zu verlieren. Verlierst du Gott, hast du dieses Leben nicht genutzt.

Gott ist eben nicht der Mensch, sondern du musst dein Verweilen auf Erden nutzen, um herauszufinden, dass du Gott bist.
Was wäre aus Karl Marx, was wäre aus vielen Herrschern, was wäre aus vielen Ländern geworden, wenn jemand ihnen das gesagt und es sie in ihren Herzen hätte spüren lassen!

Sieh, welch ein Segen das Leben ist, denn alle, Marx, Stalin und Mao und all die anderen, enden als Paulus, als derjenige, der nach langen Zweifeln und Suchen Gott findet. Die Zeitspanne, während der jemand als Saulus, als Zweifler lebt, ist immer nur eine kurze Phase der Anarchie. So sehr sich Saulus auch abwenden mag, es ist nicht schlimm, denn Gott hält ihn fest an Seinem Herzen. Er verhält sich wie eine Mutter zu ihrem Kind: Je kleiner das Kind ist, desto häufiger drückt sie es an ihre Brust!

Ohne Gott geht es nicht

Stalin war einer der großen Dämonen des 20. Jahrhunderts. Er schreckte vor nichts zurück, um seine Macht auszubauen und zu erhalten. Die meisten seiner Weggenossen ließ er ermorden. Manch einen ließ er mit einer großen Begräbnisfeier bestatten – so, als hätte das böse Schicksal ihm einen guten Freund entrissen. Das Böse war aber er, der keine Grenzen kannte.

Unzählige ließ er per Gericht zum Tode verurteilen, und wo dies aus taktischen Erwägungen nicht angebracht schien, befahl er jahrelange Haft ohne das Recht auf Briefkontakte. Dies war ebenfalls ein Todesurteil, denn die Armen wurden im Gefängnis liquidiert, ihre Leichen anschließend heimlich in Krematorien verbrannt und die Asche weggeworfen. Manche Angehörigen erfuhren so nie, welch schreckliches Unrecht ihren Geliebten widerfahren war.
Stalin schaffte es in seiner grenzenlosen Grausamkeit auch, dass seine Frau sich das Leben nahm. Sie war ihm lästig geworden, so musste auch sie sterben.

Bemerkenswert ist nun, dass dieser Dämon, ebenso wie sein Vorgänger Lenin, versuchte, eine neue Gesellschaftsordnung zu errichten. Lenin hatte die Zarenfamilie ermorden und die Kirche entthronen lassen. Unzählige Priester verloren durch die russische Revolution ihr Leben. Und wofür? Für ein Regime, das den Menschen noch weniger Wohlstand, noch weniger Gerechtigkeit bescherte als das der Zaren. Natürlich ging es einigen besser als unter dem Zaren und seinen Vasallen. Im Ganzen betrachtet, war das Blutopfer aber so groß, dass es alle Gräuel aller Zaren zusammen übertraf. Und das, obwohl die Zaren und deren Schergen auch nicht gerade menschenfreundlich gewesen waren.

So war es auf der einen Ebene ein schwerwiegendes Verbrechen, dass Lenin die Zarenfamilie ermorden ließ. Auf der anderen Seite war sie von den Göttlichen Heerscharen nicht zu retten, weil sie sich selber so viel Schuld aufgeladen hatte.

Der Zar war liquidiert, die Kirche entmachtet – und was hatte sich verändert? Man kann hier zu Recht das zynische Motto erwähnen: *Zuerst wurden die Menschen von Menschen ausgebeutet. Danach war es umgekehrt!* Dieses Motto ist aber nicht ganz zutreffend, weil nach der russischen Revolution nicht Menschen von Menschen, sondern Menschen von Dämonen ausgebeutet wurden – Dämonen, zu denen ich auch Breschnew rechne, denn er war ähnlich brutal.

Was tat aber Stalin, der den Staat von allen zaristischen und christlichen Symbolen und Gedanken „säubern" wollte? Schon bald führte er die alten Insignien und Rituale der Macht und der Religiosität wieder ein! Bei „wichtigen" Beerdigungen wurden die Leichname mit entblößtem Gesicht aufgebahrt wie einst Heilige. Es wurden große Bilder von ihnen im Trauerzug mitgetragen wie früher Ikonen, und die rote Fahne des Kommunismus hatte die Fahnen der Kirchen und Potentaten ersetzt.

So wurden zuerst Lenin und anschließend Stalin zu den „Heiligen" des Sowjetreiches. Und das Volk trauerte in größter Ergriffenheit beim Tod dieser Schurken, die es geschafft hatten, die alten Riten in ihr zerstörerisches Vorhaben zu integrieren. Was einst auf Gott und auf den Herrscher von Gottes Gnaden verwiesen hatte, verwies nun auf die Schergen des Kommunismus. Sie lehnten Gott, sie lehnten Seine Gesetze ab – und verwiesen doch, wenn auch in leicht abgewandelter Form, auf Ihn, um ihre Macht abzusichern. Es reichte ihnen eben nicht, zu morden, sie mussten dem Volk übergeordnete Werte geben, um es

regierbar zu halten. So wurden sie mit Gott, den sie unbedingt aus ihrem Leben verbannen wollten, spätestens beim Tod wieder konfrontiert.
Und dies in doppelter Hinsicht: Einerseits missbrauchten sie die alten Riten, um ihre Macht zu legitimieren und zu festigen. Andererseits begegneten sie Gott nach ihrem Tod direkt. So waren Lenin und Stalin erschüttert, als sie sich nach dem Verlassen ihrer Körper mit Gott und Seiner Ordnung konfrontiert sahen. Sie sahen ihre schrecklichen Fehler, und sie erkannten, dass sie für all das Böse, das sie getan hatten, sühnen mussten.

Sie mussten für ihre Taten in ihren darauf folgenden Leben sühnen. Was heißt „sühnen"? Sühne ist der negative Aspekt von Karma.
Stalin muss am eigenen Leibe erfahren, was er Millionen angetan hat. Dies ist deshalb notwendig, weil er nur so ein Nachempfinden, ein Mit-Leiden lernen kann. Das Deutsche Wort *Mitleid* trifft den Sachverhalt perfekt. Für Stalin waren Menschen nichts anderes als Schachfiguren. Kein vernünftiger Mensch bricht in Tränen aus, wenn auf dem Schachbrett ein Bauer, ein Läufer oder eine Dame fallen. Genauso sah Stalin seine Mitmenschen: Als Schachfiguren, mit denen man geschickt umzugehen hat, die aber ansonsten keinen Wert haben.

Stalin ist eine sehr starke Seele, nur deshalb konnte er so schnell so weit reichenden Einfluss gewinnen. Zu schnell. Er hatte den Ehrgeiz, ganz schnell weit hinaufzukommen. Dann erlebte er und erlebt immer noch, dass zu schnelles Vorankommen den Weg nicht verkürzt, sondern enorm verlängern kann. Das ist die Sühne, das ist die Aufgabe von Karma: Der Seele zu zeigen und sie erleben zu lassen, dass schnelles Vorankommen durch Hartherzigkeit und Machtgier nicht das Entscheidende ist, sondern dass es allein darauf ankommt, ob eine Seele ein Segen für die Menschheit ist oder nicht.

Es ist nun schrecklich für eine Seele, nach dem Tod erkennen zu müssen, dass sie nicht nur kein Segen, sondern ein Fluch für die Menschheit war. Dies schmerzte alle Dämonen des 20. Jahrhunderts. Ihre größte Bitte im Jenseits ist deshalb, ihr Tun könne irgendeinen

Segen, zumindest irgendeinen Nutzen gebracht haben. Ihr Leiden berührt Gott, und Er erhört deshalb ihre Gebete. Aus diesem Grund wird eines Tages selbst das Tun der Dämonen segensreich.

In Deutschland zum Beispiel haben die Menschen durch die Schreckenstaten Hitlers gelernt, dass eine Philosophie des Größenwahns und eine Regierung ohne ethisch ausgerichtetes Grundgesetz zur Katastrophe führen.
Die Dämonen der Sowjetunion machten ihrerseits deutlich, dass ein Staat ohne Gott, ein Volk ohne Glauben zugrunde geht. Und noch etwas wurde deutlich: So, wie gute Menschen sich stets verstehen und den Ausgleich suchen, so zerstreiten sich stets die Bösen – kein Wunder, dass sie den größten Krieg der Menschheitsgeschichte entfachten und alle gegeneinander kämpften.

Trenne dich deshalb unbedingt von dummen Egoismen. Baue vielmehr auf Gott und damit auf ein positives Selbstwertgefühl. Glaube niemals aus deinen Komplexen und deiner Unwissenheit heraus, du würdest dadurch größer, dass du jemand anderem den Kopf abschlägst. Dadurch, dass er nun „einen Kopf kleiner ist“, wirst du nicht größer, auch nicht lebendiger, sondern nur noch lebloser.

Alle Menschen sind vor Gott gleich. Auch die bösen Dämonen, denn Gott sieht nicht nur den Augenblick, sondern das Ganze. Gott sieht deshalb, dass eine Seele, die viel Schlechtes tun kann, eines Tages auch viel Gutes tun wird, weil sie durch entsprechendes Leid viel Mitleid entwickelt hat. Die Welt ist auf Ausgleich ausgerichtet. Vor Gott sind alle gleich, denn Seine unendliche Liebe macht alle gleich. Sie kann gar nicht anders. Deswegen sind vor Gott alle auserwählt.

Die Ungläubigen oder Gottlosen *glauben* (!), es gäbe weder Glauben noch Wunder. Und warum glauben sie dies? Weil sie noch nicht in Kontakt mit der Göttlichen Liebe gekommen sind. Diese Liebe ist das wirkliche Wunder. Deswegen ist alles ein Wunder. Alles.

Arroganz, Hochmut und Überheblichkeit entstehen, weil du dich als wichtig denken möchtest, dies in Wahrheit aber nicht tust.
Schätze deshalb dich und andere von deinem Herzen her.
Umhülle dich und andere mit deinem Herzen.
Nimm dich und andere vom Herzen her wichtig – und du wirst es in Wahrheit, von der Wahrheit des Herzens her sein.

König Ashok
oder Ein Land erlangt Rechtschaffenheit

Es war einmal ein grausamer König, der sich wenig um Recht und noch weniger um Gnade kümmerte.
Ein König dagegen, der sein Reich mit Recht und Gnade regiert, ist wie eine Rose: Sie hat Dornen, um sich gegen Feinde zu verteidigen, sie hat aber auch eine wunderschöne Blüte und einen herrlichen Duft, um die zu erfreuen, die ihr mit offenem Herzen begegnen. Obwohl sie so auffällig ist, nehmen manche Menschen die Pracht und Schönheit der Blume im Allgemeinen und der Rose im Besonderen nicht wahr. Sie wissen noch wenig vom Leben. Der Wissende dagegen begegnet ihr mit Liebe und Achtung. Dafür wird er, wie auch von allem anderen Schönen, von der Rose mit Energie, Freude und innerem Glanz gesegnet.
Ein Herrscher ohne Gerechtigkeit und Gnade ist dagegen wie ein Tage alter Leichnam – er ist übel riechend und zu nichts nütze.

So verhielt es sich mit König Ashok. Anstatt seine Untertanen zu führen, zu lehren, zu verstehen und zu lieben, ließ er zahllose von ihnen einkerkern, foltern und hinrichten.
König Ashok hatte einen weisen Freund, der immer wieder versuchte, ihn klug zu beraten, und der ihn von Herzen bat, nicht weiter so ungerecht und grausam zu sein.
„Majestät, ich bitte dich“, sagte er häufig, „ich bitte dich, herrsche mit offenem Herzen. Ich bitte dich im Interesse aller. Besonders auch in deinem Interesse. Du warst so gnädig, mir zu erlauben, dein Freund sein zu dürfen. Als Freund möchte ich dir von Herz zu Herz nahe

bringen, dass dein Handeln dich in Gefahr bringt. Du weißt, dass über uns alle der barmherzige, gütige und gerechte Herr, unser aller Gott herrscht. Er sieht alle unsere Taten. Ich bitte dich, halte dich an Seine Gesetze. Es sind dies die Gesetze der Gerechtigkeit und Barmherzigkeit.“ Mit gefalteten Händen stand sein Freund Ananda vor ihm. Und er faltete seine Hände, weil er in seiner Weisheit selbst in diesem ungerechten Herrscher Gott sah und liebte.
König Ashok hörte jedoch nicht auf seinen Freund, sondern reagierte ungeduldig und ungehalten.
Ananda war aber ein guter Mensch und ein ebenso guter Freund. Er bat deshalb immer wieder für das Recht oder das Leben vieler Menschen. Dies erboste König Ashok allmählich so sehr, dass er selbst seinen treuen Freund in den Kerker werfen ließ.
Gott sah dies und verschloss Seine Augen nicht vor dem Unrecht.

Der König hatte einen Sohn, den er gemeinsam mit seiner Frau Lolanda zu Härte, Willkür, Brutalität und Grausamkeit anhielt. Er wurde ein Abbild seines Vaters und übertraf diesen sogar noch an Unmenschlichkeit.
Grausam, wie König Ashok war, liebte er die Jagd und den Krieg. So war es nur folgerichtig, dass er bei einem Feldzug gegen seine Nachbarn ums Leben kam. Er wurde bald darauf als armer Bauer in seinem ehemaligen Königreich, das nun sein grausamer Sohn regierte, wiedergeboren.
Ashoks Frau Lolanda war von ihrem eigenen Sohn in den Kerker geworfen worden, wo sie elend umkam. Sie wurde als arme Bauerstochter wiedergeboren.
Der ehemalige König und die ehemalige Königin lernten sich kennen und lebten als arme Bauern ein mühevolles, aber glückliches Leben.

Da kamen eines Tages die Häscher des Königs und führten den armen Bauern, den ehemaligen König, ab. Er wurde ins Gefängnis geworfen, misshandelt, gefoltert und anschließend einfach vergessen.
Seine Frau sah ihn noch ein einziges Mal und war tief erschüttert, was man ihm, den sie für unschuldig hielt, angetan hatte.
Ashok wurde jahrelang unter den schlimmsten Bedingungen gefangen gehalten.

Er lebte mit fünfzehn Mithäftlingen in einem Raum zusammen, den man eher eine Höhle als ein Zimmer nennen musste. Es war wenig Licht in diesem Raum. Es gab keine Privatsphäre, und jeder musste mit jedem auskommen. So sprach Ashok viel mit den anderen Häftlingen und diskutierte darüber, wie ungerecht die Herrscher seien und wie ausgeliefert das Volk.

Er wäre gerne einmal Herrscher gewesen. Er wolle es besser machen, sagte er, von dem ja im Grunde all diese Brutalitäten ausgingen! Denn er hatte den heutigen Herrscher so menschenverachtend erzogen. Er war ihm ein so schlechtes Beispiel gewesen! Er war es, der die Gelegenheit nicht genutzt und nicht auf seinen guten Freund gehört hatte, der ihm geholfen hätte, ein guter Herrscher zu werden.
Aber all das wusste Ashok nicht – Ashok, der jetzt kein König und im Grunde auch kein Bauer, sondern nur mehr ein armer, hilfloser Gefangener war. Ich sagte, er wusste nicht, dass von ihm all diese Brutalitäten ausgingen. Dies ist nicht ganz richtig: Auf einer Ebene wusste er es natürlich nicht – auf einer anderen aber sehr wohl.

Freud hat die Einteilung von *bewusst* und *unbewusst* in die Psychoanalyse eingeführt. Dies war ein entscheidender Schritt. Die Welt sähe in vieler Hinsicht noch schlimmer aus, hätte es nicht die integre Seele von Sigmund Freud gegeben. Sie hat bei der Menschheit Licht in die inneren Zusammenhänge der Seele gebracht.

Freud hat aber auch manches falsch gesehen. Einen Fehler stellen zum Beispiel seine Begriffe des Unbewussten, des Ich und des Über-Ich dar. Zum Unbewussten zählt Freud Triebe, Wünsche, Verdrängtes. Das Selbst, den Gott in dir dachte Freud nicht, deshalb wies er Ihm auch keinen Platz zu. Das Selbst ist aber in jedem Menschen vorhanden. Gott ist in jeder Kreatur und begleitet sie durch die verschiedenen Leben. Gott ist immer da, obwohl Er den meisten *unbewusst* ist. Deshalb ist das Unbewusste nicht nur ein dunkler Sammelplatz wilder Wünsche und Neigungen beziehungsweise Verbote, sondern der psychische Ort im Menschen, der von den archaischsten Trieben bis hin zum allumfassenden Gott reicht – dem Gott, der das wahre Fundament für das Ich und Über-Ich ist.

König Ashok hatte also seine Untertanen in erschütternder Weise um die Führung durch einen guten König betrogen. Er kam in einem selbstverschuldeten Krieg um und erlitt als armer, hilfloser Bauer einen Teil der Qualen, die er anderen angetan hatte. Er fand in seiner Inkarnation als Bauer beziehungsweise als ausgelieferter Gefangener seinen Weg zu dem Teil, der ihm als König so unbewusst gewesen war: Zu dem Gott in sich. Das Dunkel des Verlieses brachte ihn gleichsam zu dem Teil seiner selbst, der bis dahin im Dunkeln geblieben war. Und – völlig paradox – in eben diesem Dunkel und durch den Kontakt zu seinen Mithäftlingen fand er das Licht seines Glaubens.
Ashok fand zu einem tiefen Glauben, zu Demut, zu Ehrfurcht und zum Staunen. Er konnte sich nun über die kleinste Kleinigkeit freuen und dem Herrn dafür danken.
Ashok war aber von unbewussten Schuldgefühlen getrieben. Er „wusste" unbewusst um seine Schuld als König. Deshalb bat er immer wieder Gott, Er möge ihm die Chance geben, als Herrscher Gutes für ein Volk zu tun. Immer und immer wieder dachte er daran und bat Gott um die Gnade, diesen seinen brennenden Wunsch zu erhören und zu erfüllen.

Nach langer, langer Zeit, in der er niemals vernommen wurde geschweige denn die Möglichkeit hatte, sich zu verteidigen, wurde ihm eines Tages mitgeteilt, es sei nun erwiesen, dass er schuldig sei, weswegen er in zwei Wochen hingerichtet werde.

Ashok betete in diesen zwei Wochen viel und hoffte, „einmal als Herrscher wieder aufwachen zu können", wie er es nannte. Er sprach noch viel mit seinen Kameraden und war recht gefasst. Was ihn aber wirklich schmerzte, war der Gedanke an seine Familie. Ashok litt bei der Vorstellung, wie viel Leid sie durch ihn erleben musste.
„Wer kümmert sich um meine Frau?", fragte er sich, da er trotz der vielen Jahre Gefangenschaft gehofft hatte, herauszukommen. „Wer wird in diesen schlechten Jahren für sie und die Kinder sorgen?" Diese Fragen bekümmerten ihn sehr.
‚Da ich aber ohnehin keine Hoffnung habe, aus dem Gefängnis je wieder herauszukommen', dachte er, ‚ist es auch beinahe einerlei, ob sie mich jetzt töten oder ob ich etwas später an Auszehrung sterbe.

Aber ich bitte dich, Herr, mein Schöpfer, dich um meine liebe Familie zu kümmern.' Der Herr erhörte ihn, und seiner Familie wurde geholfen.

Ashoks Herz, das während seiner Zeit als König so verschlossen gewesen war, öffnete sich noch mehr. Er half, wo er konnte, und starb mit einem Gebet auf den Lippen und dem Wunsch, einmal ein guter Herrscher zu werden.

Gott verfügte, dass er in der Herrscherfamilie als sein eigener Urenkel wiedergeboren wurde. Dies war eine besondere Gnade, die so nicht häufig geschenkt wird, die ihm aber wegen seines Glaubens, seiner Hingabe, seines Dienens seinen Mitgefangenen gegenüber und auch deshalb gewährt wurde, weil er mit einem Gebet auf den Lippen gestorben war.

Ashok hatte in seiner neuen Inkarnation ein offenes, gutes Herz. Entsprechend viel litt er unter der Unredlichkeit, der Falschheit und dem korrupten Machthunger am Hof.
Er wurde aber nicht so sehr beachtet und in die Pflicht genommen, dass es für ihn hätte unerträglich werden können. Ashok war nämlich in der Thronfolge erst an fünfter Stelle. So wurde er beinahe übersehen, dachte ja keiner daran, dass er eines Tages Herrscher werden würde. Er wuchs deshalb mit einiger Freiheit auf, wodurch er sich seine guten Charaktereigenschaften bewahren konnte. Der Herr hatte aber bereits vor seiner Geburt entschieden, dass Ashok König werden würde. Viele gute Menschen hatten gebetet, weswegen sich das Bewusstsein im Land grundlegend geändert hatte. So *musste* ein anderer Herrscher kommen. Dieser andere Herrscher war der durch Leiden und Tod geläuterte Ashok.

Wer ebenfalls in Ashoks Familie hineingeboren wurde, war dessen früherer guter Freund Ananda. Ashoks Sohn hatte ihn freigelassen. Daraufhin war Ananda in die Berge gegangen und hatte monatelang um Segen und Frieden für sein Land und die Königsfamilie gebetet. Dann war er eines Tages sanft eingeschlafen.

Der Wunsch, seinem Land zu dienen, bestimmte seine Wiedergeburt. Er wurde als Ashoks jüngerer Bruder geboren.

Zusammen mit seinem Bruder überlebte Ananda eine Pestepidemie. Durch die Pest starben auch viele, die die alte korrupte, menschenverachtende, das heißt böse Regierung stützten. Sie waren böse, weil sie sich nicht an *Dharma*, die Rechtschaffenheit, die Achtung und die Nächstenliebe hielten. Sie waren auch deshalb böse, weil sie überall Feinde und Gegner sahen. Dies ist typisch für negative oder böse Menschen: Sie sehen vor und um sich das, was in ihnen ist – womit wir wieder zur Kraft des Unbewussten kämen.

Jemand ist nämlich deshalb böse, weil er Böses sieht, hört und tut. Ein böser König straft deshalb so hart, weil er überall Böses sieht, hört und wahr-nimmt, das heißt für wahr hält. Das Böse, das er wahrnimmt, ist aber nicht in den anderen, sondern *in ihm*. Das ist das ganze Problem. Das Böse schwächt, weil es den Lebensfluss blockiert. Das Leben ist Fluss. Das Böse drückt sich dagegen häufig im Gegensatz der Liebe, in Hass aus. Und Hass blockiert. Wer hasst, verzehrt sich, schwächt sich, zerstört sich selbst und öffnet sich damit für alles Negative.

Ashok und besonders Ananda hatten aber im vorherigen Leben gelernt, dass sie durch das Gebet innere Kraft und Ruhe finden konnten. Während viele ihrer Mitbürger zu schlechten Ärzten, Wahrsagern, Quacksalbern und Scharlatanen gingen, hielten sich Ashok und Ananda ans Gebet. So überlebten sie. Und weil kaum jemand von der königlichen Familie überlebte, besonders aber keiner vor ihm einen Anspruch auf den Thron hatte, wurde Ashok mit fünfunddreißig Jahren König.

Ashok heiratete die fünfzehn Jahre jüngere Lolanda, die nun durch die Leiden um ihn und als arme, bescheidene Bäuerin liebevoll und redlich geworden war.
Ashok trat eine große Aufgabe an und hatte mit einem entscheidenden Problem zu kämpfen: Viele Beamte und Minister waren entweder gestorben, oder sie waren nicht die Menschen, die er sich als Ratgeber

und Helfer vorstellte. Es bestanden immer noch viele durch nichts gerechtfertigte Privilegien und viel Ungerechtigkeit.
Ashok wollte dies unbedingt beenden. Er setzte deshalb seinen geliebten jüngeren Bruder Ananda als Übergangsherrscher ein, verkleidete sich und seinen treuen Diener Narendra, der ihn unbedingt begleiten wollte, als arme Bettelmönche und zog mit ihm durchs Land, um nach rechtschaffenen Menschen Ausschau zu halten, die ihn bei seiner Regierungsarbeit unterstützen sollten.

Aber wo sollte er suchen? „Kann ich", so sprach er beim Nachdenken vor sich hin, „auch bei ganz einfachen Leuten suchen? Nehmen wir an, ich gehe zu einer Bauernfamilie und sehe, dass der Bauer oder sein Sohn ein guter Mann ist, was tue ich dann? Denn ungebildet, wie die Menschen sind, können sie doch nie eine Beamtenstellung oder einen Ministerposten innehaben. Was tun?"
„Majestät, ich habe eine Idee!", meinte Narendra, der ihn gehört hatte.
„Du hast eine Idee, dann sprich!"
„Majestät, Sie wissen nicht, wie ich unter meiner mangelnden Bildung leide. Beinahe alles, was ein Kind in der Schule lernt, kenne ich nicht. Das ist schrecklich. Ich fühle mich so ausgeschlossen!"
„Du hast Recht! Trotzdem: Du magst nicht in die Schule gegangen sein, du bist doch gut und klug! Besser so als gebildet mit schlechtem Charakter!", antwortete Ashok und lachte Narendra fröhlich und herzlich an.
Dann fuhr er fort: „Was du gesagt hast, ist sehr, sehr wichtig. Jetzt weiß ich, was wir dringend benötigen: Schulen! Dieses Land hat viel zu wenig Schulen. Wo keine Schulen sind, da gibt es kein Wissen. Das bedeutet, dass allein die Wissen erlangen, die sich teure Schulen leisten können. Und das heißt, dass es kaum, wenn überhaupt, eine Auswahl an fähigen Köpfen und guten Herzen gibt. Gibt es keine Auswahl, muss genommen werden, was sich bietet, womit zwangsläufig das Niveau sinkt. Wir benötigen Schulen. Das ist das Entscheidende!" Ashok war sehr froh über diese Idee, denn es hatte ihm bereits viel Kopfzerbrechen bereitet, wie er neuen Wind in den verlotterten Staat bringen konnte.

Nun gingen Ashok und Narendra von Dorf zu Dorf. Und in jedem Dorf bettelten sie von Haustür zu Haustür. So lernten sie die Menschen kennen. Behandelten diese sie gut, so sprach der König länger mit ihnen. Und waren sie offen und zugewandt, stellte Ashok früher oder später die Frage, die er sich ausgedacht hatte: „Was, meint ihr, ist das Wichtigste: Gott, seinem Gewissen oder dem König zu folgen?" Ashok ging von Haus zu Haus und schrieb sich die Namen derjenigen auf, die ihm das antworteten, was er erwartete. Die Antwort musste lauten: Allen dreien! *Denn zwischen den Anordnungen Gottes, des Gewissens und des Königs darf es keinen Unterschied geben! Gott stellt die Gesetze auf, das Gewissen richtet sich danach, und ein König muss sie umsetzen.* Tut er dies nicht, darf man ihm nicht folgen. Deshalb verlässt der Weise ein Königreich, in dem ein ungerechter König herrscht.

Ashok dachte, nicht viele würden diese Antwort geben, denn er selbst fand sie nicht einfach. Wie überrascht war er aber, als er feststellen musste, dass nicht wenige wie er dachten.
„Majestät", meinte deshalb Narendra, „ist es nicht erstaunlich, dass es nach all den Jahren der Unterdrückung, der Angst und der Not noch so viele gute Menschen gibt?"
„Du hast Recht, Narendra", antwortete Ashok, „man könnte meinen, die Menschen seien nach diesen vielen Jahren des Unrechts ebenfalls unrecht geworden. Dem ist aber nicht so. Nur die, die stets mit den Regierungsgeschäften betraut waren, wurden vom Bösen angesteckt. Die Menschen auf dem Land und in den kleinen Städten haben ihr gutes Herz bewahren können. Das passt zu meiner Theorie: Der Mensch, ja jede Kreatur ist von Herzen gut. Nur die schlechte Erziehung, die falsche Ausrichtung des Denkens lässt die Menschen schlecht werden!"

Ashok ging von Haus zu Haus und fand viele gute Menschen. Und warum fand er sie? Weil er selber ein guter Mensch war. Bei ihm konnten seine Landsleute ihr Herz öffnen und fühlten sich verstanden und geachtet.

So kam König Ashok nach drei Jahren mit einer langen Liste mit den Namen guter Menschen in die Residenzstadt zurück.
Keiner erkannte ihn. Das Treiben ging fröhlich weiter. Keiner blieb stehen und grüßte ihn, wie es einem König gegenüber angemessen gewesen wäre. Das erwartete Ashok auch nicht. Er spürte aber eine Veränderung. Irgendetwas hatte sich seit seiner Abreise verändert. Ashok dachte und spürte nach. Nach einer Weile kam ihm die Antwort: Die Stimmung war anders, ruhiger, offener, positiver.
Und er sah viele offene, fröhliche, redliche Menschen auf der Straße. Wo kamen die alle her? Was war geschehen?
Erwartungsvoll ging Ashok zum Königspalast. Zuerst verwehrten ihm die Wachen den Eintritt, als er aber sagte, er sei König Ashok, warfen sie sich ihm ehrerbietig zu Füßen und dankten Gott, dass er wohlbehalten wiedergekommen sei. Sie erhoben sich und sagten: „Gott segne euch, unseren König!"
Diesen Segenswunsch hörte er zum ersten Mal. Ashok war berührt und beeindruckt.
Er ging in den Palast.

Die Kunde von seiner Ankunft hatte aber bereits seinen Bruder und jetzigen Regenten Ananda erreicht. Der kam mit offenen Armen auf ihn zu und begrüßte ihn herzlich. Auch er wirkte verwandelt. ‚Was ist nur geschehen?', fragte sich Ashok, und Narendra tat es ebenso.
„Wie schön, dass du wieder da bist, mein lieber Bruder!", sagte Ananda, und Tränen der Freude waren in seinen Augen.
„Wie ist es dir ergangen?"
„Sehr gut, denn ich habe feststellen dürfen, welch ein gutes Volk wir haben. Wie viele gute Menschen es gibt. Aber sag du mir, wie ist es dir ergangen?", wollte Ashok wissen.
„Nachdem du weggegangen warst, wurde mir bald die Bürde der Herrschaft deutlich", antwortete Ananda. „Ich fühlte mich durch vieles überfordert. Außerdem merkte ich, wie korrupt viele Minister, Beamte und Angestellte waren. Ich wusste nicht, was ich tun sollte. Ich betete immer wieder zu Gott, Er möge mir helfen. Ich fastete, betete und meditierte. Da kam eines Tages ein Erleuchteter zu den Toren der Residenz und bat um Einlass. Ich empfing ihn mit dem größten Respekt."

Ananda machte eine kurze Pause, da fragte Ashok: „Und wie ging es weiter? Es klingt so überaus spannend!“
„Das war es auch!“, antwortete Ananda. „Ich bat den Erleuchteten herein und bot ihm an, sich zu baden, sich neu zu kleiden, und lud ihn zum Essen ein. Als er merkte, dass ich fastete, fragte er mich nach dem Grund. Ich sagte ihm, ich täte es, um eine Antwort auf meine brennendste Frage zu finden. Da bat er mich, ihm diese Frage mitzuteilen.
‚Ich weiß nicht, was ich tun soll‘, antwortete ich. ‚Mein Bruder, der König, ist auf Reisen, und ich weiß nicht, wie ich der Korruption, des mangelnden Einsatzes und der Vetternwirtschaft Herr werden kann, die alle arm macht, denn Korruption macht auf Dauer alle arm: Entweder arm an Geld oder an Sicherheit oder an beidem!‘
‚Was macht dein Bruder auf Reisen?‘, fragte mich der Erleuchtete. Ich antwortete ihm, dass du nach neuen Ministern, Beamten und Angestellten suchtest.
‚Eine gute Idee! Aber ein langwieriger Prozess! Bis ihr Leute, die nicht geschult sind, sinnvoll einstellen könnt, vergehen einige Jahre. Und was macht ihr bis dahin? Was macht ihr jetzt?‘
‚Genau das ist meine Frage, das ist mein Problem!‘, antwortete ich etwas hilflos. Ich muss ziemlich unglücklich ausgesehen haben, denn der Erleuchtete berührte liebevoll und voller Respekt meinen Arm und sagte dann:
‚Mach dir keine Sorgen. Du bist ein guter Mensch und ein ebenso guter Verwalter des Thrones deines Bruders. Guten Menschen wird immer geholfen! Was du benötigst, ist eine Veränderung, die nicht in den Kopf, sondern ins Herz geht!‘

Ich war recht erstaunt, denn unter einer Veränderung, die ins Herz ging, konnte ich mir überhaupt nichts vorstellen. Auch dies bemerkte er und sagte deshalb:
‚Das Einzige, was das Herz verändert, ist Spiritualität. Spiritualität ist der Weg der Liebe. Denn Spiritualität öffnet dein Herz für Gott. Das ist der ganze Sinn und Zweck von Spiritualität.‘
Ich wusste nicht, worauf er hinauswollte, deshalb sah ich ihn fragend an und schwieg. Er fuhr sogleich mit seinen klugen Ausführungen fort:

‚Du wirst dich jetzt fragen, wie du völlig unspirituelle Menschen, die zum Teil ein sehr verschlossenes Herz haben, zur Spiritualität führen kannst.‘
‚Genau das ist meine brennende Frage!‘, sagte ich.

‚Du musst als Herrscher verfügen, dass morgens, mittags und abends das Gayatri-Mantra 108-mal gesungen wird. Das ist alles!‘ Nun wusste ich nicht viel mehr als vorher, denn ich kannte das Gayatri-Mantra nicht. Ich spürte aber sogleich, dass es mich sehr ansprach und berührte.“
„Und wie lautet das Gayatri-Mantra?“, fragte König Ashok sehr interessiert seinen guten Bruder.
„Genau das fragte ich auch den Weisen“, antwortete Ananda, „und er sang es mir sogleich vor. Möchtest du, mein lieber Bruder, dass ich es dir vorsinge?“
„Oh, liebend gern!“ Und so sang Ananda:

Om Bhur Bhuvah Svah
Tat Savitur Varenyam
Bhargo Devasya Dhimahi
Dhiyo Yonah Prachodayath

Nachdem die letzte Silbe bereits eine Weile verklungen war, sagte König Ashok: „Wie schön und berührend es ist! Welch ein Geschenk! Wie uns dieser Heilige gesegnet hat! Und was bedeuten diese Verse?“

„Mich berührte es ebenfalls“, antwortete Ananda. „Da erklärte mir der Weise: ‚Was ich dir vorgesungen habe, ist ein uraltes Mantra, das die großen Weisen der Vorzeit direkt von Gott erhalten haben. Es ruft die verschiedenen Ebenen, die verschiedenen Energiequellen an und besagt im Grunde nichts anderes als: Führe mich zur Erleuchtung und beschütze mich!‘

Ich war nicht nur sehr angesprochen von den Ausführungen dieses Erleuchteten, sondern ich war begeistert und tief dankbar: Der Herr, mein gütiger Gott, hatte mir die Gnade gewährt, mich zu erhören und mir eine Lösung für mein drängendstes Problem zu schicken. Ich

dankte dem Weisen von Herzen und setzte seinen Rat sogleich in die Tat um. Ich ließ die besten Männer und Frauen rufen und bat den Weisen, sie in dem Mantra zu unterrichten. Als sie es singen konnten, teilte ich alle Minister, Beamte und Angestellte in Gruppen ein und wies jeweils einen von denen, die es soeben gelernt hatten, an, eine Gruppe zu unterweisen.
Jeden Morgen, jeden Mittag und jeden Abend kamen die Gruppen zusammen und sangen das Mantra 108-mal.

„Welch eine wunderbare Idee und Einrichtung!“, meinte König Ashok freudig, „und wie ging es weiter?“
„Der Erleuchtete sagte mir noch Folgendes: ‚Es wird immer wieder Menschen geben, die in ihrer Entwicklung auf einer Stufe stehen, wo sie mit dem Gayatri nichts anfangen können. Die Kraft des Weisen ist die Toleranz, die ihre Wurzeln im Kosmischen Wissen gründet. Jeder hat seinen Weg. Manche Wege kreuzen sich. Manche nicht. Stell dir vor, du legtest alle Straßen so an, dass sich alle kreuzten! Welch ein Chaos! Welch ein sinnloses und außerdem unmögliches Unterfangen! Es muss Wege geben, die sich nicht kreuzen. Dadurch erst ergibt sich die Möglichkeit, in unendlich verschiedene Richtungen zu gehen.

So wirst du immer wieder Menschen finden, die sich für einen spirituellen Weg nicht – noch nicht! – öffnen können. Erzwinge nichts. *Nichts erzwingen bedeutet aber nicht, alles zu dulden.* Führe deshalb immer wieder Kontrollen durch. Kann beziehungsweise will jemand nach drei Monaten immer noch nicht das Gayatri singen, entferne ihn aus der Gruppe und von seinem Posten. Hab keine Angst, wenn dann Ämter für eine Weile unbesetzt bleiben: Es werden Menschen nachkommen, die viel besser geeignet sind. In der Zwischenzeit werden die Verbleibenden, die ihren Weg mit dem Gayatri gehen, einige Arbeit der anderen übernehmen können. Führe dieses Gruppensingen stets durch, ebenso wie die Erneuerung alle drei Monate. Und bitte die, die nicht hineinpassen, liebevoll hinaus, mache ihnen klar, dass sie offensichtlich einen anderen Weg gehen, dass dies völlig in Ordnung sei, sich aber dein Weg und der ihrige trennen. Denke immer daran: Bei einer Weggabelung ist die Straße nicht unruhiger als zuvor. Und die

zwei Wege, die sich durch die Weggabelung ergeben, zürnen nicht einander. Vielmehr geht jeder seinen Weg und dient dabei den Reisenden!'"
„Wie klug!", meinte König Ashok.

„Mein lieber Bruder, du kannst dir vorstellen, wie dankbar ich dem Weisen war", fuhr Ananda fort. „Ich bat ihn, noch mein Gast zu sein, was er zögernd annahm. Er half mir, die Vorsänger auszubilden und die Gruppen einzuteilen. Dann ging er. Nach genau drei Monaten kam er wieder und half mir, diejenigen auszusuchen, die nicht diesen Weg gehen wollten. Mit sicherem Auge erkannte er jeden, der nicht an das Gayatri glaubte und beim täglichen Singen nicht mitmachen wollte. Ich sagte ihnen, sie könnten die Gruppen verlassen und würden ihre Stellung verlieren. Darüber waren sie zum Teil sehr aufgebracht. Der Weise blieb aber ruhig, herzlich und bestimmt. Er verließ dann wieder die Residenz, wobei er nicht vergaß, mir zu versprechen, dass er nach Ablauf der nächsten drei Monate wiederkomme. Er hielt sein Versprechen.

Als er kam, war die Stimmung bereits grundlegend verändert. Alle, die regelmäßig das Gayatri sangen, waren viel offener, herzlicher, engagierter, fröhlicher, positiver. Es wehte ein ganz neuer Wind im gesamten Regierungsapparat. Wieder bat mich der Weise, bestimmte Menschen aus den Gruppen zu entlassen. Wieder war dies zuerst mit Schwierigkeiten, anschließend aber mit einer großen Erleichterung und mit einer großen Entwicklung verbunden.

Wegen der großen Erfolge, die wir durch das Gruppensingen erreichten, haben wir dieses Singen auch auf die Schulen ausgedehnt. Die Schüler sind begeistert. Siehst du, mein lieber Bruder, so grundlegend hat sich die Stimmung durch das Gayatri geändert."
„Es ist regelrecht zu spüren gewesen, als ich kam. Es war so viel friedlicher, liebevoller, herzlicher", antwortete Ashok.
„Ja, und es geschah noch etwas!", sagte Ananda. „Als der Weise das dritte Mal wiederkam, sagte er mir: ‚Du wirst sehen, die Menschen werden nun nach Gott fragen und werden wissen wollen, wie man Ihm nahe kommt.' Und genauso war es.

Alle waren begeistert von dem Singen. Viele wollten aber außerdem wissen, wie sie ihren Kontakt zu Gott verbessern, wie sie auf ihrem Weg zur Spiritualität weiterkommen konnten. Der Erleuchtete sagte schlicht: ‚Es gibt einen ganz einfachen Weg zu Gott. Genauso, wie es einen einfachen Weg gibt, zu deinen Eltern zu kommen: Du musst sie nur rufen. Entweder sie kommen oder sie antworten, wodurch du weißt, wo sie sind, und zu ihnen gehen kannst. Das Gleiche geschieht, wenn du den Namen des Herrn wiederholst. Die Wiederholung des Namens ruft den Herrn automatisch zu dir. Der Herr ist dann stets bei dir. Genau genommen ist er dies auch ohne Wiederholung Seines Namens. Aber wenn du den Namen wiederholst, wird sich deine Seele Seiner Gegenwart immer mehr bewusst – und das bedingt die Veränderung. Dringt Gott immer mehr in dein Bewusstsein, so muss alles Negative weichen.

‚Wo Licht hinkommt, weicht die Dunkelheit von allein. Du musst sie nicht mit einem Sack hinaustragen. Wo Licht ist, geht sie einfach. Das ist das Gesetz. Dies musst du deine Untertanen lehren. Dann kommt Licht in dein gesamtes Reich!‘, erklärte der Erleuchtete.

Und, geliebter Bruder, so war es auch! Der Weise lehrte die Menschen, den Namen Gottes zu wiederholen, und erklärte ihnen, dass sie damit mit der Zeit immer mehr Probleme und Krankheiten heilen könnten. Und er tat es so, dass fast alle von ihm begeistert waren. Diejenigen, die diesen Weg nicht gehen konnten, wurden nach drei Monaten ebenfalls von mir entlassen.“

„Welch wunderbare Veränderung!“, rief König Ashok aus. „Wie viel Gnade unser Königreich durch dich und diesen Heiligen erfahren hat! Ich danke dir von Herzen für deinen Einsatz.“ Bei diesen Worten umarmte König Ashok Ananda.

Nach einer Weile fragte Ananda seinen Bruder: „Und was hast du auf deinem Weg erfahren?“
„Ich habe mich gewundert, wie viele gute Menschen es in unserem Königreich gibt“, antwortete König Ashok.

„Offensichtlich habe ich die Auswirkung deiner segensreichen Handlungen bis in die entfernten Dörfer unseres Landes feststellen können. Ich habe viele Menschen getroffen, die liebevoll und Gott ergeben sind. Und es ist mir durch meinen treuen Diener Narendra bewusst geworden, dass es außer dem Glauben und Rechtschaffenheit nichts Wichtigeres als Bildung gibt. Ich will deshalb in unserem Land viele Schulen errichten. Auch Erwachsene sollten weiter lernen dürfen. Denn Wissen, gepaart mit Unterscheidungsvermögen, Demut den Mitmenschen und Ehrfurcht Gott gegenüber, ist das Wichtigste für die Menschen. Und wir als Herrscher müssen dem Rechnung tragen und es so sehr fördern wie nur irgend möglich!“

Ananda war der gleichen Ansicht wie Ashok. Er war so froh, dass sein Bruder wieder da war, dass er ihn bat, ein großes Fest zu Ehren Gottes und als Ausdruck der Freude über die Rückkehr des Königs geben zu dürfen. Und König Ashok freute sich, bei dem Fest so viele gute Menschen an einem Ort zu sehen.

„Wann kommt eigentlich der Heilige wieder?“, fragte er eines Tages.
„Ich weiß es nicht“, antwortete Ananda.
„Ich befürchte sogar, dass er nicht wiederkommt – beziehungsweise ich hoffe es sogar, obwohl ich es bedauere!“ König Ashok sah Ananda wegen dieses offensichtlichen Widerspruchs erstaunt an.
„Ich hoffe, dass er nicht wiederkommt“, erklärte sich Ananda, „weil der Weise sagte, er käme wieder, wenn ich in Schwierigkeiten geraten würde. Deswegen hoffe ich, er möge nicht wiederkommen. Auf der anderen Seite haben uns die Schwierigkeiten viel gelehrt, weswegen ich sie auch willkommen heiße – besonders bei der Aussicht, den Weisen wiederzusehen!“

Die Zeit verging. Ashok und Ananda regierten zusammen – Ashok als König und Ananda als Vizekönig.
Ananda hatte viel Segen aus seinem früheren Leben mitgebracht. Er war derjenige, der den spirituellen Weg in dem Königreich bestimmte. Ashok dagegen beschäftigte sich mit dem Regieren.

Das Karma wollte, dass Anandas Linie den Thron innehaben sollte. Und so geschah es auch: Ashok und seine Frau Lolanda hatten keine Kinder. Außerdem starb er mit dreiundsechzig. Bei seinem Tod übernahm sein guter und treuer Bruder die Regierung. Und nach ihm dessen wunderbarer Sohn. Und nach dessen Tod Anandas Enkel. Und Gottes Segen lag lange über diesem Königreich, das alles getan hatte, um sich in die Göttliche Ordnung einzufügen und Ihm dadurch nahe zu sein.

Die Wahrheit siegt

Es waren einmal drei Männer.
Der erste war ein Raubmörder.
Der zweite ein notorischer Lügner.
Der dritte war ein ehrlicher Mann.

Der erste beging einen Mord und gestaltete dabei die Umstände so, dass der Verdacht sowohl auf den Lügner als auch auf den ehrlichen Mann fiel.
Beide wurden festgenommen und verhört. Da sie unschuldig waren, bestritten beide, den Mord begangen zu haben.
Da der zweite als Lügner bekannt war, glaubte man ihm nicht und verurteilte ihn.
Der dritte war als ehrenhafter Mann bekannt, deswegen wurde ihm geglaubt, und er war bald wieder auf freiem Fuß.

Die Geschichte lehrt uns, wie die Wahrheit uns beschützt.

Das Leben ist voller Wechselfälle. Du weißt nie, was schon morgen auf dich zukommt. Du kannst völlig unschuldig für etwas angeklagt werden und hast niemanden an deiner Seite als die Kraft der Wahrheit, die du bis dahin aufgebaut hast.

Diese Kraft entwickelst du dadurch, dass du die Wahrheit sagst und als ehrlicher Mensch bekannt bist.
Die Konsequenzen dieses positiven Karmas werden dir folgen und in der Lage sein, dich dann zu beschützen, wenn du, wie der zweite Mann, dringend Schutz benötigst.

Hast du aber nichts aufgebaut, hast du nicht auf dein „Karma-Konto“ eingezahlt, kannst du in Notfällen nichts abheben.

Beginne heute noch, auf dieses Konto einzuzahlen.
Sprich die Wahrheit. Sei rechtschaffen.

Dieses Kapital und die sich daraus ergebenden Zinsen stellen den Wert dar, den dir niemand nehmen kann.
Außerdem ist es das einzige Kapital, das dich wie ein Mantel umhüllt, dich schützt, stärkt und über den Tod hinweg begleitet.

Patrizia und Claudia oder Rechtschaffenheit schützt

Es waren zwei Freundinnen. Die eine nenne ich Patrizia, abgeleitet vom Lateinischen *patrius*, von hohem Adel. Die andere nenne ich Claudia, lautmalerisch zu dem Englischen Wort *clouds*, Wolken. Patrizia hielt sich an die Göttlichen Gesetze, ehrte Gott, die Welt und sich. Claudia dagegen lebte ihren Wünschen gemäß.
Patrizia heiratete Mario und Claudia Enzo. Beide Paare führten eine friedliche Ehe, mit dem einzigen Unterschied, dass Patrizia und Mario meditierten, stets dem Herrn das Essen darreichten, immer versuchten, in Wahrheit und Rechtschaffenheit zu leben, und Vegetarier waren.

Claudia und Enzo dagegen lebten ganz nach ihren Bedürfnissen und versuchten, es sich so angenehm wie irgend möglich gehen zu lassen. So nahmen sie es weder mit der Wahrheit noch mit der Treue allzu genau. Sie wollten es sich gut gehen lassen, „da muss man mitnehmen, was sich einem bietet", meinten sie. Da sie außerdem nicht an ein Leben nach dem Tod glaubten, geschweige denn an eine ausgleichende Gerechtigkeit, war es nahe liegend, dass sie so viel wie irgend möglich von dem angeblich Angenehmen und Schönen der Welt zu genießen suchten. Und es war ebenfalls kein Wunder, dass sie mit allen Mitteln versuchten, Geld, viel Geld anzuhäufen – getreu dem weltlichen Motto: Viel Geld = viel Glück.
Und da beide arbeiteten, sammelte sich mit der Zeit ein ansehnliches Sümmchen an.

Patrizia und Mario dagegen hatten Erfolg, weil sie den Erfolg nicht primär suchten, sondern rechtschaffen ihre Aufgaben erledigten. Sie bemühten sich zudem, ihre Beziehung zu klären, die am Anfang alles andere als einfach war. Sie lebten außerdem nach dem spirituellen Gesetz des Gebens, wonach jeder, der gibt, am Ende immer bekommt. Und sie ehrten *Dharma*, die Göttliche Ordnung, die besagt, dass kein Fehler unbemerkt, keine Wohltat ungewürdigt bleibt.

Obwohl Patrizia sehr zufrieden in ihrer Arbeit war, wollte sie nur so lange arbeiten, bis sie Kinder bekäme. Es war ihr klar, wie groß die Rolle, wie groß die Bedeutung der Mutter für Kinder ist. Sie wusste, dass Mütter durch die Kinder die Generation von morgen schaffen. Dieser Satz war ihr ein Leitfaden, an den sie sich halten wollte.

So ging die Zeit dahin, aber obwohl Patrizia und Claudia derart unterschiedliche Wege gingen, blieben sie Freundinnen. Dies war für Claudia eine Chance, denn Patrizia lebte ihr ein spirituelles, ein positives Leben vor. Für Patrizia barg der Kontakt zu ihrer Freundin dagegen eine Gefahr, denn *schlechte Gesellschaft kann schnell zu schlechten Handlungen führen.*

Eines Tages nun fragte Claudia Patrizia, ob sie mit auf ein Fest kommen wolle. Es würden dort interessante Vorträge gehalten – auch über die Rolle des Glaubens beim Erfolg. Da Patrizia dies interessant fand und Mario an dem Abend auch etwas vorhatte, sagte sie zu.
Patrizia war bald von dem Fest enttäuscht. Es wurde viel Fleisch gegessen und viel Alkohol getrunken. Sie fühlte sich überhaupt nicht wohl.
Nun war sie aber da und wollte weder ihre Freundin noch die Gastgeber dadurch brüskieren, dass sie aufstand und ging. Außerdem wartete sie gespannt auf die Vorträge. Diese wurden dann auch gehalten. Was sie aber vermittelten, lohnte den Aufwand bei weitem nicht.

Nach den Vorträgen wurde getanzt. Es waren viele Menschen auf der Tanzfläche, die durch den Konsum von Fleisch und Alkohol stark in ihre körperlichen Energien gekommen waren. Patrizia empfand dies als unangenehm. So ging sie bald, nachdem sie aus Höflichkeit zweimal mit ihrem Tischherren getanzt hatte.

Claudia dagegen fand die Atmosphäre sehr anregend. Besonders, als sie immer länger und immer enger mit Roberto tanzte. Roberto und sie verstanden sich so gut und fühlten sich so voneinander angezogen, dass sie noch unbedingt „mehr“ aus diesem Abend machen wollten. Da auch Roberto verheiratet war, konnten sie weder zu ihm noch zu Claudia nach Hause gehen. So lebten sie ihre Leidenschaft in Robertos geräumigem Wagen aus, den er in einer versteckten Straße geparkt hatte.

Sie waren so mit sich beschäftigt, dass sie gar nicht merkten, wie es zweimal blitzte.
Anschließend gingen beide wie berauscht nach Hause.
Natürlich fragte Enzo, wie Claudias Abend gewesen sei und wieso das „Geschäftsessen“ so lange gedauert habe. Claudia antwortete darauf, es seien viele wichtige geschäftliche Kontakte für sie entstanden. Es sei für sie ein wirklich wichtiger Abend gewesen, deswegen habe er bis in die Morgenstunden gedauert.

Patrizia dagegen war früh nach Hause gekommen. Sie berichtete Mario von der angespannten Atmosphäre. Sie sprach nicht viel über das Tanzen; einmal, weil es sie nicht interessierte, und andererseits, weil sie Claudia nicht kompromittieren wollte.
Es waren keine zwei Tage vergangen, als Claudia Patrizia völlig aufgebracht und aufgelöst anrief: „Stell dir vor, was mir passiert ist!“ Claudia war den Tränen nahe.
„Was ist geschehen?“, fragte Patrizia Anteil nehmend.
„Ich bin in eine böse Falle geraten!“ Claudia konnte kaum noch sprechen.
„Eine Falle? Inwiefern?“, fragte Patrizia.
„Nachdem du weg warst, habe ich einen Mann kennen gelernt, der mir unheimlich (!) gefiel. Er heißt Roberto. Dieser dumme Kerl hat seine Frau offensichtlich so häufig betrogen, dass diese einen Detektiv beauftragt hat. Nach dem Fest waren wir noch zusammen in seinem Wagen, und da hat dieser Detektiv von uns die peinlichsten Fotos gemacht. Robertos Frau scheint sehr reich zu sein. Sie hat ein eigenes

Büro mit vielen Angestellten. Dahin hat sie Enzo, Roberto und mich bestellt und die Fotos gezeigt. Du kannst dir vorstellen, was da los war – und wie es mir ging und geht!“

Patrizia war sprachlos. Wo war ihre Freundin nur hineingeraten? Sie tat ihr so leid.

Dazu hatte sie allen Grund, denn die nächsten Tage und Wochen waren schrecklich für Claudia, weil Enzo und sie nur noch stritten. Roberto rief sie pausenlos an und berichtete ihr in den grellsten Farben, was seine Frau mit ihm vorhabe. Und Enzo, ihr Mann, war empört, dass sie ihn so angelogen hatte – und wollte nichts davon wissen, dass er sie ebenfalls mehrmals angelogen und betrogen hatte. Vielmehr prasselte seine Wut wie ein riesiger Wasserfall auf sie nieder.

Patrizia und Mario gaben dagegen ein ganz anderes Bild ab. Sie fühlten eine besondere Nähe zueinander, denn sie dankten Gott, dass sie durch *Dharma* vor alldem, was Claudia und Enzo durchmachten, bewahrt blieben.

Ich sage deshalb: Wehre den Anfängen! Halte dich an das, was Gott festgelegt hat, damit du Glück beziehungsweise Glückseligkeit erlangen kannst.

Halte dich aus diesen Gründen so weit wie möglich von Fleisch, Alkohol und unklaren Beziehungen entfernt.

Begehe niemals Ehebruch – besonders nicht mit einem Partner, der selber verheiratet ist. Das führt nie zum Glück, sondern immer zu Problemen, Verletzungen und so katastrophalen Überraschungen wie bei Claudia.

Das Leben ist voller Überraschungen. Wie schnell kann dir das widerfahren, was Claudia geschah. Du glaubst, du bist ganz sicher, keiner sieht, keiner merkt etwas, und doch kommt auf die erstaunlichste Weise das bestgehütete Geheimnis heraus.

Habe keine solchen Geheimnisse. Sie kosten nur Energie. Energie, die du viel besser in deine Beziehung, in deine spirituelle Entwicklung, in deinen Kontakt zu dir, sprich zu Gott investieren solltest.

Gehe mit der Wahrheit, und sei dadurch doppelt belohnt: Einerseits vergeudest du nicht sinnlos Energie im Verheimlichen oder gar im Lügen, und andererseits beschützt dich die Wahrheit, beflügelt dich und führt dich zum Licht.
Vergegenwärtige dir, dass Rechtschaffenheit stets den beschützt, der sich daran hält. Alles andere sind Umwege, die dir helfen sollen, deine Unklarheit, deine „Wolken“ zu beseitigen. So, wie es Claudia erging.

Die Geschichte mit Roberto hatte noch ein böses Nachspiel: Enzo war so verletzt, dass er sich auf nichts mehr einlassen wollte. Er war viel zu sehr in der Welt verstrickt, als dass Claudia irgendeine Handhabe gegen sein Ego gehabt hätte. Sie hatten sich in ihrer Ehe keine übergeordnete Instanz, keinen für beide verbindlichen Maßstab erarbeitet, auf den sie in einer Krisensituation hätten zurückgreifen können. Sie hingen vielmehr beide ausschließlich an der Welt – und verloren sich in ihr.
Enzo tröstete sich bei einer anderen Frau und reichte die Scheidung ein. Das gemeinsame Haus wurde verkauft, die Ersparnisse geteilt – beziehungsweise das, was nach Abzug der Rechtsanwalts- und sonstigen Scheidungskosten übrig blieb.

All dies war aber für Claudia eine entscheidende Lehre: Enzo war nicht ihr Seelenpartner, sondern nur ein wichtiger Lehrer auf dem Weg zu ihm. Claudia musste durch diese schwere Schule gehen, damit sie, bevor sie ihrem Seelenpartner begegnete, gelernt hatte, dass man mit Beziehungen und mit Gefühlen nicht spielen darf. Der Schock durch Roberto und Enzo lehrte sie, dass Klarheit und Wahrheit lebensnotwendig für eine Beziehung sind. Deshalb setzte sie all das Leiden, das die Trennung von Enzo bei ihr verursacht hatte, in eine starke seelische Entwicklung um, die sich so auswirkte, dass sie in ihrer Ehe mit ihrem Seelenpartner ehrlich, klar und treu sein konnte.

Sie hatte die Stärke entwickelt, die notwendig ist, um sich für das Glück öffnen zu können. Sie hatte viel gelernt, und ihre Freundin Patrizia war stets an ihrer Seite geblieben – in allen Wirren und Enttäuschungen. Patrizia, der sie nun auch eine gute, eine sehr gute Freundin geworden war.

Alles hat seinen Preis. Auch die Glückseligkeit. Und was ist ihr Preis? Dass du dein Ego aufgibst!
Und wie kannst du dein Ego aufgeben? Ganz einfach: Unterscheide zwischen gut und angenehm, denn vieles, was angenehm erscheint, ist nicht zwangsläufig gut.
Frage nicht mehr, was du bekommen, sondern was du geben, was du für den anderen tun kannst – das ist gut, obwohl es zuweilen überhaupt nicht angenehm sein muss.
Dies ist der einfachste Weg, denn es ist der Weg der Liebe.

Corali
oder Es wird alles gut

Es waren einmal zwei Seelen, die lange zusammen gegangen waren. Ich nenne sie Corali und Lichtfried. Warum ich sie so nenne, wird sich später zeigen. Corali und Lichtfried waren Zwillingsseelen, Seelen also, die immer wieder als Partner zusammenfinden. Sie gehörten zusammen. So fanden sie sich.
Allerdings gab es in Corali einen Teil, der weder wusste, dass Treue entscheidend, noch, wie gefährlich schlechte Gesellschaft ist.

So wurden die beiden in eine Gesellschaft geboren, in der die Göttlichen Werte nicht viel galten. Hier wurde betrogen, gelogen – manchmal sogar gemordet. Außerdem feierte diese Gesellschaft jedes Jahr ein Fest, während dessen alle Konventionen außer Kraft gesetzt wurden. Während dieses Festes konnte jeder mit jedem den Tag und die Nacht verbringen.

In diesem Leben war Corali ein Mann und Lichtfried eine Frau. Lichtfried hasste diese Feste. Er versteckte sich während dieser Zeit immer so gut, dass ihn keiner finden und zu Verhaltensweisen verführen oder gar nötigen konnte, die er nicht wollte.
Corali dagegen lebte als Mann ganz ihre Wünsche und Bedürfnisse aus. Nicht selten verbrachte sie den Tag und die Nacht mit vielen verschiedenen Partnern. Alle bewunderten dies. Nur Lichtfried nicht. Lichtfried war ihre Frau und litt. Corali dagegen kümmerte dies nicht. Sie meinte, es sei doch ganz normal, wie sie sich verhalte. Lichtfried solle sich nicht so anstellen und lieber mitmachen! Lichtfried fühlte sich überhaupt nicht verstanden. Er wusste eben nicht, dass Corali und

er aus zwei Gründen in diese Gesellschaft geboren worden waren: Weil Corali ihre Erfahrungen machen musste und er seine Standhaftigkeit prüfen und stärken sollte.

Diese Standhaftigkeit wurde sehr auf die Probe gestellt, denn Corali lernte während eines dieser Feste eine Frau kennen, die genauso auf das Sinnliche ausgerichtet war wie sie. Diese Seele nenne ich Degenhart, weil sie noch so hart und schneidend wie ein Degen war – was im weiteren Verlauf der Geschichte noch deutlich werden wird.
Corali und Degenhart fanden sich und wollten nicht mehr voneinander lassen. Dass Lichtfried litt und allein mit den Kindern zurückblieb, kümmerte beide nicht. Sie lebten ihr Leben, das heißt, sie lebten ihre Leidenschaft, und was andere dabei empfanden, berührte sie wenig.

Hier wird ein Gesetz des Lebens und der Entwicklung deutlich. Viele Menschen verstehen nicht, warum jemand, den sie bislang ganz anders kannten, plötzlich ein völlig verändertes Gesicht bekommt. Im Grunde ist dies immer so, nur seht ihr die größeren Zusammenhänge so wenig, dass es euch nicht auffällt. Seht ihr jemanden, mit dem ihr euch gut versteht, so erkennt ihr hinter der Erscheinung nicht den Freund, den Verwandten oder Partner aus einem früheren Leben. Ihr glaubt, ihr trefft einen Unbekannten, den ihr jetzt zum ersten Mal sprecht. In den meisten Fällen ist dies nicht der Fall. Vielmehr ist euch jemand deshalb vertraut, weil ihr ihn aus einem früheren Leben kennt und gemeinsames Karma euch verbindet. Deshalb habt ihr häufig zwar mit verschiedenen Gesichtern, aber mit den gleichen Seelen zu tun, nur ist euch dies nicht bewusst.

So erkannte Corali Lichtfried in diesem Leben auch nicht als ihre Zwillingsseele, mit der sie durch so viele Inkarnationen gegangen war. So lange waren sie schon zusammen, und trotzdem erkannte weder der eine den anderen als den Partner aus den früheren Leben, noch wusste er, welche Entwicklungsschritte der andere noch zu tun hatte.

Lichtfried wusste nicht, dass Corali noch einige Unklarheiten und einiges Unbewusste in sich hatte, das er durch seine Inkarnationen als Frau „erhellen“ konnte. Viele wundern sich, warum Frauen häufig ein so viel schwereres Los als Männer haben. Der Grund dafür ist, dass

Seelen in einer Inkarnation als Frau in den meisten Fällen mehr und schneller lernen, weil häufig die gesellschaftlichen Bedingungen für sie schwerer sind. Diese zum Teil sehr schweren Umstände lehren die Seele, was richtig und was falsch ist. Lichtfried hatte viel gelernt. So viel, dass er nicht mehr den Weg der Begierde gehen und sich einem egoistischen Treiben hingeben wollte.
Corali hatte diese Möglichkeit noch nicht gehabt. Ihr Lehrmeister sollte Degenhart werden, mit dem sie noch einige Erfahrungen machen würde.
Wir werden sie bei einigen begleiten.

Corali war so begeistert von Degenhart, dass sie am Ende Lichtfried verließ und mit ihrem neuen Partner zusammenlebte. Kaum waren sie zusammen, quälten sie sich mit Eifersucht, da jeder weiterhin das alte „freie" Leben führen wollte – nur war keiner bereit, dem anderen die gleichen Rechte zuzugestehen. So liebten und bekriegten sie sich und trieben sich eines Tages beide in den Tod.

Lichtfried dagegen lebte ein Leben in der Zurückgezogenheit. Er fand dadurch immer mehr Ruhe und innere Geborgenheit und starb eines Tages einen friedlichen Tod.

Corali wurde als Prinzessin in einem Königshaus wiedergeboren, das sehr unbewusst war. Ihr Vater und ihre Mutter kümmerten sich ausschließlich um den Schein, um ihre Wirkung nach außen. Ihre ständige Redensart war: „Und was werden die Leute denken?" Dabei kümmerten sie sich wenig, um nicht zu sagen überhaupt nicht darum, ob ihr Handeln gerecht oder ungerecht, tugendhaft oder unmoralisch war. Sie kümmerten sich allein um den Schein, und der täuschte sie, wo immer er konnte.
So wuchs Corali in einer Welt auf, in der sie keinen inneren Halt fand. Da sie mit einer ganz weißen Haut auf die Welt kam, nannten ihre Eltern sie Weiße Perle. Sie wuchs heran, und ihre Eltern entschieden eines Tages, dass sie heiraten müsse.

Sie luden deshalb die Prinzen der nahen und fernen Königreiche ein. Unter ihnen waren viele liebe und gute, sogar Gottesfürchtige Männer.

Aber all diese interessierten Corali nicht. Denn nur einer fiel ihr auf: Degenhart, der als starker Kämpfer vor ihr stand und jedem deutlich machte, dass er bis zu seinem letzten Blutstropfen für seine Interessen kämpfen würde. Degenhart hatte eine verwegene, starke Ausstrahlung. Aber jeder, der einen geschulteren Blick als das Königspaar und Weiße Perle hatte, konnte leicht erkennen, welch schwieriger Charakter sich hinter Degenharts imposanter Erscheinung verbarg.
Corali, die Weiße Perle, die noch einige weiße Flecken auf der Landkarte ihres inneren Wissens hatte, fand Degenhart hinreißend und wollte nur ihn. Außerdem wusste sie, dass er seinem Vater auf den Thron folgen und sie damit Königin werden würde. Auch dies verlockte sie sehr.

So heirateten sie. Drei Tage und drei Nächte wurde gefeiert – und Degenhart konnte sich während dieser Feierlichkeiten nur mit aller Mühe zurückhalten, um nicht mit anderen Frauen zu verschwinden. Von seinen früheren Leben her war dies immer noch seine Gewohnheit geblieben, auf die er keinesfalls verzichten wollte.
Entsprechend verlief anschließend das Leben der Weißen Perle an Degenharts Hof. Solange sein Vater lebte, hielt er sich noch etwas zurück und lebte seine Interessen mit reichlichem Essen, vielem Trinken und vielen Frauen nicht zu offensichtlich aus. Trotzdem war es genug, um Corali spüren zu lassen, wie einsam sie war – so einsam wie Lichtfried, als er Ähnliches im Leben davor durchmachen musste.

Dann starb Degenharts Vater, und Degenhart gab ein rauschendes Fest. Dazu lud er all die Mätressen ein, deren Dienste er schon lange dankbar in Anspruch nahm.
Corali ertrug diese Demütigung nicht. Da sie überhaupt nicht wusste, mit wem sie es zu tun hatte, machte sie ihrer Empörung Degenhart gegenüber laut Luft. Dieser blieb ganz gefasst und strahlte jene Ruhe aus, die jeder etwas genauere Beobachter als größte Bedrohung erkannt hätte. Corali war aber noch eine Weiße Perle, die sich wenig in andere und in sich selbst einfühlen konnte. Sie verstand deshalb nicht, was es bedeutete, als Degenhart ihr ganz ruhig, aber mit glühenden Augen sagte: „Sprich nie wieder in diesem Ton mit mir! Verstehst du? Nie wieder!“ Er stieß sie dabei zur Seite und ging. Corali war sprach-

los! Noch nie hatte es jemand gewagt, so mit ihr zu reden! Sie war deshalb vor allem damit beschäftigt, wie Degenhart sie stehengelassen hatte, anstatt seine Warnung zu verstehen.

Corali war empört und schäumte vor Wut. Bei der nächsten Gelegenheit, als Degenhart sich wieder einmal mit anderen Frauen die Zeit vertrieb, platzte Corali mit all ihrer Enttäuschung und Wut heraus. Anstatt sie anzuhören, gab Degenhart ihr eine Ohrfeige, dass sie zu Boden fiel, und befahl der Wache, sie ins Gefängnis zu werfen.
Corali war fassungslos. Aber auch noch hilfloser. Denn nun war sie Degenhart ganz ausgeliefert. Hier verstand sie aber, was sie bis dahin nicht hatte sehen können: Wie gefährlich Degenhart war, wie rücksichtslos er mit Menschen umgehen konnte. Auch mit ihr. Eine Tür in ihrem Inneren öffnete sich: Sie verstand ein wenig, dass die Wahrheit unteilbar ist. Da Degenhart andere Menschen so schlecht behandelte, war es nur folgerichtig, dass er früher oder später auch seine Frau misshandeln würde. Dies war eine entscheidende Einsicht.

Degenhart kümmerte sich nicht mehr um Corali, bis ihr Bruder zu Besuch kam. Da ließ er sie aus dem Kerker holen, waschen und fein einkleiden. Am liebsten hätte er auch den Bruder ins Gefängnis geworfen. Coralis Vater herrschte aber über ein viel größeres Reich als Degenhart, deshalb vermied dieser wohlweislich einen Krieg mit dem starken Nachbarn. Zähneknirschend bewirtete er Coralis Bruder und versuchte durch Schmeicheleien das zu erreichen, was er nicht durch einen Mord bewirken konnte: Er wollte Coralis Bruder auf seine Seite ziehen.
Dieser erfuhr aber alles von seiner Schwester und setzte in die Tat um, was sie geplant hatte. Sie wollten Degenhart ermorden und mit den Truppen, die ihr Bruder als Eskorte mitgebracht hatte, einen Umsturz durchzuführen. Als Degenhart wieder einmal ein Festessen gab und sich betrank, ließ Corali ihn töten.

Corali richtete sich als Herrscherin sicher ein und ließ alle einsperren oder sogar umbringen, von denen sie annahm, sie könnten ihr gefährlich werden. Und nicht genug damit, ließ sie alle Dirnen im Königreich verfolgen, einsperren, foltern und viele hinrichten.

Sie verstand nicht, dass viele dieser Frauen ihrer Tätigkeit, die natürlich alles andere als ehrenhaft war, zum größten Teil aus Not nachgegangen waren. Viele befanden sich in einer Notsituation und wussten keinen anderen Ausweg. Corali verstand nicht, dass unter einem Herrscher wie Degenhart – und sein Vater war nicht viel besser gewesen – viel Leid bei der Bevölkerung entstehen musste, das nur durch Liebe, Ethik und Wohlstand hätte geheilt werden können. Corali war aber in ihrer Entwicklung noch nicht so weit. Sie missbrauchte ihre Macht als Herrscherin, um ihre Rache zu leben.
So vergoss sie viel unschuldiges Blut und starb schließlich, nachdem sie viel mehr Unrecht angerichtet hatte als Degenhart seinerzeit.

Corali wurde bald wiedergeboren, und zwar als jüngste Tochter eines armen Bauern, der sich keine Tochter gewünscht hatte. Außerdem war seine Frau weder glücklich, erneut schwanger zu sein, noch, eine Tochter zu bekommen, denn Töchter waren in dem Land nicht hoch angesehen und kosteten außerdem viel Geld, weil bei der Hochzeit eine große Mitgift anfiel. Diese konnten Coralis Eltern sich nicht leisten. Und wollten es auch nicht.
Deshalb gingen sie den einfachsten und gemeinsten Weg: Sie verkauften Corali, als sie gerade zwölf war, an einen Bordellbesitzer, der ihnen einen guten Preis zahlte. Damit hatten sie zwei Fliegen mit einer Klappe geschlagen: Sie hatten einen Esser weniger, und anstatt Geld für die Mitgift aufbringen zu müssen, bekamen sie welches! Dass sie damit ihren eigenen Weg ins Bordell in einem nächsten Leben vorzeichneten, wussten sie nicht, und es interessierte sie auch nicht. Sie lebten in jeder Hinsicht von der Hand in den Mund. Dies hatte den Vorteil, dass sie wirklich in der Gegenwart lebten – das war aber auch der einzige Vorteil, denn ein Leben, das so fern von den Göttlichen Gesetzen verläuft, ist auf Dauer sehr schwierig.

Corali landete in einem Bordell, das von niemand anderem als Degenhart geleitet wurde. Er war anfangs begeistert von Corali und behandelte sie nicht nur wie sein Eigentum, sondern auch wie seine Freundin. Degenhart war aber ein Degen-harter Geschäftsmann und Lustmensch. So interessierte ihn nichts auf Dauer, denn der Geschäftsmann und der Lustmensch haben eines gemeinsam: Sie wollen beide immer mehr!

So genoss Degenhart eine Zeitlang die blutjunge und hilflose Corali. Dann aber gingen die Lust auf Abwechslung und das Geschäft vor: Er bevorzugte eine andere, und Corali musste als Prostituierte arbeiten. Weigerte sie sich oder wollte sie sogar fliehen, wurde sie geschlagen. „Ich treibe dir deinen Eigensinn schon aus!“, waren Degenharts Worte dabei. Corali blieb nichts anderes übrig, als sich in ihr Schicksal zu fügen und für Degenhart hart zu arbeiten. Genauso, wie den Prostituierten in ihrem Königreich nichts anderes übrig geblieben war, als alles über sich ergehen zu lassen. Besonders in den Gefängnissen, in die die Weiße Perle sie hatte werfen lassen.

Corali fügte sich in ihr Schicksal und lebte ein Leben, das ihr zuwider war. Besonders Degenhart war ihr zuwider, der ihr täglich zu verstehen gab, dass sie sein Eigentum war, mit dem er machen konnte, was er wollte. Und dies tat er auch – so lange, bis er sie mit Syphilis ansteckte. Er wusste schon lange, dass er krank war. Dies hinderte ihn aber nicht daran, viele Frauen anzustecken. Ganz im Gegenteil: Er rächte sich damit an der Frau, durch die er sich die Krankheit zugezogen hatte. Mit anderen Worten: Er machte die Frauen für sein Schicksal verantwortlich, anstatt zu sehen, dass sein Lebenswandel ihn zwangsläufig dahin führen musste.

Spielt jemand unentwegt Russisches Roulette, das heißt, hält er immer wieder einen mit *einer* Kugel geladenen Trommelrevolver an seine Schläfe, kann er mit Bestimmtheit damit rechnen, dass er eines Tages diese eine Kugel zuerst im Pistolenlauf und anschließend in seinem Kopf hat. Russisches Roulette spielen im übertragenen Sinne unzählige Menschen. Sie wissen nicht, was sie mit ihrem Leben beginnen sollen – und wollen es auch nicht wissen. Deshalb setzen sie es in der sinnlosesten Weise aufs Spiel. Und verlieren es. Dies ist typisch für ein Leben ohne Gott, ohne Tugend und ohne Ideale. Ein Leben, das ohne Rücksicht auf Verluste der Lust geweiht wird. Ein Leben, das aber am Ende alle Beteiligten aufzehrt. So wie Degenharts Leben.

Er verzehrte sich immer mehr. Sein maßloses Leben, die gnadenlose Ausbeutung der anderen und seine Krankheit verbrauchten seine Lebensspanne im Nu. Er litt noch sehr an seiner Krankheit, die ihm

viele Schmerzen bereitete, und gelangte in seiner Abhängigkeit mehr und mehr auf die Stufe der Frauen, die ihm gnadenlos ausgeliefert waren.
Degenhart starb qualvoll an Syphilis. Er benötigte noch einige Leben, um zu erkennen, dass ein auf Leidenschaft und Genuss aufgebautes Leben früher oder später immer in einer mehr oder minder großen Katastrophe endet.
So schrecklich Degenhart auf der einen Seite war, so wichtig war er für Corali auf der anderen. Denn von einer höheren Sicht aus betrachtet, war Degenhart ihr Meister. Er verhalf ihr zu einer Tiefe, zu einer Wahrhaftigkeit und inneren Stärke, die andere Seelen erst nach vielen Inkarnationen erreichen. Degenhart war hart und hatte noch viel zu lernen, er führte aber Corali zum Licht.

Lichtfried hatte Corali während des Lebens, das sie als gefangene Prostituierte verbringen musste, nicht aufgesucht, weil er zu der Zeit keinen Körper hatte. Er begleitete sie dafür vom Jenseits aus und bewahrte sie vor Unheil, in das sie sich hätte verstricken können, ohne daraus zu lernen.

Corali weigerte sich, nachdem sie festgestellt hatte, dass sie an Syphilis erkrankt war, weiterhin als Prostituierte zu arbeiten. Der neue Zuhälter bestrafte sie dafür hart. Ihm war es egal, ob sich auch noch andere ansteckten. Ihm war nur eines wichtig: Das schnell verdiente Geld. Wer dabei zu Schaden kam, interessierte ihn überhaupt nicht. Corali blieb aber standhaft. Und der Herr hatte insofern ein Erbarmen mit ihr, als die Krankheit sie derart entstellte, dass sie nicht mehr als eine attraktive Frau „gehandelt“ werden konnte. Deshalb verbannte der Zuhälter sie in eine Hütte neben dem Pferdestall. Hier wäre sie völlig vergessen worden, hätten nicht ihre Freundinnen, die anderen Prostituierten, zu ihr gehalten und sie versorgt. Sie pflegten sie, bis sie starb, und gaben ihr ein würdiges Begräbnis.

Corali wurde als Sohn eines Bauern wiedergeboren. Diesmal war sie nicht die geächtete letzte Tochter, die keiner wollte, sondern der ersehnte erste Sohn. Entsprechend hoch war ihr Stand in der Familie. Ihr Vater verehrte sie und freute sich, einen Erben, einen Freund bekommen zu haben.

Der Hof war nicht besonders groß, dennoch hatten sie ihr gutes Auskommen. Und Corali genoss ihr Leben.
Als sie neunzehn war, wurde sie mit Lichtfried verheiratet, der diesmal wieder eine Frau war, noch dazu die einzige Tochter eines reichen Bauern. Dieser Bauer liebte seine Tochter über alles – etwas sehr Ungewöhnliches in diesem Land. Und so freute sich Lichtfrieds Vater, dass seine geliebte Tochter mit einem so lieben Mann wie Corali verheiratet wurde.

Durch ihre Erfahrungen als Prostituierte konnte Corali die Frauen mit ihren Gefühlen, mit ihrem besonderen Sinn für das Wesentliche in Herzensangelegenheiten gut nachempfinden. So fühlte sich Lichtfried geborgen, und die beiden führten eine sehr gute Ehe.
Außerdem brachte die Verbindung beider Höfe einen entsprechenden Wohlstand mit sich. Lichtfried liebte Corali. Er genoss es aber auch, finanziell unabhängig zu sein. Dies gab ihm ein Gefühl von Freiheit, von Selbstsicherheit und relativer Weltoffenheit. Und weil sie beide innerlich so viel bekommen hatten, konnten sie gemeinsam den Weg des Glücks gehen, der im Teilen besteht. So taten sie viel Gutes, halfen den Armen und unterstützten viele Familienmitglieder. Darüber hinaus trafen sie sich mit den armen Bauern und teilten mit ihnen ihre Vorräte, als eine Hungersnot ausgebrochen war.
So genossen sie ihr Leben, und Gott segnete sie.

Lichtfried und Corali verbrachten einige Leben zusammen und lernten viel. Dann bedingte Lichtfrieds Entwicklung, dass er nochmals als Frau wiedergeboren wurde, aber früh starb und dass Corali altes negatives Karma auflösen konnte. So wurde sie in dieser Inkarnation ein Mönch.

Sie lebte in einem Land, das von einem atheistischen Volk erobert worden war, das alle religiösen Tätigkeiten unter Strafe stellte. Corali lebte jedoch bewusst ihren Glauben – und war auch bereit, dafür zu kämpfen. So dauerte es nicht lange, bis sie Freunde fand, die einen ähnlichen Weg gingen wie sie und ebenfalls gegen die neuen Machthaber opponierten. Diese Unterdrücker hatten aber viele Spitzel, und so kam es, dass sie festgenommen und verhört wurde. Corali war genau die Richtige, um Gottes Weg zu gehen und ihre Freunde zu schützen. Corali hatte in ihren vorhergehenden Leben so viel innere Stärke erlangt, dass sie allen Anfeindungen bravourös widerstehen konnte und ein Beispiel an Glauben, Mut und Opferbereitschaft gab, das sowohl ihre Freunde als auch ihre Feinde berührte.

Die neuen Machthaber wollten die Namen von Coralis Freunden erfahren. Corali weigerte sich aber, sie preiszugeben. So wurde sie immer wieder geschlagen. Sie weigerte sich aber weiterhin und bat Gott um Standfestigkeit. Eines Nachts holte ein junger, brutaler Offizier den zarten und offenherzigen Mönch Corali aus seiner Zelle und schlug ihn so lange auf den Kopf, bis dieser starb – und alle Namen seiner Freunde in den Tod mitnahm. Im Sterben dachte Corali noch: ‚Ach, dieser arme Offizier, wie viel hat er noch vor sich. Heute mir – morgen ihm!' Und sie segnete ihn.
Außerdem war Corali glücklich darüber, dass der Herr ihr die Kraft gegeben hatte, keinen ihrer Freunde zu verraten. Und der Herr sah all dies und segnete sie.

Nun blieb Corali einige Zeit im Jenseits und erntete die Früchte der guten Taten, die sie vollbracht hatte.
Als sie erneut wiedergeboren wurde, kam sie wegen ihrer vielen Verdienste zu sehr liebevollen Eltern, die sich schon lange ein Kind – am liebsten eine Tochter! – gewünscht hatten.
Kaum war Corali geboren, strahlte sie ihre Eltern an. Diese waren davon sehr berührt. Und aus diesem Gefühl der Dankbarkeit und Gnade heraus sagte Coralis Mutter zu ihrem Mann: „Mein Lieber, ich finde, wir sollten sie Corali nennen!“ Ihr Mann stutzte, weil er den Namen noch nie gehört hatte. Er gefiel ihm aber sogleich. Dann sagte er: „Du hast völlig Recht. Corali ist ein wunderschöner Name. Er kommt vom Lateinischen *cor*, Herz, und vom Italienischen *ali*, Flügel. Corali bedeutet demnach *das geflügelte Herz*!“
„Oh, welch schöne Erklärung du gegeben hast!“, sagte seine Frau. „Corali ist der Name für diese gute Seele, die zu uns gekommen ist! Dieses Kind hat so ein gutes Herz! Das ist deutlich in seinem Gesicht zu sehen.“ Und so wurde ihr liebes Kind Corali getauft.

Corali brachte aber aus ihrem früheren Leben und Sterben ein schweres Trauma mit. Deshalb weinte sie häufig und wachte immer wieder in Panik auf. Ihre Eltern wussten nicht, was dies zu bedeuten hatte. Ebenso wenig konnten sie sich erklären, warum Corali zusammenzuckte, wenn jemand schnell die Hand bewegte.
Sie waren aber liebe, gute Eltern mit offenen Herzen. Deshalb fühlten sie sich in ihre kleine Tochter ein und spürten, dass sie ganz viel positiven Kontakt brauchte.
Natürlich war manch einer hart genug, ihnen zu raten, sie sollten Corali einfach schreien lassen – nach drei Tagen würde es sich bestimmt geben!!

Coralis Eltern empfanden dies zu Recht als herzlos und brutal. Vor allem nachdem ein Weiser ihnen die größeren Zusammenhänge erklärt hatte.
So sangen sie ihrem Kind Göttliche Lieder in der Hoffnung vor, sie würden ihre Tochter damit heilen. Und Corali heilte und wurde ein Kind voller Liebe und Zufriedenheit.

Corali wuchs heran und hatte immer ein Lächeln für die Welt und beschenkte damit jeden, der ihr begegnete – ein Lächeln, mit dem sie geboren worden war, und das ihre Eltern durch ihre Liebe ihr erhalten hatten.

Als sie neun war, kam sie einmal nach Hause und war traurig. Da fragte ihre Mutter sie, was sie bedrücke. „Die Menschen sind so ernst!“, antwortete Corali traurig.
„Ich lache oder lächle sie an, sie schauen aber nur missmutig und finster vor sich hin!“
„Ich verstehe, dass dich das betrübt!“, sagte Coralis Mutter. „Aber mache dir nichts daraus! Schenke du ihnen dein Lächeln und erwarte keines zurück. Dann wirst du zum einen stark, und zum anderen glaube mir, dein Lächeln geht nicht verloren! Nie! Es geht bestimmt in das Herz desjenigen, den du anlächelst – auch wenn es nicht beantwortet wird, gelangt es in sein Herz. Offensichtlich hat derjenige, der dein

Lächeln nicht erwidern kann, ein Herz, das lange, lange kein Lächeln bekommen hat. Deswegen gibt er keines zurück. Er findet es zu kostbar. So kostbar, wie auch ich dein Lächeln finde!"

Bei diesen Worten strahlte Coralis Mutter sie an und umarmte sie. „Bedenke aber stets den Satz der Kraft", fuhr sie fort: „Die Herzen nah, die Körper fern. Lass keine Fremden zu nahe an dich heran. Schenke ihnen dein Lächeln und geh deinen Weg. Dies ist das Beste gegen Verwicklungen – gegen Probleme aller Art!"
„Probleme, Verwicklungen, was meinst du damit?", fragte Corali erstaunt.
„Wer so offen und herzlich wie du ist, muss wissen, dass er vieles in anderen auslöst. Und das muss für dich nicht immer das Gute, von dir Gewünschte sein. Halte Distanz zu fremden Menschen, sei herzlich und freundlich und mache dir keine Sorgen, denn Gott beschützt dich, das weiß ich!"

Corali dachte lange über das nach, was ihre Mutter ihr gesagt hatte – besonders auch deshalb, weil sie den Satz: *Die Herzen nah, die Körper fern* schon öfter gehört hatte. Sie verstand das alles nicht so recht. Aber sie fühlte sich von ihrer Mutter geliebt, deshalb glaubte sie ihr und hielt sich daran. So war sie beschützt.

Und Corali veränderte die Welt. Wohin sie auch ging, sie begegnete allen mit Aufmerksamkeit und einem wunderschönen Lächeln. Und dieses Lächeln versiegte weder, noch ging es verloren. Es ging vielmehr in das Herz desjenigen, den Corali anlächelte – und es ging von hier aus weiter. Nicht unbedingt als ein Lächeln. Aber einmal als eine kleine Freude, ein andermal als ein nettes Wort und wieder einmal als eine freundliche Geste. So wanderte dieses Lächeln von Mensch zu Mensch, von Haus zu Haus, von Dorf zu Dorf, von Stadt zu Stadt. Von Land zu Land.
So stark ist die Kraft eines Lächelns, das von Herzen kommt.

Und Corali achtete nicht mehr darauf, ob jemand ihr Lächeln erwiderte. Sie glaubte fest an das, was ihre Mutter ihr gesagt hatte: Dass kein Lächeln je verloren geht. Und Coralis Mutter war nicht nur sehr liebevoll, sondern auch klug – was, wie schon gesagt, häufig Hand in Hand geht! Deshalb hatte der Herr ihr Corali anvertraut. So war es kein Wunder, dass Coralis Mutter Recht hatte. Deshalb vergiss auch du nie: *Kein Lächeln geht je verloren!* Lächle deshalb. Denn das Lächeln ist die unumschränkte Macht des Weisen, des Heiligen. Und die kommt vom Herzen. Deshalb ist sie so stark, deshalb ist sie unumschränkt.

Corali erreichte aber auch viele Herzen direkt. Viele erwiderten ihr Lächeln sogleich. ‚Merkwürdig!', dachte sie eines Tages. ‚Ich kann es kaum glauben: Seitdem ich auf kein Lächeln bei den anderen mehr warte, erlebe ich viel häufiger, dass es erwidert wird. An manchen Tagen meine ich, es lächle die ganze Welt. Diese schöne Welt. Kein Wunder, dass sie lächelt!'

So verging die Zeit, und Corali wuchs heran und wurde achtzehn. Die Einstellung ihrer Mutter: *Die Herzen nah, die Körper fern* bewahrte sie vor mancherlei Verwicklung.
Eines Tages „verwickelte" sie sich aber doch – und Gott hielt Seine Hand schützend und segnend über sie.

Corali war allein in einem schönen Park spazieren gegangen. Sie liebte es, sich in Gärten und Parks aufzuhalten, denn hier hatte sie unendliche Möglichkeiten, die Natur zu genießen.
Ein großer, wilder Rosenstrauch zog sie magisch an. Überall flogen die Bienen und Hummeln. Und die kleinen weißen Rosen zwischen den dunkelgrünen, gezackten Blättern dufteten Corali schon von weitem entgegen. Durch diese Schönheit der Natur erlebte sie große Freude.

Da näherte sich ihr ein junger Mann mit zarten Gesichtszügen.
Erst nach einer Weile bemerkte ihn Corali – und lächelte ihn an. Und Lichtfried lächelte zurück. ‚Oh!', dachte Corali. ‚Ich wusste gar nicht, dass ich immer dieses Lächeln als Antwort gesucht habe. Wie erstaunlich!'
Sie unterhielten sich über die Schönheit dieses Park und vergaßen dabei, dass sie sich im Grunde fremd waren. Fremd waren? Nein, sie erkannten sich wieder und tief innen fühlten sie sich sogleich vertraut.

So führte der Herr sie zusammen.
Sie heirateten und gingen einen glücklichen, langen gemeinsamen Weg. Zwei Seelen, die jeweils eine große Entwicklung gemacht hatten.
Und eines Tages verließen sie ihre Körper, und Gott nahm sie ganz nah zu sich. Fest umschlungen in Seinen weiten Armen, die so viel Freiheit geben, gleichzeitig aber auch so geborgen halten können.

Verbreite über dein Wesen und über deine Kommunikation in anderen Gesichtern – und in deinem! – so viel Lächeln, wie du irgend kannst. Dies ist die Wahre Meisterschaft des Lebens.

Erik
oder Vieles ist nicht sichtbar

Erik und Marcel saßen im Tempel und warteten auf das Erscheinen eines hohen Heiligen. Der Heilige erschien, hob die Hand in Eriks Richtung und segnete ihn.
Marcel dagegen durfte ihn berühren und ihm wichtige Fragen stellen.
Erik kam aus dem Tempel und war enttäuscht. Er hatte mehr erwartet. Einfach „nur" seinen spirituellen Lehrer zu sehen war nicht das, was er sich gewünscht hatte. Er hätte ebenfalls gerne diesen persönlichen Kontakt gehabt.
Marcel dagegen war überglücklich. Er hatte seine Fragen beantwortet bekommen, was er als große Gnade erlebte.

Was war aber wirklich geschehen?
Dieser erleuchtete Heilige hatte gesehen, dass Erik an Krebs erkranken würde. Da er wusste, wie viel Gutes Erik getan hatte, veränderte er sein Karma und bewahrte ihn davor krank zu werden. Damit war sein schweres Schicksal abgewendet.

Marcel dagegen benötigte Antworten auf wichtige Fragen. Diese bekam er und das half ihm. Natürlich ist solch ein persönlicher Kontakt ein großes Geschenk; es bewirkte aber bei weitem keine so einschneidende Veränderung wie bei Erik.
Trotzdem war Marcel, obwohl er derjenige war, der weniger bekommen hatte, glücklicher als Erik, dem so viel Leiden erspart bleiben würde.

Was sagt dir diese Geschichte? Achte auf die Außenwelt als eine große Lehrmeisterin, die dir wichtige, nein, entscheidende Hinweise gibt. Sei dir aber gleichzeitig bewusst, dass du in den meisten Fällen das Wahre, die wirkliche Realität, nicht siehst. Deswegen sind für dich zwei Gemütshaltungen von größter Bedeutung: *Forsche erstens stets nach dem tieferen Sinn dessen, was du erlebst. Sei zweitens immer mit dem zufrieden, was du bekommst, da es immer, immer mehr ist, als du glaubst.* Denn Gott ist dein bester Freund und gibt dir stets nur das Beste. Er ist dein Weg von der Dunkelheit zum Licht.

Und warum? Das Sanskrit weist dir den Weg zu einer Antwort. Spiritueller Lehrer heißt hier Guru. „Gu“ heißt vertreiben, und „ru“ bedeutet Dunkelheit. Der Guru vertreibt daher die Dunkelheit bei seinem Schüler. Gott ist deshalb der ideale „Guru“, weil er die gesamte Welt so eingerichtet hat, dass der Mensch über die Welt zum Licht gelangt und Ihn erreicht, das heißt *sich* verwirklicht.
Der Begriff Guru ist heute besonders im Westen sehr in Misskredit geraten, weil sich einige Scharlatane mit dieser Bezeichnung schmückten, ohne im Geringsten ihren Inhalt zu verkörpern und zu verwirklichen.

Ein Erleuchteter wie der oben beschriebene Heilige hat Gott verwirklicht. Er ist deswegen der ideale Lehrer, weil er seine Schüler zur Selbstverwirklichung führt, da er den Weg genau kennt. Er tut dies, wie Gott, selbstlos, voller Liebe und den Blick allein auf das gerichtet, was seinem Schüler nutzt, was dieser für seine Entwicklung braucht.

Dies ist der Grund, warum der Schüler seinen spirituellen Lehrer ehren soll.
Bevor du ihn aber verehren kannst, musst du genauestens prüfen, ob er dein großes Vertrauen verdient. Dazu musst du feststellen, ob er ohne Ego, allliebend und voller Fürsorge ist und dir immer wieder zeigen kann, dass er den Weg kennt. Hat er deine Prüfung bestanden, vertraue ihm. Dies ist entscheidend. Und warum? Weil er dich nur dann an die Hand nehmen und auf deinem Weg weiterbringen kann, wenn du dich ihm anvertraust.
Und die Folge davon ist Zufriedenheit, Glück und Selbstbewusstsein.

Das alles schenkt dir dein großer spiritueller Lehrer dadurch, dass er dich in Kontakt mit der Göttlichkeit in dir bringt.
Und was musst *du* leisten? Du musst deinerseits sehr wichtige Eigenschaften entwickeln: Glauben, Geduld, Vertrauen, Durchhaltevermögen, Freude und Dankbarkeit. Sie bringen dich mittels der Führung deines erleuchteten Lehrers zu Gott und damit zu dir. Denn der „ferne" Gott im „fernen" Himmel ist in dir.
Dies ist das große Wunder des Lebens. Du suchst und suchst und suchst im Außen. Dann ist eines Tages die Zeit reif und du findest den Weg zu deinem Inneren und findest dort all das, was du in der Welt nie fandest.

Wozu dann die Welt? Sie ist der Weg zu dir. Ohne die Welt fändest du diesen Weg nicht und ohne erleuchteten Lehrer beziehungsweise ohne Gottes Führung kämest du nicht ans Ziel. Und warum nicht? Weil dein großer spiritueller Lehrer dich an die Hand nimmt, dir die größeren Zusammenhänge erklärt und dich vor Stolpersteinen und Abstürzen bewahrt. Er bereitet dich auf die Glückseligkeit vor, die du nur durch innere Stärke erreichen kannst. Deswegen wirst du bei ihm auch viel warten und viel aushalten müssen. Zudem lässt dies in dir den immer stärkeren Wunsch entstehen, von der Unwissenheit zum Wissen, von der Unruhe zur Ruhe zu gelangen. Wichtige Voraussetzungen, um dich von der Außenwelt weg- und zur Innenwelt hinzuwenden. Denn alles, was du suchst, ist in dir. Du weißt dies nicht. Dein Lehrer weiß es aber ganz genau. Deshalb weiß er auch, dass du immer schon am Ziel angelangt bist. Von Anfang an.

Auf dem Weg zu dir verstehst du vieles nicht – glaubst es aber häufig genau zu wissen! Das ist die Gefahr, denn du erkennst weder die Bedeutung dessen, was du erlebst, noch gibst du dir ausreichend Mühe, es zu begreifen. Wie dramatisch dies sein kann, verdeutlicht folgendes Beispiel.

Ingmar fuhr nach Moskau. Hier wurde er auf dem Bahnhofsvorplatz von einem Mann gefragt, ob er seine Bluejeans verkaufen wolle.

Zunächst wollte Ingmar nicht. Dann bot der Mann ihm so viel Geld, dass er auf den etwas erstaunlichen Vorschlag einging – besonders, da er in seiner Reisetasche noch drei weitere Paar Hosen hatte.
Der Mann, der ihm das Geschäft angeboten hatte, zählte die Scheine vor Ingmars Augen. Dann gab er sie ihm. Nachdem dieser sie nochmals gezählt hatte und einstecken wollte, sagte der Mann, es sei nicht gut, mit so vielen losen Scheinen in der Tasche herumzulaufen. Er wolle doch lieber ein Gummiband darum machen. Ingmar gab ihm das Bündel zurück, und der Mann wickelte flugs ein Gummiband darum. Ingmar steckte das Geld ein, und sie verabschiedeten sich.

Kurz darauf ging Ingmar in ein Restaurant, aß dort und wollte anschließend zahlen. Er griff in seine Tasche, nahm das Bündel Scheine heraus, löste das Gummiband – und hatte nur mehr wertloses Papier in der Hand!
Ingmar war empört und wütend darüber, dass jemand ihn derart hatte bedrängen können, seine Jeans zu verkaufen, um ihm anschließend wertloses Papier in die Hand zu drücken!
Nach einer Weile mischte sich auch Bewunderung in den Ärger, da er den Taschenspielertrick, mit dem ihm das Geld abgenommen worden war, sehr gekonnt fand.
Außerdem dachte er darüber nach, was er falsch gemacht hatte. Er fand, er hätte besser aufpassen sollen. Er würde bei einem zweiten Mal das Geld nicht wieder hergeben. Bestimmt nicht!

Hätte Ingmar diese Geschichte *seinem*, das heißt einem erleuchteten Lehrer erzählt, so hätte dieser ebenfalls nach dem geforscht, was Ingmar falsch gemacht hatte. Er hätte sein Augenmerk aber auf ganz andere Dinge gerichtet: *Hatte Ingmar sich den Mann genau angesehen? Hatte er ihm in die Augen geblickt und sich diese genau angeschaut? Wie lächelte er? Wie bewegte er sich? Wie sprach er mit ihm?*

Dies sind die entscheidenden Fragen. Fragen, die Ingmar sich nicht gestellt hatte. Sonst hätte er von einem Geschäft mit diesem Mann unbedingt abgesehen. Und dies, obwohl er dadurch nur zu einem geringen Maß gesehen hätte, worum es wirklich ging. Aber zu einem Maß, das gereicht hätte, ihn zu warnen.

Worum es aber wirklich ging und was der Lehrer mittels seiner Erleuchtung gesehen hätte, ist die Tatsache, dass Ingmar einem äußerst gefährlichen Mann begegnet war, der vor nichts zurückschreckte. Hätte Ingmar seinen Taschenspielertrick entlarvt, was er sich so sehr wünschte, nachdem er den Betrug entdeckt hatte, hätte der Mann, der Mitglied einer besonders gefährlichen Verbrecherbande war, ihn entweder rücksichtslos zusammengeschlagen oder gar erstochen. Ingmar wäre, ohne einen Ton sagen zu können, auf der Stelle zusammengebrochen, und der Mann wäre verschwunden.
Ingmar war in eine hochgefährliche Situation geraten. Er hätte um ein Haar wegen einem Paar älterer Jeans sein Leben riskiert – ohne sich dessen überhaupt bewusst zu sein.

Ebenso wie du. Du, der du heute lebst und nur deshalb lebst, weil du unzählige Male gerettet wurdest. Manchmal mehrere Male täglich. Ohne dass du auch nur das Geringste davon bemerkst.

Denke immer daran, dass du gesegnet bist. Zweifle nicht daran, es würde dich sonst schwächen.
Denke immer daran, dass Gottes Gnade dich von Geburt an begleitet. Von deiner ersten Geburt an.
„Und warum machen wir dann zum Teil so schreckliche Erfahrungen?“, fragst du zu Recht. Die Antwort ist: Weil das Vitale so langsam lernt. Du bist in der Welt, damit das Vitale in dir lernt. Jede Erfahrung ist allein dazu da, dass dieser Anteil in dir das lernt, was er lernen muss. Leider *lernt der Mensch auf den meisten Stufen seiner Entwicklung nicht durch Worte, durch Erklärungen oder durch gute Ratschläge, sondern primär durch Erfahrungen.*

Es ist wie mit einer Statue aus Holz. Zuerst wird das Holzstück mit großen Sägen grob zurechtgeschnitten. Dann werden die einzelnen Konturen grob herausgehauen.
Je mehr aber die gewünschte Form herauskommt, desto feiner werden die Instrumente und desto vorsichtiger arbeitet der Künstler.
Dabei achtet der Künstler das Holz zu Beginn seiner Arbeit genauso wie am Schluss.

Auf die Seele übertragen heißt das: Je weiter du in deiner Entwicklung bist, desto mehr bist du in der Lage, durch Unterscheidungsvermögen zu erkennen und aus dem Erkannten Schlüsse zu ziehen, nach denen du dein Handeln ausrichtest.

Du bist dann der vollendeten Statue sehr ähnlich und erlebst mehr und mehr Gott als die Wirklichkeit deines Herzens. Je mehr du dies kannst, desto näher bist du deiner Verwirklichung gekommen. Dies ist auch der Augenblick, in dem du erkennst, wie beschenkt du bist, und in dem du sehen kannst, dass Gott stets um dein Wohl bemüht ist und dass alles zu deinem Besten gefügt wurde.
Du siehst dann nicht nur sehr klar, du erlebst vielmehr Gottes Nähe und verstehst das Gefüge der Welt. Und all dies erfüllt dich mit Licht, und das heißt: mit Unterscheidungsvermögen, Wissen, Liebe und Herzlichkeit.

Hast du Gott verwirklicht und bist damit erleuchtet, wirst du selbst zum Lehrer. Zu demjenigen, der die Dunkelheit der anderen vertreibt. Du hilfst dann den Menschen, ihre Erlebnisse zu verstehen. Du gibst ihnen Erklärungen an die Hand – und wartest geduldig ab, bis sie die Erfahrungen machen, die sie befähigen, das zu verstehen, was du ihnen sagst.
Mit anderen Worten: Das goldene Rad des Lebens dreht sich immer weiter. Immer gibt es einen Lehrer. Immer einen Schüler. Niemand geht wirklich allein. Immer ist jemand da, der beschützt, leitet, lehrt.

Häufig siehst du nicht, wie beschützt du bist. Ebenso wie Ingmar nicht sah, wie beschützt er war, als er, Gottlob, übersah, wie er durch einen plumpen Trick sein Geld verlor. Ingmar war in diesem Moment blind. Von einer Blindheit geschlagen, die notwendig war, um sein Leben zu retten.
Ein Engel bedingte, dass dem Betrüger der Trick mit dem Gummiband so gut gelang, dass Ingmar keinen Verdacht schöpfte. Er sah damit weder, dass er betrogen, noch, dass sein Leben gerettet wurde
Siehst du, so vielfältig ist die Welt. Einmal ist es entscheidend, dass du klar siehst. Ein andermal ist es lebensrettend, wenn du nicht siehst.
„Bedeutet dies, dass Blindheit doch gut ist?“, fragst du.

Die Antwort ist ja, wenn du nicht genug siehst, um den gesamten Zusammenhang zu erfassen.

So bekommst du täglich unzählige Geschenke, die du nicht siehst, weil sonst der Schleier, der die Welt bedingt, zu schnell und zu früh gelüftet werden würde.
Deshalb erkannte auch Erik nicht, dass er vor einer Krebserkrankung bewahrt wurde.
So ist das Leben.
So wunderbar und vielfältig. Darum genießen es die Erleuchteten, die viel sehen und die Zusammenhänge erkennen, so sehr.

Das Vitale

Dimitrij sitzt in der Todeszelle. Er hat knapp sieben Quadratmeter Raum. Ein Bett. Eine Toilette, die mehr schlecht als recht funktioniert. Einen Tisch. Einen Stuhl.
Er ist von dicken Wänden umschlossen. Das kleine Fenster ist mit starkem Eisen vergittert. Er ist immer allein, denn er sitzt seit Jahren in Einzelhaft.
Dimitrij hat Angst. Tag und Nacht, weil er sich völlig ausgeliefert fühlt. Er weiß nie, welcher sein letzter Tag ist. Jeden Tag kann frühmorgens die Tür aufgehen, und er wird abgeholt. Er wird dann in ein anderes Gebäude gebracht, wo der Henker auf ihn wartet, der ihn mit einem Genickschuss töten wird.
Jeden Tag kann das geschehen. Dies lässt ihn zittern. In seinem Innersten erschüttern.

Und wie ist es dazu gekommen?
Dimitrij hat eine besonders lange Karriere als Verbrecher hinter sich. Bereits mit acht fing er an, zu lügen, zu stehlen und zu betrügen.

Mit siebzehn vergewaltigte und tötete er ein fünfzehnjähriges Mädchen. Mit achtzehn erschoss er einen Jungen, der ihm seinen Platz in der Räubergang streitig machen wollte.
Von da an misshandelte und tötete er immer wieder Menschen. Er erpresste sie, und die, die nicht zahlten oder nicht genug zahlten, brachte er um.
Waren es Frauen, mussten sie sich für ihn prostituieren.
Dimitrij tat all das ohne das geringste Mitgefühl.

Wie ist jetzt dein Urteil über Dimitrij?

Findest du, dass es ihm recht geschieht, wenn er täglich auf den Tod wartet?
Das ist der Balanceakt des Lebens: Du darfst weder das Leben noch Gott verurteilen, sondern musst sehen, dass jemand das erlebt, was er sich als positives beziehungsweise negatives Karma schuf. Und dass dieses Karma einen Sinn hat. Außerdem musst du ganz mit den Leidenden mitfühlen.

Dimitrij kommt durch die Brutalität der Situation, in der er lebt, in Kontakt mit den Gefühlen beziehungsweise mit den Todesängsten der Opfer, die ihm wehrlos ausgeliefert waren. Sie konnten bei ihm nicht auf Gnade hoffen, da Dimitrij keine Gnade kannte. Ebenso wie die Staatsmaschinerie, in die er jetzt geraten ist, keine Gnade kennt. Gemäß der Ordnung der verschiedenen Akten wird sein Schicksal verwaltet – und besiegelt. Keiner fühlt sich verantwortlich. Jeder gibt der Institution die Verantwortung. Selbst der Henker, der sein blutiges Tun mit dem verwerflichen Satz „Tue ich es nicht, tut es jemand anders“ zu legitimieren versucht. Keiner empfindet auch nur die geringste Verantwortung, geschweige denn Mitgefühl für Dimitrij. Auch nicht der hartherzige Wärter, der ihn täglich sieht. Auch für ihn nimmt das Schicksal seinen Lauf. Wann wird es ihn überrollen?

Dimitrij hat sich sein Schicksal geschaffen. Erbarmungslos, wie er zu anderen war, wird er nun behandelt. Das Karma ist aber immer gnädig. So brutal die Umstände auch sein mögen. Der Lohn von Dimitrijs Angst, die ihn kaum schlafen lässt, weil er immer wieder angsterfüllt und schweißgebadet aufwacht, ist, dass das Vitale in ihm durch Erleiden lernt. Durch Spüren am eigenen Körper erlebt er unmittelbar, was es bedeutet, Angst, Lebensangst, Todesangst zu haben. Dies ist das Geschenk. Dimitrij wird nie wieder ein solches Leben führen können, wie er es tat. Das Leben ist für ihn zu einem kostbaren Gut geworden. Das ist neu. Unendlich neu.

Früher hätte er sein Leben für eine Handvoll Rubel aufs Spiel gesetzt. Jederzeit hätte er sein Leben für irgendetwas Sinnloses riskiert. Und häufig genug hätte er es um ein Haar verloren. Das wäre ihm völlig gleichgültig gewesen. Entscheidend war ihm allein zu *handeln*. Im

Leben gleichsam zu waten. Dann fühlte er sich lebendig. Der Tod anderer machte ihn lebendig. Denn die Gefühle anderer ließen ihn leben – Gefühle, die er nicht hatte und nicht kannte.
Genau diese Gefühle erlebt er nun in der Todeszelle. Nur dass es jetzt seine eigenen Gefühle sind und sein eigener Tod ist. Die Bedrohung seines Lebens, die Unmöglichkeit, zu entkommen oder auch nur auszuweichen, vermitteln ihm, welch kostbares Gut das Leben ist. Der Henker, der ihm das Leben nimmt, gibt es ihm – und zahlt dabei mit seinem eigenen dafür, denn die Angst seiner Opfer wird als zehrende Unruhe sein Leben begleiten beziehungsweise beschädigen.

Und wie ist jetzt deine Einstellung Dimitrij gegenüber?
Dein Verstand mag verstehen, dass das Vitale nur schwer umsetzt und der Mensch nur durch Erleben lernt. Indem der Täter in die Situation seines Opfers kommt, erlebt beziehungsweise fühlt er das, wozu er vorher nicht fähig war. Damit wird Unwissenheit zu Wissen und Nichtfühlen zu Mitfühlen.

Dennoch leidet dein Herz mit allen Opfern, denn das Lernen über den Körper wirkt zuweilen sehr hart, und Mitgefühl und Nachempfinden sind der Lebensatem deines Herzens.

Und was kannst du tun? Kannst du einen brutalen Verbrecher verändern beziehungsweise ihn vor der Todesstrafe bewahren? Kannst du ein brutales Regime stürzen? Hat ein Staat das Recht, die Todesstrafe zu verhängen? Wer hat ein Recht zu töten? Kannst du es einem Mörder verbieten, wenn du es selber – wenn auch „legal" – tust?

Was kannst du tun? Lege ja nicht die Hände in den Schoß. Mache dich nicht klein. *Wer sich klein macht, macht sich mitschuldig.* Denke daran, dass die Welt in deiner Hand liegt. Übernimm Verantwortung für die Welt. Denn du bist ihr Gestalter. Mache dich deshalb niemals klein. Was du heute denkst, sagst und tust, schafft die Welt von morgen.
Bete für die Welt. Singe heilende Mantren (vgl. *Beziehungen – Zeitlose Wahrheiten* Bd. 2, S. 41 ff).

Bete für andere. Meditiere, wiederhole den Namen Gottes. Das verändert dich – und damit die Welt. Schicke allen Bedürftigen Licht. Gehe in Krankenhäuser. Gehe in Gefängnisse. Gib Trost. Gib Verständnis. Gib Nachempfinden. Dann verändert sich die Welt. Dann verändert sich auch das Vitale in dir. Du öffnest dein Herz mehr und mehr und entdeckst somit den Gott in dir, den allverstehenden Gott, der nie bewertet, der alle und alles versteht und gerade deshalb verändern kann.

Dimitrij ist überall. Auch in dir. Einmal als Täter. Ein andermal als Opfer. Das ist die unendliche Ambivalenz des Lebens: Jeder ist Opfer. Und jeder ist Täter. Alles hängt allein vom Zeitpunkt und vom Blickwinkel ab.
Alles ist aber auch Gott. Dies ist die unendliche Gnade: Der Zustand ohne jegliche Ambivalenz. Die Ruhe des Herzens. Die Ruhe im Herzen. Die Ruhe des Ziels. Das Ende aller Dualität.
Und wann endet für dich die Dualität? Wenn du klar sehen und verstehen kannst und gleichzeitig alles Platz in deinem Herzen hat.
Eins in dir.
Eins in Gott.

MACHIAVELLI
oder SO EINFACH DOCH NICHT!

Robert war ein ehrgeiziger junger Mann. Sehr ehrgeizig. So ehrgeizig, dass ihm jedes Mittel recht war. Hauptsache, er hatte Erfolg. Erfolg war für ihn alles. Er scheute sich überhaupt nicht, andere anzulügen, zu verraten, zu betrügen, zu hintergehen.
So behandelte er auch seinen Freund Alexander, mit dem er ein Geschäft aufgebaut hatte. Als sich seiner Ansicht nach eine Gelegenheit bot, auf Alexanders Kosten weiterzukommen, bootete Robert ihn kalt lächelnd aus. ‚Ist er doch selber schuld, wenn er mir so blind vertraut!', dachte Robert und zog alle Register, um sein Geschäft auf Alexanders Kosten auszubauen.

Im Leben passt alles zusammen. Wie ich immer betone, gibt es keinen Zufall. Der so genannte Zufall ist das Ergebnis eurer Taten – der guten und der schlechten. Sie verdichten sich zu Erlebnissen – zu *deinen* Erlebnissen.
So war es kein Zufall, dass Robert seine negative und destruktive Lebenseinstellung durch die Ansichten von Machiavelli untermauert fand, die dieser in seinem Buch „Il Principe" (Der Fürst) niederlegte. Machiavelli kommt für mich vom Italienischen *macchia*, der Fleck.

Machiavelli, der Befleckte, war ein reiner Machtmensch der Renaissance. Ihn interessierte nicht, wie Menschen zum Glück finden, sondern allein, wie Herrscher zur Macht kommen, wie sie sie festigen und ausbauen können. Ebenso wenig interessierte ihn die Wahrheit, sondern nur das Augenscheinliche. Deswegen vertrat er auch die schreckliche und äußerst gefährliche Haltung: Der Zweck heiligt die Mittel.

Kein Wunder, dass unzählige Tyrannen sich seines Denkansatzes bedienten und denen viel Leiden zufügten, über die sie Macht hatten.

Machiavelli war von der Macht besessen. So besessen, dass sie ihn gleichsam zerfressen hat. Es genügte ihm nicht zu sehen, wie andere Macht hatten, und ihnen Ratschläge zu geben, wie sie mit ihr am geschicktesten umgehen konnten. Er wollte selber an der Macht sein. Die Macht haben. Die Macht ausbauen. Mit Macht gestalten. Er wollte von morgens bis abends die Macht kosten. Es dürstete ihn nach Süße. Einer besonderen Süße. Diese Süße meinte er in der Macht zu finden. Anstatt die Süße, die wahre Süße im Positiven, im Guten oder gar in Gott zu suchen und zu finden, meinte er, sie durch Macht zu bekommen. Und zwar mit allen Mitteln. Wahrheit, Rechtschaffenheit, Liebe, Frieden und Gewaltlosigkeit waren fremde, unbekannte Werte für ihn. Und so, wie er in seinem Buch den Herrschern riet, die Macht mit allen Mitteln zu ergreifen und dabei gnadenlos und rücksichtslos durchzugreifen, so bemühte er sich sein ganzes Leben um Macht. Aus dem gleichen Grund war er auch von Tierdressuren fasziniert. ‚Was kann man mit Kreaturen alles machen, wenn man es nur richtig anfängt!', dachte er und haderte mit dem Schicksal, dass er kein Fürst war.

Mit dem unerfüllten Wunsch, ein König oder zumindest ein Fürst zu sein, starb er. Der Wunsch war so stark, dass er sich im nächsten Leben verwirklichte: Er wurde ein Landesfürst. Er baute mit allen Mitteln seine Macht aus. Dabei schreckte er vor nichts zurück: Weder vor Verrat noch vor Mord und Schändung noch vor den brutalsten Kriegen, die viele Menschen ins größte Elend stürzten oder ihnen gar den Tod brachten. Damit nicht genug, erstach oder verurteilte er manch einen im Rausch. Dabei war ihm das Trinken selber nicht wichtig. Wichtig war ihm der Rausch der Macht. Mit Macht umzugehen und sie auszubauen – sie wie einen Rausch zu erleben.

Machiavelli musste für seine schlechten Einstellungen und die daraus folgenden Taten in mehreren Inkarnationen leiden. Dadurch lernte er aber Entscheidendes: das Dienen, und dass das Leben bedeutet, für andere da zu sein. Alle anderen Wege sind Umwege. Wichtige Umwege. Wie das Leben des Machiavelli. Sein Umweg war aber ein Umweg mit Folgen, denn viele lesen heute, so wie Robert, noch sein gefährliches Buch und ziehen ihre Schlussfolgerungen daraus. Falsche Schlussfolgerungen. Denn im Kleinen wie im Großen führt gewissenlose Macht, Macht, die nicht auf Liebe, Wahrheit und Rechtschaffenheit aufgebaut und auf Frieden und Gewaltlosigkeit ausgerichtet ist, zu nichts anderem als zu Machtmissbrauch – und der führt, wie wir bei Machiavelli gesehen haben, stets in die Katastrophe.

Robert sah all dies leider nicht. Er war viel zu sehr von der Illusionen schaffenden Kraft der Welt geblendet, als dass er dies sehen konnte – und wollte.
Die Welt blendet euch und lässt euch in den selbst geschaffenen Illusionen verfangen, damit ihr lernt. Deshalb ist die Welt die große Lehrerin: Sie lässt euch die Erfahrungen machen, die ihr machen müsst, damit ihr eure Entwicklung machen könnt. Dies ist das große Geschenk der Welt an euch.

Machiavelli war eine begabte Seele, die aber auf das Falsche ausgerichtet war. Durch Erleben lernte sie, dass es nur einen Weg gibt: Den der Kosmischen Ordnung.
Und was ist die Folge von alledem? Machiavellis Wunsch nach Macht blieb in all den Leben bestehen. Doch er hatte sich mit der Zeit und mit seinen Erfahrungen zum Positiven gewandelt. Sein starker Wunsch bedingte, dass er wiederum ein Herrscher wurde.

Diesmal aber musste er ein wirklicher Herrscher, ein guter Herrscher werden. Durch verschiedene Inkarnationen, in denen er die Hilflosigkeit seiner früheren Opfer selber erlebte, entwickelte er Mitgefühl und Verantwortungsbewusstsein. Das bedingte die entscheidende Wende in ihm. War er vorher als Machiavelli noch stark verbunden mit sehr negativen und destruktiven Tendenzen, bestimmten nun ganz andere Werte und Empfindungen sein Leben und Handeln. Er wollte immer noch an die Macht. Diesmal aber als weiser, als guter, als liebender Fürst.

Und was geschah? Er diente seinem Volk. Und das Volk dankte Gott, einen so guten, einen so weisen Herrscher zu haben. Machiavellis

Seele verlor in dieser Inkarnation aber das Interesse an der Macht. Sie erlebte so viel Glück, indem sie liebevoll und weise für das Glück anderer sorgte, dass sie nicht mehr an Macht interessiert war. Und sie erkannte, dass sie dies in jeder Inkarnation tun konnte. Machiavellis Seele verlor damit den Wunsch zu herrschen, da sie erkannte, dass sie in Wirklichkeit nicht die Macht, sondern die Wahrheit, die Rechtschaffenheit, die Liebe, den Frieden, die Gewaltlosigkeit, mit einem Wort: Gottes Nähe gesucht hatte. Machiavellis Seele hatte das Entscheidende erkannt und wurde ruhig, froh und leicht.

Robert lernte ebenfalls. Zu dem Gesetz von Ursache und Wirkung gehört auch, dass, wer betrügt, betrogen wird. So lebte Robert über einige Jahre seine unanständigen Machenschaften aus und hatte auch einigen Erfolg. Sein Konzept der Gnadenlosigkeit schien sich zu bestätigen. Dann kam aber alles auf einmal: Seine Frau verließ ihn, weil sie seinen Geschäftsfreund interessanter fand als ihn. Der Geschäftsfreund und sie übervorteilten Robert so sehr, dass er an den Rand des Ruins kam. Den Rest seines Vermögens verlor er bei der Scheidung, da seine Frau alles tat, um ihm wirklich alles zu nehmen.

Er endete als Obdachloser unter einer Brücke. Völlig mittellos lebte er einige Jahre unter den schwersten Bedingungen.

Das klingt alles schrecklich, war aber in Wirklichkeit reine Gnade. Robert lernte durch diese Erlebnisse, dass seine Theorie nicht stimmte: Gnadenlosigkeit führt nicht zum Ziel. Führt sie zu irgendeinem Erfolg, dann nur deshalb, weil die Zeit für eine Veränderung nicht reif ist oder ein gutes, früheres Karma eine Katastrophe aufschiebt. Früher oder später führt Unanständigkeit immer zu einer Katastrophe.
Robert starb eines Winters, als es so kalt war, dass er auf seinem dürftigen Lager unter der dünnen Decke erfror.

Schon lange vorher war ihm klar geworden, wie falsch er gelebt hatte, denn er war als Obdachloser eine gute Seele geworden, die mit anderen teilte, die für andere sorgte. So hatte er einem anderen, viel jüngeren Obdachlosen eine Decke geliehen, der deshalb die Nacht überlebte.

In seinem nächsten Leben beschenkte Robert viele Menschen mit seiner Herzenswärme. Einer Wärme, die die Kälte ihm geschenkt hatte.

Treue ist der wahre Sinn des Lebens. Gott ist dir immer treu. Er verrät dich nie. Er verlässt dich nie. Sei treu: Dir, deinem Partner, deinen Kindern, deinem Nächsten, den Tieren, der Umwelt. Dann triffst du DICH, dann triffst DU GOTT.

Ahimsa
oder Achte auf deine Ernährung

Don Alfonso war ein freundlicher Fürst. Er kümmerte sich liebevoll um seine Untertanen, war seinen Mitmenschen ein guter Freund, seiner Frau ein treu sorgender Gatte und seinen Kindern ein lieber Vater, den sie nicht nur verehren, sondern auch von Herzen lieben konnten. Und trotzdem brachte er viel Unglück über alle.
Warum?

Don Alfonso hatte zwei bedenkliche Fehler: Einerseits liebte er es, zu jagen, und andererseits, Wildbret zu essen. Er war *un pasionado de la caza*, jemand, der von der Jagdleidenschaft ergriffen war. Wann immer und wo immer er konnte, ging er auf die Jagd und schoss und schoss. Dabei beherrschte ihn die Leidenschaft so sehr, dass er sich tagelang ärgern konnte, wenn er zum Beispiel einen Bock verfehlte oder wenn er an einem Tag nicht so viele Tiere erlegte, wie er sich vorgenommen hatte. Don Alfonso betrachtete die Jagdleidenschaft so sehr als Sport, dass er gar nicht mehr sah, was er tat. Er nahm nicht wahr, dass er Leben auslöschte, dass er Schmerzen bereitete, dass er Familienbande zerstörte.

Don Alfonsos Frau, Dona Margerita, war nicht viel weiser. Sie liebte die Jagden als wunderbare gesellschaftliche Ereignisse, die einen herrlichen Anlass boten, alte Bekannte und Freunde wiederzusehen. Dass für diesen „herrlichen Anlass“ Dutzende von Tieren ihr Leben lassen mussten, gehetzt, verletzt und geschunden wurden, kam ihr überhaupt nicht in den Sinn.

Bedenke aber: Tiere leiden wie Menschen. Tiere haben zarte Seelen wie empfindsame Menschen.
Es ist der Wissenschaft bekannt, dass eine Häsin es spürt und darunter leidet, wenn ihre Jungen getötet werden, und seien sie auch weit entfernt von ihr.
Auch die Bande zwischen einer Ricke und ihrem Kitz bleiben lange bestehen.
Die Beziehungen von Wildschweinen sind die einer Familie. Die Tiere kennen sich genau, haben Freundschaften und regen Austausch. Der Verlust eines Tieres kann eine Herde lange schmerzen.
Nicht anders verhält es sich bei den Raubtieren.
Ein Alpha-Wolf trauert lange, wenn er seine Alpha-Wölfin verliert. Aber auch jedes andere Rudelmitglied wird betrauert.
Und eine Löwin kann Monate um eines ihrer Kinder trauern.

Deshalb lädt sich jemand, der ohne zwingenden Grund – wie Notwehr, eine Hungersnot oder weil die Tiere zu einer Plage werden – Tiere tötet, negatives Karma auf. Dies kommt irgendwann in Form einer schweren Krankheit, eines Unfalls, eines plötzlichen Krankenhausaufenthaltes zum Tragen – in diesem oder einem späteren Leben.

So kam auch für den Fürsten und die Fürstin die Zeit, in der sie die Konsequenzen ihres Tuns erleben mussten.
Die beiden hatten drei Söhne, die sie alle sehr liebten und gleichermaßen wertschätzten. Trotzdem waren ihnen zwei ihrer Kinder besonders nahe.
Als diese zwei gerade den Militärdienst als Offiziere beendet hatten, wurde Don Alfonsos Land von seinem Nachbarland angegriffen. Auf diplomatischem Weg wäre viel zu erreichen gewesen, besonders wenn Don Alfonso und seine Verbündeten sich mehr um Rechtschaffenheit gekümmert hätten. Aber viele, viele wollten den Krieg, da sie den Krieg – wie das Jagen – als ganz natürliches (!) Mittel der Auseinandersetzung betrachteten!
Damit ging der Fürst mit dem Leben seiner Untertanen ebenso leichtfertig wie mit den Tieren um – und führte viele geradewegs in den Tod.

Die zwei Söhne, die dem Fürstenpaar besonders nahe standen, begrüßten den Krieg als richtig, wichtig und nützlich – ihr Vater war ihnen leider ein schlechtes Vorbild gewesen –, und sie fanden ebenfalls den Tod.
Das Karma, das dieser sich durch das Töten der Tiere geschaffen hatte, hatte sich gebündelt und zwei seiner Söhne so jung sterben lassen, was den Fürsten und die Fürstin tief im Herzen traf.
Trotz seines Schmerzes konnte er jedoch nicht lernen. Dabei wurde er von vielen Seiten immer wieder darauf hingewiesen, dass Jagen, besonders leidenschaftliches Jagen, ein großer Fehler sei. Aber der Fürst wies diese Ansichten, diese Warnungen trotz seiner schweren Schicksalsschläge stets als „Geschwätz von Schwächlingen" von sich.

Er hatte zwei Söhne, viele seiner Untertanen und sein Reich verloren. Schwere Verluste. Noch schwerer wogen sie aber, da sie das Fürstenpaar nicht zu dem bedeutenden Buddhistischen Begriff der *Ahimsa*, der Gewaltlosigkeit beziehungsweise der Achtung allen Lebwesen gegenüber führten.
So lebten der Fürst und die Fürstin über Jahre in Trauer und konnten nicht verstehen, warum sie nicht nur ihre zwei Söhne, sondern auch alles andere verloren hatten.
Sie konnten die größeren Zusammenhänge nicht erkennen, weil sie nicht sahen, was sie falsch gemacht hatten und immer noch falsch machten.

Bedenke deshalb: Machst du etwas falsch und kannst daraus lernen, dann freue dich, denn du hast Gnade. Die Welt ist zum Lernen da. Kannst du aus deinen Fehlern lernen, freue dich, denn dann erfüllst du den Sinn deines Daseins. Dann wirst du zum Herrscher, zum Fürsten deiner Entwicklung und damit deines Lebens.

Um eine positive Entwicklung machen zu können, musst du unbedingt auf deine Ernährung achten. Glaube mir, der ich die großen Zusammenhänge kenne: Wer sein Leben lang Fleisch isst, hat nichts verstanden und wird in diesem oder in einem zukünftigen Leben Leiden erleben, die ihm als Vegetarier nicht widerfahren würden.

Achte deshalb die Tiere. Achte auf deine Ernährung, denn *du wirst das, was du isst.* Isst du Fleisch, wirst du aggressiv; isst du Fisch, wird es deine Triebe aktivieren.
„Achte auf deine Ernährung" heißt deshalb auch: Halte dich an das Gebot der Gewaltlosigkeit.

Da Ernährung solch eine große Bedeutung hat, gebe ich dir im Folgenden einige wichtige Hinweise:

Iss viel Obst, rohes Gemüse, Nüsse, Sprossen, und kaue langsam und gut. Mahatma Gandhi prägte den Spruch, man solle feste Nahrung trinken und flüssige kauen, das heißt, die eine solltest du so lange kauen, bis sie flüssig ist. Viele Menschen haben deshalb Verdauungsprobleme, weil sie zu schnell essen, sprich: viel zu wenig kauen.

Bedenke, dass die Morgenstunden die Zeit der Reinigung, der Ausscheidung sind. Iss deshalb bis zum Mittag viel Obst und trinke reines Wasser.
Mittags iss zum Beispiel eine große Schüssel Salat mit Sprossen, den du mit Öl und Zitrone anmachst. Zum Salzen verwende am besten Tamari beziehungsweise Sojasoße.
Als Öl gebrauche kalt gepresstes (natives) Olivenöl. Distelöl ist auch gesund und eine gute Abwechslung. Leinöl solltest du als Ergänzung immer wieder zu Kartoffeln essen.
Sonnenblumenöl hat dagegen bei weitem nicht den Nährwert, den viele ihm zuschreiben – ganz im Gegenteil, wegen seines zu hohen Anteils an Linolsäure.

Entscheidend ist die Herkunft des Salates, des Gemüses und des Obstes.
Bedenke, dass Spritzmittel und Kunstdünger die Struktur von Obst und Gemüse verändern und mit ein Grund für die Entstehung von Krebs sind.
Ähnlich problematisch ist natürlich (oder besser unnatürlich!) die Bestrahlung von Lebensmitteln.

Eine gute Ergänzung zu einer großen Portion Salat sind zum Beispiel Vollkornreis, Polenta (Maisgrieß), Dinkel, Hirse, Buchweizen, Amarant und Kartoffeln. Dies sind wunderbare Lebensmittel, die deinen Körper stärken. Iss sie in Maßen, und sie werden dir Kraft geben.

Bedenke, dass es einen Unterschied gibt zwischen *tamasischem*, *rajasischem* und *sathwischem* Essen.
Sathwisch ist das Essen, wenn es von guten Menschen erzeugt, gekocht und bald nach dem Kochen gegessen wird.
Rajasisches Essen ist zu heiß, zu kalt, zu scharf, zu salzig, zu süß und zu reichlich.
Tamasisch ist ein Essen immer dann, wenn es wieder aufgewärmt beziehungsweise totgekocht ist.
Koche deshalb nicht zu viel. Bedenke, dass ungekochtes Essen eine stärkende, bereichernde und heilende Wirkung hat.

Milch, die von Kühen kommt, die mit Achtung und Liebe gehalten werden, ist ein ganz besonderes Lebensmittel, das dem Körper viel Energie und sogar Jugend verleiht.
Bedenke aber, dass Milch kein Getränk, sondern ein Nahrungsmittel ist, das du besonders als Erwachsener sehr in Maßen genießen solltest. Nimm deshalb Milch nicht in Verbindung mit anderen Lebensmitteln zu dir, sondern erst eine halbe Stunde, nachdem du etwas anderes gegessen hast, und eine halbe Stunde, bevor du etwas anderes isst.
Iss nicht zu viel Joghurt und am besten nicht nach achtzehn Uhr, da er dann schlechter zu verdauen ist.
Buttermilch und Kefir sind viel leichter verdaulich als Joghurt und können über den ganzen Tag verteilt getrunken werden.

Am besten trinkst du aber nicht während des Essens, da die Flüssigkeit die Magensäfte verdünnt und deshalb das Essen länger im Magen verbleibt. Trinke aus diesem Grund spätestens dreißig Minuten vor dem Essen und erst wieder frühestens zwanzig Minuten danach.

Benötigst du Eiweiß, so iss Nüsse, sie sind ein wunderbares Lebensmittel, das dich mit unendlich viel Wichtigem versorgt. Tofu ist auch ein guter Eiweißlieferant. Du musst aber sehr aufpassen, woher das

Soja stammt, aus dem der Tofu gemacht wurde, denn Sojabohnen können in hohem Maße mit Pflanzenschutz- und Entlaubungsmitteln verseucht, sie können genmanipuliert und bestrahlt sein.

Hervorragend sind als Eiweißlieferant alle Formen von Hülsenfrüchten. Viele Vegetarier essen zu wenig Hülsenfrüchte.
Außerdem iss häufig Algen, denn sie enthalten viele Vitamine, Mineralstoffe und Spurenelemente und stellen die ideale Ergänzung für eine vegetarische Ernährung dar.
Iss drei Esslöffel Weizenkeime täglich, denn sie stabilisieren ebenfalls deine Gesundheit.

Halte dich an eine einfache Kost. Je einfacher, desto besser!
Deshalb lebt der Yogi allein von Obst, Wurzeln und Nüssen, die ihn besonders wohl ernähren. Durch diese Kost achtet er die Natur am meisten, denn er tötet selbst Pflanzen nicht.

Die Welt ist an einem Wendepunkt angelangt. Die Zeit der Umkehr ist angebrochen, weil die Lebensmittel so verfälscht, so sehr vom Lebensmittel zum Todesmittel de-naturiert (in dem Verb steckt Natur drin!), das heißt so weit von der Natur entfernt wurden, dass sie nicht mehr nähren, geschweige denn heilen, sondern im Gegenteil krank machen und nicht selten zum Tod führen.

Wie heute Lebensmittel produziert, verarbeitet und transportiert werden, hat häufig mit Aggression und deshalb mit mangelnder *Ahimsa*, mit mangelnder Gewaltlosigkeit zu tun. Diese Produkte stellen zum Teil einen regelrechten Angriff auf den Organismus dar.

Halte dich an diese wenigen Regeln. Reiche dein Essen stets vorher mit dem Darreichungs-Gebet dar, und du wirst nicht nur ein lebendiges, stärkendes und gar heilendes, sondern ein gesegnetes Mahl zu dir nehmen. Entsprechend segensreich wird seine Wirkung sein.

Das Gebet lautet wie folgt:

Geliebter Herr, ich reiche Dir dieses Essen dar. Das Dargereichte bist Du, Herr, der Darreichende bist Du, Herr. Dargereicht von Dir, Herr, in das Heilige Feuer, das Du bist, Herr. Der allein erreicht Dich, Herr, der in allem mit Dir eins ist.

Ich bin das alles durchdringende Kosmische Bewusstsein, das in Lebewesen erscheint und sich in deren Ein- und Ausatmen manifestiert.

Amen.

Ordnung ist Göttlich

Es waren einmal ein Mann und eine Frau, die waren verheiratet, verstanden sich gut und bemühten sich, ein kleines Geschäft aufzubauen.

Es wollte ihnen aber nicht gelingen. Lange Zeit standen sie kurz davor, aufgeben zu müssen.
Da sie sehr gläubig waren, gingen sie zu einem weisen Mann, um ihn um seinen Rat zu bitten.

Der hörte sich ihre Sorgen an und riet ihnen, zweimal am Tag und vor allem immer zur gleichen Zeit zu meditieren (*Zeitlose Wahrheiten für jeden Tag*, 25.7.), jeden Tag zur gleichen Zeit zu essen und einmal in der Woche zu fasten. Außerdem sollten sie am Abend eines jeden Tages ihre Ziele für den nächsten Tag aufschreiben.
Nach drei Monaten sollten sie wiederkommen.

Völlig verwundert kamen der Mann und die Frau nach Hause. Sie hatten sich irgendeinen „interessanten" Rat erhofft, so etwas wie eine Offenbarung. Und nun sollten sie meditieren und pünktlich essen. Welch ein sonderbarer Rat!

Da beide ältere Seelen waren, kannten sie die Demut Weisen gegenüber.
Sie befolgten daher die Ratschläge, und ... siehe da, es stellte sich ein gewisser Erfolg in ihrem Geschäft ein, der stetig wuchs!

Nach drei Monaten gingen sie wieder zu dem Weisen. Der bestärkte sie in ihrem Tun und sagte, sie sollten nach weiteren drei Monaten wiederkommen.
So ging es über viele Monate. Und ihr Geschäft begann mehr und mehr zu blühen.
Die beiden gingen immer wieder zu dem Weisen, um seine Ausstrahlung zu genießen und weil sie endlich wissen wollten, was der Grund für seine Ratschläge war.

Nach zwei Jahren sagte er ihnen: „Ihr seid nun gefestigt in euren neuen Gewohnheiten, deshalb will ich euch sagen, warum ich euch pünktlich zu meditieren und zu essen riet.

Ihr hattet keinen Rhythmus und keine Ordnung in eurem Leben. Das schwächte euch. Ohne Ordnung und ohne Rhythmus kann man auf Dauer nichts erreichen.
Pünktlichkeit ist äußere Ordnung. Fasten ist sowohl innere als auch äußere Ordnung.

Meditieren bezieht sich zunächst auf die innere Ordnung, strahlt aber mit der Zeit immer mehr auf die äußere aus. Zudem ist es entscheidend im Leben, seine Ziele festzulegen und aufzuschreiben.
Ihr hattet keinen Erfolg, weil ihr keine Ordnung in eurem Leben hattet. Aber ihr hattet Demut und Bescheidenheit – entscheidende Tugenden, die als innere Ordnung wirkten und euch vor dem Scheitern bewahrten.

Haltet euren neu gewonnenen Rhythmus“, fuhr der Weise fort, „haltet Ordnung in eurem Leben. Klare Ziele, Rhythmus und Ordnung sind Grundvoraussetzungen, damit Gottes Segen auf euch kommen kann.“

Edith und Judith oder Die Stärke der Ordnung

Ein Ehepaar hatte zwei Töchter. Die ältere nannten sie Edith, die jüngere Judith. Beide waren sehr liebe Kinder, die ihre Eltern liebten und ihnen viel Freude bereiteten. Beide waren intelligent. Beide waren fleißig. Beide waren hübsch.
In einem waren sie aber grundverschieden: Ediths Zimmer war immer ordentlich. Das Zimmer von Judith war es nur hin und wieder. „Hin und wieder" bedeutet, dass es Judith nach einer Zeit der Unordnung stets wieder gelang, Ordnung zu schaffen. Es war aber immer mit einer großen Anstrengung verbunden. Deshalb verstehe ich ihren Namen als „*you did*", du hast es getan – du hast es mit vielen Mühen getan.

Ediths Namen verstehe ich als „*He did*", Er hat es getan.
Edith war im Einklang mit der Göttlichen Ordnung. Sie war sehr systematisch und ordnete deshalb alles sogleich. Erledigte, was zu erledigen war, räumte immer alles an seinen Platz. Und alles hatte *seinen* Platz! Edith war im Fluss der Dinge. Im Fluss des Lebens. So ging ihr alles leicht von der Hand, denn sie hielt sich an das Gesetz des Erfolges. Das fordert dazu auf, die Dinge, wo immer es möglich ist, so anzupacken und voranzutreiben, dass es leicht geht. Deshalb wartet der Weise, der Erleuchtete bei manchen Aufgaben keine Minute, um sie zu erledigen; bei anderen dagegen Jahre. Er geht mit dem Fluss des Lebens und kann deshalb leicht viel erledigen, weil er die Situation abschätzen und abwarten kann, die die günstigste ist. Die alten Griechen nannten diesen Moment Kairos, den rechten Augenblick, *das rechte Maß* – sie wussten noch viel über das Walten Gottes!

Judith dagegen befand sich in stetem Kampf gegen die Unordnung. Obwohl sie im Grunde unbeschwert war, belasteten sie unzählige Dinge, die sie noch nicht erledigt, die sie noch nicht aufgeräumt, die sie noch nicht an ihren Platz geräumt hatte. Darüber hinaus musste Judith immer wieder sehr viel suchen. All dies kostete sie viel Zeit und sehr viel Energie.

Nur wenn sie wieder einmal alles mit viel Mühe aufgeräumt hatte, fühlte sie sich entlastet. Fühlte sie sich frei.
Edith dagegen genoss dieses Gefühl immer. Nichts lag bei ihr herum und sah sie erwartungsvoll oder gar vorwurfsvoll an.

Die Zeit verging. Edith und Judith wurden älter. Und je älter sie wurden, desto mehr Aufgaben hatten sie zu erledigen. Und je mehr Aufgaben sie hatten, desto mehr stapelten sich bei Judith die unerledigten Dinge. Dies ging so weit, bis sie nicht mehr ein noch aus wusste. Das war der Augenblick, in dem sie lernen wollte und konnte. Sie bat Edith, ihr das System zu zeigen, mit dem sie Ordnung hielt.
„Ich zeige es dir gerne, denn ich habe es dadurch leicht", antwortete Edith hilfsbereit.
„Vielen Dank", sagte Judith, „wie du weißt, war ich vorher noch nicht offen dafür. Jetzt aber ist die Zeit reif!"
Und so zeigte Edith ihrer Schwester das System, mit dem sie bei sich Ordnung hielt:

1. „Ich erledige alles sofort und bezahle Rechnungen sogleich."
„Sofort Rechnungen bezahlen?", fragte Judith, „und wenn du kein Geld hast?"
„Es geht hier ebenfalls um Ordnung. Kennst du deine Einnahmen und deine Ausgaben, dann weißt du, über wie viel Geld du verfügst und welche Rechnungen auf dich zukommen. Entsprechend weißt du auch, wie du sie bezahlst. Ich plane deshalb alle meine Ausgaben im Voraus und kann so alle meine Rechnungen gleich bezahlen. Das gibt mir ein sehr gutes Gefühl, denn ich fühle mich als Herrscherin über meine Einnahmen und Ausgaben. Zudem freuen sich auch all diejenigen, die von mir ihr Geld schnell bekommen.

Ich verwende kaum Kreditkarten, denn sie geben mir nicht das Gefühl, über mein Geld klar zu bestimmen. Kreditkarten verführen mich dazu, Dinge zu kaufen, ohne noch einmal darüber zu schlafen. Ich empfinde das Zahlen per Kreditkarte als ein Kaufen auf Kredit. Dadurch können sich leicht Schulden einschleichen, die ich im Grunde nicht wollte. Durch eine Kreditkarte verliere ich schnell den Überblick.

2. Ich hefte alles Wichtige ab. Dazu habe ich mir, wie du weißt, viele verschiedene Ordner für die verschiedenen Themen besorgt. Und diese Ordner selber habe ich in verschiedene Sachgebiete (Suchgebiete!) unterteilt. Und vorne habe ich eine Liste, die mir den gesamten Inhalt angibt.

3. Was mir sehr hilft, ist das schnelle Erledigen der eingehenden Post. Wenn ich die Briefe aufmache, habe ich stets zu meiner Linken einen Papierkorb stehen, in den ich die Post hineinwerfe, die ich nicht brauche. Schnelles Bearbeiten der hereinkommenden Post ist ein Grundpfeiler der Ordnung.

4. Dabei versuche ich mich an eine wichtige Regel zu halten: *Jedes Papier nur einmal anzufassen*. Das heißt: Entweder wegwerfen oder beantworten beziehungsweise abheften.

5. Kann ich etwas nicht sofort erledigen, kommt es in ein besonderes Fach, das die Überschrift „zu erledigen" hat. Dieses Fach muss am Ende der Woche stets leer sein!

6. Ich halte mich zudem an die goldene Regel: Gründlichkeit anstatt Schnelligkeit. Mache ich etwas schlecht, oberflächlich oder ungenau, schafft es mir am Ende mehr Arbeit. Gründlichkeit ist deshalb eine große Arbeitserleichterung und mit Sicherheit keine Erschwernis!

7. Ich richte mir jeden Tag eine halbe Stunde zum Aufräumen ein. Jeden Tag und immer zur gleichen Zeit. Dies wirkt Wunder!

8. Und bin ich fertig, feiere ich! Ich belohne mich, gönn mir etwas Schönes, über das ich mich richtig freue."

Judith hörte genau zu und bedankte sich von Herzen.
Noch am selben Tag setzte sie Ediths Vorschläge um. Sie erreichte damit Ediths Freiheit. Sie war in Fluss gekommen. Sie bestimmte nun die Dinge und nicht mehr die Dinge sie.
Sie hatte zu ihrer inneren Freiheit gefunden, nämlich gerne das zu tun, was man tun muss.

Davor war sie nicht frei gewesen, sondern hatte nur unter dem Zwang der Umstände gehandelt. Damit bestimmten die Dinge sie. Das ist natürlich ein „Unding!", dieses Ding, das in der Lage ist, Menschen zu bestimmen!
Kein Mensch kann aber von Dingen bestimmt werden, wenn *er* ihnen nicht die Macht dazu gibt. Diese Macht gibt er ihnen dadurch, dass er Aufgaben aufschiebt.
Die Freiheit, die du durch Aufschieben bekommst, ist eine Freiheit, die aus der Verweigerung kommt. Judith räumte nicht auf und dachte, sie hätte dadurch die Freiheit zu entscheiden, wann und wie sie es tun wolle. Sie hatte aber nicht die Freiheit, nicht unter Druck zu geraten. Ihre Freiheit war deshalb eine sehr kurzfristige, eine sehr begrenzte.

Edith dagegen beherrschte die Dinge und die Zeit.
Deshalb mein Rat: *Gib den Dingen keine Macht über dich. Behandle sie mit Achtung, aber beherrsche sie. Dadurch erlangst du Freiheit.*
Häufig ist Unordnung mit Unwissenheit verbunden – mit dem Nichtwissen, wie du die Dinge in den Griff bekommst. Hier fehlt häufig das adäquate System. Hole dir, wie Judith, kompetente Hilfe – sie spart dir auf Dauer unendlich viel Zeit und Geld.

Bedenke noch etwas: Gibt es Unordnung, gibt es bald Verwicklung, bei der Auseinandersetzungen nicht lange auf sich warten lassen.
Ordnung ist Göttlich. Warum? Weil sie alles vereinfacht, dich viel kostbare Zeit sparen lässt und dir zudem das Gefühl gibt, Gestalter deines Lebens zu sein. Das ist wahre Freiheit. Dies baut deinen Selbstwert auf.

Und genau dies sind die großen Geschenke der Ordnung.

Felix
oder Die Macht der Negativität

Felix kommt aus dem Lateinischen und heißt *glücklich, erfolgreich.* Felix war aber weder glücklich noch erfolgreich, sondern der geborene Pessimist. Sein Lebensmotto war: „Es geht sowieso alles schief." Und schien einmal etwas wider Erwarten zu gelingen, dann zögerte und wartete Felix so lange, bis am Ende doch alles schiefging.

So war Felix beruflich nicht besonders erfolgreich und hatte keine weiterführenden Ziele. Er war auch nicht besonders beliebt bei seinen Mitarbeitern, denn er war so negativ, dass er überall nur Fehler sah. Ebenso trostlos war sein Privatleben. Wegen seiner Negativität hatte er dort auch keine Freunde. Außerdem waren seine Beziehungen zu Frauen – wenn er überhaupt einmal eine Beziehung hatte – nie von Dauer.

So lebte Felix dahin, war missmutig und hatte zwangsläufig viele Wehwehchen und Krankheiten. Er litt – natürlich – unter chronischen Magenproblemen, weil er zu viel, zu schnell und zu unregelmäßig aß. Dies war der eine, der äußere Grund. Der andere bestand darin, dass ihm seine Negativität regelrecht auf den Magen schlug.
Zudem war er ein starker Raucher und trank viel Kaffee, was ebenfalls nicht gut für den Magen war.

Da „das Leben eine üble Einrichtung" war, wie er es nannte, vertrieb er sich die Zeit vor dem Fernseher oder ging in Bars, wo er sich mit entsprechenden Mädchen einließ.

Vor der Gefahr einer Ansteckung war er immer wieder von seinem Arzt gewarnt worden, der ihn wegen seiner anderen Krankheiten behandelte.
Felix tat dann so, als höre er dem Arzt aufmerksam zu. Im Grunde interessierte ihn das alles nicht. Für ihn war „das Leben schon lange gelaufen“. Es hatte alles keinen Sinn, warum sollte er dann nicht „die kleinen Freuden mitnehmen, die man überhaupt noch hat?“, fragte er sich.
Deswegen lehnte Felix jeglichen Schutz kategorisch ab. „Wenn schon, denn schon!“, war sein Lieblingsspruch, mit dem er die Mädchen bedrängte, für etwas mehr Geld mit ihm ohne Schutz zusammen zu sein. Und er fand immer Mädchen, die naiv, abgebrüht oder schlicht dumm genug waren, sein verachtendes Spiel mitzumachen.
So infizierte sich Felix schließlich mit AIDS.

Nun hatte sich bewahrheitet, was er schon immer gedacht hatte: „Das Leben hat doch keinen Sinn! Alles nimmt mit Sicherheit ein schlimmes Ende. Wir sind doch alle lebenslänglich hier!“
Die Nachricht, er sei HIV-positiv, erschütterte ihn aber doch. Obwohl er „mit dem Leben abgeschlossen“ hatte, wie er häufig von sich behauptete, traf ihn die Nachricht ins Mark. Viele Nächte lag er wach und kämpfte mit der Erschütterung, litt unter der Angst. Seine Augen bekamen einen noch leereren Ausdruck.

Dann erkrankte er an einer Lungenentzündung und wurde in ein Krankenhaus eingeliefert.
Hier lernte er Anja kennen, die ihn als Krankenschwester versorgte. Felix, der mit allem abgeschlossen hatte, verliebte sich Hals über Kopf in sie. Er, der gemeint hatte, nichts könne ihn noch berühren, bangte zum ersten Mal um sein Leben, das er ständig hatte wegwerfen wollen! „Ich habe es doch schwer!“, seufzte er, und die verfahrene Situation, in die er geraten war, schmerzte ihn.

Es war nun so, dass Anja nicht irgendeine Frau war, sondern seine Zwillingsseele, die so lange auf ihn gewartet hatte, bis die Zeit reif war, dass er sie sehen, sie wiedererkennen konnte.

Anja verstand seine Verbitterung, seine Verzweiflung, seine Negativität. „Felix, was dir fehlt, ist Glaube“, sagte sie zu ihm und sah ihn mit ruhigem Blick an. In ihren Augen war die Stärke desjenigen, der es nicht nötig hat, dass ein anderer seine Meinung teilt. So wie jemand, der im Freien ist und sieht beziehungsweise spürt, dass es regnet, und gesagt bekommt, es regne nicht. Er muss nicht diskutieren, geschweige denn sich ereifern. Er kann ganz ruhig bei seiner Meinung bleiben und nur den anderen bitten, einmal hinauszugehen.

Deshalb bekümmerte Anja Felix’ Skepsis nicht. Vielmehr fuhr sie ganz ruhig fort: „Ohne Glauben hat dein Leben keinen Sinn. Wenn jemand wie du auf der Suche ist, dann kann er schnell in die Irre gehen, wenn er keinen Glauben und keine Führung hat.“
„Aber ich suche doch gar nicht!“, protestierte Felix.
„Doch. Wer so ziellos wie du durchs Leben geht, sucht!“
„Aber Anja!“, widersprach er. „Ich suche gar nichts!“
„Das stimmt nicht. Du suchtest den Tod.“
„Stimmt!“, gab Felix nun kleinlaut zu.
„Und als du ihn gefunden hattest“, fuhr Anja in ihrem herzlichen Ton fort, „da erschrakst du, weil du etwas aufgeben solltest, dessen Wert du noch nicht erkannt hattest.“ Felix stutzte, denn er verstand nicht, was Anja damit meinte. Da sie dies bemerkte, fuhr sie fort:

„Ich bin überzeugt, dass es ein Gesetz auf Erden gibt, das sagt: *Du bist an alles gebunden, was du nicht erkennst.*“
Felix staunte.
„Erkennt jemand nicht, welch eine Illusion zum Beispiel der Alkohol ist, verfällt er ihm. Genauso ist es mit dem Rauchen. Die Indianer hatten einen sehr interessanten Spruch: ‚Ehrst du den Tabak, hilft er dir. Ehrst du ihn nicht, bringt er dich um!‘ Dieser Satz ist entscheidend, denn er macht deutlich, dass jede Sucht zum Tode führt. Du hast dich in die verschiedensten Süchte gestürzt, um das Leben zu vermeiden. Und plötzlich steht das Leben dann vor dir, wenn du dabei bist, es zu verlieren! Du hast es nie gesehen, dein Leben. Du hast es nie gewürdigt.“

Hier machte Anja eine kurze Pause und erklärte weiter: „*Jeder, der sich in Pessimismus und die daraus resultierenden Süchte verliert, kennt das Leben nicht*. Das Leben ist so unendlich schön. Du hast seine große Schönheit in den Süchten gesucht, weil du meintest, dem Leben nicht gegenübertreten zu können. Und dann kam die Nachricht, du hättest AIDS. Plötzlich standest du dem Leben gegenüber und spürtest unmittelbar, was du gesucht, was du vermisst hattest. Und wer das Leben sucht, fragt nach dem Weg. Und wer nach dem Weg fragt, fragt nach dem Ziel. Und sprichst du vom Ziel, sprichst du von Gott. Dies ist die unweigerliche Antwort, die du bekommst, wenn du nach dem Leben fragst.“

Felix staunte.

„Wie ist es nun möglich, dass Anja und Felix so unterschiedliche Wege gegangen sind, wenn sie doch Zwillingsseelen waren?“, wirst du fragen. Dass einer in seiner Negativität „badet“, bedeutet nicht, dass er nicht weit auf seinem Weg ist. Auch wenn es dich verwundert: Es gibt Menschen, die sehr positiv sind und streng nach den religiösen Vorschriften leben. Trotzdem müssen sie bei weitem nicht so entwickelt wie Felix sein, bei dem dies zunächst wirklich nicht zu erkennen war.

In der seelischen Entwicklung aller Lebewesen geht es primär darum, dass etwas *grundsätzlich* gelernt wird.

Darum geht alles. Alle Erfahrungen, die Seelen machen, haben nur dieses Ziel: Dass Entwicklungen beständig, dauerhaft sind. Deshalb kann es gut sein, dass ein Mensch zwar ganz brav alles tut, was die verschiedenen Regeln vorschreiben, dass diese aber überhaupt nicht in ihm verankert sind, ihm überhaupt nicht entsprechen. Dass sie vielmehr wie eine Maske sind, die er aufgesetzt hat, um sich nicht mit sich selbst und anderen auseinandersetzen zu müssen beziehungsweise um anderen zu gefallen und damit seine Ruhe zu haben. *Gefallen* führt immer zum *Fallen*. Wer etwas nicht um seiner selbst willen, sondern wegen anderer tut, stolpert beziehungsweise fällt früher oder später und erkennt dadurch, dass seine „Bravheit“ nicht viel mehr als ein Anstrich war, den er sich gegeben hatte, um auf andere zu wirken oder um ein bequemes Leben zu haben.

Er fällt, um schließlich aus eigener Kraft wieder aufzustehen. Deshalb kann ein alkoholisierter Bettler, der sein Leben unter einer Brücke fristet, viel weiter in seiner seelischen Entwicklung sein als ein Pfarrer, der sich brav an alle Gebote hält, dabei aber weder sich noch andere sieht. Was ist schon ein Pfarrer, der ein verschlossenes Herz hat und zudem darauf besteht, dass seine Religion die allein selig machende ist, verglichen mit einem Bettler, der einem Obdachlosen von Herzen eine Decke schenkt?
Der Bettler steht außerhalb der gesellschaftlichen Ordnung, weil er auf diese Weise sein Herz, sein Leben finden kann. Der Pfarrer hat eine Schlüsselposition in der Gesellschaft inne, gebraucht sie jedoch nicht, um anderen den Weg des offenen Herzens zu weisen.

Die Frage oben lautete: Wie war es möglich, dass Felix und Anja so unterschiedliche Wege gegangen sind, wo sie doch Zwillingsseelen waren? Die Antwort ist: Jeder muss *seine* Entwicklung machen. Ist die Entwicklung abgeschlossen, treffen sich die Partner auf einer höheren Ebene wieder – oder, wie im Falle von Felix, auf den Stufen zu dieser Ebene.

Felix spürte von Tag zu Tag mehr, wie wichtig ihm Anja war. Ganz tief in seinem Inneren ahnte er, dass er immer auf sie gewartet hatte. Dass er aber stets gedacht hatte, sie niemals finden zu können. Und nun hatte er sie doch noch gefunden, jetzt, wo sein Leben sich dem Ende zuneigte.

Er war empört über das Leben! Von dem Leben, das er so wenig geachtet hatte, fühlte er sich jetzt betrogen. War dieses Gefühl aber wirklich neu? War es nicht schon immer so gewesen, dass er gemeint hatte, das Leben sei im Grunde nichts für ihn?
Er äußerte diese Gedanken Anja gegenüber.
„So darfst du nie denken!“, sagte diese energisch.
„Warum nicht? Mein Leben geht doch zu Ende – jetzt, wo ich dich kennen gelernt habe!“

„Alles liegt in deiner – in Gottes Hand. Du musst Gott erreichen, und alles kann sich verändern. Als Erstes musst du deinen schrecklichen Pessimismus loslassen. Pessimismus richtet sich gegen das Leben. Wer pessimistisch denkt, ist weit weg vom Leben. Denn das Leben ist positiv, und Gott ist dein Freund!"
„Das Leben ist positiv, und Gott ist dein Freund – was heißt das?", fragte Felix skeptisch.
„Ohne Gott gäbe es kein Leben, denn Gott schuf das Leben. Gott ist das wahre Wesen des Lebens, denn Er ist in allen Lebewesen. Deshalb ist dir niemand näher als Gott und somit dein bester Freund!"

Da Felix von Anja so berührt war, berührte ihn alles, was sie sagte – auch wenn er es kaum glauben konnte. Doch die Tatsache, dass das Ende seines Lebens in greifbare Nähe gerückt war, brachte vieles in Bewegung. Erst jetzt, wo es ihm so schlecht ging, lebte er so, wie er immer schon hätte leben sollen: *Als wäre jeder Tag sein letzter.* Als müsse er jeden Tag optimal gestalten, um ein Maximum herauszuholen. Deshalb hörte Felix überhaupt zu. Deshalb stellte er Fragen, die sich auf das bezogen, was Anja gesagt hatte.

Früher war dies fast nie geschehen. Wer auch immer mit ihm gesprochen hatte, Felix hatte nicht zugehört. Er war vielmehr seinen Gedanken nachgegangen und hatte etwas geantwortet, was ihm gerade durch den Kopf gegangen war. Wo aber keine Kommunikation ist, da ist auch keine Beziehung – ein Problem, das heute viele, sehr viele Menschen haben. Unter dem viele leiden, es aber dennoch nicht ändern wollen.

Felix hörte nicht zu, außerdem hing er an seinem Pessimismus, den er wie eine Droge liebte. Er hatte aus seiner Ablehnung von allen und allem ein süßsäuerliches Gefühl der Überlegenheit gezogen. Denn in der Ablehnung hatte er sich überlegen gefühlt. „Ich brauche niemanden!", war sein Motto gewesen, weil er nicht sah, wie sehr er andere benötigte.
Wie viele Menschen hatten ihm durch ihre Arbeit unendlich viel geboten? Geht das Leben ohne Häuser, die andere bauen? Ohne Lebensmittelgeschäfte, die das verkaufen, was andere erzeugt haben?

Wie könnte man sich gegen die Wettereinflüsse schützen, wenn nicht andere Kleider geschneidert hätten? Und wie sähe das Land aus, wenn es nicht die Müllabfuhr gäbe, die für Sauberkeit und damit für Gesundheit sorgt?

Felix hatte all dies als selbstverständlich hingenommen und sich eingeredet, er brauche niemanden. Hätte er *bewusst* betrachtet, wie viel ihm die Gemeinschaft, das Land und damit das Leben schenkten, dann hätte er dankbar sein müssen und nicht Pessimist bleiben können.

Pessimismus ist Blindheit. Pessimismus ist der Ausdruck dafür, dass jemand das Leben noch nicht sieht. Selbst die Optimisten sehen in vielen Fällen nicht die Unermesslichkeit des Lebens. Dann wären sie erleuchtet und in ständiger Glückseligkeit. Denn das Leben ist reines Glück, da es das Wunder aus Gottes Hand ist. Siehst du das Leben mit offenen Augen, kannst du in das Füllhorn Gottes sehen. Wer dies sieht, der lässt das Glück nicht mehr los – geschweige denn, dass er ein Pessimist sein könnte.

Es ist wie mit einem kleinen Kind, das das Wechseln der Windeln nicht mag. Es schreit und wehrt sich, weil es darin etwas Unangenehmes sieht. In Wirklichkeit sieht es aber überhaupt nichts: Würde die Mutter es nicht wickeln, würde das Baby zuerst wund und dann krank werden. Es ist die Liebe und Fürsorge der Mutter, die sie dahin führt, ihr Kind trotz dessen Abneigung zu wickeln. Aber das Kind sieht dies nicht, sondern bliebe lieber in der schmutzigen Windel.
Je älter das Kind aber wird, desto deutlicher kann es sehen, was die Mutter leistet, wie viel Liebe in dem steckt, was es einst als unangenehm empfand. Dazu braucht es aber Zeit. Dazu braucht es Entwicklung. Und eben diese durchlief Felix.

Diese Entwicklung bestand darin, dass er sich von Anja berühren ließ. So fragte er mit offenen Augen und mit Staunen in seinem Herzen:
„Du kannst Gott in allen Lebewesen sehen? Wie machst du das?“
„Ganz einfach“, antwortete Anja, „du musst nur den Namen des Herrn ständig wiederholen, dann kommst du Ihm nach einiger Zeit so nahe, dass du Ihn überall sehen und spüren kannst.“

Anja erklärte Felix, er müsse sich eine Gottesform aussuchen, die ihn besonders anspreche, und deren Namen so wiederholen, dass er die Silbe *OM* davorsetzte. Zum Beispiel: *OM Jesus Christus*. Entscheidend sei, dass die einmal gewählte Form und der Name nicht verändert würden, da dies zu Verwirrungen führen könne.

Felix war dies sehr fremd – ein wenig „Hokuspokus" nannte er es. Er „vertraute" lieber dem, was er sehen und anfassen konnte. In Wirklichkeit vertraute er aber seiner Ablehnung, denn sie war ihm vertraut. Sie wollte er nicht aufgeben.
Das Leben hatte ihn aber an einen Punkt gebracht, an dem er wusste, dass er umdenken musste, denn er hatte durch Anjas Hilfe bereits verstanden, dass sein negatives Denken ihn dahin geführt hatte, wo er jetzt war. Deshalb wählte er den Namen Jesus Christus und wiederholte ständig *„OM Jesus Christus"*.
Anja erklärte ihm, dass das *OM* die Urschwingung ist, aus der alles hervorgegangen ist.
Felix wiederholte den Namen Gottes – und er tat es natürlich mit halbem Herzen, denn so richtig glauben konnte er nicht. Das heißt, wie immer im Leben: Noch nicht!

Felix wiederholte immer wieder die Worte *OM Jesus Christus*, da spürte er eines Tages, wie er unglaublich ärgerlich wurde. Alles ärgerte ihn, und er fand alle Menschen um sich – Anja ausgeschlossen – ziemlich schrecklich. Es war ihm noch nie bewusst gewesen, dass er die Menschen so schrecklich fand. Dieses Gefühl hielt viele Tage an. Durch Anjas Hilfe blieb er beim Wiederholen seines Gottesnamens. Dann setzte nach einer Weile eine große Müdigkeit ein. Er musste nur ein paar Mal den Namen wiederholen, und schon spürte er, wie seine Augenlider schwer wie Blei wurden. Er blieb aber bei der Rezitation und schlief immer wieder dabei ein. Nach einiger Zeit ging auch diese Phase zu Ende, und er stellte fest, dass er seine Mitmenschen nicht mehr so schrecklich fand – ganz im Gegenteil, er war verwundert, wie viele ihm offen oder sogar liebevoll begegneten. Er war überrascht, wie „schillernd" die Welt war.
‚Weiß der Himmel, was ich da sehe!', dachte er – und er hatte Recht: Der Himmel wusste es!

Felix war immer noch im Krankenhaus und hatte die Gnade, in einem Land zu leben, in dem die sozialen Institutionen die Kosten trugen und außerdem nach seiner Entlassung materiell für ihn sorgten – für ihn, der immer wieder betont hatte, er brauche niemanden!
Felix wiederholte den Namen Gottes ständig und schlief auch weiterhin häufig dabei ein. Er freute sich aber, dass er zuweilen aufwachte und den Eindruck hatte, den Namen Gottes auch im Schlaf wiederholt zu haben.
Und er merkte, dass es ihm immer besser ging – seelisch und physisch.

Eines Tages, als Anja ihn wieder einmal besuchen kam, erlebte sie ihn verändert.
„Wie geht es dir, Felix?", fragte sie.
„Schlecht!", war die schlichte Antwort.
„Warum?"
„Ich will hier heraus! Ich will etwas tun. Ich habe mein ganzes Leben nur vertrödelt und nur an mich gedacht. Das war die Wurzel meines Pessimismus. Ich hatte ständig Angst, nicht genug zu bekommen. Welch ein sinnloses Leben. Ich fand das Leben sinnlos, weil meines sinnlos war! Ich möchte es sofort ändern!"
„Ich verstehe dich. Was möchtest du aber tun?", fragte Anja.
„Ich habe den ganzen Tag ein Bild. Ich wohne neben einem Heim für geistig Behinderte. Früher galt es mir als der sichtbare Beweis für meinen Pessimismus. Ich dachte stets: ‚So schlecht ist die Welt. Da, da sieht man es deutlich!' Heute denke ich: ‚Wie gut, dass es diese Heime gibt, wo so gut für diese Menschen gesorgt wird!'
Ich weiß, dass sie in dem Heim chronischen Personalmangel haben – es gibt eben zu viele Pessimisten!", sagte er lachend. „Ich möchte dort arbeiten. Mit dem Namen Gottes auf den Lippen wird es mir große Freude bereiten. Ich danke dir von Herzen, dass du mich dies – neben all dem anderen – gelehrt hast. Vielen Dank!"

Sobald er aus dem Krankenhaus kam, ging Felix in das Heim für geistig Behinderte. Dort waren sie froh, jemanden zu bekommen, der sich so engagiert einsetzen wollte. Und so verbrachte Felix seine Tage und auch manch eine Nacht in dem Heim und lebte dafür, dass er für die Menschen da sein konnte. Er wiederholte den Namen Gottes und bemühte sich, stets Gott in den Menschen zu sehen, mit deren Behinderung er nun so unmittelbar zu tun hatte.

Felix war glücklich. Da stellte sich ihm die Frage: Sollte er nur für die Behinderten leben – und sterben? Oder sollte er die Beziehung zu Anja intensivieren? Er spürte, dass er diese Frage nicht allein entscheiden konnte. So besprach er sich mit Anja, als sie sich das nächste Mal trafen. Auch dies war eine große Veränderung: Früher hätte er mit Sicherheit eine Entscheidung getroffen, ohne sie zu fragen, geschweige denn seine Überlegungen mit ihr zu besprechen und sie damit an einer gemeinsamen Entscheidung teilhaben zu lassen.
Jetzt erzählte er Anja von seinen Überlegungen, als sie sich trafen, und sie machte ihm deutlich, wie wunderbar sie ihn fand, wie gern sie ihr Leben mit ihm verbringen würde. So entschied sich Felix für das Leben *mit* Anja und *für* das Heim!

Und was machte seine Krankheit?
Felix hatte Gnade und wurde geheilt. Er wiederholte den Namen des Herrn ständig, was allein schon Berge negativen Karmas auflöst. Außerdem half er von Herzen den Behinderten, wurde ein guter Ehemann und eines Tages sogar ein liebevoller Familienvater.
Der Herr und Anja hatten Felix geholfen, einen neuen Weg zu suchen und zu finden.

Sieh das Schöne in der Welt, und du findest Ruhe in deinem Herzen.

Der König mit seinen drei Söhnen oder Die Kraft des Guten

Es war einmal ein Prinz, der verlor bereits in jungen Jahren seine Eltern. Deswegen wuchs er einsam auf und wurde früh König. Und weil er einsam war, heiratete er bald, und seine Frau schenkte ihm zwei Söhne, die nannte er Ottokar und Ottopas.
Der König und die Königin liebten das vergnügliche Leben, gingen viel auf die Jagd und kümmerten sich auch sonst wenig um die Zusammenhänge des Lebens. Bei einem solchen Jagdausritt stürzte die Königin vom Pferd, brach sich das Genick und war auf der Stelle tot. Der König war untröstlich. Er ging nie mehr auf die Jagd. Stattdessen richtete er sich eine Bibliothek ein und las zum ersten Mal in seinem Leben viel.

Da stieß er immer wieder auf die Schriften eines Weisen aus dem Morgenland. Er war so fasziniert von diesen Büchern und wünschte sich so sehr, diesen Weisen kennen zu lernen, dass er sich entschied, die weite Reise auf sich zu nehmen, um diesem Erleuchteten zu begegnen. So zog der König eines Tages mit einem kleinen Tross als Begleitung los, nachdem er seinem Vetter die Regentschaft übertragen hatte.

Die Reise war lang und beschwerlich, aber durch Gottes Segen kamen sie wohlbehalten in jenem fernen Land an. Hier fragte der König mehrfach nach dem Weisen. Jedes Mal wurde er auf die Residenz verwiesen. So ritt er dorthin und dachte: ‚Natürlich ist dieser Weise in der Residenz. Wenn jemand so klug und so wissend ist, dann ist es seine Aufgabe als Bürger eines Landes, seinen Herrscher zu beraten, damit dieser von seinem Wissen profitiert, was natürlich allen zugute kommt.'

Der König ritt zu der Residenz, und kaum sah er sie, war er tief beeindruckt. Es war eine wunderbare Burg, die einerseits trutzig und andererseits sehr elegant aussah. ‚Welch eine geniale Mischung!', dachte der König. ‚Auf der einen Seite bietet diese Burg sichtlich Schutz, denn sie wirkt uneinnehmbar. Auf der anderen Seite sind die Fassaden so gegliedert und verziert, dass sie leicht, elegant und anmutig wirken. Welch eine wunderbare, welch eine unglaubliche Architektur!' Am Tor angelangt, sagte der König, wer er sei und dass er den Weisen sprechen wolle, der jene wunderbaren Bücher schreibe. Die Wachen sahen ihn etwas erstaunt an, baten ihn, einen Augeblick zu warten, und sandten einen von ihnen ins Innere der Burg. Es dauerte eine Weile, bis dieser zurückkam. In der Zwischenzeit war der König vom Pferd gestiegen, denn er fand es unhöflich, den Weisen vom Pferd aus zu begrüßen.

Da erschien eine kleine Gruppe Menschen. Sie wurde von einem Herrn angeführt, der in ausgesprochen malerische Gewänder gekleidet war, die seine Würde und sein Ansehen noch unterstrichen. Aufgrund der Art und Weise, wie dieser Herr sich bewegte, war dem König sogleich klar, dass dies nur der Herrscher selbst sein konnte.

Durch das Leid, das er erfahren hatte, und das Studium kluger Bücher hatte unser König eine sehr vornehme Bescheidenheit entwickelt – eine Haltung, die jene finden, die zunächst ihre Macht leben und von anderen zugestanden bekommen, die eines Tages aber erkennen, dass es noch eine andere Macht gibt, die weit über ihnen steht.
So kam der König ehrerbietig, aber doch sehr würdevoll dem Herrscher entgegen. Unser König sprach Griechisch – eine Sprache, die er, weil zur Allgemeinbildung zählend, in seiner Jugend gelernt hatte. Außerdem hatte er viele Griechische Diener an seinem Hof. So fragte er höflich, ob der vornehme Herrscher, der lächelnd vor ihm stand, Griechisch spräche.

„Natürlich!", antwortete dieser mit einem herzlichen Lächeln. „Ich verehre die Griechen zutiefst. Wie viel Wichtiges haben wir ihnen zu verdanken – auch wenn sie in ihrem Zusammenleben wie Kampfhähne waren! Aber, mein lieber Fremder, wie schön, dass du hierher gekommen bist! Sei mein Gast, außerdem sage mir, was ich für dich tun kann."
„Majestät", antwortete der König, „ich danke dir sehr für den herzlichen Empfang. Und ich danke dir noch mehr für das Angebot, dein Gast sein zu dürfen. Ich habe die lange Reise von meinem Land bis hierher unternommen, weil ich die Bücher jenes Weisen gelesen habe, der hier wohnt. Ihn möchte ich gerne kennen lernen."

„Dies ist ganz einfach", warf der Herrscher ein, „wenn ich mich vorstellen darf: Ich bin der Autor jener Bücher." Der König war nun sprachlos vor Staunen. Die ganze Atmosphäre atmete einen Geist, den er vorher nirgendwo kennen gelernt hatte. Es war alles so anmutig, klar, leicht und doch präzise durchstrukturiert und geordnet – und nun war der gesuchte Weise der Herrscher dieses Landes. Welch ein gesegnetes Land! Der König nahm die Gastfreundschaft des Herrschers freudig an und genoss es, sich mit ihm zu unterhalten, seine Ansichten zu hören und in vieles eingewiesen zu werden, was ihm bis dahin unbekannt gewesen war.

So verging die Zeit, und der König veränderte sich – veränderte sich, ohne es selbst so recht zu bemerken. Aber seine Umgebung nahm diese Veränderung umso deutlicher wahr.
Auch die Tochter des weisen Herrschers, denn sie verliebte sich von Tag zu Tag mehr in den König.
Sie liebte ihr Land. Sie liebte all die Menschen, mit denen sie aufgewachsen war und mit denen sie in Liebe und Freude lebte. Trotzdem war sie dazu bereit, mit dem König in sein fernes Land zu ziehen, da ihr Herz ihr den Weg dahin wies.

Der Herrscher sprach viel mit dem König. Und je mehr dieser von jenem erfuhr, desto mehr verehrte er ihn. Und je mehr er ihn verehrte, desto mehr öffneten sich ganz neue Seiten in seiner Seele. So geschah es, dass er sich auch unsterblich in die liebliche Prinzessin verliebte.

Deshalb hielt er bei dem Herrscher um die Hand der Prinzessin an, und dieser gab ihm seine Tochter zur Frau, da er sah, welch ein gutes Herz er hatte. Es wurde eine große, eine wunderschöne Hochzeit gefeiert. Und beide waren überglücklich.

Dann kam aber der Tag des Abschieds. Mit schwerem Herzen trennten sich alle voneinander.

Nach einer langen und beschwerlichen Reise kam der König mit seiner neuen Königin in seinem Reich an. Sie wurden von seinem Vetter und seinen Söhnen Ottokar und Ottopas herzlich empfangen. Trotzdem stellten alle, die zusammen mit dem Königspaar ankamen, fest, wie sehr sich diese Residenz von der, die sie im Morgenland verlassen hatten, unterschied.
Die Königin aber, die doch den meisten Grund gehabt hätte, wegen des Unterschieds betrübt zu sein, war völlig gelassen und wohlauf. Sie hatte erwartet, dass vieles anders sein würde, deshalb hatte sie sich darauf eingestellt.

Die erste Maßnahme, die das Königspaar traf, war, dass es ein großes Fest zur Feier der Hochzeit und Rückkehr gab und damit die Regentschaft wieder an sich nahm. Die vielen Untertanen, die an dem Fest teilnahmen, bemerkten, dass ihr König sich verändert hatte. Sie meinten aber, der Grund dafür sei seine neuerliche Vermählung.

Der König hatte viel von dem Weisen, von seinem geliebten und verehrten Schwiegervater gelernt. Immer wieder erinnerte er sich an ein wichtiges Gespräch, in dem ihm der weise Herrscher Folgendes mit auf den Weg mitgegeben hatte: „*Willst du wirklich etwas verändern, gehe langsam vor. Wer schnell verändert, geht nicht mit dem Leben. Das Leben geht langsam.* Unendlich viel verändert sich ganz, ganz allmählich. Vieles nehmen wir überhaupt nicht wahr, weil es sich so langsam verändert. Von anderem sagen wir, es habe sich plötzlich verändert, weil wir die lange, lange Vorbereitungszeit überhaupt nicht wahrgenommen haben. Mein lieber Sohn“, hatte der weise Herrscher weitergesprochen, „*wer schnell verändern will, sollte zuallererst sich verändern. Denn mit Ungeduld erreicht man auf Dauer nichts. Geduld ist das Salz des Lebens. Geduld ist die Mutter allen guten Wandels. Geduld ist die Wiege des Glücks. Musst du etwas Grundlegendes verändern, bereite es lange vor und warte geduldig den rechten Augenblick ab. Dies ist der Königsweg des Erfolgs* – den musst du doch kennen, denn du bist ja König!" – und mit Freude erinnerte sich der König an das Schmunzeln seines weisen Lehrers.

So besprachen sich der König und die Königin täglich und überlegten genau, was sie verändern konnten und was nicht.
Die erste und entscheidende Veränderung bestand darin, dass ein neues Schulsystem in dem Reich eingeführt wurde, das jedem, der wollte, den Besuch einer Schule ermöglichte, denn die Schulen sollten kostenlos sein.
Auch dies war eine sehr behutsame Veränderung, denn im Grunde wollte das Königspaar eine allgemeine Schulpflicht einführen. Die sozialen Strukturen hätten dies aber zu dem Zeitpunkt überhaupt nicht erlaubt, denn viele Familien waren darauf angewiesen, dass die Kinder bei der Arbeit mithalfen. Auch hier war der notwendige Wandel nur allmählich zu erreichen – durch Geduld und mehr Bildung, denn zuerst kommt die In-Formation und dann die Trans-Formation.

Der Königin war die Veränderung der Religiosität besonders wichtig. „Es ist nicht gut, wenn die Menschen an einen fernen Gott im Himmel glauben. Gott ist nicht im fernen Himmel, sondern unser aller Begleiter auf Erden. *Gott ist alles, denn Gott schuf alles aus Sich heraus. Deshalb ist nichts anders als Gott, nichts getrennt von Gott.*"
Doch die Priester waren gegen diese Ideen. Sie verurteilten sie als „heidnisch". Und wenn sie diesen Begriff wählten, so aus Respekt der Königin gegenüber. Im Grunde dachten sie aber, es seien ketzerische Gedanken.
Der König und die Königin ließen sich jedoch nicht beirren und hatten auch mit ihnen Geduld, denn die Priester benötigten ebenfalls ihre Zeit der Veränderung.
So ging das Königspaar weiterhin seinen gemeinsamen Weg und versuchte, von Herzen allen mit Liebe zu begegnen.

Dann gebar die Königin ein Kind. Das Königspaar war glücklich und nannte den Sohn Oktavian.

Die Königin überließ niemandem die Erziehung ihres Kindes. Natürlich durften andere auf Oktavian aufpassen oder mit ihm spazieren gehen. Die Erziehung bestimmte aber sie. Sie war davon überzeugt, dass ein Kind das Bewusstsein desjenigen bekommt, der es erzieht.
Ihre Einstellung war: „Ein zukünftiger König muss von einem König erzogen werden, dann bekommt er das Bewusstsein eines Königs.
Denn es gilt allgemein: Das Bewusstsein bestimmt das Leben. Denkst du groß, wirst du Großes vollbringen. Denkst du klein, vollbringst du nur Kleines!“

Die Königin begegnete deshalb Oktavian mit Liebe, mit klaren Vorstellungen, aber von Anfang an auch mit viel Achtung. „Achte ich mein Kind, wird es sich auch achten. Und achtet es sich, wird es auch andere achten. Achtung ist das Wichtigste für einen Menschen. Besonders für einen Prinzen, der in der einen oder anderen Form repräsentieren, führen und ein Beispiel geben muss.“
Die Königin erzog Oktavian auch mit viel Freude und tat alles, um die Freude in seinem Herzen zu bewahren und zu mehren. „Ein Tag ohne Freude ist wie ein Tag ohne eine gute Tat. Es ist ein verlorener Tag!“, sagte sie immer und dachte sich neue Spiele aus, durch die sie Oktavian zum Lachen bringen konnte.
„Wenn ein Kind lacht, öffnet sich der Himmel, und die Sonne scheint – scheint in den Herzen der Erwachsenen!“, war ihr Spruch.

Trotzdem war ihr Ordnung wichtig. „Ohne Ordnung kann nichts entstehen und nichts bestehen. Ordnung ist das wahre Wesen des Universums. In der Ordnung erkennt man Gott. Gott ist Ordnung, deshalb ist das Universum, deshalb ist die Welt so wohlgeordnet. *Und die Verbindung von Freude und Ordnung ist eine Kraft, die den Menschen zum Erfolg führt.*“
Oktavian wuchs heran und wurde eine Freude für sich und seine Umgebung. Jeder erkannte in ihm den guten Prinzen, der nicht nur sehr begabt und fleißig, sondern auch sehr bescheiden war. Die Erziehungs-

vorstellungen seiner Mutter und seines Vaters, der ebenfalls viel Zeit mit ihm verbrachte und ein großes Beispiel für Oktavian war, hatten gute Früchte getragen.

Stück für Stück veränderte sich das Königreich. Dennoch gab es manche Widerstände. Es gab sogar Proteste. Die Ruhe, die Sicherheit, der Glaube und das Verständnis des Königspaares verhinderten jedoch stets, dass es zu Konfrontationen oder Unruhen kam.
Die Zeit verging. Oktavian wuchs heran, und das Ehepaar wurde älter. Eines Tages gab es dann doch einen großen Aufstand in einem entfernten Teil des Reiches. Dies war eines der größten Probleme des weisen Königspaares gewesen: Das Königreich war so groß, dass die Informationen, das Wissen und die Innen-Formung nicht überall hingelangten. Besonders nicht in diese Provinz, in der nun der Aufstand stattfand.

Der König war zu alt, um selber an Ort und Stelle für Ausgleich und damit für Frieden zu sorgen.
So ging an seiner Statt sein ältester Sohn Ottokar. Der König ließ ihn nicht gerne gehen, denn er sah, dass er nicht nach den Idealen lebte, die für ihn als Mensch und Herrscher grundlegend geworden waren. Deshalb befürchtete er, Ottokar sei der Situation in der Provinz nicht gewachsen. Doch Ottokars Wunsch, sich zu beweisen, war stark. Das sah der König und musste einsehen, dass ein Verbot viel Unfrieden, aber keine Lösung gebracht hätte.
So bat der König Ottokar eindringlich, sich gut auf diese gefährliche Unternehmung vorzubereiten und mit großer Vorsicht, Umsicht und Milde vorzugehen.

Ottokar hatte in vielerlei Hinsicht die Veränderungen seines Vaters nicht mitgemacht. Er ging immer noch auf die Jagd, setzte Recht vor Liebe und war ansonsten übergenau. Er ging deshalb mehr mit dem Buchstaben als mit dem Leben. Und hörte nicht auf die weisen Ratschläge seines Vaters, sondern wollte vornehmlich seinen Kopf durchsetzen.
Ottokar zog mit einem großen Heer in die Provinz und versuchte durch Recht und Gesetz, durch Macht und Gewalt die Ordnung wiederherzustellen. Es war aber zu dem Aufstand gekommen, weil sich große Teile

der Bevölkerung nicht verstanden, nicht geachtet fühlten. Somit war Ottokars Vorgehen das Falscheste, was er tun konnte. Darüber hinaus ließ er viele Menschen festnehmen, verurteilen und einkerkern.

Das Volk war so aufgebracht, dass Ottokar eines Tages durch einen „tragischen Unfall“ ums Leben kam. Damit erstarkte der Aufstand noch mehr, und der König musste sich um eine neue Lösung kümmern. Nun wollte Ottopas in die Provinz ziehen und sich und allen anderen beweisen, dass er nach Ottokars Tod der Erfolg versprechende Kronprinz war.
Auch ihn versuchte der König von seinem Vorhaben abzubringen, denn er sah, dass die Situation ihn überfordern würde. Ottopas pochte aber auf sein Recht als Kronprinz und schaffte es schließlich, dass sein Vater ihn schweren Herzens abreisen ließ.
Der König schärfte ihm vor der Abreise ein, er solle unbedingt Gnade vor Recht, Verständnis vor Unterdrückung walten lassen.

Aber wem sagte er das? Ottopas ließ gerne fünfe gerade sein. Er liebte das Leben und meinte, andere sollten es auch lieben und genießen.
Ottopas kam in der Provinz an, richtete sich komfortabel ein, gab wunderbare Feste, bei denen es viel zu essen, viel zu trinken und viele Frauen gab.
Er kümmerte sich im Grunde überhaupt nicht um den Aufstand, sondern genoss es, endlich von seinem Vater und seiner Stiefmutter fort zu sein und nun all die Ausschweifungen leben zu können, die er sich hatte versagen müssen, solange er unter den Augen seiner Eltern lebte.

So schwelgte Ottopas und merkte gar nicht, wie er von den Aufständischen ausgeschaltet wurde. Eines Tages, als er wieder einmal völlig betrunken war, beugte er sich über eine Balkonbrüstung, verlor das Gleichgewicht (das er im Grunde nie gehabt hatte!) und stürzte in den Tod.

Nun blieb dem König nur mehr sein jüngster Sohn. Sollte er ihn in diese offensichtlich so gefährliche Provinz schicken, ihn, den er so liebte und der sein letzter Erbe war? Lohnte es sich, dieses wunderbare

Kind für eine Provinz zu opfern? Würde es ihm so ergehen wie den anderen Söhnen? Der König sah Oktavians Begabung und Fähigkeiten, trotzdem sorgte er sich sehr.

Oktavian war der Name eines der größten Herrscher des Abendlandes. Der Römische Kaiser Augustus hieß Gaius Julius Cäsar Octavianus. Oktavian war kein Kind mehr. Er war gerade zwanzig geworden, groß gewachsen und reif in seinem Geist und seinem Herzen. „Verehrter Vater“, sprach er deshalb, „bitte lass mich in diese Provinz ziehen. Ich schulde dies meinen Brüdern, dir und mir. Wer wäre ich, wenn ich mich einer so wichtigen Aufgabe nicht stellen würde?“

Dem König fiel die Entscheidung sehr schwer. Er fragte deshalb die Königin, und diese meinte: „Ich möchte Oktavian auch nicht dorthin gehen lassen, wo bereits zwei Prinzen ihr Leben ließen. So rede ich als Mutter, die vor allem ihren Gefühlen Rechnung trägt. Als Mutter, die sieht, was für ihren Sohn das Richtige ist, sehe ich aber, dass Oktavian ziehen muss. Es würde immer als eine Niederlage auf seiner Seele liegen, dass er nicht dahin ging, wo seine beiden Brüder ihr Leben ließen. Und als Königin sehe ich klar die Notwendigkeit, dass der Prinz in der Provinz für Ruhe und Ordnung, besonders aber für Zufriedenheit sorgt.
Und überdies weiß ich“, fuhr die Königin fort, „dass Oktavians Schicksal nicht in unseren Händen liegt. Er kann heute, hier im Palast, erkranken und morgen tot sein. Unser Sohn ist Gottes Sohn. Gott allein kann ihn beschützen. Er allein weiß, was das Beste für uns alle ist. Wir müssen deshalb Gott bitten, unseren geliebten Sohn zu beschützen, und alles Weitere in Seine Hände legen. Er wird dann mit Sicherheit für uns sorgen, wie Er es bisher immer getan hat!“

Diese Worte bewegten den König, der nun gestattete, dass Oktavian in die Provinz ging. Das Königspaar bestand aber darauf, dass er genauestens vorbereitet und informiert wurde. Ottokar und Ottopas waren mehr oder minder Hals über Kopf abgereist, ohne Hinweise geschweige denn Belehrungen annehmen zu wollen und sich damit auf ihre Aufgabe vorzubereiten. Sie wollten handeln.

Oktavian dagegen war wach und wachsam, gleichzeitig aber auch geduldig. So ließ er sich aufs Genaueste über die Provinz informieren: Wer die Macht habe, wer sie anstrebe, wer den Aufstand leite, wer gemäßigt, wer kriegslüstern sei.

Mit Gott im Herzen, viel Wissen in seinem Geiste und dem Segen seiner Eltern zog Oktavian los. Er erreichte mit seinem Heer die Provinz, zog in den Herrscherpalast ein und ließ sogleich alle Gefangenen einen nach dem anderen zu sich bringen.
Von jedem wollte er genau wissen, was er getan habe, wofür er verurteilt worden war, was er sich wünsche. Oktavian hörte jedem genau zu und ließ stets Gnade vor Recht walten. Trotzdem leerte er nicht einfach die Gefängnisse durch eine pauschale Amnestie, sondern beurteilte jeden Fall anhand des Gesetzes und der Informationen, die er durch seine dortigen Berater bekam, und anhand der Gerechtigkeit, die er klar in seinem Herzen spürte.

Dies sprach sich sogleich herum, so dass auch andere Bürger kamen. Alle trugen sie dem jungen Herrscher ihre Sorgen vor. Allen hörte er aufmerksam zu und veränderte schon dadurch die Stimmung in der Provinz, dass er viel weniger sprach, als er zuhörte. Allen half er, wo er konnte. So erfuhr er bald, warum die Provinz sich erhoben hatte: Sie fühlte sich vom Hof vernachlässigt, übergangen, in vielem sogar ausgebeutet. Die beiden Prinzen Ottokar und Ottopas passten genau in dieses Bild. Wo blieben da die Interessen der Bürger?

Nachdem die Bevölkerung erfahren hatte, welch großmütiger Mensch der junge Kronprinz war, lud dieser alle diejenigen ein, die entweder die Macht anstrebten oder sie in dieser oder jener Form innehatten. Er versprach ihnen freies Geleit für die An- und Abreise sowie bei dieser Konferenz. So kamen viele, sehr viele, wenn auch nicht alle.
Der Prinz hatte vor dem Treffen Gott um Unterstützung gebeten. So stand er mit dem sicheren Gefühl vor der Versammlung, der Herr werde durch ihn handeln. Er war glücklich bei der Vorstellung, Gott könne ihn als Werkzeug benutzen. Er zeigte deshalb eine Offenheit und ein Strahlen, das alle ereichte.

Nachdem er die Versammelten herzlich begrüßt hatte, sagte der Prinz: „Ich bin nicht gekommen, um euch zu unterdrücken. Ich habe mir in den Gesprächen, die ich hier führte, ein Bild davon machen können, wie wichtig eure Anliegen sind. Es gibt hier viel Not und viel Leiden. Es ist nun so, dass ich von meinem Vater, dem König, die Erlaubnis habe, euch zu sagen, dass es ihm lieber ist, dass ihr euch von seinem Reich trennt, als dass es Blutvergießen gibt. Er sieht sein Reich als von Gott gegeben an. Er meint aber, Gott heiße es auf keinen Fall gut, wenn Menschen gegen ihren Willen gezwungen werden. Ein Reich muss vielmehr so gut, so vortrefflich sein, dass seine Bürger gerne, sehr gerne darin leben. Es ist die vornehmliche Aufgabe des Herrschers, das Reich so zu verwalten, dass die Bürger sich darin wohlfühlen und entfalten können.

Ich sehe, dass in dieser Provinz vieles nicht gut verlaufen ist. Ich verstehe, dass ihr auf euch aufmerksam machen musstet. Ich verstehe, dass ihr euch unterdrückt fühltet. Deshalb entschuldige ich mich im Namen der Regierung und in meinem Namen für alle Unterlassungen, Entbehrungen und Ungerechtigkeiten, die ihr erfahren habt. Meine Entschuldigung kommt von Herzen, und ich hoffe, sie erreicht auch euer Herz.“ Hier hielt der Prinz inne. So konnten die Anwesenden in sich nachklingen lassen, was er gesagt hatte, und konnten wahrnehmen, dass er die Wahrheit sagte.

Nach einer Weile fuhr Oktavian fort: „Meine ernst gemeinte Frage an euch ist: Was wollt ihr? Was braucht ihr? Wollt ihr euch vom Reich lossagen? Ich würde diesen Wunsch nur zu gut verstehen. Aber was dann? Wie wollt ihr als kleines Land bestehen? Wie ihr wisst, ist dies eine Zeit großer Umwälzungen, und viele Herrscher warten nur darauf, Eroberungen zu machen.
Wie gesagt, ihr könnt euch von dem Reich meines Vaters lossagen. Es wird kein Blut wegen dieses eures Wunsches vergossen werden.

Ich mache euch aber einen anderen Vorschlag: Ich habe euch zu Beginn bereits gesagt, dass offensichtliche Fehler euch gegenüber gemacht wurden, die ich sehr bedaure.

Mein Vorschlag besteht nun darin, dass ich euch ein Jahr lang verwalte. Wir werden ein Parlament aufbauen und herausfinden, was besser, was anders, was ganz neu gemacht werden muss. Nach einem Jahr könnt ihr dann entscheiden, was ihr wollt: Ob ihr euch immer noch vom Königreich loslösen wollt oder ob ihr einen neuen Weg für eure Provinz gefunden habt und dieser Weg euch auch gefällt.“ Hier schwieg der Prinz, und erleichtertes Schweigen entstand im Saal.

Oktavian war aber aus starkem Holz geschnitzt. Außerdem eiferten in ihm keine vordergründigen Machtanteile nach Erfolg.

Da die Stille anhielt, vergewisserte sich Oktavian nochmals der Unterstützung Gottes und sagte dann: „Ihr schweigt? Was geht in euch vor?“

Nachdem der Prinz dies gesagt hatte, stand ein vornehmer älterer Mann mit schlohweißem Haar auf und sagte: „Königliche Hoheit, wir haben deine Hochherzigkeit kennen gelernt, und was du gerade gesagt hast, hat uns alle berührt. Du hast uns erlaubt, offen zu reden, deswegen erlaube mir, die Wahrheit zu sagen.“ Als Oktavian ihn dazu ermutigte, fuhr der Mann fort: „Du hast in deiner Großmut Fehler eingestanden. Dies hat bisher niemand getan. Du hast gesagt, dass dein Vater, der König, und die hochangesehene Königin kein Blut vergießen wollen. Hier wurde aber Blut vergossen. Und keiner hat auf uns gehört. Woher wissen wir, dass wir dir nicht nur vertrauen können, sondern dass du auch die Macht hast, das durchzusetzen, was du sagst? Dies sind die Bedenken, die uns schweigen ließen.“

Oktavian konnte die Einwände, die dieser vornehme Mann vorbrachte, gut verstehen. Deswegen schwieg auch er eine Zeitlang, um auszudrücken, dass er die Rede des Mannes würdigte. Dann sagte er: „Ich danke dir für deine Offenheit. Und ich kann die Ängste, die du äußerst, gut verstehen. Ich kann nur dies sagen: Erstens hat das Königspaar nichts von euren Problemen erfahren. Deswegen wird mein nächster Schritt darin bestehen aufzuklären, wie dies möglich war.
Zweitens werde ich die Missstände beseitigen. Und drittens: Wenn ihr mir nicht glaubt, dann gebt mir zumindest die Gelegenheit, meine Versprechen in die Tat umzusetzen. Gebt mir etwas Zeit, und ich

werde euch nicht enttäuschen, denn ich habe von meinen guten Eltern gelernt, dass ein Leben in Rechtschaffenheit zum Glück führt. Daran werde ich mich halten. Ihr werdet mich an meinen Worten und meinen Taten messen können.

Ich bin der Kronprinz. Ich werde, so Gott will, eines Tages euer König werden – je später, desto lieber, denn jeder Tag, den mein verehrter Vater lebt, ist ein Geschenk für mich. Da ich aber eines Tages euer König sein werde, ist es heute bereits meine Pflicht, alles mir Mögliche dafür zu tun, dass ihr gern in dem von mir verwalteten Reich lebt. Dies ist mein Vorsatz, dies ist der Maßstab meines Handelns. Danach werde ich mich richten – mit Gott als meinem Weggefährten!"

Die Menschen waren von Oktavians Worten tief bewegt. Sie spürten eine Hoffnung, die sie nicht mehr für möglich gehalten hatten. Dieser junge Kronprinz berührte sie in seiner Ehrlichkeit, in seiner Offenheit, in seinem Engagement und in seinem Glauben. Ihm wollten sie vertrauen. Er strahlte eine Zuversicht aus, der sie sich anvertrauen wollten.
Und so gingen sie auf seinen Vorschlag ein, ihn ein Jahr lang als Regenten zu unterstützen.
Der Prinz bedankte sich bei den Menschen für ihr Vertrauen. Und er bedankte sich bei Gott für Seine Unterstützung und Führung. Dann verabschiedete er sich und bereitete sich auf die nächsten Schritte vor.

Der erste Schritt bestand darin herauszufinden, wie es möglich war, dass die entscheidenden Informationen nicht ins Königshaus gelangt waren. Wer war daran interessiert, dass der Kommunikationsfluss zwischen der Provinz und dem König unterbrochen war?

Oktavian ging an diesem Abend frühzeitig zu Bett. Mitten in der Nacht wachte er mit einem beunruhigenden Gefühl auf. ‚Hm', dachte er, ‚irgendetwas ist merkwürdig. Ich habe so ein seltsames Gefühl.' Er setzte sich im Bett auf und fragte Gott, was dies bedeutete. Da spürte er sogleich, dass er das Bett verlassen sollte, die Bettdecke so arrangieren, als läge er noch darin, und sich auf den Stuhl hinter dem Vorhang setzen. Von der Laterne vor dem Fenster kam genug Licht herein, so dass er leicht das Zimmer überschauen konnte.

Er saß nicht lange mit einem schweren Leuchter in der Hand auf dem Stuhl, da senkte sich ganz langsam die Klinke der Eingangstür. Ganz behutsam öffnete sich die Tür, und eine Gestalt mit einem Dolch in der Hand ging auf das Bett zu. Kaum war sie dort angelangt, stach sie mehrmals auf die Decke ein. Als sie weggehen wollte, sprang der Prinz hinter seinem Vorhang hervor und schlug den Mann mit dem Leuchter nieder. Dann ging er hinaus und sah nach den Wachen. Die beiden Wachen vor seiner Tür waren nicht da. Oktavian konnte sich dies nicht erklären, denn es waren die treuesten Männer seiner Gefolgschaft. Er ging deshalb zuerst in sein Zimmer zurück und fesselte den Mann, der immer noch bewusstlos am Boden lag. Dann ging er aus dem Zimmer, um zu erfahren, was geschehen war.

Was er sah, erschreckte ihn zutiefst. Im Hof lagen mehrere Männer am Boden. Sie waren alle ermordet worden. Der Prinz eilte in die Zimmer, in denen seine restlichen Wachen schliefen. Gottlob waren sie noch am Leben. Der Prinz weckte sie und gebot ihnen, leise zu sein. Als sie angekleidet und bewaffnet waren, eilte er mit ihnen durch die Residenz. Er konnte noch fünf Männer festnehmen, die offensichtlich zu dem Mann in seinem Zimmer gehörten.

Der Prinz ließ sie alle einsperren und verhören. Es stellte sich schnell heraus, dass sie gedungene Mörder waren, denen bald klar wurde, dass sie gar keine andere Wahl hatten, als ihre Hintermänner preiszugeben. Der Prinz erfuhr noch in der gleichen Nacht die Namen dieser Hintermänner, die den Informationsfluss zum Königspaar über so viele Jahre verhindert hatten. Bevor diese wissen konnten, dass ihr Anschlag gescheitert war, wurden sie festgenommen und verhört. So wurden die Köpfe der Revolte einer nach dem anderen verhaftet. Es wurde ihnen ein fairer Prozess gemacht, nach dem sie verurteilt wurden.

Auch hier ließ der Prinz Klugheit und Milde walten. Jeder hätte es verstanden, wenn er die Mörder seiner Garde und diejenigen, die ihn selbst umbringen wollten, sogleich hätte hinrichten lassen. Oktavian wartete aber den Prozess ab und verwandelte die Todesurteile in lebenslange Haft, weil er wie sein Großvater aus dem Morgenland meinte, jeder Mensch müsse eine Chance bekommen.

Da die Rädelsführer nun gefasst waren, konnte der Prinz sehr schnell Frieden in der Provinz schaffen. Kaum herrschte aber Frieden, konnte Oktavian sich mit all seiner Kraft um die Belange der Menschen in diesem Teil des Reiches kümmern. Und die Provinz gedieh. Die Menschen blühten auf. Immer mehr Kinder konnten in die Schule gehen.
Und warum geschah dies? Warum war es möglich?
Allein, weil ein Mann sein Herz für die klugen Schriften eines weisen Herrschers öffnen konnte, der dadurch, dass er die Einheit zwischen Denken, Reden und Handeln geschaffen hatte, gleich mehrere Reiche veränderte.
Und wie sagte der weise Platon? *Entweder die Philosophen werden Könige, oder die Könige beginnen ernsthaft zu philosophieren, sonst gibt es kein Ende des Übels in der Welt.*

Gewohnheiten haften fest

Es war einmal ein Junge, der kam aus armen Verhältnissen. Sein Vater verdiente gerade so viel, dass er die Familie mit dem Nötigsten versorgen konnte.
Es war deshalb alles sehr knapp, aber es reichte.
Als der Junge vierzehn war, wurde sein Vater entlassen. Auf einmal hatte die Familie selbst das Wenigste nicht mehr.
Der Junge hatte noch nichts gelernt, womit er hätte Geld verdienen können, wollte aber trotzdem seiner Familie helfen.
Er ging deshalb betteln, was ihm sehr schwer fiel, aber er half damit seiner Familie zu überleben.
Dies ging einige Jahre so.

Als er zwanzig war, erfüllte sich für ihn ein Traum. Er fühlte sich in ein Märchen versetzt.
Eine ausländische Familie lernte ihn kennen und lieben und kaufte ihm ein Auto, damit er sich als Taxifahrer eine Existenz aufbauen konnte.
Darüber hinaus überwies sie ihm monatlich so viel Geld, dass er die Anfangsschwierigkeiten seiner neuen, kleinen Karriere überstand.
Nun war er ein kleiner Unternehmer. War auf einen Schlag selbständig.
Trotzdem konnte er eine Angewohnheit nicht überwinden: Er bettelte immer noch. Er fühlte sich immer noch als einer der Ärmsten der Armen.
Er hatte immer noch Angst zu verhungern. Er sah allein im Geld die Lösung aller Probleme.

Bedenke: Das Leben formt deine und die Gewohnheiten anderer. Und Gewohnheiten haben die Eigenschaft, fest zu haften.

Achte deshalb genau darauf, *welche* Gewohnheiten du annimmst. Das heißt, lasse nur das zur Gewohnheit werden, was gut, hilfreich und notwendig ist.
Hüte dich vor schlechten Gewohnheiten. Sie bekommen schnell Macht über dein Leben, und du könntest große Schwierigkeiten haben, dich wieder von ihnen zu befreien, wenn du es eines Tages wolltest.

Gleichzeitig denke an den armen Jungen, wenn dich die schlechten Gewohnheiten anderer stören: Vielleicht hatten sie ebenfalls schwere Lebensbedingungen wie er, wodurch sie nicht in der Lage sind, ihre Gewohnheiten von heute auf morgen zu verändern – selbst wenn sie es wollten.

GLADY
oder ÜBER DEN TIEFEREN SINN DESSEN, WAS UNS GESCHIEHT

Glady war ein recht unbekümmertes Mädchen – oder besser gesagt, sie war bereits eine junge Frau. Sie war aber auch noch ein Mädchen, weil sie mit jungen Männern noch sehr merkwürdig umging – eben so, wie Mädchen in der Pubertät häufig mit Jungen umgehen: Sie wissen nicht, was sie von ihnen halten sollen. Trotzdem kokettieren sie mit ihnen, weil sie herausfinden wollen, wie sie auf das andere Geschlecht wirken – beziehungsweise ob sie überhaupt wirken! Und haben sie dies herausgefunden, dann haben sie in den meisten Fällen ihr Ziel bereits erreicht. Ob sich der junge Mann etwas anderes erhofft hat oder nun gar verliebt ist und entsprechend unter der rücksichts-losen, wenn nicht gar herz-losen Behandlung leidet, berührt sie nicht so sehr.

Alles hat aber seinen Weg. Alles hat seinen Preis. Das Ziel des Lebens ist einfühlsames Verstehen. Deshalb lernte Glady Jerry kennen. Jerry war leitender Angestellter in einem großen Forstamt. Er hatte viele Hektar Wald zu verwalten. Verwalten ist aber sehr positiv ausgedrückt, denn seine Verwaltung bestand darin, dass er weite Flächen abholzen ließ, um Geld für seine Behörde zu erwirtschaften. Dies musste sehr geschickt gehandhabt werden, damit die Wähler nicht erfuhren, wie sehr ihre Regierung Raubbau an der Natur betrieb: Wie Tausenden und Abertausenden von Tieren die Existenzgrundlage genommen und durch die Zerstörung von Flora und Fauna auch den Menschen großen Schaden zugefügt wurde.

Jerry war genau der Richtige für diese Aufgabe, denn er führte die Pläne seiner Behörde geschickt, rücksichtslos und ohne großes Aufsehen durch.

Deshalb war Glady genau die richtige Frau für ihn. Er spürte sofort, dass sie mit Männern schlecht umging, deshalb spielte er gekonnt alle seine Spielchen der Tarnung, der großen und kleinen Täuschung, des gezielten Desinteresses, der zufälligen Beachtung.
Glady war zu kindlich verspielt, um diese raffinierten Spiele der Erwachsenen zu durchschauen, geschweige denn sich dagegen abzugrenzen. Stattdessen verliebte sie sich in Jerry oder besser gesagt in das, was sie für ihn hielt, und war glücklich, als sie endlich ein Paar wurden.

Sie lebte aber ständig in der Angst, Jerry zu verlieren, deshalb dachte sie, es sei das Beste, schwanger zu werden und ihn durch ein Kind ganz an sich zu binden. Und so wurde sie schwanger.
Jerry war zunächst erschrocken. Dann dachte er nach und kam zu dem Ergebnis, Glady sei nicht die schlechteste Wahl. Sie heirateten, und drei Monate später wurde ihr Sohn geboren. Danach kamen eine Tochter und schließlich noch ein Sohn.

Drei Kinder haben es manchmal nicht ganz leicht als Geschwister. So gab es immer viel Streit unter den Kindern.
Jerry versuchte erst gar nicht zu verstehen, warum sich seine Kinder stritten. Er versuchte nur, sie abzulenken. Wenn ein Konflikt aber nicht gelöst wird, lassen Kinder sich nicht lange ablenken. Da er mit seiner Methode nicht sehr weit kam, griff Jerry zu einem noch viel dümmeren Mittel: Er schlug seine Kinder!
Und Glady, die Mutter dieser Kinder, die sie getragen, geboren und gestillt hatte, stand da und sah dem schrecklichen Treiben unbeteiligt zu!
So wuchsen die armen Kinder heran und hatten von klein auf das Gefühl, weder von ihrem Vater noch von ihrer Mutter verstanden, geschützt, geschweige denn geliebt zu werden.

Eines Tages ging Jerry in ein Waldstück, das gerodet werden sollte. Er sah so fasziniert zu, wie die Bäume immer stärker wippten und dann umstürzten, dass er nicht bemerkte, wie er in die Schnittschneise geriet. Er stand an eine kleine Fichte gelehnt, als ein Baum auf ihn fiel und ihn unter sich begrub. Jerry starb auf dem Weg ins Krankenhaus. Glady war erschüttert. Die Kinder dagegen hatten widerstreitende Gefühle. Einerseits hingen sie trotz allem an ihrem Vater. Andererseits spürten sie eine große Erleichterung.

Zwei Jahre später kamen der älteste Sohn und seine Schwester – sie waren 16 und 14 – auf einer Bergwanderung durch ein Gebiet, das ihr Vater hatte abholzen lassen. Sie waren noch zu jung und unerfahren, um früh genug zu erkennen, dass der Boden, der nicht mehr von den Wurzeln gehalten wurde, extrem gefährlich war. Als sie einen steileren Hang hinaufklettern wollten, rutschten sie ab. Da alle Bäume abgeholzt waren, fanden sie keinen Halt und stürzten viele Meter tief in eine Schlucht. Beide waren auf der Stelle tot.

Für Glady war dies eine große Katastrophe und ein wahrer Schock. Wochenlang konnte sie kaum reden, weil ihr die Tränen die Sprache verschlugen. Sie konnte kaum noch in dem Haus leben, unter dessen Dach sie in so kurzer Zeit bereits drei Todesfälle erlebt hatte. Alles in dem Haus erinnerte sie an ihren Mann und die zwei Kinder – besonders aber, wenn sie nach Hause kam und das Dach sah. Denn ihr Mann hatte ein ausgefallenes Hobby gehabt: Er hatte bunte Ziegel gesammelt, mit denen er das Haus gedeckt hatte. In farbenprächtigen Mustern leuchtete ihr deshalb das Dach schon von weitem entgegen, und jedes Mal musste sie an Jerry denken. Wie häufig hatte sie deswegen mit ihm gestritten. Sie fand diese Ziegel völlig sinnlos. Einmal kosteten sie Geld, dann Zeit, und außerdem fand sie das Haus durch dieses Dach zu bunt, zu auffällig. Das alles störte sie.
Jetzt wurde sie auch noch durch dieses Dach an ihren Mann erinnert – und jedes Mal trauerte sie um ihn.

Ihr ältester Sohn und ihre Tochter hatten viel gestritten. Das hatte sie ebenfalls geärgert. Nun vermisste sie es. Was hätte sie heute dafür gegeben, wenn sie sie noch einmal hätte streiten hören können! Selbst wenn sie den ganzen Tag gestritten hätten, sie wäre überglücklich gewesen, sie hören zu können!

Durch den Tod ihres Mannes und ihrer beiden Kinder war das Haus nicht nur sehr viel stiller geworden, vielmehr hatte der Tod der drei zweifellos eine große Lücke in Gladys Leben gerissen.
So lebte sie allein mit ihrem jüngsten Sohn Marvin. Als er achtzehn wurde, schloss er die Schule ab und zog für ein Praktikum in eine weit entfernte Stadt.
Nun war Glady ganz allein in dem Haus, das fünf Menschen reichlich Platz geboten hatte. Und die Ziegel leuchteten ihr immer noch bunt entgegen, und sie spürte ihre Trauer.
Die Jahre mit Marvin allein waren recht harmonisch gewesen. Beide waren ihre inneren und äußeren Wege gegangen und hatten dem anderen seinen Raum gelassen. Das hatte beiden gut getan. Aber die Erinnerungen an seine Kindheit und Gladys Rolle als Mutter, oder besser gesagt: als Wenig-Mutter!, bestimmten ihre Beziehung, ihre Distanz zueinander.

Als Marvin einundzwanzig war, lernte er Jessika kennen. Sie war zwanzig und gebar ein Jahr darauf ihren gemeinsamen Sohn Austin.
Glady besuchte ihren Sohn sowohl zu seiner Hochzeit als auch zur Taufe ihres Enkels. Sie lernte dabei Jessika näher kennen und verstand sich gut mit ihr. ‚Schade!', dachte Glady damals. ‚Schade, dass diese drei so weit von mir entfernt leben. Wie sehr genieße ich den Kontakt mit ihnen!'
Außerdem stellte sie staunend fest, wie anders ihr Sohn und ihre Schwiegertochter mit ihrem Kind umgingen, als sie ihre Kinder behandelt hatte. Mit wie viel Respekt und Liebe begegneten sie Austin! Dies berührte sie sehr, und sie dachte intensiv darüber nach, was sie hätte anders machen können.

Als Austin zwei Jahre alt geworden war, erkrankte Marvin an Leberkrebs. Alle waren äußerst besorgt, denn allen war klar, dass er nicht mehr lange leben würde. Und tatsächlich starb er ein Jahr später.

Glady war erschüttert. Sie wusste nicht, was sie tun sollte. Was hatte all dies zu bedeuten? Warum trafen diese Schicksalsschläge gerade sie?
Glady war so verzweifelt, suchte so intensiv nach einer Antwort, dass sie sich in die nahe gelegene Kirche begab, um dort mit dem Pfarrer zu sprechen. Und sie hatte Glück! Der Pfarrer war ein herzlicher, aufgeschlossener Mann, der viel über Gott, die Welt und die Menschen wusste. Er nahm Glady liebevoll auf und sprach lange mit ihr – beziehungsweise er ließ sie lange erzählen.
Das erste Mal in ihrem Leben erzählte sie. Erzählte, erzählte.
Der Pfarrer hörte ihr mit offenem Herzen zu und stellte nur hin und wieder eine Frage oder vermittelte ihr mit seiner Stimme, mit wenigen Sätzen, mit seinem nachempfindenden Gesichtsausdruck, dass er sie verstand.

Durch das Gespräch, das über zwei Stunden dauerte, fühlte sich Glady sehr erleichtert. Zum ersten Mal in ihrem Leben hatte sie das Gefühl, dass jemand sie verstand. Dass jemand ihr zuhörte. Für Glady tat sich ein Weg auf. Und sie spürte, dass es ein neuer Weg für sie sein würde. Glady öffnete sich langsam, denn da war ein Mensch, der innerlich für sie da war.

Glady veränderte sich. Sie verstand allmählich, dass all die Schicksalsschläge nur gekommen waren, damit sie sich endlich öffnete. Auch darüber sprach sie mit ihrem Pfarrer. Und nicht betrübt, sondern zuversichtlich und nachdenklich ging sie nach Hause. „Ich kann es nicht fassen!“, dachte sie laut. „Ich kann es nicht fassen, dass all dies mir geschah, damit ich lerne! Es war hart. Sehr hart! Wie hart war aber ich, dass ich das brauchte?

Ich bin aber heute in der Lage mir anzuschauen, wo ich immer noch hart und verschlossen bin. Ich habe nämlich etwas sehr Interessantes festgestellt: Es gibt bereits eine neue Form, wie ich mich verschließe. Ich ertappe mich dabei, wie ich nun denke, besonders offen zu sein, und dabei gründlich übersehe, wie verschlossen ich noch bin!“ Glady ging um eine Biegung, nach der sie ihr Haus sah. ‚Und wie bunt, wie schön ist das Dach, unter dem ich leben darf!‘, dachte sie.

Stück für Stück wurde Glady bewusst, wie wenig sie sich im Grunde *ihres Herzens* um ihre Kinder gekümmert hatte. ‚Wo war ich nur? Wie konnte ich es zulassen, dass Jerry sie so schlecht behandelte, diese guten Kinder! Wie dumm, wie blind war ich!‘

Worunter sie aber am meisten litt, waren die verpassten Chancen. ‚Was hätte ich meinen Kindern nicht alles geben können! Wenn ich sie so behandelt hätte, wie Marvin und Jessika ihren Austin behandelt haben ... vielleicht wären sie heute noch am Leben! Was kann die Liebe nicht alles bewirken! Und meine Kinder haben nicht all die Liebe bekommen, die ihnen zustand. Sie hatten ein Recht auf meine Liebe. Alle Bäume rücksichtslos abzuholzen, nicht zu spüren, in welch gefährlichem Gebiet man wandert, oder Krebs zu bekommen, hat das alles nicht mit einem Mangel an Liebe zu tun? Schade um die verpassten Chancen! Schade!‘ Glady weinte.

Ihr Pfarrer ließ sie bei ihrem Schmerz, denn er wusste, dass er zur Heilung notwendig war. Eines Tages sagte er aber: „Ist es nicht ebenfalls ein großes Geschenk, dass Sie all dies sehen? Werden Sie diesen wunderschönen Schatz an Wissen, an Wissen um Ihr Herz, an Wissen über die Liebe nicht immer behalten? Ist dies nicht der Sinn unser aller Leben, dass wir das Wissen um die Liebe kennen lernen?“ Glady war von diesen Sätzen sehr berührt. So ging sie getröstet und friedlich nach Hause und bestellte ihren Garten. Dies liebte sie am meisten: Ihren Garten, mit all den Blumen, dem Obst, dem Gemüse. Dieses wunderbare Entstehen. Wachsen. Reifen. Welche Wunder sie täglich erleben konnte! Glady sah all dies und erlebte es als Gnade. Und sie verströmte die Liebe, die sie ihrer Familie nicht mehr geben konnte, in ihren Garten und wurde glücklich.

Der Garten ließ sie auch darüber nachdenken, was ihr Mann getan hatte. „Es war nicht rechtens, was du getan hast, Jerry!“, sagte sie vor sich hin, als sie ein Beet vom Unkraut säuberte. „Es war nicht nur nicht rechtens, sondern eine Sünde, eine große Sünde, die wunderbaren Wälder für sinnloses Geld, wertlosen Reichtum zu roden. Was wurde damit der Landschaft, dem Klima, den Pflanzen, den Tieren und den Menschen angetan! Mit Sicherheit wäre unsere Familie glücklich und noch intakt, wenn du dir nicht so viel Schuld aufgeladen hättest, Jerry. Das ist dein Teil. Mein Teil besteht darin, dass ich so blind war, dass ich mir nie Gedanken darüber gemacht habe, was du da tust, was das für Geld war, das ich ausgab! Heute denke ich anders. Heute ist es mir wichtig zu wissen, wie das Geld verdient wird und woher es kommt. Woher kam eigentlich das Geld für unser Haus?“

Was sie nicht wusste, war, dass das Haus nicht mit dem Geld erworben worden war, das Jerry durch das Roden der Wälder verdient hatte, sondern dass er es von seinen Eltern geerbt hatte. So wenig hatte sie sich damals um diese Belange gekümmert, dass sie nicht einmal wusste, wem sie ihr Haus zu verdanken hatte.
Und es blieb ihr erhalten, weil es rechtschaffen erworben worden war.

Eines Tages, als sie auf die Schaufel gelehnt über ihren schönen Garten blickte, fragte sie sich: ‚Ist das eigentlich richtig, was ich tue? Ist das nicht wieder egoistisch? Ich habe früher nur für mich gelebt. Ich habe viel erlebt und viel verstanden. Aber lebe ich nicht weiter wie bisher? Wo ist das Du in meinem Leben? Wo ist dieses Du, das ich noch nie in meinem Leben hatte, weil ich noch nie meine Augen für dieses Du geöffnet habe? Wo bin ich für andere da? Wirklich für andere da und nicht nur scheinbar, wie ich es früher war?“

Glady fragte sich dies immer wieder und sprach deshalb auch mit ihrem Pfarrer darüber.
Natürlich fand er es wichtig, dass Menschen für andere da sind – war dies ja der Sinn seines Berufes. Er schlug ihr deshalb einige karitative Organisationen vor, in denen Glady gut mitarbeiten konnte. Glady dankte ihm sehr und nahm die verschiedenen Adressen mit nach Hause, um nachzudenken, nachzuspüren, für welche sie sich schließlich entscheiden würde.

Sie saß am Nachmittag jenes Tages in ihrem Wohnzimmer und spürte in sich hinein, als das Telefon klingelte. Es waren Jessikas Eltern! Sie konnten kaum sprechen, denn Jessika war beim Baden ertrunken, obwohl sie eine sehr gute Schwimmerin war.

Glady war erschüttert. Warum diese Schicksalsschläge? Hatte sie nicht schon genug gelitten?
Was sollte nun mit Austin geschehen? Sollte sie ihn zu sich nehmen? Konnte sie das?
Da erkannte sie, dass es die Chance war, die sie bei ihren Kindern versäumt hatte: gut für ein Kind sorgen zu können.
Sie reiste zu Austin und umfing ihn mit all der Liebe, die sie in sich gefunden hatte. Sie stützte ihren kleinen Enkel, sie erklärte ihm, soweit er das mit seinen fünf Jahren verstehen konnte, die Zusammenhänge von Leben und Tod. Und sie versuchte mit ihrem Herzen herauszufinden, was *er* benötigte.

Dies war für sie eine ganz neue Erfahrung, denn das war ihr bei ihren eigenen Kindern nicht geglückt. Langsam merkte sie, dass sie eine neue Aufgabe bekommen hatte.
Austin spürte Gladys Liebe und vertraute sich ihr von Tag zu Tag mehr an.
Jessikas Eltern sahen das und entschieden deshalb, Austin zu Glady ziehen zu lassen. Sie freuten sich, dass ihr verwaister Enkelsohn bei ihr so gut aufgehoben, so geborgen war.
Und so kam Austin mit Glady in das Haus mit dem bunten Dach. Und er wuchs heran. Und er war glücklich, fröhlich und an allem interessiert, was das Leben betraf.

Eines Tages kam Glady nach Hause und sah wieder einmal das bunte Dach. ‚Ja, ja', dachte sie, ‚das Leben ist so bunt – manchmal schwierig, manchmal wunderbar. Das kann man im Grunde nur mit einem so bunten Dach ausdrücken. Mit all dem Türkis, Weiß, Rot und Blau! Wie perfekt dieses Dach zu meinem Leben passt! Wie erstaunlich, dass Jerry das Dach damals so deckte, als ich das noch gar nicht so sehen konnte. Wie erstaunlich ...'
Als Glady nach Hause kam, erzählte sie Austin diese Beobachtung. Der antwortete darauf: „Erstaunlich, Omili, ich dachte, du hättest das Dach so decken lassen. Es passt so gut zu deinem Gesicht!"

Warum bist du neidisch? Weißt du nicht, dass die Summe im Leben immer Null ist?
Bekommst du viel, hast du viel gegeben.
Bekommst du wenig, dann gib, gib, gib. Und du musst bald nicht mehr neidisch sein.

Aramina
oder Die Liebe

Aramina hatte es schwer. Sehr schwer, denn sie war eine arme Zigeunerin, und darüber hinaus war ihre Zwillingsseele in dieser Inkarnation der Kronprinz des Landes, in dem sie lebte.
In dieser Zeit der großen Veränderungen ist vieles schwieriger als in anderen Zeitaltern, denn die Göttliche Ordnung hat in unzähligen Bereichen ihre Gültigkeit verloren. Dies ist der problematischere Aspekt. Der positive besteht aber darin, dass das Chaos unzählige Möglichkeiten in sich birgt.

Sandors, so hieß der Kronprinz, war eine noch träumende Seele. Er befolgte die Anweisungen seiner Eltern, richtete sich nach den Ratschlägen seiner Lehrer und achtete auf die Sitten und Bräuche, die am Hof Gültigkeit hatten. Sandors fühlte sich von seinen Eltern, von seinen Lehrern, ja von allen Menschen um sich herum geliebt – warum sollte er sich da Gedanken machen?

Warum soll ein Mensch sich Gedanken machen? So gestellt, ist diese Frage nicht zu beantworten. Es gibt Inkarnationen, in denen es die Aufgabe eines Menschen ist, im Strom des Lebens zu sein, sich vom Leben führen zu lassen, nicht viel nachzudenken und so sein Glück zu finden. Es gibt aber auch Inkarnationen, in denen ein Mensch genau wissen muss, warum etwas so und nicht anders ist, wieso er dies tut und jenes lässt. So eine Inkarnation ist stets die eines Führers – besonders natürlich die eines Königs, der für sein Volk ein hervorstechendes Beispiel sein sollte. Was für ein Beispiel ist aber ein König, der nicht weiß, was er tut und warum er es tut? Was ist das für ein

König, der auf die Frage, wieso er etwas so und nicht anders mache, antwortet: Weil seine Eltern das auch so machten und seine Lehrer es ihn so lehrten?

Ein König kann sich eine derartige Form von Naivität nicht leisten! Ganz im Gegenteil: Er muss größere Zusammenhänge verstehen und erklären können. Er muss hoch stehende Ideale haben, deren Wert er durch die Einheit von Gedanken, Wort und Tat verdeutlicht, indem er lebt, was er denkt und sagt.
Ein König, der keine hohen Ideale hat, der am liebsten seine Freizeit mit törichtem Zeitvertreib und oberflächlichem Geplapper verbringt, zerstört nicht nur sich und seine Familie, sondern kann ein ganzes Volk ins Verderben stürzen.

Sandors war auf dem besten Weg, ein solcher König zu werden. Er liebte den Sport, Feste, Wettkämpfe und war auch sonst ein Leichtgewicht.
Da bekam er von seinem Vater, dem König, zu seinem zwanzigsten Geburtstag ein wunderschönes schwarzes Pferd geschenkt, mit dem er von nun an täglich ausritt. Bei einem dieser Ausritte, auf denen er immer wieder neue Wege kennen lernte, landete er an einem See, an dem ein junges Mädchen saß und Wäsche wusch. Sandors beachtete sie zunächst gar nicht, sondern sah zwischen den Ohren seines Rappen auf die Seeoberfläche, die durch viele kleine Wellen ganz gekräuselt aussah.

Erst als das Mädchen sich zu ihm umdrehte und ihn grüßte, grüßte Sandors zurück und bemerkte, wie hübsch sie war.
„Wo bin ich hier gelandet?", fragte Sandors. Das Mädchen sagte es ihm und sah ihn dabei ganz direkt mit ihren dunklen Augen an. „Und was machst du hier?", fragte Sandors etwas ungelenk, denn er sah ja, was sie tat, und stieg dabei vom Pferd ab.
Das Mädchen spürte aber nicht nur Sandors' Ungeschicklichkeit, sondern auch seine Gutartigkeit. Und da sie eine kluge junge Frau war, wollte sie es ihm leicht machen. Sie, die offensichtlich so arm war, dass sie ihre Wäsche in dem See waschen musste, baute Sandors, der zu Hause von goldenem Besteck aß, eine goldene Brücke!

Diese Zugewandtheit erreichte Sandors.

„Ich heiße Aramina“, sagte sie, während sie ihre schmalen Hände an ihrer bunten Schürze abtrocknete. „Ich wasche hier meine Sachen. Der See ist etwas weiter entfernt von dem Ort, wo ich wohne. Ich nehme aber gerne den längeren Weg in Kauf, weil ich mich hier so wohl fühle. Wohnen ist allerdings das falsche Wort“, meinte Aramina wie in Gedanken, „ich bin eine Zigeunerin, so wohne ich immer woanders!“
„Oh!“, staunte Sandors, der gerade mal wusste, was Zigeuner waren, aber ansonsten keine Vorstellung davon hatte, in welcher Armut, in welch großer Bescheidenheit und unter welchen Bedingungen sich das Leben vieler Zigeuner abspielte und wie sehr sie häufig darunter litten, dass sie nicht nur nicht geachtet, sondern sogar verachtet wurden.

Aramina hatte aber eine weite Seele. Sie hatte viel vom Leben kennen gelernt, kennen lernen müssen, um überhaupt überleben zu können. Wie vieles kannte Sandors dagegen nicht. Wie vieles gab es, was das Leben vieler Bürger seines Königreiches bestimmte und wovon er keine Vorstellung hatte.
So war Aramina zwar drei Jahre jünger als er, was besonders in jenem Alter einen großen Unterschied bedeutet, sie wirkte aber so, als wäre sie nicht drei Jahre jünger, sondern mindestens drei Jahre älter – so viel weiter war sie. So verträumt war er.
Wer träumt, hat aber Kontakt zu anderen Ebenen seiner selbst. Sandors kannte zwar vieles nicht, hatte noch einen langen Weg bis zu einer eigenen Meinung vor sich, er hatte aber ein gutes Herz. Vieles von dem, was Aramina ihm fröhlich und ganz selbstverständlich erzählte, verstand er nicht. Er spürte aber sofort, dass sie eine besondere Seele war, dass das Gespräch mit ihr Seiten in ihm berührte, die ihm ganz neu waren.

Dies spürte auch sein Rappe, den er „Leben“ genannt hatte, weil er ihm so viel bedeutete. Leben knabberte plötzlich an seinem Rücken, um sich auch bemerkbar zu machen. Sandors streichelte ihm zart seine Nüstern, denn er spürte, dass Leben eifersüchtig war – und dass er allen Grund dazu hatte! Sandors kümmerte sich nicht mehr mit seiner ganzen Aufmerksamkeit um sein Pferd Leben – und sein Leben begann.

Aramina spürte sofort, dass Sandors kein Zigeuner war wie sie, auch nicht der Sohn eines reichen Kaufmannes. Sie wusste, dass er aus einer ganz anderen Welt kam. So wollte sie im Grunde nichts mit ihm zu tun haben. Sie kannte es, dass die Menschen so lange mit ihr sprachen, wie sie ihr Bedürfnis nach Unbekanntem, Fremdem oder Erstaunlichem befriedigen konnten. Eine Freundschaft hatte sie aber nie mit Fremden aufbauen können. Aramina hatte sich jedoch ihre Offenheit bewahrt.

Sie wusste aus schmerzlicher Erfahrung, welch tiefe Gräben die Menschen zwischen sich ziehen. „Schuster, bleib bei deinen Leisten!“, sagte ihr ihre Mutter immer wieder. „Gleich und gleich gesellt sich gern. Unterschiede schaffen Enttäuschungen und Schmerzen!“ Was sollte sie also mit diesem jungen Mann anfangen? So drehte sie sich ein wenig, damit sie gleichzeitig weiterwaschen und, wenn sie den Kopf etwas hob, Sandors auch ins Gesicht sehen konnte.
Dieser saß im Gras, lehnte sich mit dem Rücken an die Vorderbeine seines Pferdes und hörte ihr aufmerksam zu.

Dann kam die Zeit, da Aramina gehen musste.
„Und wann kommst du wieder hierher?“, fragte Sandors, und sein Herz schlug schneller.
„In drei Tagen muss ich wieder waschen. Dann bin ich wieder da.“ „Ist es dir recht, wenn ich dann vorbeischaue?“, fragte Sandors vorsichtig. „Natürlich!“ Aramina erschrak über dieses „natürlich“, deshalb fügte sie noch schnell ein deutlich abschwächendes „Warum nicht?“ hinzu. Sandors ritt nach Hause und freute sich über das Gespräch, das ihm so viel Schönes vermittelt hatte. Leicht und beschwingt kam er im Schloss an, streichelte Leben noch lange und hing seinen Träumen nach. Diese Traumwelt ließ ihn zwar nicht so reif, nicht so geschickt wirken, er hatte sich aber durch sie vor Vorurteilen und Bewertungen bewahren können.

Aramina dagegen war betrübt. Selten in ihrem Leben hatte sie so deutlich gespürt, wie niedrig ihr Status war. Wem würde sie schon als Freundin genügen? Wer würde sich auf Dauer mit ihr treffen wollen und nicht die Nase darüber rümpfen, dass sie „nur“ eine Zigeunerin war? Hatte sie nicht ein Herz wie andere auch? Hatte sie nicht einen Verstand wie andere auch? Liebte sie nicht ihre Eltern wie andere auch? Waren ihr Freunde nicht so wichtig wie anderen auch? War es ihr nicht genauso wichtig wie anderen, von ihren Freunden geschätzt zu werden?

Traurig stellte sie den Korb mit der nassen Wäsche auf die Treppe ihres Wohnwagens und warf ihrem Hund ein Stöckchen zu. Dieser schnappte fröhlich danach und dachte, es sei eine Aufforderung zum Spielen. Aramina war aber nicht nach Spielen zumute. Sie spürte die engen Grenzen ihres Lebens und fand das Leben gar nicht mehr zum Spielen.

‚Ich werde ihn überhaupt nicht mehr treffen!’, beschloss sie. ‚Ich werde in drei Tagen nicht wieder hingehen. Er sitzt auf seinem hohen Ross, und ich hocke da unten und muss die Wäsche waschen. Heute redet er noch mit mir. Und morgen, wenn eine seines Standes vorbeikommt?
Wie heißt er eigentlich? Was macht sein Vater?‘
Aramina war verwundert, dass sie beides nicht wusste. ‚Ich habe so viel von mir erzählt!’, dachte sie. ‚Von ihm dagegen weiß ich nichts, typisch! Umso besser! Was soll ich von ihm wissen, wenn ich ihn sowieso nicht mehr treffe! Gut so!‘ Aramina war nun erleichtert und warf ihrem Hund wieder ein Stöckchen zu, der es sogleich freudig aufnahm und ihr brachte. Sie warf es wieder. Er rannte und brachte es zurück. Eine Weile spielten sie so zusammen.
Dann dachte Aramina: ‚Ich weiß weder, wie er heißt, noch, was sein Vater macht. Ich weiß aber, wie sanft er mit mir sprach. Wie ruhig und offen ...‘ Aramina blieb in Gedanken versunken.

So verging die Zeit. Genau drei Tage. Mit einem Korb Wäsche unter dem Arm und bangem Herzen ging Aramina wieder zu dem See. ‚Ob er wohl schon da ist? Ob er überhaupt kommen wird?’, fragte sie sich immer wieder. Kaum sah sie aber den See, sah sie auch schon Sandors, der ganz nah bei Leben saß und mit den Zügeln spielte. Als er sie sah, stand er auf und ging ihr entgegen. ‚Wie hübsch sie ist! So hübsch hatte ich sie gar nicht in Erinnerung!', dachte er. ‚Wie herzlich er ist!', dachte Aramina und freute sich von Herzen, ihn wiederzusehen.

„Weißt du, dass du mir gar nicht gesagt hast, wie du heißt?", sagte sie sogleich.
„Ich heiße Sandors."
„Und was macht dein Vater?" Sandors staunte. Wie kam Aramina plötzlich auf diese Frage? „Mein Vater ... mein Vater ... ist ... ist ...", stotterte Sandors.
„Dein Vater ist etwas Besonderes. Das sehe ich!"
‚Was soll ich bloß sagen?', fragte sich Sandors. Da fuhr es ihm wie ein Blitz durch den Kopf: Er hatte gelernt, immer die Wahrheit zu sagen. Dies sei das Beste. Ihm waren zwar durchaus schon einige Zweifel gekommen, ob das immer stimme. Er blieb aber bei der Wahrheit.

Etwas verschämt sagte er: „Mein Vater ist König. Der König dieses Landes!"
Aramina sah ihn mit großen Augen an. Aber so entsetzt, wie Sandors befürchtet hatte, reagierte sie nicht. Für sie, die sich in der Gesellschaft ganz unten ansiedelte, war es kein so großer Unterschied, ob jemand der Sohn eines Bankiers, eines Beamten, eines Ministers oder eines Königs war. Wenn man nicht schwimmen kann und ins Wasser fällt, so ist bereits ein Tümpel wie ein Meer – kann man nicht mehr stehen, ist es nicht mehr von großer Bedeutung, ob man in einem Gewässer von zwei oder zehn Metern Tiefe zu ertrinken droht. Sandors war für Aramina unerreichbar. Ob er nun durch vieles oder durch sehr, sehr vieles von ihr getrennt war. Trennung bleibt Trennung.
Da die Klassenunterschiede so eindeutig klar waren, dachte sich Aramina, sie müsse sich nicht mehr besonders anstrengen, um zu gefallen.

Aramina schüttelte jegliche Trauer, jeglichen Anspruch, besonders interessant zu sein, von sich ab. Dadurch konnte sie ihre ganze Natürlichkeit leben – und Leben hatte Sandors sein Pferd genannt, weil er leben, leben wollte. Aber Leben ist genau das, was ein Prinz nicht leicht verwirklichen kann. Zu viele überkommene Strukturen sind zu beachten, zu vielen Erwartungen ist nachzukommen, zu viele Formalitäten sind zu erfüllen. Da bleibt für Leben, für Spontaneität wenig Raum.

Sandors hatte bisher weder erlebt noch gespürt, dass es auch etwas anderes gab. In seinem Leben hatte bisher die Etikette geherrscht – und er hatte das Leben nach der Etikette als Leben verstanden. War es ein Missverständnis gewesen?
Er dachte nicht darüber nach. Er spürte vielmehr, dass diese Begegnung mit Aramina ihm eine ganz neue Sichtweise eröffnete.
Er lehnte sich wieder einmal an die Vorderbeine von Leben und hörte Aramina fasziniert zu.

So trafen sie sich einige Male.
Dann kam das Unvermeidliche: Aramina musste mit ihrer Familie weiterziehen. Sie kam also diesmal, um sich von Sandors zu verabschieden.
„Das geht nicht!", rief er aus. „Wie öde wird mein Leben, wenn ich dich nicht mehr sehen kann! Ich habe nur mehr von einem Treffen zum nächsten gelebt. Wofür soll ich jetzt leben?"
„Für dich, Sandors!", erwiderte Aramina mit einem Strahlen im Gesicht.
„Das kann ich nicht!", seufzte Sandors.
„Aber sieh", sagte Aramina und legte ihre Hand auf seinen Arm, „wir können uns doch nicht ewig hier treffen. Du bist der Thronfolger, und ich bin eine Zigeunerin. Da liegen Welten dazwischen. Für uns gibt es keine gemeinsame Zukunft!" Aramina schlug die Augen nieder, denn sie wollte keine Träne zeigen.

„Ich weiß", sagte Sandors, „wir kommen aus verschiedenen Welten. Und du hast Recht, ich weiß nicht, wie wir heiraten könnten. Aber gibt es nicht immer einen Weg?"
„Ich weiß nicht", meinte Aramina, die genau spürte, dass in erster Linie nicht sie, sondern Sandors umdenken musste. Sie kamen aus

völlig verschiedenen äußerlichen Welten, und sie spürte, dass Sandors noch nicht in der Lage war, solche Schwierigkeiten zu überbrücken.

Menschen sollten nicht leichtfertig über Grenzen hinweggehen. Gott schuf Grenzen, um Menschen Sicherheit, Klarheit und damit Geborgenheit zu geben. Es ist nicht gut, wenn Menschen aus verschiedenen Kulturen, Ländern und Rassen sich zusammentun. Eine Ehe ist ein sehr komplizierter Organismus, in dem sehr viel zusammenpassen muss, damit er funktionieren kann. Unterschiedliches oder gar Gegensätzliches ist natürlich sehr anziehend. Gegensätzliches beinhaltet aber auch die Anziehung durch Trennung, weil man sich nicht sehr nahe kommen kann, wie Feuer und Wasser. Dies macht das Zusammenleben schwierig.
Gleiches dagegen schafft Ruhe, Harmonie, Zufriedenheit.

Über dem Delphischen Orakel stand: *Erkenne dich selbst*. Dieser Satz war notwendig, weil die Antworten, die das Orakel auf Fragen gab, häufig doppeldeutig waren. Nur wer sich kannte, wer sich einschätzen konnte, erfuhr etwas Wichtiges über die Zukunft. So antwortete das Orakel Krösus, der gegen Kyros in den Krieg ziehen wollte: „Wenn Krösus über den Fluss Halys geht, wird ein großes Reich zugrunde gehen." Krösus kannte sich nicht, er hatte auf äußeren anstatt auf inneren Reichtum gesetzt, deshalb kam er nicht auf die Idee, dass *sein* Reich damit gemeint war!

„Erkenne dich selbst" ist der Satz, der im Grunde alles beinhaltet. Denn in diesem Satz ist vom Selbst die Rede. Wer das Selbst kennt, kennt nicht nur sich, sondern alles andere auch.
Das Leben ist auf ewigen Grundsätzen aufgebaut. Auf Sanskrit heißt dies *Dharma*, Rechtschaffenheit. Es gibt unumstößliche Wahrheiten, Gesetze, Normen, die nicht aufgehoben werden dürfen. Droht dies doch zu geschehen, gestaltet der Herr die Umstände so, dass diese ewigen Gesetze wieder ihre volle Gültigkeit erlangen.

Zu den Grundsätzen gehört eine besonders wichtige Verhaltensnorm: Sei, wo immer es geht, geschmeidig. Dies meint das Göttliche Tao, wenn es sagt: „Tue nicht, und alles wird getan!" Sei geschmeidig.

Warte auf den richtigen Augenblick. Gehe mit dem Leben. Füge dich in die Kosmische Ordnung ein. Wer dies kann und weder bequem noch übereifrig, weder nachlässig noch hart ist, der kennt sein Selbst und hat damit seine Mitte gefunden.

So gibt es für den Weisen keine Regel ohne Ausnahme, keinen Entschluss ohne Ausgleich, keine Klarheit ohne Liebe.
Wer sein Selbst nicht kennt und außerdem keinen Meister, keinen spirituellen Führer hat, der ihm die Finsternis vertreibt, der tut sich wahrlich schwer damit, die Mitte zu finden.
Die Mitte ist aber wichtig, der Ausgleich lebensnotwendig. Deshalb erzähle ich dir diese Geschichte, die den Rahmen sprengt, den ich gewöhnlich aufstelle. Und sie muss deshalb erzählt werden, damit der Rahmen kein Kerker, die Grenze keine schneidende Schwertklinge wird. Der Weise kennt die Härte. Er weiß aber auch, dass Unklarheit die härteste Härte sein kann. Deshalb sucht er die Klarheit, indem er die Härte und die Nachgiebigkeit in der Waage hält. Wer dies kann, ist hilfreich. Wer dies versteht, ist weit.

Sandors und Aramina konnten nicht zueinander finden, kamen sie doch aus zu verschiedenen Kreisen. Dies war die eine Ebene. Die andere Ebene, die der Weise sieht, war aber die, dass sie als Zwillingsseelen viele, viele Leben in Partnerschaft zusammengelebt hatten. So hatten sie doch viel mehr Gemeinsames als Trennendes. Sie gingen in diesem Leben einen besonders schweren Weg, um einen großen Entwicklungsschritt zu machen.
Deshalb mussten sie zusammenkommen, *obwohl* sie nicht zusammenkommen sollten. Gerade diese Spannung war einer der entscheidenden Punkte ihrer Aufgabe in dieser Inkarnation.

Aramina wusste intuitiv, dass sie unter den bestehenden Bedingungen niemals eine Beziehung zu Sandors haben würde. Sie spürte genau, wie nah er ihr war, nahm aber genauso deutlich wahr, wie konträr die jeweiligen Lebensbedingungen waren.
Selbst wenn Sandors einen Riesenschritt machen, sie gegen alle Einwände ehelichen würde, wer würde sie als seine legitime Ehefrau anerkennen? Wäre sie nicht immer die Zigeunerin, die durch irgend-

welche „Machenschaften“ Sandors verführt hatte? Nein, sie hatte keine Chance, unter diesen Umständen seine Frau zu werden, das sah sie ganz deutlich.

„Ich kann nichts tun!“, sagte sie sich immer wieder. „Der Herr hat unsere Schicksale so geschaffen. Der Herr weiß, warum. Ich lege mein Schicksal in deine Hand, Herr. Und bitte dich, Heilige Maria voller Gnade, dass ich das bekomme, was das Beste für mich ist. Ich weiß, dass du, Heilige Mutter, meine wahre Mutter bist und wie tausend Mütter für mich sorgst!“ Und immer, wenn Aramina an Sandors dachte und Tränen ihr den Hals zuzuschnüren drohten, dann sang sie den Rosenkranz und fand Frieden.

Sandors hatte eine andere Aufgabe. Er hatte bis dahin, ohne viel zu hinterfragen, das gelebt, was ihm als richtig oder als falsch gelehrt worden war. Er hatte es sich einfach gemacht und war gut damit gefahren. Nun änderte sich schlagartig alles. Sandors hatte nur mehr eins im Kopf: Wie beziehungsweise wo konnte er Aramina wiedersehen? Täglich ritt er weiter und länger weg. Trotz all seiner Anstrengungen fand er Aramina nicht, denn Gott und die Heilige Mutter hatten ihre Gebete erhört und halfen ihr, weil ein erneutes Zusammentreffen nicht von Vorteil gewesen wäre.

So zweifelte Sandors an allem und jedem. Er war unglücklich und unzufrieden.
Seine Eltern missverstanden dies und meinten deshalb, es sei für ihn Zeit, eine Braut zu finden. Wen sie aber ihrem Sohn auch vorstellten, er war nicht an den Schönen interessiert, die aus aller Herren Länder kamen, um seine Frau und damit eines Tages Königin zu werden.
Sandors’ Herz war besetzt, deshalb hatte keine von ihnen Platz darin. Als eine besonders hübsche Prinzessin kam, deren Vater darüber hinaus ein sehr mächtiger Herrscher war, flehten Sandors’ Eltern ihn an, sie zu heiraten. Sie sei so schön, so wohlerzogen, komme aus einem so edlen Hause, so eine Braut wie sie werde er nie mehr finden, hielten sie ihm eindringlich vor Augen.

Die Eltern hatten Recht. Das sah Sandors auch. Allein, sein Herz war besetzt. Nun wusste er weder ein noch aus: Er sah die hervorragenden Qualitäten dieser reizenden Prinzessin. Er sah ihre Sensibilität. Er sah ihre vornehme Art. Und er verstand, dass ein mächtiger König als Schwiegervater von unschätzbarem Nutzen war. Und er war sich darüber hinaus bewusst, dass er als zukünftiger Herrscher seinem Volk Opfer bringen müsse. Ein König hat durch seine Stellung, die sogar die Kennzeichen einer heiligen Aufgabe besitzt, die Pflicht, Opfer zu bringen und Verzicht zu leisten. Wer viel hat, wer viel bekommt, und dies ist bei einem König zwangsläufig der Fall, von dem wird auch viel erwartet. Das wusste Sandors. Und obwohl er es wusste, konnte er dieser Pflicht nicht nachkommen.

So war er nicht in der Lage, etwas auf die Fragen seiner Eltern zu antworten, was er überhaupt gegen diese bezaubernde Prinzessin einwenden könne. Er hatte nichts gegen sie einzuwenden. Das war das Schlimme für ihn. Er fand sie als Menschen und als Frau bezaubernd – nur hing sein Herz, so unklug dies sein mochte, an Aramina. Sie war seine Frau. Das spürte er. Keine andere würde ihn je berühren können.

Sandors wusste nicht, was er tun sollte. Und wie verhält sich ein Tier, das in die Enge getrieben wird? Es greift an. Und was tut ein Mensch, der sich in die Enge getrieben fühlt, aber niemanden angreifen möchte? Er greift sich selber an, das heißt, er wird krank.
Sandors erlebte seine Situation als unlösbar. Er wusste genau, was von ihm als zukünftigem König verlangt wurde. Er wusste aber auch, was ihm unmöglich war: Auf Aramina zu verzichten. So wurde er, entsprechend der Schwere seines Konfliktes, sehr, sehr krank.

Die herbeigerufenen Ärzte gaben ihm eine Vielzahl von Medikamenten, aber keines half. Nachdem dies eine Zeitlang so gegangen war, sein Zustand immer ernster wurde und er sogar mehrmals sein Bewusstsein verlor, sagte ein weiser, älterer Arzt, der Sandors seit seiner Geburt kannte: „Dies ist keine Krankheit, die über den Körper zu heilen ist. Der Prinz wird sterben, wenn wir nicht verstehen, was ihn so zermürbt!“

Obwohl alle von diesen Worten niedergeschmettert waren, wusste keiner Rat.

‚Wenn die Krankheit in der Seele sitzt, was bedeutet dies praktisch?', fragten sich viele.
Da sagte der weise Arzt: „Es gibt für mich nur eines, wir müssen erfahren, was den Prinzen so mitnimmt, dass es ihn auf das Sterbebett wirft."
„Ja, das müssen wir!", pflichtete der König dem Arzt bei. „Aber wie? Das ist die große Frage, denn der Prinz ist nicht mehr in der Lage zu reden."
„Es gibt ein Mittel", meinte der Arzt. „Dieses Mittel lässt den Kranken reden, als wäre er bei Bewusstsein. Nein, viel mehr, denn es lässt ihn auch das erzählen, was er sonst verschweigen würde. Dieses Mittel ist ein großer Eingriff in die persönliche Freiheit des Prinzen. Wir dürfen es ihm nur geben, wenn wir uns alle sicher sind, dass es der einzige Weg ist, sein Leben zu retten. Außerdem müssen diejenigen, die die Wahrheit erfahren, hoch und heilig versprechen, dass sie den Prinzen deswegen nicht verurteilen werden. Und sie müssen bereit sein, alles zu tun, um den inneren Konflikt, dessen Ursachen sie nun kennen, zu lösen!"

Der König und die Königin empfanden die Haltung dieses Arztes als sehr weise. Sie entschieden mit ihm und dem Premierminister, zu hören, welcher große Kummer den Prinzen quälte. Sie verpflichteten sich, den Prinzen nicht zu verurteilen und alles zu tun, um ihm zu helfen.
Noch am selben Abend gab der Arzt Sandors die Arznei. Eine Viertelstunde, nachdem er sie getrunken hatte, sagte der Prinz: „Ich möchte sterben, weil ich mich in einem unlösbaren Konflikt befinde. Ich habe immer versucht, alles zu tun, was meine Eltern und meine Lehrer von mir erwarteten oder mir rieten. Ich bin in den meisten Fällen gut, nein, sehr gut damit gefahren. Wer war ich aber? Wer handelte? War ich es? Oder waren es meine Eltern beziehungsweise meine Lehrer? Ich weiß es nicht.

Jetzt soll ich heiraten. Eine Prinzessin ist edler als die andere. Ich weiß dies. Ich sehe dies. Und ich kenne meine Verpflichtung dem Königreich gegenüber ..." Genau an dieser Stelle schwieg Sandors. Die Spannung der Anwesenden stieg und stieg. Dann endlich fuhr er fort: „Aber ich kann nicht. Ich liebe Aramina. Und ich weiß, dass ich sie nie werde heiraten können, weil sie eine Zigeunerin ist. Nur eine Zigeunerin, wird man sagen. Sie ist aber mein Leben. Durch sie habe ich gelernt, was Leben bedeutet. Durch sie weiß ich, dass auch ich leben kann. Keine Prinzessin wird mir das je geben können, was Aramina mir gab. Und das sage ich, obwohl ich weiß, wie wunderbar besonders die letzte Prinzessin ist. Ich möchte niemanden verletzen. Deshalb sterbe ich lieber, als dass ich etwas tue, was ich nicht tun will beziehungsweise nicht tun kann!"
Sandors schwieg, und die vier Zuhörer waren tief von dem unfreiwilligen Bericht des Prinzen und seinem großen Herzen berührt.

„Durch die große Weisheit und Umsicht unseres Arztes wissen wir nun, was unseren Prinzen bedrückt. Außerdem wissen wir, was wir zu tun haben!", sagte der König. „Unser Sohn kann so lieben, dass er für diese so aussichtslos scheinende Liebe sterben möchte. Er soll dafür leben können! Deshalb müssen wir einiges tun, um ihm zu helfen. Jeder Bürger dieses Staates soll darüber abstimmen, ob der Prinz sterben oder die Zigeunerin heiraten soll, die sein Herz so tief berührt hat. Und dies muss in Windeseile geschehen, damit der Prinz das Ergebnis überhaupt noch erlebt!"

Der Premierminister schickte noch in derselben Nacht Boten ins ganze Reich. Und fast alle waren glücklich, einen Kronprinzen zu haben, der es vorzog, zu sterben, als nicht seiner Wahrheit gemäß zu leben.
Fast alle, denn natürlich gab es einige, die Sorgen hatten, es könne dem Reich schaden, wenn es von einem so unterschiedlichen Königspaar regiert werden würde.

Sandors' Eltern liebten ihren Sohn aber von ganzem Herzen. Durch sie hatte er die Sicherheit in seinem Herzen kennen gelernt. Daher waren sie offen für Sandors' ungewöhnliche Wahl und bereit, mit ihm diesen schwierigen Weg zu gehen. Sie waren sicher, Gott würde ihnen und ihrem Land helfen und ihrem Sohn die richtige Frau geben.

Durch die Liebe des Herrscherpaares fiel die Erntscheidung des Volkes entsprechend aus: Die überwältigende Mehrheit war dafür, das Leben des Prinzen zu retten und alles zu tun, damit er mit Aramina glücklich werde, die er offensichtlich so grenzenlos liebte.
So wurde bereits am nächsten Tag nach Aramina gesucht und ihr zu ihrem großen Erstaunen der Beschluss des Königspaares und des Volkes mitgeteilt. Kurz darauf traf sie am Hof ein. Sie wurde vom Königspaar an Sandors' Krankenbett geführt. Mit einer Liebe und Behutsamkeit, die alle berührten, nahm sie ganz zart Sandors' Hand in ihre beiden Hände und sagte leise, aber deutlich hörbar: „Sandors, Sandors, meine Liebe. Ich bin es, Aramina. Komme ins Leben zurück, denn ich, Aramina, bin hier. Ich bin hier an deiner Seite. Und werde es immer bleiben – mit Gottes und der Heiligen Maria Hilfe!"

Aramina wiederholte dies mehrere Male. Sandors ging es von Stunde zu Stunde besser, bis er am Abend die Augen öffnen konnte. Als er Aramina sah, schloss er sie schnell wieder, weil er zu träumen glaubte. Als er die Augen erneut öffnete und sie immer noch sah, strahlte er und sagte nur: „Aramina, du hier? Welch ein Wunder!"

Sandors genas. Er und Aramina heirateten und mussten manche Schwierigkeit meistern. Aber die Liebe, die sie verbunden und bedingt hatte, dass alle Einwohner des Reiches Verantwortung und Anteil an ihrer Liebe hatten, half ihnen.
Und obwohl Aramina in diesem Leben nicht als Prinzessin geboren worden war, ließen ihr großes Herz, ihre übergreifende Ethik und ihre Liebe zu Gott sie alle Schwierigkeiten überwinden. Schwierigkeiten, die bei einer solchen Stellung zwangsläufig sind und die häufig durch die Etikette abgemildert werden – eine Etikette, die sehr wohl weiß, warum ein Prinz eine Prinzessin heiraten sollte.

Wichtig ist aber, dass eine Etikette nicht starr, nicht stur ist, sondern mit dem Leben geht. Dies ist der Maßstab.

Sandors und Aramina gingen mit der Liebe, die sie mit Gott verband. Und der Herr hielt Seine schützenden Hände über sie, und Blüten des Erfolgs, Blüten der Menschlichkeit schmückten ihren Weg.

Was ist der Sinn des Lebens?

Das Wunder besteht darin, dass das individuelle Bewusstsein das Kosmische erreicht – und sich seiner Individualität und Unendlichkeit bewusst ist.
Dies ist des Lebens goldene Frucht.
Der Beweis, dass Gott alles ist. In allem. Über allem.
Und doch in dir. Und dass du dies weißt.

Seminare von Dr. von Stepski-Doliwa

Informationen zu den Seminaren von Dr. von Stepski-Doliwa erhalten Sie sowohl über

www.vonstepski.de

als auch über

Frau Marianne Gorski
Telefon 0 30 / 23 63 59 05
marianne.gorski@vonstepski.de

Bücher aus dem Doliwa Verlag

direkt zu bestellen bei:

Doliwa Verlag
Römerstraße 6a
D - 86947 Weil
Fon: 0 81 95 / 93 18 78
Fax: 0 81 95 / 93 18 79
E-Mail: kontakt@doliwa-verlag.de
www.doliwa-verlag.de

Innerhalb Deutschland liefern wir die Bücher an Privatkunden portofrei.

Vorankündigung

Stephan von Stepski-Doliwa

Psychotherapie

Zeitlose Wahrheiten – Band 4

In diesem Buch wird aufgezeigt, was einen guten Therapeuten auszeichnet, worauf er achten sollte - und woran man eine wirklich hilfreiche Therapie erkennt.

Es werden verschiedene Therapieformen beschrieben und bewertet und eine sehr erfolgreiche Methode vorgestellt.

Zudem wird Therapeuten, Therapiesuchenden und allen interessierten Laien eine große Orientierungshilfe an die Hand gegeben, denn sie erfahren, welche Kriterien für den Erfolg beziehungsweise den Misserfolg einer Therapie ausschlaggebend sind.

Eine geglückte Verbindung aus Spiritualität, Philosophie, Psychologie und Psychotherapie.

ISBN 3-930889-21-8, gebunden, ca. 400 Seiten, erscheint Ende 2007

DOLIWA VERLAG

Vorankündigung

Stephan von Stepski-Doliwa

Erziehung

Zeitlose Wahrheiten – Band 5

In diesem Buch erfahren Sie, was Eltern ihren Kindern geben, wie sie sie führen und zu glücklichen und erfolgreichen Menschen erziehen können. Dabei wird nicht nur auf grundlegende philosophische und spirituelle Fragen eingegangen, sondern auch auf ganz konkrete Probleme bei der Ernährung und Kleidung, in der Schule und Ausbildung, der Behandlung von Krankheiten, dem Umgang mit Hyperaktivität oder mit Hochbegabten.

Das Buch liefert allen, die Kinder erziehen, Eltern, Lehrern und Erzieherinnen, viele nützliche und interessante Anregungen und Lösungen.

Selbst Erwachsenen ohne Kinder wird viel Wichtiges vermittelt. Der Leser bekommt die Möglichkeit in seine eigene Kindheit zu gelangen und herauszufinden, welche Blockaden er lösen und worüber er sich freuen kann.

ISBN 3-930889-19-6, gebunden, ca. 300 Seiten, erscheint Anfang 2007

DOLIWA VERLAG

Stephan von Stepski-Doliwa

ICH BIN ICH UND ICH BIN GUT

Mein Dank, meine Erfolge, meine Ziele

Viele Menschen fragen sich, wie sie erfolgreicher werden können. Viele machen deshalb eine Therapie. Viele visualisieren Sätze, die sie positiv motivieren sollen. Eine große Hilfe ist es aber auch, seinen Dank für all das Positive, was man erlebt, seine Erfolge und seine Ziele aufzuschreiben.

Wer dies täglich tut, wird sich seiner Leistungen bewusst. Dies baut Selbstwert auf. Je mehr Selbstwert wir aber haben, desto erfolgreicher werden wir. Deshalb ist dieser Kalender als Buchform gestaltet: damit wir an keinem Tag unseren Dank, unsere Erfolge und unsere Ziele vergessen. Beginnen wir zu einem späteren Zeitpunkt mit dem Aufschreiben, dann notieren wir auf den leeren Seiten, was wir in diesem Jahr bereits erreicht haben. Wann wir beginnen, ist also völlig unwichtig.

Entscheidend allein ist, dass wir beginnen – das ist der Weg zum Erfolg. Dieser Kalender ist deshalb ohne Jahreszahl und ohne Angabe des Wochentages.

ohne ISBN-Nummer, da es sich hier um einen Kalender handelt; gebunden, 448 Seiten, € 24,50

DOLIWA VERLAG

Voranküdigung

Stephan von Stepski-Doliwa

WIE WERDE ICH REICH?

Innerlich und äusserlich

Viele wollen reich werden. Unzählige gehen dabei aber nur in die eine Richtung: Sie streben äußeren Reichtum oder Wohlstand an, bevor sie diese in ihrem Inneren gefunden haben.
Wie mit allem, so muss auch gelernt werden, mit Geld umzugehen. Viele Menschen können dies nicht. Warum? Weil sie es entweder nicht gelernt oder falsche innere Vorstellungen von Geld haben.
Dr. von Stepski-Doliwa hat in seinen Geld-Seminaren unzählige Menschen zu Wohlstand oder gar Reichtum führen können, indem sie ihre inneren, unbewussten Einstellungen zu Geld veränderten und viel über Wohlstand, beziehungsweise Reichtum erfuhren.
Wie dies geht, schildert dieses Buch.
Zudem gibt es viele praktische Anregungen, wie jeder für sich bereits wichtige Schritte in Richtung inneren und damit äußeren Reichtum gehen kann.

ISBN 3-930889-22-6, gebunden, ca. 200 Seiten, € 22,-, erscheint 4. Quartal 2006

DOLIWA VERLAG

Constanze von Stepski-Doliwa

Mantren

Die Welt ist auf Schwingungen aufgebaut. Nun gibt es unterschiedliche Schwingungen. Untersuchungen haben gezeigt, wie zum Beispiel verschiedene Worte mit unterschiedlichen Schwingungen sich auf die Wasserstruktur auswirken. Menschen haben auch unterschiedliche Frequenzen. Mantren können die Schwingung von Menschen verfeinern und damit an die Göttliche Schwingung angleichen. Das Bewusstsein eines Menschen ist an seine Schwingung gebunden. Verändert sich seine Schwingung – zum Beispiel durch Mantren –, dann verändert sich auch sein Bewusstsein.

Gayatri

Das Gayatri ist ein sehr starkes Schutz- und Reinigungsmantra.
Befindest du dich in einer gefährlichen Situation, solltest du das Gayatri singen. Es hat die Kraft, die größten Schwierigkeiten aufzulösen und die negativsten Menschen zu berühren beziehungsweise zum Positiven zu verändern.

Lokah

Das Lokah-Mantra bedeutet: „Mögen alle Welten glücklich sein". Wollen wir Gutes für die Welt tun, haben wir mit diesem Mantra eine sehr gute Möglichkeit dazu. Der Wunsch: Mögen alle Welten glücklich sein, ist deshalb von großer Bedeutung, weil er deutlich macht, das uns auch die anderen – der Rest der Welt! – wichtig sind.

Heilung

Das Heilungs-Mantra ruft Gott an, Er möge heilen. Dies ist ein sehr starkes Mantra, das schon vielen Menschen geholfen hat.

ISBN 3-930889-23-4, erscheint August 2006

Inhalt: Gayatri
Lokah
Heilung

DOLIWA VERLAG

Dr. Sven Jaeggi

Christentum, Psychologie und die Welt der Physik

Vedanta ist nicht nur eine spezifische indische Weisheitslehre oder Theorie, sondern erklärt universell gültig das der Evolution zugrundeliegende Prinzip der Entfaltung, des Werdens und des Vergehens in der Vergänglichkeit von Raum und Zeit. - Heute erkennen wir, dass Religion und Wissenschaft - besonders die Physik - keine Gegensätze sind, sondern nur unterschiedliche Modellvorstellungen oder Paradigmen der Wirklichkeitslehre.

ISBN 3-930990-13-7, geb., 343 Seiten, € 27,-

Jesus und Buddha

In einer Zeit der Globalisierung, in der Fernes immer näher rückt, ist es von großem Interesse zu sehen, wie fern bzw. wie nah sich zwei Religionsstifter wie Jesus und Buddha sind. Dieses Buch von Dr. Sven Jaeggi weist die gemeinsamen Wurzeln von Christentum und Buddhismus auf und zeigt, wie beide von der gleichen Quelle genährt werden.

ISBN 3-930999-08-0, geb., 68 Seiten, € 6,50

DOLIWA VERLAG